『十三五』國家重點圖書出版規劃項目

南海寄歸内法傳校箋

（唐）義淨 撰 譚代龍 校箋

古絲路漢文行記整理叢刊

董志翹 李勇先 萬明 江慶柏 總主編

第一輯

国家出版基金项目
NATIONAL PUBLICATION FOUNDATION

南京師範大學出版社

圖書在版編目(CIP)數據

南海寄歸内法傳校箋 / (唐) 義淨撰;譚代龍校箋.—
南京 : 南京師范大學出版社, 2019.12
(古絲路漢文行記整理叢刊/董志翹,李勇先,萬明,江慶柏總主編)
ISBN 978-7-5651-4461-5

Ⅰ.①南… Ⅱ.①義… ②譚… Ⅲ.①佛教 ②《南海寄歸内法傳》—研究 Ⅳ.①B94

中國版本圖書館 CIP 數據核字(2019)第 300805 號

書　　名	南海寄歸内法傳校箋
叢 書 名	古絲路漢文行記整理叢刊
撰　　者	(唐)義　淨
校　　箋	譚代龍
封面題簽	王　爲
責任編輯	崔　蘭
出版發行	南京師範大學出版社
地　　址	江蘇省南京市玄武區後宰門西村 9 號(郵編:210016)
電　　話	(025)83598919(總編辦)　83598412(營銷部)　83373872(郵購部)
網　　址	http://press.njnu.edu.cn
電子信箱	nspzbb@njnu.edu.cn
印　　刷	南京愛德印刷有限公司
開　　本	890 毫米×1240 毫米　1/32
印　　張	13
插　　頁	11
字　　數	362 千
版　　次	2019 年 12 月第 1 版　2019 年 12 月第 1 次印刷
書　　號	ISBN 978-7-5651-4461-5
定　　價	68.00 元
出 版 人	彭志斌

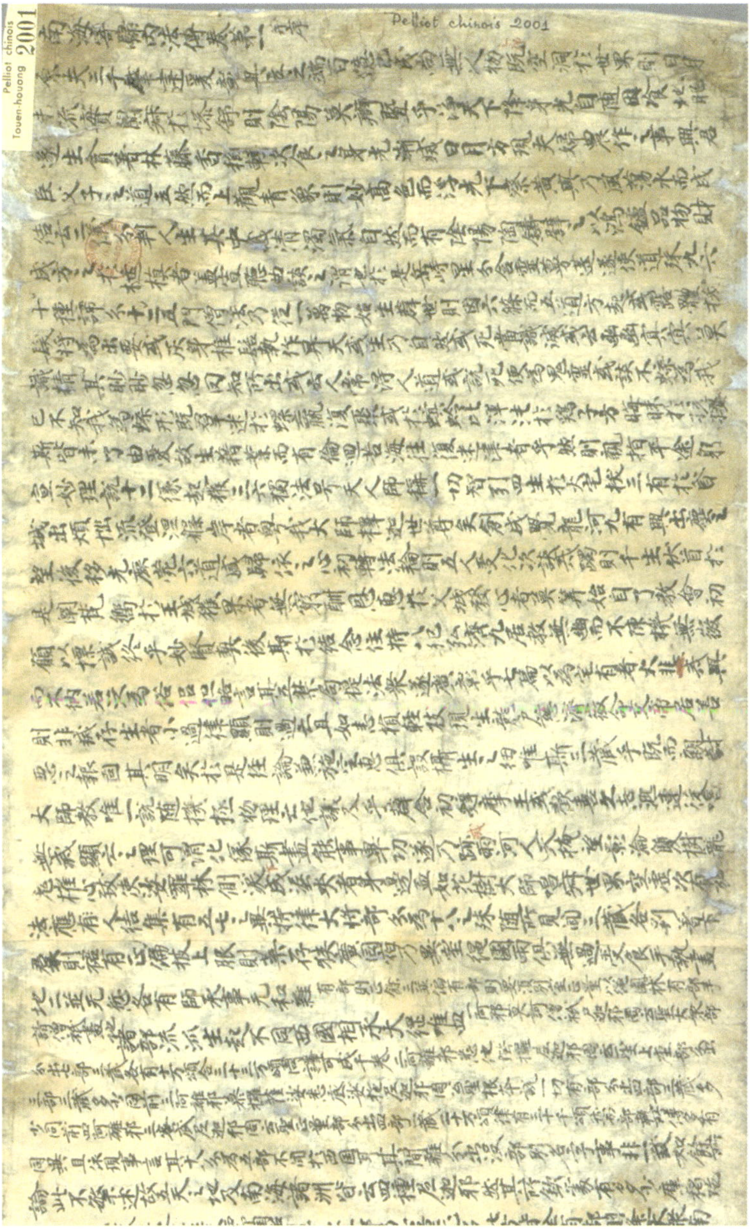

圖1　敦煌寫本P.2001-1(法國國家圖書館藏)

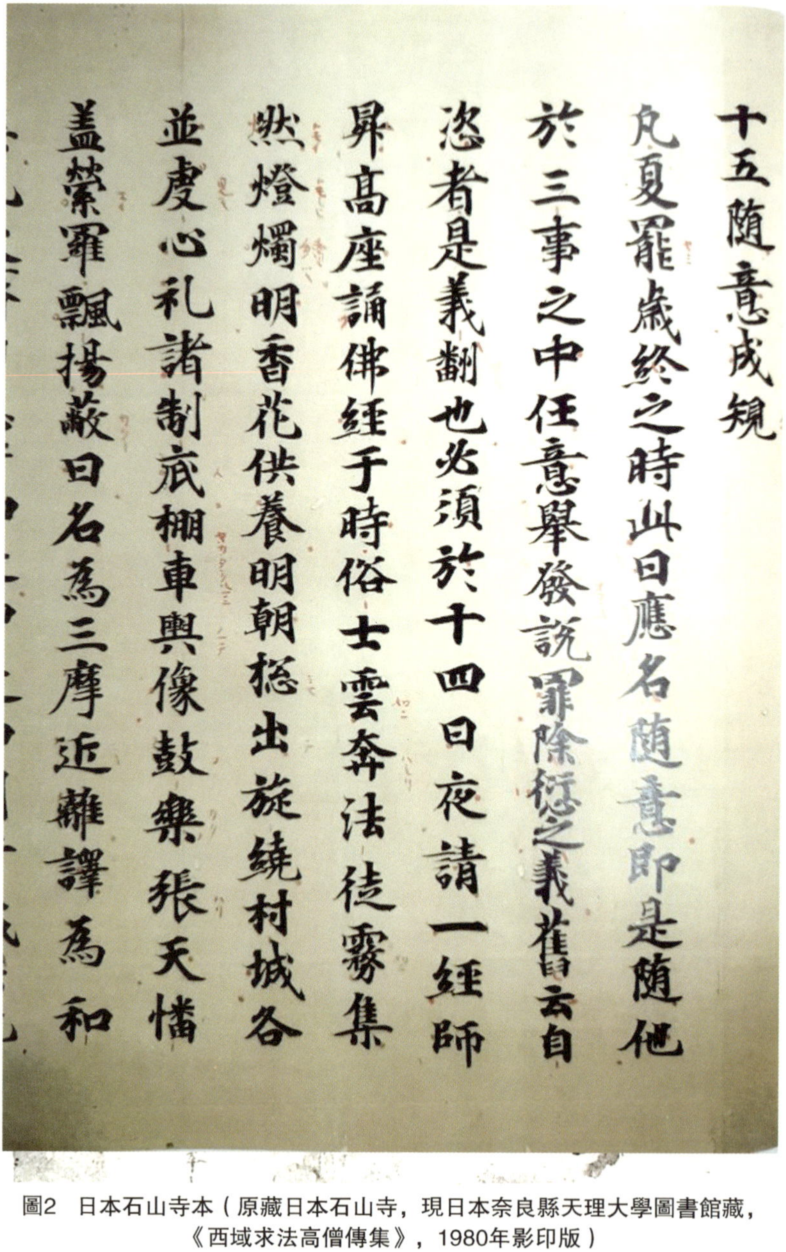
十五隨意成規
凡夏罷歲終之時此日應名隨意即是隨他
於三事之中任意舉發說罪除愆之義舊云自
恣者是義翻也必須於十四日夜請一經師
昇高座誦佛經于時俗士雲奔法徒霧集
然燈燭明香花供養明朝總出旋繞村城各
並虔心礼諸制底棚車輿像鼓樂張天幡
蓋縈羅飄揚蔽日名為三摩近離譯為和

圖2　日本石山寺本（原藏日本石山寺，現日本奈良縣天理大學圖書館藏，《西域求法高僧傳集》，1980年影印版）

圖3　趙城金藏本（中國國家圖書館藏）

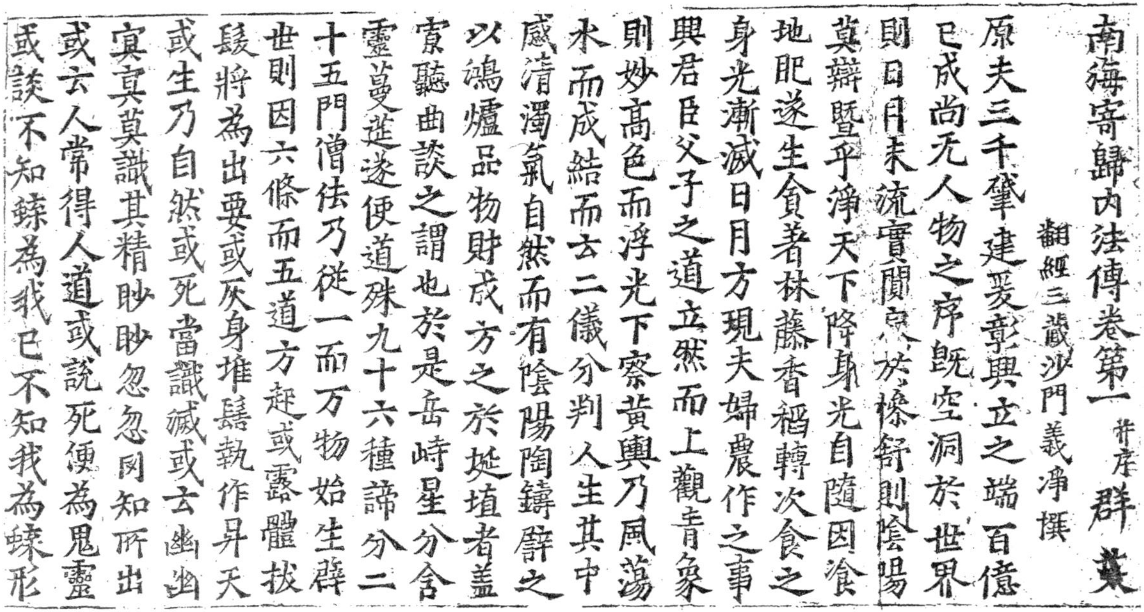

南海寄歸內法傳卷第一 幷序 群
翻經三藏沙門義淨撰
原夫三千肇建爰彰興立之端百億
已成尚无人物之序既空洞於世界
則日月未流實闃寂於橑舒則陰陽
莫辯暨乎淨天下降身光自隨因飡
地肥遂生貪著林藤香稻轉次食之
身光漸滅日月方現夫婦農作之事
興君臣父子之道立然而上觀青象
則妙高色而浮光下察黃輿乃風蕩
水而成結而去二儀分判人生其中
感清濁氣自然而有陰陽陶鑄辟之
以鴻爐品物財成方之於埏埴者蓋
寡聽曲談之謂也於是岳峙星分含
靈蔓莚遂使道殊九十六種諦分二
十五門僧佉乃從一而万物始生辟
世則因六條而五道方起或露體拔
髮將為出要或灰身椎髻執作昇天
或生乃自然或死當識滅或云幽幽
冥冥莫識其精眇眇忽忽罔知所出
或云人常得人道或說死便為鬼靈
或談不知緣為我已不知我為緣形

圖4　高麗藏初雕本（西南師範大學出版社、人民出版社2013年影印版）

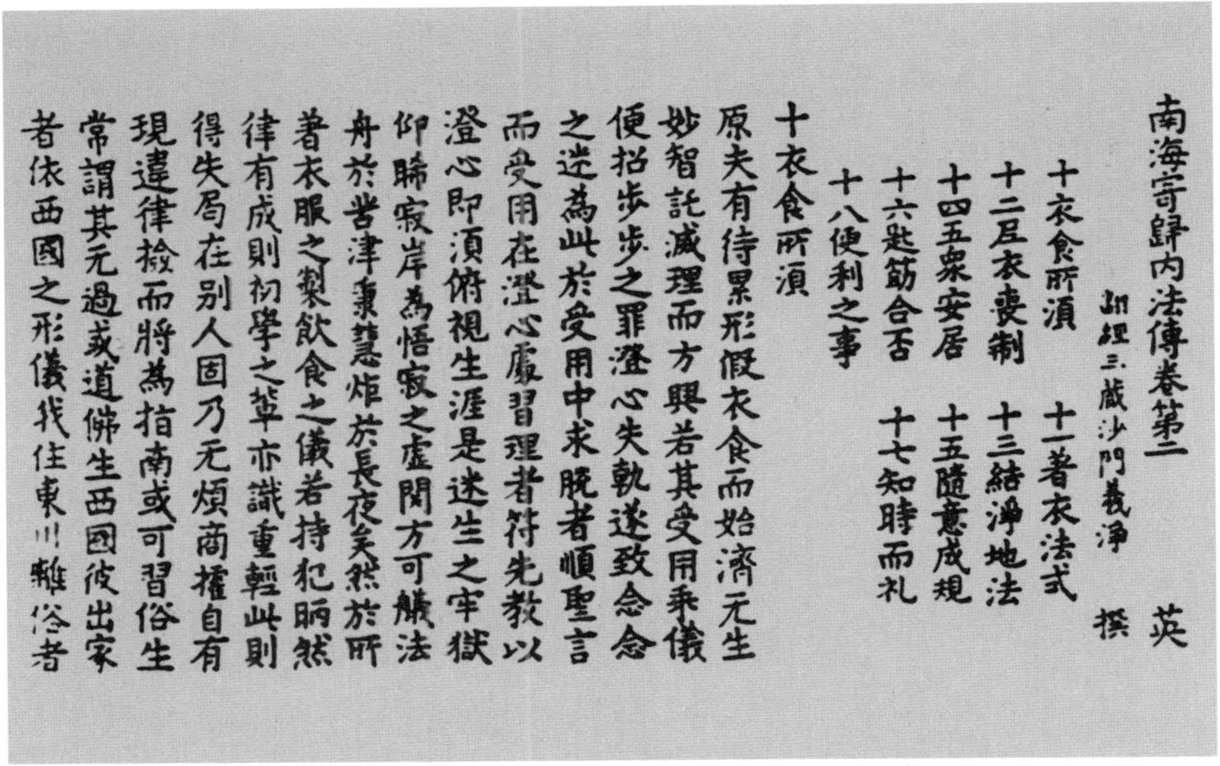
南海寄歸內法傳卷第二　英
翻經三藏沙門義淨　撰
十衣食所須　十一著衣法式
十二尼衣喪制　十三結淨地法
十四五衆安居　十五隨意成規
十六匙筯合否　十七知時而礼
十八便利之事
十衣食所須
原夫有待累形假衣食而始濟无生
妙智託滅理而方興若其受用乖儀
便招步步之罪澄心失執遂致念念
之迷爲此於受用中求脫者順聖言
而受用在澄心處習理者符先教以
澄心即須俯視生涯是迷生之牢獄
仰睎寂岸爲悟寂之虛閑方可艤法
舟於苦津秉慧炬於長夜矣然於所
著衣服之製飲食之儀若持犯昞然
律有成則初學之輩亦識重輕此則
得失局在別人固乃无煩商權自有
現違律檢而將爲指南或可習俗生
常謂其无過或道佛生西國彼出家
者依西國之形儀我住東川離俗者

圖5 高麗藏本（韓國首爾海印寺藏，綫裝書局2004年影印版）

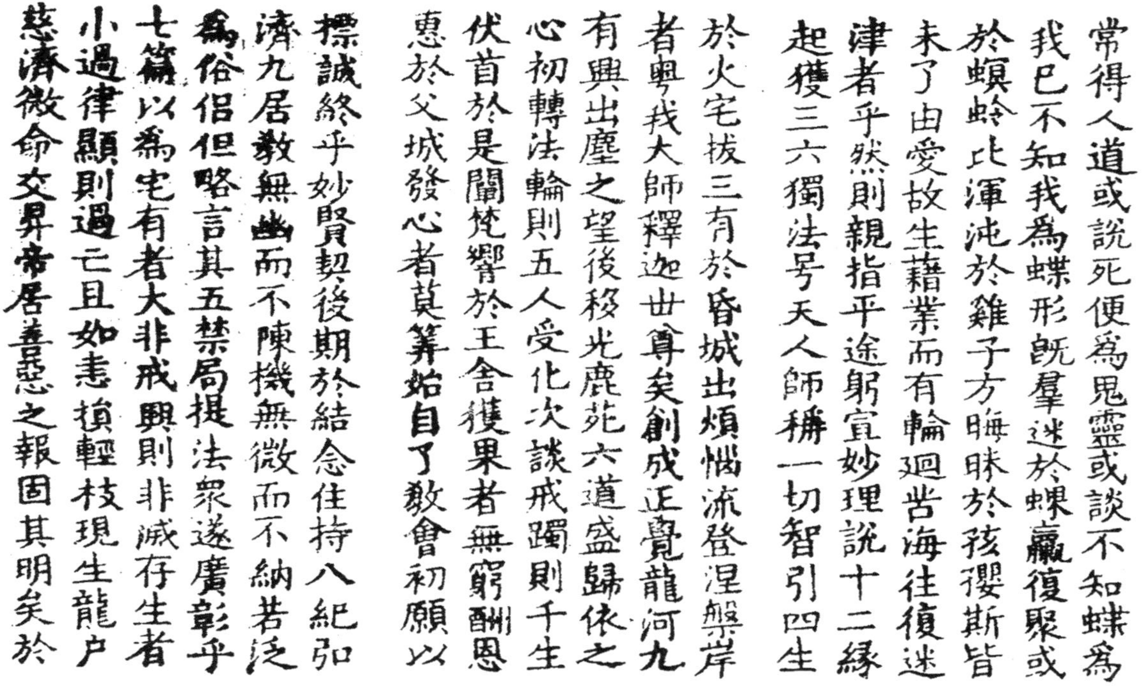
常得人道或說死便爲鬼靈或談不知蝶爲
我已不知我爲蝶形旣羣迷於蜾蠃復聚或
於螟蛉比渾沌於雛子方晦昧於孩孾斯皆
未了由愛故生藉業而有輪迴苦海往復迷
津者乎然則親指平途躬宣妙理說十二緣
起獲三六獨法号天人師稱一切智引四生
於火宅拔三有於昏城出煩惱流登涅槃岸
者粤我大師釋迦世尊矣創成正覺龍河九
有興出塵之望後移光鹿苑六道盛歸依之
心初轉法輪則五人受化次談戒躅則千生
伏首於是闡梵響於王舍獲果者無窮酬恩
惠於父城發心者莫筭始自了敎會初願以
摽誠終乎妙賢契後期於結念住持八紀弘
濟九居敎無幽而不陳機無微而不納若泛
爲俗侶但略言其五禁局提法衆遂廣彰乎
七篇以爲宅有者大非戒興則非滅存生者
小過律顯則過亡且如恚損輕枝現生龍户
慈濟微命交昇帝居善惡之報固其明矣於

圖6　磧砂藏本（原藏山西太原崇善寺，現陝西省圖書館藏，綫裝書局2005年影印版）

No. 2125

[1]南海寄歸內法傳卷第一 [2]并序

[3]翻經三藏沙門義淨撰

[4]原夫三千肇建。爰彰興立之端。百億已成。尚無人物之序。既空洞於世界。則日月未流。實闃寂於慘舒。則陰陽莫[5]辯。曁乎淨天下降。身光自隨。因食地肥。遂生貪著。林藤香稻轉次食之。身光漸滅日月方現。夫婦農作之事興。君臣父子之道立。然而上觀青象。則妙高色而浮光。下察黃輿。乃風蕩水而成結。而云二儀分判人生其中。感清濁氣。自然而有。陰陽陶鑄。譬之以鴻爐。品物財成。方之於埏埴者。蓋寡聽曲談之謂也。於是岳峙星分。含靈蔓莚。遂使道殊九十六種。諦分二十五門。僧佉乃從一而萬物始生。薛世則因六條而五道方起。或露[6]膊拔髮將爲出要。或灰身椎[7]髻執作[8]昇天。或生乃自然。或死當識滅。或云。幽幽冥冥莫識其精。眇眇忽忽罔知所出。或云。人常得人道。或說。死便爲鬼靈。或談。不知蝶爲我己。不知我爲蝶形。既群迷於螺[9]蠡。復聚[10]惑於螟蛉。比渾沌於雞子。方晦昧於孩[11]嬰。斯皆未了。由愛故生藉業而有。輪迴苦海往復迷津者乎。然則親指平途。躬宣妙理。說十二緣起。獲三六獨法。號天人師稱一切智。引四生於火宅。拔三有於昏城。出煩惱流登涅槃岸者。粤我大師釋迦世

[1]南＝（宮）聖本，（聖）奈良時代寫熊谷直之氏藏本 [2]〔并序〕－（宋）（元） [3]翻經＝唐（明）*，〔翻經三藏〕－（宋）（元）* [4]原夫前行宋元兩本俱有序曰二字
[5]辯＝辨（宮）* [6]膊＝髆（宮） [7]髻＝髮（宋） [8]昇＝升（明）下同 [9]蠡＝蠃（宮） [10]惑＝或（宮）* [11]嬰＝孾（宮）

圖7　大正新修大藏經本（1934年印行本）

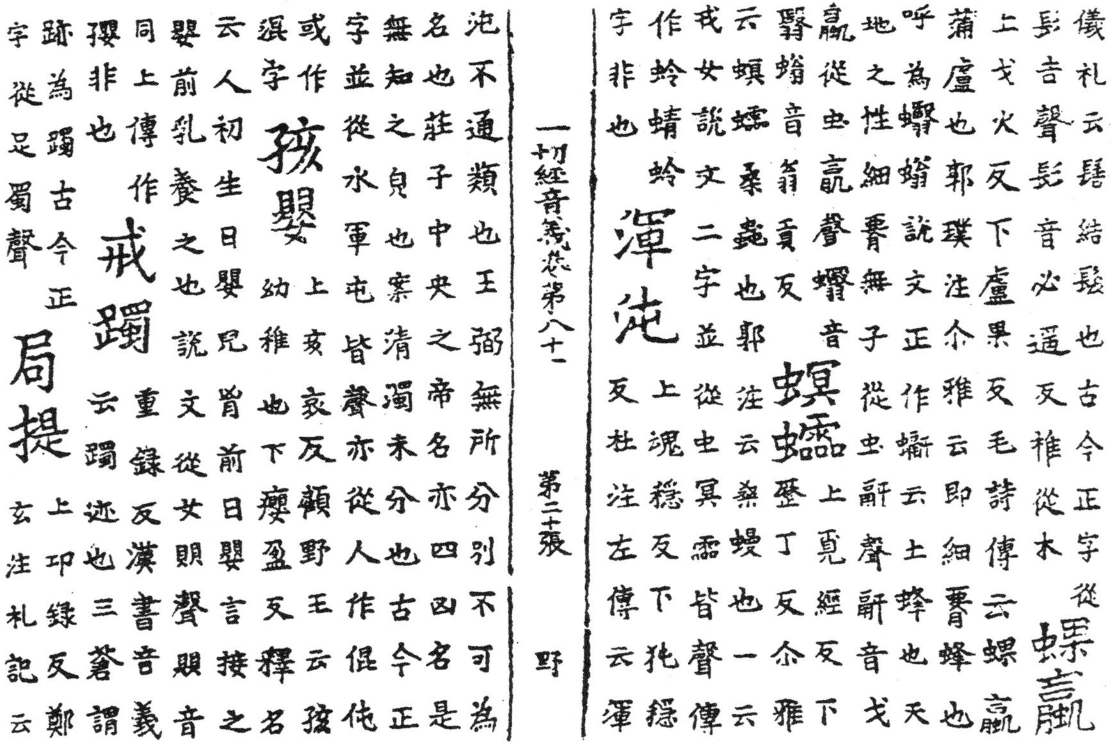
儀礼云髻結髮也古今正字從
髟吉聲髟音必遥反稚從木
蜾臝
上戈火反下盧果反毛詩傳云蜾臝
蒲盧也郭璞注尒雅云即細要蜂也
呼為蠮螉說文正作蠣云土蜂也天
地之性細要無子從虫𠂢聲𠂢音戈
臝從虫亮聲蠮音
翳螉音翁貢反
螟蠕
上覓經反下
蛵丁反尒雅
云螟蠕桑蟲也郭注云桑蟃也一云
我女說文二字並從虫冥霝皆聲傳
作蛉蜻蛉
字非也
渾沌
上䰟穩反下扽穩
反杜注左傳云渾
沌不通類也王弼無所分別不可為
名也莊子中央之帝名亦四凶名是
無知之皃也索清濁未分也古今正
字並從水軍屯皆聲亦從人作俒伅
或作
㴪字
孩嬰
上亥哀反顏野王云孩
幼稚也下癭盈反釋名
云人初生日嬰兒胷前日嬰言接之
嬰前乳養之也說文從女賏聲賏音
同上傳作
瓔非也
戒躅
重錄反漢書音義
云躅迹也三蒼謂
跡為躅古今正
字從足蜀聲
局提
上卬錄反鄭
玄注礼記云

一切經音義卷第八十一　第二十張　野

圖8（唐）慧琳《一切經音義》，高麗藏本（《中華大藏經：漢文部分 第五九册》，中華書局1993年影印版）

前　言

公元691年，是中國的女皇帝武則天將國號由“唐”改爲“周”的第二年，一位遠在南海室利佛逝國的高僧，托人將自己的幾部著作和翻譯佛經，送往長安。這批著譯作品中就包括《南海寄歸内法傳》。這位高僧就是與姚秦鳩摩羅什、南朝真諦、唐玄奘併稱中國佛教史四大翻譯家的義淨。他又與晋代法顯、唐代玄奘同爲我國佛教史上西行求法運動中最著名的三位人物。這一年，義淨五十七歲。

一

義淨出生於635年，俗名張文明，齊州（今山東濟南一帶）人。貞觀十五年（641），義淨七歲，在齊州城西土窟寺出家。此後在老師和當時風尚與精神的感召下，義淨“年十有五欲遊西域，仰法顯之雅操，慕玄奘之高風”（智昇語），立志要到印度求取真經。

義淨三十七歲那年（671），終於得遂所願，從齊州南下，經揚州、廣州諸地，踏上了去印度的旅程。從此，他“凡所歷遊三十餘國，往來問道出二十年”①。

武周證聖元年（695），義淨回到東都洛陽。唐智昇《開元釋教録》卷九對義淨回國的盛况作了記載：

> 以天后證聖之元乙未仲夏還至河洛，將梵本經律論近四百部，合五十萬頌，金剛座真容一鋪，舍利三百粒。天后敬法重人，親迎於上東門外。洛陽緇侶備設幢旛，兼陳鼓樂，在前導引。勅於佛授記寺安置，所將梵本，並令翻譯。

---

① 唐智昇《開元釋教録》。

這一年,他已經六十一歲了。

義淨回國後,最初是協助于闐僧人實叉難陀翻譯《華嚴經》。聖曆三年(700),開始獨立主持佛經翻譯事務,"遍翻三藏而偏功律部"[①],"前後所翻經總一百七部,都四百二十八卷"[②]。

義淨的譯經總數據智昇《開元釋教録》記載:"沙門釋義淨,六十一部(二百三十九卷經律論傳)。"稍微晚出的圓照《貞元新定釋教目録》則有所補録:"沙門釋義淨,六十一部又七部,二百三十九卷經律論傳,律五十卷在闕本中述。"這些和盧璨《義淨塔銘》所説的"前後所翻經總一百七部,都四百二十八卷"均有較大出入。誠如王邦維先生所説:"看來義淨的著作在他去世後有不少很快就散佚了,現存的只是其中一部分。"(王邦維 1995,33)據譚代龍(2008)統計,義淨的現存作品(翻譯和著述)共 69 部,272 卷。

先天二年(713)正月十七日夜,義淨於長安大薦福寺翻經院内去世,享年七十九歲。

歷史上對義淨有很高評價的是宋代高僧贊寧。他在《宋高僧傳》卷一"唐京兆大薦福寺義淨傳"中認爲,義淨乃"釋門之象胥":

> 系曰:譯之言易也,謂以所有易所無也。譬諸枳橘焉,由易土而殖,橘化爲枳。枳橘之呼雖殊,而辛芳幹葉無異。又如西域尼拘律陀樹,即東夏之楊柳,名雖不同,樹體是一。自漢至今皇宋,翻譯之人多矣。晋魏之際,唯西竺人來,止稱尼拘耳。此方參譯之士,因西僧指楊柳,始體言意。其後東僧往彼,識尼拘是東夏之柳,兩土方言,一時洞了焉。唯西唯東,二類之人,未爲盡善。東僧往西,學盡梵書,解盡佛意,始可稱善傳譯者。宋齊已還,不無去彼回者。若入境觀風,必聞其政者,奘師、法師爲得其實。此二師者,兩全通達,其猶見璽文知是天子之書,可信也。《周禮》象胥氏,通夷狄之言。淨之才智,可謂釋門之象胥也歟!

---

① 唐智昇《開元釋教録》。

② 唐盧璨《義淨塔銘》,文存《貞元新定釋教目録》卷十三《義淨傳》。

二

《南海寄歸内法傳》是義淨最重要的作品。唐智昇《開元釋教録》和唐圓照《貞元新定釋教目録》兩部佛教經録中,均將該書記作“大唐南海寄歸内法傳”。對此,王邦維先生指出:

> 在經録方面,最早著録《寄歸傳》的是《開元録》,以後歷代經録均依此轉録。經録中在書名前常常還加上“大唐”二字,成爲《大唐南海寄歸内法傳》。但這祇是當時抄録書題的一個慣例。從義淨原書中的文字看,題目徑直就是《南海寄歸内法傳》。(《南海寄歸内法傳校注》,153 頁)

書名中“南海”一詞的具體所指是義淨當時所在的室利佛逝國。“寄歸”指的是義淨委托大津將該書帶回國内,“寄”的詞義是“托人遞送”。“内法”指的是佛教教义。“傳”爲“解説、注釋”之義,音 zhuàn,爲我國古代注釋經典之專門術語,並常用作書名。“内法傳”即表明該書的主要内容是解説佛教内部禮儀軌則。

全書四卷,除了開頭的序言和最後的結語,共列四十個專題。事涉瑣碎,内容丰富。爲便於讀者瞭解全書,下面簡要介紹各專題主要内容。

1.“破夏非小”:破夏指僧人坐夏期間外出。講的是即使某人破夏了,也不可重新計算坐夏的時間,而認爲該人法齡小。

2.“對尊之儀”:在佛像或者尊師面前的穿著規矩,特别是穿鞋的問題。

3.“食坐小牀”:僧衆用餐時的坐姿和坐具情況。

4.“飡分淨觸”:進餐分淨觸的詳細情況。

5.“食罷去穢”:用餐後口腔清潔事項。

6.“水有二瓶”:淨瓶、觸瓶的製作和瓶袋的樣式。

7.“晨旦觀蟲”:喝水前必須觀察水中是否有蟲,以便護生。

8.“朝嚼齒木”:齒木的製作、用法、功效、材質等情況。

9.“受齋赴請”:僧衆到俗家接受齋請的詳細情況。

10.“衣食所須”:出家人服裝的相關事項。

11.“著衣法式”:出家人在各種場合的穿著打扮情況。

12.“尼衣喪制”:女尼服裝規則和僧尼喪葬儀式。

13.“結淨地法”:淨地的實施辦法。

14.“五衆安居”:五衆安居的規矩。

15.“隨意成規”:“隨意”事項的固有規矩。

16.“匙筯合否”:西方和東土使用匙和筯的情況。

17.“知時而禮”:行禮和受禮的規矩,主要是衛生方面的要求。

18.“便利之事”:大小便後洗淨之事。

19.“受戒軌則”:出家受戒的相關規矩。

20.“洗浴隨時”:洗澡的情況。

21.“坐具儭身”:坐具和墊子的情況。

22.“卧息方法”:與睡覺有關的幾件事情。

23.“經行少病”:經行的功效,經行與旋遊制底的區别。

24.“禮不相扶”:年幼者向年長者行禮的規矩。

25.“師資之道”:師生之禮。

26.“客舊相遇”:主人客人相見禮節。

27.“先體病源”:醫療和藥物情況,主要强調預防爲主。

28.“進藥方法”:治病方法,特别强調絶食的效果。

29.“除其弊藥”:强烈反對使用“龍湯”一類弊藥治病。

30.“旋右觀時”:討論何謂右繞和如何觀察把握時間問題。

31.“灌沐尊儀”:如何洗浴揩拭佛像,向佛表達敬意等情況。

32.“讚詠之禮”:讚詠的禮節和著名高僧及其作品。

33.“尊敬乖式”:批評胡亂行禮、利用佛像求財等違背佛教的行爲。

34.“西方學儀”:重要典籍和高僧,以及學習的順序。

35.“長髮有無”:長髮出家不合於法,應當剔除鬚髮。

36.“亡財僧現”:如何處理死亡苾芻遺物。

37.“受用僧衣”:如何處理公家和私人財物的關係。

38.“燒身不合”:出家人不應該燒身供養。

39.“傍人獲罪”:如果勸他人燒身求死,也當獲罪。

40.“古德不爲”:以作者二位老師爲代表的古德,不會作燒身燒指一類的行爲。作者特别深情地讚頌了二位老師的學問人品。

成書於開元十八年(730)的《開元釋教録》最先收録了該書,云:“大唐南海寄歸内法傳四卷(從西國還在南海室利佛逝撰寄歸)”。成書於貞元十六年(780)的《貞元新定釋教目録》也收録了該書,云:“大唐南海寄歸内法傳四卷(從西國還在南海室利佛逝撰寄歸)”。兩本經録記載全同。此後,從宋代開寶藏開始,幾乎所有的版印大藏經都會收錄該書,形成了衆多的版本。他們與敦煌寶藏等抄本的殘卷一起,成爲後人研究該書的重要資料。

另外,《南海寄歸内法傳》寫成後不久,就傳到了日本。日本現存有石山寺本《南海寄歸内法傳》,爲日本奈良時期(710—784)寫本。據日本永超撰于1094年的《東域傳燈録》記載,彼時傳到日本的中國律學著作中,就有《南海寄歸内法傳》(四卷)和《南海寄歸内法傳序録》(一卷)①。

三

最早對《南海寄歸内法傳》一書開展語言文字研究的人是唐代著名學者慧琳(737—820)。他在《一切經音義》(783—807期間完成)的第八十一卷,對《南海寄歸内法傳》作了音義工作,共計166條音義材料。慧琳一百餘年之後,五代高僧可洪撰《新集藏經音義隨函録》(931—935),第三十卷也對《南海寄歸内法傳》作了音義工作,共計361條音義材料。宋代磧砂藏所載《南海寄歸内法傳》每一卷正文之後,保存有一批音義成果,共計293條音義材料。

近代以來,研究《南海寄歸内法傳》的力量主要在日本。日本學者一直重視對該書的研究。據考察,主要有以下幾種研究和翻譯

① 此條資料轉録自賴永海主編《中國佛教通史》第九卷(517－518頁)。《南海寄歸内法傳序録》一書他處未聞,録此備考。

著作：

1. 日本江户時代高僧飲光（慈雲尊者，1718—1804）著有《南海寄歸内法傳解纜鈔》一書，爲《南海寄歸内法傳》作了詳盡注釋①。

2. 日本明治二十九年（1896），高楠順次郎翻譯的英文版在英國牛津出版，題爲：*A Record of the Buddhist Religion as Practised in India and the Malay Archipelago（A.D. 671—695）by I-Tsing.*

3. 1959 年，小野玄妙的日譯本在日本出版。

4. 2004 年，宫林昭彦、加藤榮司所著《現代語譯南海寄歸内法傳》，由日本株式會社法藏館出版。

另外，在 19 世紀末，法國漢學家沙畹（Ed.Chavannes）曾將《南海寄歸内法傳》一書譯成法文。

以上各種譯注本對於《南海寄歸内法傳》的海外傳播，具有重要意義。他們的工作主要是翻譯，其中必然涉及版本異文、字詞意義的考釋工作。這些研究取得了不少成績，爲我們今天解讀《南海寄歸内法傳》提供了不少幫助。特别是飲光所著《南海寄歸内法傳解纜鈔》一書，研究相當深入，是日本學者研究《南海寄歸内法傳》的奠基之作，值得高度重視。

國内的研究則是從王邦維先生開始的。王先生所著《南海寄歸内法傳校注》一書於 1995 年出版，該校注本是王邦維先生通過對義淨及其思想的系統研究、參照該書的多種傳世版本及敦煌抄本、廣泛吸取海内外研究成果寫作而成。該書特别注重音譯詞的梵文本字對勘，是目前學界通用的本子。

華濤先生著《南海寄歸内法傳》現代漢語譯本於 1998 年在臺灣出版，該書也在海内外廣泛傳播②。

近二十年來，專門以《南海寄歸内法傳》文獻語言爲研究對象的論著已發表近 20 篇（部），其中包括三個方面的研究内容：文本文字研究、語料價值研究和疑難詞語考釋。另外，近年來佛教文獻語言研

① 該書現存於《大日本佛教全書》第 114 卷。

② 該書中文簡體字版已於 2018 年 10 月由東方出版社出版，在大陸發行。

究也取得了衆多的新認識、新成果。這些研究成果對整理該書具有重要的學術價值[①]。

另外，相關學術領域對《南海寄歸内法傳》中保留的有關歷史資料開展了廣泛而深入的研究，例如對其中記録的印度及南海僧人常用物品情況的研究，對其中記録的中印以及中國和南亞島國之間文化交流情況的研究，均取得了豐碩的成果。

四

爲反映近年來相關研究的進展，筆者不揣譾陋，寫成了這本《南海寄歸内法傳校箋》。本書的工作内容主要集中在以下三個方面：

1. 辨析版本異文。本書利用了新近公佈的高麗藏初雕本，利用了慧琳音義和可洪音義，並充分吸收漢語俗字學的研究成果，仔細辨析了《南海寄歸内法傳》一書的異文。

2. 考釋疑難字詞。本書吸收了近年來佛教文獻語言研究和漢語史研究的成果，考釋了大量疑難字詞的字義詞義。

3. 疏通文本句讀。《南海寄歸内法傳》一書的標點斷句工作存在不少疑難之處，本書採用了一些新的處理辦法。

我希望在前人研究的基礎上，增加一些新的認識。同時，本書充分吸收了筆者《南海寄歸内法傳解詁》一書的研究成果。我深知，對《南海寄歸内法傳》的解讀是一個需要幾代學者接力的歷史性工程，書中所論都遠非定論。這本書如能推動相關研究的深入，那我的願望就算實現了！其中錯訛不足之處，懇請海内外方家不吝指教，以便共同努力，爲今後深入的解讀作出新的貢獻。

本人是在俞理明先生的引導下開始研究義淨作品的，我要向他表示深深的謝意！同時，我要感謝張聯榮先生、董志翹先生、王邦維先生對我的鼓勵和幫助。王邦維先生是義淨研究的大家，他的系列

① 具體成果參見參考文獻目録。

論著爲我們的研究打下了堅實的基礎。本書初稿完成後,友生周啟紅、白静、蔣林芝、楊静、郝静、張小斌、張雨果、丁莉莉、任燁璇等幫我重新核對了相關版本和資料,修正了不少錯誤,我也要向他們表示感謝!

目　録

凡　例

一、本書以趙城金藏本(簡稱金本,見中華大藏經卷六三 467 頁起至 529 頁,千字文編號爲“英”)爲基本工作本。金本四卷俱全,在山西解州天寧寺刻成,金皇統九年(1149)開雕,於金大定十三年(1173)完工。

二、本書以宋代及以前寫本和刻本爲對校本。宋代之後的版本,僅僅考慮大正藏的意見。對校本有:

(一)敦煌寫本(簡稱敦本,伯希和編號爲 P.2001),抄於 8 世紀,僅存卷一。

(二)日本石山寺本(簡稱石本),日本奈良時期(710—784)寫本,僅存卷一、卷二部分章節。今有日本天理圖書館善本叢書《西域求法高僧傳集》收録之影印版,天理大學出版部,昭和五十五年(1980)。

(三)高麗藏初雕本(簡稱麗初本,千字文編號爲“群”),四卷俱全。經過多方的努力,現在已經收集了一批高麗藏初雕本佛經,並且經過初步整理,在中國大陸出版了《高麗大藏經初雕本集成》。《高麗大藏經初雕本集成》由中國社會科學院歷史研究所編,西南師範大學出版社、人民出版社於 2013 年 1 月聯合出版,精裝 16 開 81 册。

(四)高麗藏本(簡稱麗本,千字文編號爲“英”),朝鮮高麗王朝高宗三十三年(1246)刻本,四卷俱全。高麗藏有三個雕本:開雕於 1011 年的高麗藏初雕本,1094 年的高麗小藏經,1246 年的再雕大藏經。前兩種大都已經毀破於戰爭,後一種還保留至今,也就是今天人們廣泛使用的海印寺高麗大藏經。

(五)磧砂藏本(簡稱磧本,千字文編號爲“群”),即平江府磧砂延聖院大藏經,四卷俱全。磧砂藏約在南宋寶慶至紹定年間開雕,端平元年(1234)編定並刻出天字至合字548函的目録。寶祐六年(1258)以後,因延聖院火災和南宋垂亡,刻事中斷30年。元大德元年(1297),又繼續雕刻,到至治二年(1322)竣工。

(六)大正新修大藏經本(簡稱大本),四卷俱全。大正藏由日本學者高楠順次郎等發起編撰,於1934年印行。大正藏僅供參考,一般只是列出其與衆不同之處。

三、主要參考資料有:

(一)高麗藏本《慧琳音義》中音《南海寄歸内法傳》材料(簡稱"慧琳"),中華大藏經第59册收録。本書引用慧琳文字均據高麗藏。

(二)高麗藏本《可洪音義》中音《南海寄歸内法傳》材料(簡稱"可洪"),中華大藏經第60册收録。本書引用可洪文字均據高麗藏。

(三)磧砂藏《南海寄歸内法傳》隨函音義。

(四)日本江户時代高僧飲光(慈雲尊者,1718—1804)著《南海寄歸内法傳解纜鈔》[①]。

(五)日本學者高楠順次郎英譯本:*A Record of the Buddhist Religion as Practised in India and the Malay Archipelago* (A.D. 671—695) *by I-Tsing*.(英國牛津1896年出版)。

(六)王邦維《南海寄歸内法傳校注》(簡稱"王本")(中華書局1995年出版),該書採用的底本是磧砂藏,對照校勘的古抄本與古刻本有八種,加上《大正藏》本,共有九種:敦煌寫本、石山寺本、趙城金藏本、思溪藏、高麗藏、洪武南藏、永樂南藏、永樂北藏、大正藏。

(七)日本學者宫林昭彦、加藤榮司《現代語譯南海寄歸内法傳》(日本株式會社法藏館2004年出版)。

四、正文中小字爲義淨自注,本書以【 】標識。

五、爲保留版本信息,校記中盡量詳細交代各版本異體字、俗字等各類異文。爲免過於繁瑣,禮(礼)、無(无)、蟲(虫)、號(号)、爾(尔、尒)、斷(断)、蓋(盖)、萬(万)、來(来)等常見正俗字異文以及部分校勘價值不大的字形差異則不一一注明,或者僅言全本首處情況,

① 該書現存於《大日本佛教全書》第114卷。

他本情況相同者則不注明。

六、本書在已有成果基礎上，重新對正文作了分段。分段的基本原則是意義相對獨立完整，也適當考慮篇幅的長短，以方便閱讀。

七、本書所釋詞義如爲古書常見義，一般不舉文獻例證。部分文獻例證採自《漢語大詞典》等工具書，筆者大都重新核對了原始文獻；其中的佛教文獻用例主要採自 CBETA（電子佛典集成）中的大正大藏經。

南海寄歸内法傳卷第一[1] 并序[2]

翻經三藏沙門義淨撰[3]

原①夫三千②肇③建[4]，爰④彰興立⑤之端⑥；百億⑦已成，尚無人物之序⑧[5]。既空洞⑨於世界⑩，則日月未流⑪；實⑫闃寂⑬於慘舒⑭[6]，則陰陽⑮莫辯⑯[7]。暨⑰乎淨天⑱下降，身光⑲自隨[8]，因飡地肥⑳[9]，遂生貪著。林藤㉑香稻㉒[10]，轉次食之。身光漸滅[11]，日月方現。夫婦農作之事興，君臣父子之道立。然而上觀青象㉓，則妙高㉔色㉕而浮光㉖[12]；下察黄輿㉗，乃風蕩水而成結㉘。

【校勘】

[1] 寄：敦本、麗初本、麗本作"寄"。下同。

[2] 并序：磧本無此二字。

[3] 翻經三藏沙門義淨撰：敦本無，磧本作"沙門義淨撰"。藏，麗初本、麗本作"蔵"，二字同。

[4] 原：磧本"原"字前有"序曰"二字。

肇：磧本、大本作"肇"，二字同。

[5] 無：金本作"无"，今改。下同。

之序：敦本用硃筆補於旁邊。

[6] 闃：金本、麗初本、麗本、可洪、大本作"閴"，二字同，今據慧琳改。

於：敦本作"扵"，二字同。下同。

慘:金本、敦本、磧本作"憏"。二字同,今改。

[7] 陰:金本、麗初本、麗本作"隂"。二字同,今改。下同。

辯:敦本、麗本、大本同,磧本作"辨"。

[8] 隨:敦本作"随"。

[9] 滄:敦本、麗初本、麗本、大本同,磧本作"滄"。二字同。

肥:金本、敦本、麗初本、麗本作"肥"。二字同,今改。

[10] 藤:麗初本作"藤"。

[11] 滅:敦本作"减"。

[12] 浮:麗初本作"浮"。

【箋注】

① 原:推究。

② 三千:三千大千世界。

③ 肇:開始。

④ 爰:乃。

⑤ 興立:興辦,創建。

⑥ 端:開始。《禮記·禮運》:"故人者,天地之心也,五行之端也。"孔穎達疏:"端,猶首也。"《孟子·公孫丑上》:"惻隱之心,仁之端也;羞惡之心,義之端也;辭讓之心,禮之端也;是非之心,智之端也。"

⑦ 百億:指世界及衆生。東晋佛馱跋陀羅譯《大方廣佛華嚴經》卷五:"爾時,世尊從兩足相輪放百億光明,遍照三千大千世界,百億閻浮提、百億弗婆提、百億拘伽尼、百億鬱單越、百億大海、百億金剛圍山、百億菩薩生、百億菩薩出家、百億佛始成正覺、百億如來轉法輪、百億如來般泥洹、百億須彌山王、百億四天王天、百億三十三天、百億時天、百億兜率陀天、百億化樂天、百億他化樂天、百億梵天、百億光音天、百億遍淨天、百億果實天、百億色究竟天,此世界所有一切悉現。如此見佛坐蓮華藏師子座上,有十佛世界塵數菩薩眷屬圍遶,百億閻浮提亦復如是。"

⑧ 序:通"緒",端緒,頭緒。

⑨ 空洞:空虛。

⑩ 世界：世指時間，界指空間。唐般剌密帝譯《楞嚴經》卷四："何名爲衆生世界？世爲遷流，界爲方位。汝今當知，東、西、南、北、東南、西南、東北、西北、上、下爲界，過去、未來、現在爲世。"

⑪ 流：流布，移動。

⑫ 寔：用以加强語意的語氣助詞，無實義。《詩經・大雅・生民》："實覃實訏，厥聲載路。"《左傳・宣公十二年》："敢布腹心，君實圖之。"唐韓愈《應所在典帖良人男女等狀》："鞭笞役使，至死乃休。既乖律文，實虧政理。"

⑬ 闃（qù）寂：靜寂。慧琳："闃寂，上傾役反。《埤蒼》云：'闃，靜也。'《古今正字》：'從門狊聲。'狊音古闃反，從目從犬。下情亦反，正體寂字也。"南朝梁江淹《泣賦》："闃寂以思，情緒留連。"唐盧照鄰《病梨樹賦》："余獨病臥茲邑，闃寂無人，伏枕十旬，閉門三月。"

⑭ 慘舒：慧琳："慘舒，上蒼感反，下暑余反。言慘舒者，則陰陽也。陽則發生伸暢，陰則肅煞閉藏。既有昏明，方辯寒暑。當世界空洞之時，未有日月，淨天未降，亦無身光，所以寂然混同，故慘舒不分也。"該詞出自漢張衡《西京賦》："夫人在陽時則舒，在陰時則慘，此牽乎天者也。"後以"慘舒"指陰陽、憂樂、盛衰等。南朝梁劉勰《文心雕龍・物色》："春秋代序，陰陽慘舒，物色之動，心亦摇矣。"

⑮ 陰陽：晝夜。《禮記・祭義》："日出於東，月生於西，陰陽長短，終始相巡。"孔穎達疏："陰謂夜也，陽謂晝也。夏則陽長而陰短，冬則陽短而陰長，是陰陽長短。"

⑯ 辯：通"辨"，辨别，區分。《周禮・秋官・鄉士》："辯其獄訟，異其死刑之罪而要之，旬而職聽于朝。"賈公彦疏："辯，别也。獄謂爭罪，訟謂爭財。"《墨子・尚賢中》："雖天亦不辯貧富貴賤遠邇親疏。"

⑰ 暨：至，到。

⑱ 淨天：佛教稱四種天之一。聲聞、緣覺斷除煩惱，獲得大神通，變化自在，清淨無染，故名淨天。

⑲ 身光：身上的光華。後秦佛陀耶舍共竺佛念譯《長阿含經》卷六："失天妙色，無復神足，履地而行，身光轉滅，天地大冥。"

⑳ 地肥：大地上的油脂。佛教認爲是早期人類的一種食物。

《慧琳音義》卷五十二:“地肥,扶非反,劫初地脂也。”義淨又譯作“地味”,《根本説一切有部毘奈耶》卷二:“爾時大地爲一海水。汝諸苾芻!此大海水由風鼓激,和合一類猶如熟乳。既其冷已有凝結生,上有地味,色香美味悉皆具足,色若生酥,味甜如蜜。”

㉑ 林藤:佛教認爲是早期人類的一種食物。義淨譯《根本説一切有部毘奈耶》卷二:“地餅没已,時諸有情由福力故有林藤出,色香味具,色如雍菜花,味如新熟蜜,食此林藤長壽而住。”

㉒ 香稻:可洪作“香稲”:“音道,正作稻也。”佛教認爲是早期人類的一種食物。義淨譯《根本説一切有部毘奈耶》卷二:“林藤没已,時諸有情由福力故有妙香稻,不種自生無糠穢,長四指,旦暮收穫,苗則隨生,至暮旦時米便成熟,雖復數取而無異狀,以此充食長壽而住。”

㉓ 青象:青色的天象。

㉔ 妙高:梵文 Sumeru(須彌山)意譯。

㉕ 色:顔色。

㉖ 浮光:物體表面反射的光。唐駱賓王《在江南贈宋五之問》:“韞珠澄積潤,讓璧動浮光。”

㉗ 黄輿:黄色的大地。古人認為,地形如車輿,故稱。《樂府詩集·郊廟歌辭七·迎神》:“黄輿厚載,赤寰歸德。”

㉘ 以上内容可以參見義淨譯《根本説一切有部毘奈耶》卷二相關記載:

汝諸苾芻!非但今日最初生疱,乃往過去無瘡疱時亦最初生疱。汝等應聽!然此世界將壞之時,多諸有情生光音天,妙色意成,支體圓滿,諸根無缺,身有光明騰空自在,喜樂爲食,長壽而住。爾時大地爲一海水。汝諸苾芻!此大海水由風鼓激,和合一類,猶如熟乳。既其冷已,有凝結生,上有地味,色香美味,悉皆具足,色若生酥,味甜如蜜。汝諸苾芻!此界成時,一類有情福命俱盡,從光音天歿而來於此,人同分中,妙色意成,諸根具足,身有光耀,乘空往來,以喜樂爲食,長壽而住。爾時此世界中,無有日月星辰、度數晝夜、剎那臘婆須臾、半月一月、半年一年、男女之别。但相喚言:“薩埵!薩埵!”是時衆内有一有情，禀性耽嗜，忽以指端嘗彼地味，隨嘗之時，情生愛著，隨愛著故，段食是資，爾時方名初受段食。諸餘有情見此食時，即便相學，食其地味。時諸有情，既飡地味，身漸堅重，光明隱没，爾時世界皆悉黑闇。汝諸苾芻！世界闇時，法爾即有日月星辰、度數晝夜、刹那、臘婆、須臾、年月等别。彼諸有情食此地味，長壽而住，若少食者身有光明，若多食者身無光彩。由食多少，形有勝劣，由勝劣故，更互相輕："我光色勝，汝容顔劣。"由相慢故，惡法便生，由惡生故，地味便没。汝諸苾芻！地味没故，時彼有情共集一處，憂愁而住，皆悉唱言："奇哉美味！奇哉美味！"猶若今人，曾食好食，後追念時，作如是語："奇哉美味！奇哉美味！"彼諸有情地味没時，咸作是説："奇哉美味！"然而不知此語所詮何義。汝諸苾芻！地味没已，時諸有情由福力故，有地餅出，色香味具，色如少女花，味如新熟蜜。食此地餅長壽而住，若少食者身有光明，因相輕慢如前廣説。乃至地餅没故，時諸有情共集一處憂愁而住，作如是語："苦哉！苦哉！"由如有人先遭苦事，重憶念時作如是語："苦哉！苦哉！我昔曾遭如是惡事。"是諸有情，地餅没時，亦復如是，然而不知此言所詮何義。汝諸苾芻！地餅没已，時諸有情由福力故，有林藤出，色香味具，色如雍菜花，味如新熟蜜，食此林藤，長壽而住。若少食者身有光明，因相輕慢廣如前説，乃至林藤没故，時諸有情共集一處憂愁而住，作如是語："汝離我前！汝離我前！"由如有人極相瞋恨不許當前，廣説如上。汝諸苾芻！林藤没已，時諸有情由福力故有妙香稻，不種自生無糠穢，長四指，旦暮收穫，苗則隨生，至暮旦時，米便成熟，雖復數取而無異狀，以此充食長壽而住。時彼有情由段食故，滓穢在身，爲欲蠲除，便生二道。由斯遂有男女根生，更相染著。生染著故，遂相親近，因造非法。諸餘有情見此事時，競以糞掃瓦石而棄擲之，作如是語："汝是可惡有情，作此非法。咄！汝今何故污辱有情？"始從一宿乃至七宿，不共同居，擯於衆外，猶如今日初爲嫁娶，皆以香華雜物而散擲之，願言："常得安樂。"汝諸苾芻！昔時非法今將爲法，昔時非律今將爲律，昔所嫌賤今爲美妙。由彼時人驅擯出故，樂行惡法遂共聚集，造立房舍而作非法，此爲最初營立家宅，便有家室名生。時有有情不行惡法，降伏諸

根，名勝人也。(T23/635)

而云二儀①分判②[1]，人生其中，感清濁氣，自然而有③；陰陽陶鑄，譬之以鴻爐④[2]，品物⑤財成⑥[3]，方⑦之於埏埴⑧者[4]，蓋寡聽曲談之謂也[5]。

【校勘】

[1] 而：敦本無。

[2] 譬：敦本、麗初本、麗本作“辟”。下同。

爐：敦本、磧本作“鑪”，二字同。

[3] 財成：金本作“成形”，敦本、磧本、麗初本、麗本、大本作“財成”，今據改。

[4] 埏埴：敦本作“梴植”。

[5] 蓋：金本作“盖”，今改。下同。

寡：金本作“寡”，麗初本、麗本作“寡”，敦本作“寡”，石本、磧本、大本作“寡”，四字同，今據改。

聽：敦本作“聴”。

謂：敦本作“谓”。

【箋注】

① 二儀：天地。三國魏曹植《惟漢行》：“太極定二儀，清濁始以形。”

② 分判：分離。

③ 人生其中，感清濁氣，自然而有：此説見於《列子·天瑞》：“一者，形變之始也。清輕者上爲天，濁重者下爲地，沖和氣者爲人；故天地含精，萬物化生。”

④ 陰陽陶鑄，譬之以鴻爐：此説見於《莊子·大宗師》：“今大冶鑄金，金踴躍曰‘我且必爲鏌鋣’，大冶必以爲不祥之金。今一犯人之形，而曰‘人耳！人耳！’夫造化者必以爲不祥之人。今一以天地爲大

爐，以造化爲大冶，惡乎往而不可哉？”

⑤ 品物：萬物。《周易・乾》：“雲行雨施，品物流形。”唐劉肅《大唐新語・釐革》：“宜革前弊，庶上下交泰，品物咸通。”

⑥ 財成：“財”通“裁”，裁度以成之。《周易・泰》：“天地交，泰。后以財成天地之道。”陸德明釋文：“財，荀作裁。”孔穎達疏：“后，君也。於此之時，君當翦財成就天地之道。”

⑦ 方：比方。

⑧ 埏埴：和泥制作陶器。慧琳：“挻埴，上設延、下承力反。宋忠云：‘挻，和也；埴，土也。陶匠和土爲瓦缶之器也。’《古今正字》：‘從手延聲。埴，從土直聲也。’”《老子》第十一章：“埏埴以爲器，當其無，有器之用。”河上公注：“埏，和也；埴，土也。謂和土以爲器也。”漢桓寬《鹽鐵論・通有》：“鑄金爲鉏，埏埴爲器。”

於是岳峙①星分②[1]，含靈③蔓莚[2]，遂使道殊九十六種④，諦分二十五門⑤[3]。僧佉⑥乃從一而萬物始生[4]，薜世⑦則因六條⑧而五道⑨方起[5]。或露體拔髮[6]，將爲出要[7]。或灰身⑩椎髻⑪[8]，執作⑫昇天。或生乃自然⑬，或死當識滅⑭。或云幽幽冥冥⑮莫識其精[9]，眇眇忽忽⑯罔知所出[10]。或云人常得人道⑰[11]，或説死便爲鬼靈。或談不知蝶爲我已[12]，不知我爲蝶形⑱。既群⑲迷於蜾蠃⑳[13]，復聚惑於螟蛉㉑[14]。比渾沌㉒於雞子㉓[15]，方㉔晦昧㉕於孩孾[16]。斯皆未了㉖由愛㉗故生、藉業㉘而有、輪迴㉙苦海、往復迷津㉚者乎[17]？

【校勘】

[1] 岳：慧琳作“嶽”。

[2] 蔓：敦本、可洪作“蔓”。

莚：磧本作“筵”。

[3] 九十六：敦本作“九六十”，“十”旁加有倒文符號√。

二十五，敦本作“十二五”，“二”旁加有√。

[4] 僧佉：敦本作“僧法”。

從：金本作“従”，今改。下同。

而：敦本無此字。

萬：金本作“万”，今改。下同。

[5] 薜：大本作“薛”。

起：金本、麗初本作“起”，二字同，今改。下同。

[6] 體：麗本、大本作“髆”。

[7] 將：敦本作“将”，金本作“𤖅”，三字同，今改正體。下同。爲，金本作“為”，磧本作“爲”，二字同，今據改。下同。

[8] 椎髻：金本、麗初本作“堆髻”，磧本作“椎髮”，今據敦本、麗本、大本改。

[9] 冥冥：金本、敦本、麗初本、麗本作“㝠㝠”，今據磧本改。

其精：敦本作“精其”，“精”旁加有√。

[10] 罔：金本、敦本、麗初本、麗本、磧本作“冈”，大本作“罔”，“冈”同“罔”，今據改。下同。

[11] 得：敦本作“淂”。

[12] 知：敦本無此字。

蝶：金本作“𧒂”，敦本、麗初本、麗本作“蜨”，三字同，今改。下同。

我已：金本、麗初本、麗本、磧本作“我巳”，大本作“我己”，今據改。

[13] 群：敦本、磧本作“羣”。

蜾：敦本、可洪作“螺”。

羸：磧本作“羸”，麗本、大本作“蠡”，敦本、可洪作“羸”。

[14] 復：敦本作“湲”。

惑：敦本、磧本作“或”。

螟蛉：金本、麗初本、麗本作“螟蛉”，今改。

[15] 雞：敦本作“鷄”。

[16] 孩孾：孾，金本、石本、麗初本、麗本、大本作“嬰”，敦本、磧

本、可洪作"孾",二字同,今據改。慧琳:"孩嬰,上亥哀反。顧野王云:'孩,幼稚也。'下瓔盈反。《釋名》云:'人初生曰嬰兒。胷前曰嬰,言接之嬰前乳養之也。'《説文》從女賏聲,賏音同上。《傳》作孾,非也。"

［17］藉:金本、麗初本作"籍",敦本、石本、麗本、磧本、大本作"藉",今據改。

輪:金本、麗初本作"淪",敦本作"倫",石本、麗本、磧本、大本作"輪",今據改。

往:金本、敦本、麗初本、麗本作"徃",磧本作"往",二字同,今據改。下同。

【箋注】

① 岳峙:山岳聳立。

② 星分:以天上的星宿劃分地上的區域。晋左思《蜀都賦》:"九土星分,萬國錯跱。"

③ 含靈:指具有靈性的人類。《晋書·桓玄傳論》:"夫帝王者,功高宇内,道濟含靈。"《梁書·武帝紀上》:"專威擅虐,毒被含靈。"

④ 道殊九十六種:指釋迦牟尼時期的九十六種外道。失譯《薩婆多毘尼毘婆沙》卷五:"爾時有梵志是外道六師門徒。六師者,一師十五種教以授弟子,爲教各異,弟子受行各成異見,如是一師出十五種異見。師别有法,與弟子不同,師與弟子通爲十六種,如是六師有九十六。師所用法,及其將終必授一弟子,如是師師相傳,常有六師。"西晋竺法護譯《生經》卷一:"佛爲一切三界之尊,其心清淨過於摩尼,智慧之明超於日月,獨步三世,無能逮者。降伏諸邪,九十六種,莫不歸伏。道德巍巍,不可爲喻,虚空無形,不可污染。佛心過彼,無有等侣。"

⑤ 諦分二十五門:諦,真實無謬的道理。指數論所立二十五諦。宋法雲編《翻譯名義集》五:"僧佉論,正云僧企耶,此云數術,又翻數論。輔行云,迦毘羅説經十萬偈名僧佉論,用二十五諦。明因中有果,計一爲宗。言二十五諦者:一者從冥初生覺,過八萬劫前冥然不知,但見最初中陰初起。以宿命力,恒憶想之,名爲冥諦。亦云世性,

謂世間衆生由冥初而有即世間本性也。亦曰自然,無所從故,從此生覺。亦名爲大,即中陰識也。次從覺生我心者,此是我慢之我,非神我也,即第三諦,從我心生色聲香味觸。從五塵生五大,謂四大及空。塵細大麁,合塵成大,故云從塵生大。然此大生多少不同。從聲生空大,從聲觸生風大,從色聲觸生火大,從色聲觸味生水大。五塵生地大,地大藉塵多故,其力最薄。乃至空大,藉塵少故,其力最强。故四輪成世界。空輪最下,次風,次火,次水,次地。從五大生十一根,謂眼等根能覺知故,故名爲根,名五知根。手足口大小遺根能有用故,名五業根。心平等根,合十一根。心能遍緣,名平等根。若五知根各用一大,謂色塵成火大,火大成眼根,眼根還具色,空塵成耳根,耳根還聞聲。地成鼻,水成舌,風成身,亦如是。此二十四諦,即是我所。皆依神我,名爲主諦。能所合論。即二十五。"

⑥ 僧佉:梵文 Sāṃkhya 音譯,意譯爲"數論"。唐玄應《一切經音義》卷十:"僧佉,此語訛也。應言僧企耶。此云數也,其論以二十五根爲宗,舊云二十五諦也。"

⑦ 薜世:梵文 Vaiśeṣika 音譯,意譯爲勝論,古印度六派哲學之一。

⑧ 六條:指勝論六條。唐澄觀述《大方廣佛華嚴經隨疏演義鈔》卷十三:"仙人應時神力化引騰空,迎往所住山中。與説所悟六句義法:一實,二德,三業,四大有,五同異,六和合。"

⑨ 五道:指地獄、餓鬼、畜生、人、天。

⑩ 灰身:用灰塗身。

⑪ 椎髻:一撮之髻,其形如椎。慧琳:"椎髻,上直追反,下雞詣反。鄭注《儀礼》云:'髻,結髮也。'《古今正字》:'從髟吉聲。'髟音必遥反,椎從木。"《史記·貨殖列傳》:"程鄭,山東遷虜也,亦冶鑄,賈椎髻之民,富埒卓氏,俱居臨邛。"《漢書·李陵傳》:"兩人皆胡服椎結。"顔師古注:"結讀曰髻,一撮之髻,其形如椎。"唐玄奘《大唐西域記》卷七:"或斷髮,或椎髻,露形無服,塗身以灰,精勤苦行,求出生死。"

⑫ 執作:疑當作"執柱","柱""作"形近而混。唐玄奘《大唐西域記》卷五記載云:"故諸外道修苦行者,於河中立高柱,日將旦也,便即

昇之,一手一足執柱端,躡傍杙,一手一足虚懸外申,臨空不屈,延頸張目,視日右轉,逮乎曛暮,方乃下焉。若此者,其徒數十,冀斯勤苦,出離生死,或數十年未嘗懈息。""執作"義爲操作、勞作。如南朝陳徐陵《諫仁山深法師罷道書》:"身無執作之勞,口餐香積之飯。"此義與語境不合。

⑬ 生乃自然:指的是前面二十五諦之一。

⑭ 識滅:佛教指死。《南齊書·武帝紀》:"我識滅之後,身上著夏衣畫天衣,純烏犀導,應諸器悉不得用寶物及織成等,唯裝複裌衣各一通。"

⑮ 幽幽冥冥:"幽冥",玄遠、微妙。《淮南子·説山訓》:"視之無形,聽之無聲,謂之幽冥。幽冥者,所以喻道而非道也。"《後漢書·馮衍傳》:"衍聞明君不惡切慤之言,以測幽冥之論。"

⑯ 眇眇忽忽:"眇忽",幽微。明方孝孺《鄭生祐哀辭》:"既聰達兮又慧哲;超幾先兮燭眇忽。"

⑰ 人道:人界。佛教謂衆生根據生前善惡行爲,因果報應,在天道、人道、修羅道、畜生道、餓鬼道、地獄道等六道中輪回。隋瞿曇法智譯《業報差别經》:"由先造增上下品身語妙意妙行,故生人道。"

⑱ 或談不知蝶爲我已,不知我爲蝶形:此説見於《莊子·齊物論》:"昔者莊周夢爲胡蝶,栩栩然胡蝶也,自喻適志與!不知周也。俄然覺,則蘧蘧然周也。不知周之夢爲胡蝶與,胡蝶之夢爲周與?周與胡蝶,則必有分矣。此之謂物化。"

⑲ 群:會合。《荀子·非十二子篇》:"壹統類,而群天下之英傑告之以大古。"楊倞注:"群,會合也。"

⑳ 蜾蠃:寄生蜂的一種,以泥土築巢於樹枝或壁上,捕捉螟蛉等害蟲,爲其幼蟲的食物,古人誤以爲收養幼蟲。慧琳:"蜾蠃,上戈火反,下盧果反。《毛詩傳》云:'蜾蠃,蒲盧也。'郭璞注《尔雅》云:'即細腰蜂也。呼爲蠮螉。'《説文》正作蠣,云:'土蜂也。天地之性,細胥無子。從虫㒼聲,㒼音戈。'蠃從虫𣎆聲。蠮音翳,螉音翁貢反。"漢揚雄《法言·學行》:"螟蛉之子殪而逢蜾蠃,祝之曰:'類我類我。'"《文

選・劉伶〈酒德頌〉》:“二豪侍側,焉如蜾蠃之與螟蛉。”李善注引李軌曰:“蜾蠃,蜂蟲也……蜂蟲無子,取桑蟲蔽而殪之,幽而養之,祝曰:‘類我。’久則化而成蜂蟲矣。”

可洪:“螺蠃,上音果,下郎果反,正作蜾蠃也,細腰蜂也,今之土蜂是也。天地之性,細腰無子。《詩》云:‘螟蛉有子,蜾蠃負之。’謂負螟蛉之子於空木中,七日而成其子也。《法言》云:‘螟蛉之子殪而逢蜾蠃,呪曰類我類我,久則似之也。’”

㉑ 螟蛉:螟蛾的幼蟲。慧琳:“螟蠕,上覓經反,下歷丁反。《尔雅》云:‘螟蠕,桑蟲也。’郭注云:‘桑蝎也。一云戎女。’《説文》二字並從虫,冥霝皆聲。《傳》作蛉,蜻蛉,字非也。”《詩經・小雅・小宛》:“螟蛉有子,蜾蠃負之。”蜾蠃常捕螟蛉喂它的幼蟲,古人誤認爲蜾蠃養螟蛉爲己子,後因以爲養子的代稱。

㉒ 渾沌:古人指世界開闢前元氣未分、模糊一團的狀態。慧琳:“上魂穩反,下犺穩反。杜注《左傳》云:‘渾沌,不通類也。’王弼:‘無所分别,不可爲名也。’《莊子》:中央之帝名。亦四凶名,是無知之皃也。案:清濁未分也,《古今正字》並從水,軍屯皆聲。亦從人作倱伅,或作混字。”漢王充《論衡・談天》:“説《易》者曰:‘元氣未分,渾沌爲一。’”三國魏曹植《七啟》:“夫太極之初,渾沌未分。”

㉓ 雞子:雞蛋。《漢書・五行志中之下》:“宣帝地節四年五月,山陽濟陰雨雹如雞子。”

㉔ 方:比方。

㉕ 晦昧:昏暗,陰暗。南朝梁吴均《送柳吴興竹亭集》:“躑躅牛羊下,晦昧崦嵫色。”唐韓愈《謁衡嶽廟遂宿嶽寺題門樓》:“我來正逢秋雨節,陰氣晦昧無清風。”

㉖ 了:了解;明瞭。唐韓愈《吊武侍御所畫佛文》:“吾不能了釋氏之信不,又安知其不果然乎?”

㉗ 愛:佛教十二因緣之一,指貪戀執著于一切事物。下文“生”“有”也分别是十二因緣之一。

㉘ 業:佛教謂業由身、口、意三處發動,分别稱身業、口業、意業。業分善、不善、非善非不善三種,一般偏指惡業。

㉙ 輪迴：佛教認爲衆生各依善惡業因，在天道、人道、阿修羅道、地獄道、餓鬼道、畜生道等六道中生死交替，有如車輪般旋轉不停，故稱。也稱六道輪回、輪回六道。姚秦鳩摩羅什譯《妙法蓮華經》卷一："以諸欲因緣，墜墮三惡道，輪迴六趣中，備受諸苦毒。"

㉚ 迷津：指迷妄的境界。義淨譯《根本説一切有部毘奈耶破僧事》卷十六："以斯殊勝福，度苦海衆生；令得出迷津，同獲菩提果。"

然則親指平途，躬宣妙理，説十二緣起①，獲三六獨法②，號天人師③，稱一切智④，引⑤四生⑥於火宅⑦，拔三有⑧於昏城⑨，出煩惱流[1]，登涅槃⑩岸者[2]，粤⑪我大師釋迦世尊矣！創⑫成正覺⑬龍河⑭[3]，九有⑮興出塵之望；後移馳光鹿苑⑯[4]，六道⑰盛歸依⑱之心。

【校勘】

[1] 惱：金本、敦本、麗初本、麗本作"惱"，磧本作"惱"，二字同，今據改。下同。

[2] 槃：金本、麗初本、麗本作"𣨼"，敦本、磧本、大本作"槃"。二字同，今據改。下同。

[3] 正覺：敦本無"正"字。

[4] 移馳光：金本、敦本、石本、麗初本、磧本作"移光"，麗本、大本作"移馳光"，今據補。

苑：金本、敦本、麗初本作"菀"，石本、麗本、磧本、大本作"苑"，今據改。

【箋注】

① 十二緣起：即"十二因緣"，佛教"三世輪回"的基本理論，包括無明、行、識、名色、六入、觸、受、愛、取、有、生、老死十二支依次緣起，構成三世兩重的因果關係。南朝梁慧皎《高僧傳·神異下·梁京師釋保誌》："上嘗問誌云：'弟子煩惑未除，何以治之？'答云：'十二識者

以爲十二因緣，治惑藥也。'"

② 三六獨法：又稱"十八不共法"。姚秦鳩摩羅什譯《大智度論》卷二十六："十八不共法者：一者諸佛身無失，二者口無失，三者念無失，四者無異想，五者無不定心，六者無不知已捨；七者欲無減，八者精進無減，九者念無減，十者慧無減，十一者解脱無減，十二者解脱知見無減；十三者一切身業隨智慧行，十四者一切口業隨智慧行，十五者一切意業隨智慧行；十六者智慧知過去世無礙，十七者智慧知未來世無礙，十八者智慧知現在世無礙。"

③ 天人師：釋迦牟尼佛的别號，佛教以其爲天與人之師，故名。西晋竺法護譯《生經》卷五："於今如來興于世間，如來、至真、等正覺、明行成為、善逝、世間解、天人師、無上士、道法御，號佛、世尊，於今説法具足究竟，淨修梵行離諸塵垢，除婬怒癡生老病死，獨步三界而無所畏，降伏諸邪衆外異學，莫不歸伏，一切蒙度。"

④ 一切智：佛教指無所不知的佛智。

⑤ 引：接引。

⑥ 四生：佛教分世界衆生爲胎生、卵生、濕生、化生四大類。

⑦ 火宅：佛教用以比喻充滿衆苦的塵世。姚秦鳩摩羅什譯《妙法蓮華經》卷二："三界無安，猶如火宅，衆苦充滿，甚可怖畏。"唐白居易《贈曇禪師》："欲知火宅焚燒苦，方寸如今化作灰。"

⑧ 三有：謂三界之生死。佛教認爲三界之生死境界有因有果，故謂之有。一、欲有，欲界之生死；二、色有，色界之生死；三、無色有，無色界之生死。

⑨ 昏城：昏昧之城，佛教指凡夫所居之地。

⑩ 涅槃：梵文 Nirvāṇa 音譯，又譯作"泥洹"等，意譯爲"滅""滅度""寂滅""圓寂"等，是佛教全部修習所要達到的最高理想，一般指熄滅生死輪回後的境界。晋僧肇《涅槃無名論》："涅槃之道，蓋是三乘之所歸，方等之淵府。"

⑪ 粤：用於句首表示審慎語氣的助詞。

⑫ 創：初始。

⑬ 正覺："無上等正覺"的略稱。

⑭ 龍河：尼連禪河，在金剛座之東，此河中有龍住，故名。

⑮ 九有：指衆生輪回之三界九地。唐王勃《釋迦佛賦》："恩霑九有，行洽三無。"

⑯ 鹿苑：即鹿野苑，釋迦牟尼度憍陳如等五比丘處。

⑰ 六道：謂衆生輪迴的六去處：天道、人道、阿修羅道、畜生道、餓鬼道和地獄道。

⑱ 歸依：信仰佛教者的入教儀式。因對佛、法、僧表示歸順依附，故稱。隋慧遠《大乘義章》卷十："歸投依伏，故曰歸依。"

初轉法輪①，則五人②受化；次談戒躅③，則千生伏首。於是闡梵響④於王舍⑤[1]，獲果者無窮；酬恩惠於父城⑥，發心⑦者莫算[2]。始自了教⑧，會初願⑨以摽⑩誠；終乎妙賢⑪，契後期於結念⑫。住持八紀⑬，弘濟⑭九居⑮[3]。

【校勘】

[1] 響：敦本作"嚮"。

王舍：敦本作"王城"。

[2] 算：金本、麗初本、麗本作"筭"，敦本、磧本作"筭"，大本作"算"，三字同，今據改。

[3] 弘：金本、麗初本、麗本作"弘"，石本、磧本作"弘"，敦本作"弘"，三字同，今據改。下同。

【箋注】

① 初轉法輪：指佛陀出家成道後首度説法。

② 五人：佛成道初度五人，即阿若憍陳如、頞鞞、跋提、十力迦葉、拘利太子。

③ 戒躅（zhuó）：戒律之軌跡。慧琳："戒躅，重録反。《漢書音義》云：'躅，迹也。'《三蒼》謂跡爲躅，《古今正字》從足蜀聲。"

④ 梵響：念佛誦經之聲。北周庾信《和從駕登雲居寺塔》："隔嶺

鐘聲度，中天梵響來。”

⑤ 王舍：即古印度曷羅闍姞利呬城。傳説其西南佛陀迦雅爲釋迦牟尼成道之地。唐玄奘《大唐西域記》卷九：“石柱東北不遠，至曷羅闍姞利呬城(唐言王舍)。外郭已壞，無復遺堵，内城雖毁，基址猶峻，周二十餘里，面有一門。……以王先舍於此，故稱王舍城也。”

⑥ 父城：迦毗羅城，爲釋尊之父淨飯王之城，故稱父城。

⑦ 發心：謂發願求無上菩提之心。姚秦鳩摩羅什譯《妙法蓮華經》卷五：“從誰初發心，稱揚何佛法？”

⑧ 了教：即阿若憍陳如，義淨譯爲了教。

⑨ 初願：初志、宿願。晋陸雲《答兄平原》：“羈縶殊俗，初願用違。”《宋書·王僧達傳》：“具陳蕲懇，備執初願，乞置江湘遠郡，一二年中，庶反耕之日，糧藥有寄。”

⑩ 摽：同“標”，標榜，標示。

⑪ 妙賢：指須跋陀羅比丘，釋迦牟尼臨終前所度的最後一個弟子。

⑫ 結念：念念不忘。南朝宋謝靈運《石門新營所住四面高山回溪石瀨修竹茂林》：“結念屬霄漢，孤景莫與諼。”

⑬ 住持八紀：指釋迦牟尼住世八十年。

⑭ 弘濟：廣爲救助。《尚書·顧命》：“今天降疾殆，弗興弗悟，爾尚明時朕言，用敬保元子釗弘濟于艱難。”

⑮ 九居：佛教謂衆生輪回之地，即欲界一處，色界四處，無色界四處，共三界九處。南朝宋謝靈運《佛影銘》：“七識迭用，九居屢遷。”

教無幽而不陳①，機[1]②無微而不納[2]。若泛爲俗侶，但略言其五禁③；局④提⑤法衆[3]，遂廣彰乎七篇⑥[4]。以爲宅⑦有⑧者大非，戒興則非滅；存生⑨者小過，律顯則過亡。且如恚損輕枝現生⑩龍户⑪，慈濟微命交⑫昇帝居[5]，善惡之報固其明矣[6]。於是經論⑬兼施，定慧⑭俱設[7]。攝生⑮之紐⑯，唯斯三藏⑰乎[8]！

【校勘】

［1］機：金本、敦本、麗初本、麗本、磧本作“㡬”，大本作“機”，今據改。

［2］納：敦本作“衲”。

［3］局：金本、敦本、麗初本、麗本作“局”，磧本、大本作“局”，二字同，今據改。

［4］遂：金本無“遂”字，今據磧本補。

［5］昇：敦本無此字。

［6］惡：金本、敦本、麗初本、麗本作“恶”，磧本、大本作“惡”，二字同，今據改。下同。

［7］慧：敦本作“惠”。

［8］紐：磧本作“網”。

藏：金本、敦本、麗初本、麗本、磧本作“蔵”，大本作“藏”，二字同，今據改。

【箋注】

① 陳：陳述。

② 機：機緣。

③ 五禁：即不殺生、不偷盜、不邪淫、不妄語、不飲酒五戒。

④ 局：局限，部分。慧琳：“局提，上卭録反。鄭玄注《礼記》云：‘局，部分也。’《廣雅》：‘局，近。’攝生也。《説文》：‘促也。從口，在尺下也。’”

⑤ 提：提攜，扶持。

⑥ 七篇：又稱七聚，即七種罪聚，有波羅夷、僧殘、偷蘭遮、波逸提、提舍尼、突吉羅、惡説等。

⑦ 宅：居於，處於。

⑧ 有：指十二因緣中的有支。

⑨ 生：指十二因緣中的生支。

⑩ 現生：出現、出生。義淨譯《根本説一切有部毘奈耶藥事》卷四：“我之慈母，現生摩利支世界，更無餘人能往彼界爲教化者，唯願

世尊爲教導。”

⑪ 龍户:龍所居之處。義淨譯《根本説一切有部毘奈耶雜事》卷二十一:“汝等苾芻! 應當一心聽我所説。乃往過去於賢劫中人壽二萬歲時,有佛出世名曰迦葉波,十號具足,在婆羅痆斯施鹿林中依止而住。此龍于時於佛法中出家修行,善閑三藏具習定門,毉寂靜處毉羅樹下而作經行以自策勵。于時毉羅樹葉打著其額即便忍受,後於一時繫心疲惓,從定而起策念經行,葉還打額極生痛苦,發瞋怒心,即以兩手折其樹葉擲之于地,作如是語:‘迦葉波佛無情物上見何過咎,而制學處令受斯苦?’由彼猛毒瞋心毀戒,命終之後墮此龍中,毉羅大樹生於頭上,膿血流出多有諸蟲,蠅蛆唼食臭穢非常。汝諸苾芻於意云何? 善閑三藏習定苾芻壞毉羅葉者,豈異人乎! 今此龍是。”

⑫ 交:一定,必定。參見譚代龍《〈廣雅〉“交,定也”考》(《語言研究》2016 年第 4 期)。

⑬ 經論:佛教指三藏中的經藏與論藏。《梁書·謝舉傳》:“爲晋陵郡時,常與義僧遞講經論。”唐王維《輞川別業》:“優婁比丘經論學,傴僂丈人鄉里賢。”

⑭ 定慧:定學與慧學的並稱。姚秦鳩摩羅什譯《妙法蓮華經》卷一:“又見佛子,定慧具足,以無量喻,爲衆講法。”

⑮ 攝生:攝養群生。

⑯ 紐:本,根據。慧琳:“之紐,尼九反。《説文》云:‘紐,系也。一云結而可解者。從糸丑聲。’”《莊子·人間世》:“是萬物之化也,禹舜之所紐也。”陸德明釋文引簡文曰:“紐,本也。”

⑰ 三藏:佛教經典分經、律、論三部分。經,總説根本教義;律,記述戒規威儀;論,闡明經義。唐玄奘《大唐西域記》卷二:“我若不通三藏理,不斷三界欲,得六神通,具八解脱,終不以脅而至於席。”

既而親對大師,教唯一説,隨機拯物①[1],理亡②他議。及乎薜舍③初辭[2],魔王惑歡喜之志④[3];熙連⑤後唱[4],無滅⑥顯亡疑之理[5]。可謂化緣⑦斯盡⑧[6],能事⑨畢功⑩[7]。遂乃跡滅兩河⑪[8],人天掩望,影淪雙樹⑫,龍鬼摧心⑬[9]。

致使娑羅林側，淚下成泥[10]，哭者身邊[11]，血如花樹[12]。大師唱寂，世界空虛[13]。

【校勘】

[1] 機：金本、敦本、麗初本作“攙”，磧本、麗本作“機”，今據改。

拯：金本、敦本、麗初本、麗本作“極”，磧本作“拯”，今據改。

[2] 薛，大本作“薛”。辭：金本、麗初本、麗本、磧本作“辞”，敦本作“辤”，大本作“辭”，三字同，今據改。

[3] 魔：敦本作“摩”。

惑：敦本、磧本作“或”。

[4] 熙：敦本作“凞”。

[5] 無：金本作“无”，今改。疑：敦本無此字。

[6] 謂：敦本作“谓”。

[7] 能：金本、麗初本作“䏻”。二字同，今改。下同。

功：金本、敦本、麗初本、麗本作“切”，磧本作“功”，二字同，今據改。

[8] 滅：敦本用硃筆補在旁邊。

[9] 摧：敦本作“榷”。

[10] 淚：金本、麗初本、麗本作“淚”，敦本、磧本作“涙”，二字同，今據改。

下：敦本用硃筆補在旁邊。

泥：金本、敦本、麗初本、麗本作“埿”，磧本作“泥”，二字同，今據改。

[11] 哭：敦本作“哭”，二字同。

[12] 血：敦本作“𧖧”，二字同。

[13] 虛：敦本、麗本作“虗”，金本、麗初本、大本作“虛”，二字同。

【箋注】

① 拯物：猶濟世。晉袁宏《三國名臣序贊》：“知能拯物，愚足全

生。”隋李德林《〈霸朝集〉》:“濟時拯物,無以加也。”唐劉禹錫《傳信方述》:“其志在於拯物,予故申之以書。”

② 亡:無,没有。《論語·子張》:“日知其所亡,月無忘其所能,可謂好學也已矣。”邢昺疏:“亡,無也。”

③ 薛舍:梵文 vaiśālī 音譯,即薛舍離,故址在今印度比哈爾邦。

④ 魔王惑歡喜之志:歡喜,阿難陀名字的意譯。義淨譯《根本説一切有部毘奈耶雜事》卷三十六:爾時世尊告具壽阿難陀曰:“我今欲往廣嚴城。”時阿難陀聞佛教已,即隨佛後至廣嚴城住重閣堂。於小食時著衣持鉢入城乞食,時阿難陀隨佛而去,次第乞已還至本處,飯食訖收衣鉢澡漱畢洗足已,佛即往詣取弓制底樹下而坐,告阿難陀曰:“此廣嚴城物産華麗,芳林果樹在處敷榮,塔廟清池甚可愛樂,贍部洲内此最希奇。阿難陀!若有能於四神足修習多修習,欲住一劫若過一劫,悉皆隨意。阿難陀!如來已於四神足已多修習,欲住一劫若過一劫,悉皆自在。”時阿難陀默然無語,如是世尊三唱前事乃至悉皆自在,阿難陀亦皆無語。佛作是念:“今阿難陀被魔所惑身心迷亂,我已再三分明告示,竟無言説能爲啟請,由是定知被魔所惑。”即便告曰:“汝可依一樹下宴坐而住,不應與汝雜亂同居。”時阿難陀聞佛教已,即往晝日宴坐之處住一樹下。

⑤ 熙連:河名,意譯爲金河。佛於此河畔涅槃。

⑥ 無滅:阿那律(Aniruddha)名字的意譯,佛陀十大弟子之一,以天眼第一著稱。

⑦ 化緣:教化的因緣。佛教謂佛、菩薩因有教化衆生的因緣而來到人世,因緣盡了即離去。唐玄奘《大唐西域記》卷九:“如來化緣斯畢,垂將涅槃。”

⑧ 斯:皆,盡。《尚書·金縢》:“周公居東二年,則罪人斯得。”孔穎達疏:“罪人於此皆得,謂獲三叔及諸叛逆者。”《吕氏春秋·報更》:“宣孟曰:‘斯食之,吾更與女。’乃復賜之脯二束與錢百。”高誘注:“斯,猶盡也。”

斯盡:皆盡。東晋罽賓三藏瞿曇僧伽提婆譯《增壹阿含經》卷二十四:“若彼罪人舉脚著獄中時,血肉斯盡,唯有骨在。”義淨譯《根本說一切有部毘奈耶雜事》卷三十："衆生業報難可思議，先所作業悉皆自受，惡緣斯盡善果方生。"

⑨ 能事：所能之事。《周易·繫辭上》："引而伸之，觸類而長之，天下之能事畢矣。"《宋書·武帝紀中》："莫不雲行雨施，能事畢舉。"

⑩ 畢功：完成。北魏楊衒之《洛陽伽藍記》卷一："裝飾畢功，明帝與太后共登之。"唐慧立、彦悰《大慈恩寺三藏法師傳》卷七："營慈恩寺漸向畢功，輪奂將成，僧徒尚闕，伏奉勑旨度三百僧，别請五十大德，同奉神居降臨行道。"

⑪ 兩河：指尼連禪河與跋提河。

⑫ 雙樹：娑羅雙樹，也稱雙林，爲釋迦牟尼入滅之處。東晋法顯譯《大般涅槃經》卷中："汝今當知，我於今者，後夜分盡，在鳩尸那城力士生地熙連河側娑羅雙樹間，入般涅槃。"

⑬ 摧心：極度傷心。晋潘岳《寡婦賦》："少伶俜而偏孤兮，痛忉怛以摧心。"唐柳宗元《寄許京兆孟容書》："每當春秋時饗，孑立捧奠，顧眄無後繼者，懍懍然欷歔惴惕，恐此事便已，摧心傷骨，若受鋒刃。"

次有弘法應人①[1]，結集②有五七之異③；持律大將，部分爲十八之殊④。隨所見聞，三藏各别[2]。著下裙則裾有偏正[3]，披上服則葉存狹廣[4]；同宿乃異室繩圍[5]，兩俱無過；受食以[6]手[7]執⑤畫地，二並亡愆[8]。各有師承，事無和雜⑥【有部⑦則正，餘三並偏；有部則要須别室，正量⑧以繩圍牀；有部手請⑨，僧祇⑩畫地也】[9]。

【校勘】

[1] 應人：敦本作"應有人"，"有"字旁有豎三點，應是删除符號。

[2] 藏：麗初本、敦本、麗本、磧本作"蔵"，二字同。

[3] 裙：金本、敦本、麗初本作"裠"，麗本、磧本作"裙"，二字同，今據改。

裾：金本作"裾"，敦本、大本作"裙"，磧本作"裾"，今據改。

偏正：敦本作“正偏”，之間有√。

［4］ 葉：衣幅。敦本作“䈎”。

狹：金本、麗初本、麗本作“狭”，今改。

［5］ 繩：敦本作“绳”。

［6］ 以：敦本無。

［7］ 手：金本作“乎”，磧本作“手”，今據改。

［8］ 亡：敦本作“无”。

［9］ 牀：麗初本、麗本同。敦本作“林”，磧本、大本作“床”。

也：敦本無此字。

【箋注】

① 應人：語出《周易・兑》：“是以順乎天而應乎人。”本指順應人、應和人。漢董仲舒《春秋繁露・楚莊王》：“制爲應天改之，樂爲應人作之。”漢王充《論衡・明雩》：“夫人不能以行感天，天亦不隨行而應人。”此指應時而出之人。義淨譯《根本説一切有部毘奈耶頌》卷下：“次於王城五百衆，結集三藏是應人；重流法雨潤生津，我悉至誠歸命禮。”

② 結集：釋迦牟尼生時隨機説法，無文字記載。涅槃後，弟子們集會，各誦所聞，彙集成爲法藏，故稱。相傳現有佛經經過四次結集：一、佛滅後不久，以大迦葉爲首的五百比丘在王舍城結集；二、佛滅後百年，以耶舍爲首的七百比丘在毘舍離結集；三、阿育王時代，公元前三世紀，以目犍連子帝須爲首的一千比丘在華氏城結集；四、迦膩色迦王時代，公元二世紀，以脅比丘爲首的五百比丘在迦濕彌羅結集。唐玄奘《大唐西域記》卷九：“大竹林中，有大石室，是尊者摩訶迦葉波於此與九百九十九大阿羅漢，以如來涅槃後，結集三藏。”

③ 五七之異：指五百結集與七百結集。

④ 部分爲十八之殊：分爲十八個不同的部派。

⑤ 手執：用手拿。

⑥ 和雜：混雜。北魏賈思勰《齊民要術・種榆白楊》：“梜榆、刺榆、凡榆三種，色别種之，勿令和雜。”《魏書・食貨志》：“銅必精練，無

所和雜。”

⑦ 有部：全稱聖根本說一切有部，爲小乘二十部之一。音譯作薩婆多等，意譯作一切有等，屬上座部之一派。主張三世一切法皆爲實有，故稱有部。

⑧ 正量：小乘二十部之一。

⑨ 請(qíng)：受，接受。唐韓愈《唐正議大夫尚書左丞孔公墓誌銘》：“絕海之商有死于吾地者，官藏其貨，滿三月無妻子之請者，盡没有之。”宋王安石《答曾公立書》：“始以爲不請，而請者不可遏；終以爲不納，而納者不可卻。”

⑩ 僧衹：摩訶僧衹部略稱，意譯爲大衆部。

諸部流派[1]，生起①不同，西國相承，大綱唯四[2]【一、阿離耶莫訶僧衹尼迦耶②[3]，周云聖大衆部[4]，分出七部，三藏各有十萬頌[5]，合三十萬頌[6]，周譯可成千卷[7]。二[8]、阿離耶悉他陛攞尼迦耶③，周云聖上座部，分出三部[9]，三藏多少同前。三、阿離耶慕攞薩婆悉底婆拖尼迦耶④，周云聖根本說一切有部，分出四部，三藏多少同前。四、阿離耶三蜜栗底尼迦耶⑤[10]，周云聖正量部，分出四部，三藏二十萬頌[11]，律有三十千頌[12]。然而部執所傳⑥，多有同異，且依現事，言其十八。分爲五部，不聞於西國耳[13]】。其間離分出没，部別名字，事非一致，如餘所論，此不繁述。故五天⑦之地及南海諸洲[14]，皆云四種尼迦耶⑧。然其所欽⑨，處⑩有多少。

【校勘】

[1] 派：金本、敦本、麗初本、麗本作“泒”，磧本作“派”，二字同，今據改。

[2] 綱：敦本作“綑”。

[3] 阿離：敦本作“阿”。

尼：金本、麗本作“𡰥”，敦本作“尸”，麗初本、磧本作“尼”。“𡰥”即“尼”字，今據改。下同。

耶：敦本作"邪"。下皆同。

[4] 周云：金本、麗初本、麗本、大本作"唐云"，敦本、磧本作"周云"。今據改。下皆同。

[5] 藏：麗初本、麗本、磧本作"蔵"。

萬：金本作"万"，今改。

[6] 合三十萬頌：金本、麗初本、麗本、大本無此句，敦本作"合三十三万頌"，磧本作"合三十萬頌"，今據補。

[7] 周譯：金本、麗初本、麗本、大本作"唐譯"，敦本、磧本作"周譯"，今據改。

[8] 二：磧本作"一"。

[9] 三：金本、麗初本無此字，今據他本補。

[10] 栗：敦本無此字。耶：敦本作"邪"。

[11] 三藏二十萬頌：敦本作"二藏二十萬頌"，麗本、大本作"三藏三十萬頌"。其中"萬"字，金本、敦本、麗本、磧本均作"万"，今改。

[12] 律有三十千頌：金本、麗初本、麗本、大本無此句，敦本、磧本有此句，今據補。

[13] 西國耳：磧本作"西國之耳"。

[14] 洲：金本、麗初本作"州"，磧本作"洲"，今據改。

【箋注】

① 生起：指能生與所生。隋智顗《妙法蓮華經玄義》卷一上："生起者，能生爲生，所生爲起。"

② 阿離耶莫訶僧祇尼迦耶：梵文 Āryamahāsaṃghikanikāya 音譯，意譯爲聖大衆部。

③ 阿離耶悉他陛攞尼迦耶：梵文 Āryasthaviranikāya 音譯，意譯爲聖上座部。

④ 阿離耶慕攞薩婆悉底婆拖尼迦耶：梵文 Āryamūlasarvāstivādanikāya 音譯，意譯爲聖根本説一切有部。

⑤ 阿離耶三蜜栗底尼迦耶：梵文 Āryasammitīyanikāya 音譯，意譯爲聖正量部。

⑥ 部執：佛教指各部所執的有關教義的見解。唐玄奘《大唐西域記》卷三："機務餘暇，每習佛經，日請一僧入宫説法，而諸異議部執不同。"

⑦ 五天：中古時期，印度全域分爲東、西、南、北、中五區，稱爲五天竺。又稱五印度，略稱五天、五竺、五印。

⑧ 尼迦耶：梵文 nikāya 音譯，意譯爲團體、教派。

⑨ 欽：尊敬。《禮記·内則》："欽有帥。"鄭玄注："欽，敬也。"孔穎達疏："當教之令其恭敬使有循善道。"

⑩ 處：處所。此指各處。

摩揭陁①則四部通習[1]，有部最盛[2]。羅荼②信度③【西印度國名】則少兼三部[3]，乃正量尤多[4]。北方皆全有部，時逢大衆[5]。南面則咸遵上座，餘部少存。東裔諸國[6]，雜行四部【從那爛陁④東行五百驛⑤[7]，皆名東裔[8]。乃至盡窮，有大黑山⑥，計當土蕃⑦南畔[9]，傳云是蜀川西南[10]。行可一月餘，便達斯嶺⑧。次此南畔，逼近海涯，有室利察呾羅國⑨[11]。次東南有郎迦戍⑩國[12]，次東有杜和鉢底國⑪[13]，次東極至臨邑⑫國[14]，並悉極遵三寶[15]，多有持戒之人。乞食杜多⑬[16]，是其國法。西方見有，實異常倫】。

【校勘】

[1] 陁：大本作"陀"。

通習：習，麗初本作"㫝"，下同。敦本無此二字。

[2] 有部：敦本無此二字。

最：金本作"㝡"，即"最"字，今改。

[3] 荼：金本、磧本作"茶"，敦本作"荼"，今據改。

西印度：敦本無"度"。

兼：敦本、麗初本、麗本作"無"。下同。二字同。

[4] 乃：金本、麗初本、磧本作"乃至"，敦本、麗本、大本作"乃"，

今據改。

［5］時逢：敦本作“則逢”。

［6］裔：金本、麗初本、麗本、可洪作“裦”，敦本、磧本作“裔”，二字同，今據改。

國：敦本作“国”，下同。

［7］從：金本作“従”，今改。

陁：大本作“陀”。

［8］裔：金本、麗初本、麗本作“裦”，敦本、磧本作“裔”，二字同，今據改。

［9］南畔：敦本作“南邊畔”，“邊”字旁有豎三點。

［10］西南：敦本無“西”字。

［11］此：敦本無。

呾：金本作“咀”，磧本作“呾”，今據改。

［12］戍：金本、敦本、麗本作“戌”，麗初本、磧本、大本作“戍”，今據改。

［13］東有：敦本作“有東”，之間有√。

杜和鉢底國：金本、麗本、磧本、大本作“社和鉢底國”，敦本作“扗和鉢底国”，麗初本作“杜和鉢底國”，今據改。

［14］極：磧本作“掘”。國：敦本用硃筆補於旁邊作“国”。

［15］並：敦本無此字。

［16］杜：敦本作“扗”，麗初本、磧本作“社”。

【箋注】

① 摩揭陁：梵文 Magadha 音譯，意譯作善勝國，古代印度十六國時代（公元前 6—前 4 世紀）諸國之一。位於今比哈爾邦巴特那縣和格雅縣。

② 羅荼：梵文 Lāṭa 音譯，位于南印度。又稱羅羅，即今印度孟買轄區古加拉特地方。

③ 信度：梵文 Sindhu 音譯。本爲西印度古王國之名，後爲全印度之泛稱。

④ 那爛陁：梵文 Nālanda 音譯，古代印度摩揭陀國佛寺，是古代印度最高學府。義淨曾停居此寺。

⑤ 驛：距離單位，約三十里。義淨譯《根本説一切有部百一羯磨》卷三義淨原注："言瑜膳那者，既無正翻義，當東夏一驛可三十餘里。舊云由旬者，訛略。若准西國俗法，四俱盧舍爲一瑜膳那，計一俱盧舍可有八里，即是當其三十二里。若准内教，八俱盧舍爲一瑜膳那，一俱盧舍有五百弓，弓有一步數。准其步數纔一里半餘，將八倍之當十二里，此乃不充一驛。親驗當今西方瑜膳那，可有一驛，故今皆作一驛翻之，庶無遠滯。然則那爛陀寺南向王舍城有五俱盧舍，計其里數可一驛餘耳。"

⑥ 大黑山：位於今阿富汗東部，喀布爾河支流卡瓦河及畢齊河上游處。又稱黑嶺。

⑦ 土蕃：即吐蕃。

⑧ 嶺：應即黑山之另稱"黑嶺"。王邦維(1995，15)認爲"大黑山"："應即《新唐書》卷四十三下《地理志》七下載'安南通天竺道'中之'黑山'。或以爲即今緬甸西南若開山脈。"

⑨ 室利察呾羅：梵文 Śrīkṣetra 音譯，古國名，今緬甸 Prome 附近。

⑩ 郎迦戍：古國名。王邦維(1995，15)認爲其故地約在今馬來半島之 Pattani(今屬泰國)。

⑪ 杜和鉢底國：王邦維(1995，15)認爲梵文作 Dvarapat，古城故址在今泰國曼谷北 Ayutthaya。

⑫ 臨邑：南海古國名。故地在今越南中南部。公元 192 年(一説 137 年)建國。中國史籍初稱之爲林邑，唐至德以後改稱環王。公元九世紀後期改稱占城。自五代以後，中國正史和《諸蕃志》《島夷志略》《瀛涯勝覽》等書均有記述。

⑬ 杜多：梵文 dhuta 音譯，亦譯作"頭陀"，指除去衣、食、住三種貪欲，也稱行脚乞食的僧人。唐玄應《一切經音義》卷二三"杜多"："皆謂去其衣服、飲食、住處三種欲貪也。舊言頭陀者，訛也。"

師子①洲並皆上座，而大衆斥焉[1]。然南海諸洲有十餘國[2]，純唯根本有部，正量時欽，近日已來[3]，少兼餘二【從西數之[4]，有婆魯師洲②[5]；末羅遊洲[6]，即今尸利佛逝③國是[7]；莫訶信洲④；訶陵洲⑤[8]；呾呾洲⑥；盆盆洲⑦[9]；婆里洲⑧[10]；堀倫洲⑨[11]；佛逝補羅洲⑩；阿善洲⑪[12]；末迦漫洲⑫[13]；又有小洲，不能具録也[14]】。斯乃咸遵佛法，多是小乘，唯末羅遊少有大乘耳[15]。

【校勘】

[1] 斥：排斥。金本作“斥”，敦本作“斥”，麗本作“片”，可洪作“厈”。

[2] 十餘國：敦本作“十餘部国”，又以硃筆塗去“部”。

[3] 來：金本作“来”，今改。

[4] 從：金本作“従”，今改。

[5] 婆：敦本作“娑”。

[6] 末：金本、敦本作“未”，磧本、麗本、麗初本、大本作“末”，今據改。

遊：麗本作“遊”。

洲：磧本、大本作“州”。

[7] 逝：敦本、磧本作“遊”。

國：敦本無此字。

[8] 訶陵洲：敦本作“訶利陵洲”，“利”字旁有竪三點。

[9] 呾呾：金本作“咀咀”，磧本作“呾呾”，今據改。

盆盆：敦本作“盆”，旁有紅色重複符號“、、”。

[10] 婆：敦本作“娑”。里：磧本作“利”。

[11] 堀倫：金本、磧本、大本作“掘倫”，敦本、可洪作“堀倫”，今據改。

洲：金本、麗初本無，敦本、磧本、麗本、大本有“洲”，今據補。

[12] 阿善洲：敦本作“阿部鄯洲”，“部”字旁有竪三點。

[13] 未：敦本同，磧本、麗本、大本作“末”，今據改。

[14] 也：金本、敦本、麗初本、大本無，磧本、麗本有“也”字，今據補。

［15］末：金本作“未”，敦本、磧本、麗初本、麗本、大本作“末”，今據改。

遊：磧本作“遊”。

【箋注】

① 師子：即今斯里蘭卡。《南史·宋紀中·文帝》：“倭、百濟、呵羅單、林邑、呵羅他、師子等國並遣使朝貢。”《新唐書·西域傳下·師子》：“師子居西南海中，延袤二千餘里，有稜伽山，多奇寶，以寶置洲上，商舶償直輒取去。後鄰國人稍往居之。能馴養師子，因以名國。”

② 婆魯師洲：即婆魯師國。故地在今印度尼西亞蘇門答臘島西部。

③ 尸利佛逝：即室利佛逝，故地在今印度尼西亞蘇門答臘島巨港。

④ 莫訶信洲：高楠順次郎認爲或在今加里曼丹島南岸的 Bandjermasin。

⑤ 訶陵洲：似在今加里曼丹西海岸。

⑥ 呾呾洲：故地不詳。

⑦ 盆盆洲：高楠順次郎以爲在今加里曼丹島的 Pembuan。

⑧ 婆里洲：或説即今巴厘島。

⑨ 堀(kū)倫洲：王邦維本作掘倫洲，參高楠順次郎指爲今越南南端的昆崙島(Pulo Condore)。

⑩ 佛逝補羅洲：高楠順次郎認爲在今爪哇島上。

⑪ 阿善洲：高楠順次郎認爲在今爪哇島上 Ajang。

⑫ 末迦漫洲：故地不詳。以上地名注釋均據王邦維(1995，16)注釋(十二)。

諸國周圍，或可百里，或數百里，或可百驛。大海雖難計里，商舶① 串者准② 知［1］。良爲堀倫③ 初至交廣④［2］，遂使惣唤崑崙國焉［3］。唯此崑崙［4］，頭捲⑤ 體黑，自餘諸國，與神州⑥不殊。赤脚敢曼⑦，揔是其式[5]。廣如《南海録》⑧中具述。

【校勘】

［1］串：即“慣”字，習慣。可洪：“串者，上古患反。”磧本作“慣”。

［2］堀倫：金本、磧本、大本作“掘倫”，敦本、慧琳作“堀倫”。今據改。慧琳：“堀倫，上群欝反，即崑崙，語訛轉也。”

［3］惣：磧本作“揔”，大本作“總”。

國：敦本作“国”，下同。

［4］唯：金本、麗初本作“准”，敦本、磧本、麗本作“唯”，今據改。

［5］揔：敦本作“惣”，大本作“總”。

【箋注】

① 商舶：商船。慧琳作“賫舶”：“上正商字也，下音白。《考聲》云：‘崐崘舩也。’《文字典説》云：‘海中大舩也。’從舟白聲，亦作舶。”

② 准：推測。

③ 堀倫：指堀倫國人。

④ 交廣：交州和廣州。“交州”即“交阯”，原爲古地區名，泛指五嶺以南。漢武帝時爲所置十三刺史部之一，轄境相當今廣東、廣西大部和越南的北部、中部。東漢末改爲交州。

⑤ 頭捲：慧琳作“頭鬈”：“下倦圓反。《考聲》云：‘髮曲也。’《説文》從髟卷聲。《傳》從手作捲也。”可洪：“頭捲，巨員反，屈典皃也，正作卷鬈二形，又居究反。”

⑥ 神州：中國的别稱。

⑦ 敢曼：梵文 Kambala 音譯，上纏于腰的一種裙子。慧琳：“敢曼，梵語也，遮形醜之下裳，如此方之襌袴，一幅物亦不裁縫，横纏於胷下，名曰合曼也。”敦本、可洪作“敢舅”：“敢舅，莫官反，長也，遠也，又音万，久也。”

⑧《南海録》：書名，今不存。王邦維(1996，18)注釋(三)云似爲義浄撰，或爲《宋史》卷二〇四《藝文志》三“地理書類”所録“南海録”一卷。

驩州①正南步行可餘半月，若乘船纔五六朝[1]，即到匕景②[2]。南至占波，即是臨邑。此國多是正量，少兼有部。西南一月至跋南國③[3]，舊云扶南[4]。先是裸國[5]，人多事天，後乃佛法盛流[6]，惡王今並除滅，迥無僧衆，外道雜居。斯即贍部④南隅，非海洲也。

【校勘】

［1］船：金本、麗初本、麗本作"舩"，磧本、大本作"船"，二字同，今據改。

朝：敦本、麗初本、麗本、大本同，磧本作"潮"。一天。

［2］匕景：麗初本作"已景"，誤。

［3］西南：敦本無"南"字。

［4］扶：金本、麗初本、麗本作"扶"，敦本、磧本、大本作"扶"，二字同，今據改。下同。

［5］裸：金本、敦本、麗本、麗初本作"裸"，磧本作"躶"，慧琳、大本作"裸"。今據改。

［6］佛：敦本作"仏"。

【箋注】

① 驩（huān）州：古州名。南朝梁置德州，隋改名驩州。在今越南北部。相傳舜放逐驩兜於崇山，即此。《隋書·地理志下》："日南郡，梁置德州，開皇十八年改曰驩州。統縣八，户九千九百一十五。"

② 匕景：古地名，舊地約在越南横山以南。慧琳："匕景，上卑弭反，南夷國名。"

③ 跋（bá）南國：即扶南國。慧琳："跋南國，上盤末反，今扶南國異名也。"本土在湄公河中下游。其領土包括今柬埔寨以及越南南部、泰國東南部一帶，鼎盛時達老撾南部、泰國西部乃至馬來半島南端。

④ 贍部：佛教經典中所稱的四大洲中的南部洲名，因贍部樹得

名,爲人類等居處。東晋佛馱跋陀羅譯《華嚴經》卷五"百億閻浮提"唐澄觀疏鈔:"初中閻浮提者,新云贍部,《俱舍》云:阿耨達池岸有樹,名贍部,因以名洲;提者,此云洲也……鈔:《俱舍》云者,即第十一論釋無熱池竟,云於此池側,有贍部林,其形高大,其果甘美,依此林故名贍部洲,或依此果以立洲號,論更不釋。"唐玄奘《大唐西域記·序》:"七金山外,乃鹹海也。海中可居者,大略有四洲焉。東毘提訶洲,南贍部洲,西瞿陀尼洲,北拘盧洲。"

然東夏①大綱②多行法護③[1],關中④諸處僧祇舊兼[2],江南、嶺表⑤有部先盛。而云《十誦》⑥《四分》⑦者,多是取其經夾[3],以爲題目。

【校勘】

[1] 然:敦本作"然則"。

綱:敦本作"經"。

[2] 關:金本、敦本、麗初本、麗本作"関",磧本、大本作"關",二字同,今據改。

[3] 夾:麗初本、麗本作"夹"。

【箋注】

① 東夏:泛指中國東部。《尚書·微子之命》:"上帝時歆,下民祗協,庸建爾于上公,尹兹東夏。"孔傳:"正此東方華夏之國。宋在京師東。"《後漢書·吴祐傳》:"祐每行園,常聞諷誦之音,奇而厚之,亦與爲友,卒成儒宗,知名東夏。"《周書·武帝紀下》:"東夏既平,王道初被,齊氏弊政,餘風未殄。"

② 大綱:大概。

③ 法護:即法藏部。

④ 關中:陝西渭河流域一帶。

⑤ 嶺表:嶺外。《晋書·滕脩傳》:"廣州部曲督郭馬等爲亂,皓

以脩宿有威惠，爲嶺表所伏，以爲使持節都督廣州軍事、鎮南將軍、廣州牧以討之。”

⑥《十誦》：姚秦弗若多羅、鳩摩羅什合譯作《十誦律》六十一卷。

⑦《四分》：姚秦佛陀耶舍、竺佛念合譯作《四分律》六十卷。

詳觀四部之差，律儀殊異，重輕懸隔，開①制②迢然。出家之侶，各依部執，無宜取他輕事，替己重條，用自開文，見嫌餘制③。若爾則部別之義不著，許遮之理莫分。豈得以其一身[1]，遍行於四？裂裳金杖之喻，乃表證滅不殊。行法之徒，須依自部[2]。【頻毗娑羅④王夢見一疊裂爲十八片[3]，一金杖斬爲十八段，怖而問佛[4]。佛言：“我滅度後，一百餘年，有阿輸迦王⑤[5]，威加贍部。時諸苾蒭[6]，教分十八，趣解脱門[7]，其致⑥一也[8]。此即先兆，王勿見憂耳[9]。”】

【校勘】

[1] 得：敦本作“淂”。下同。

[2] 須：金本、敦本、麗初本、麗本作“湏”，二字同，今改。

[3] 毗：敦本作“婆”。

疊，敦本、麗初本、麗本、大本同，磧本作“氎”。

[4] 問：敦本作“問問”，後一問字用硃筆塗抹。

[5] 王：金本作“正”，麗初本、麗本、磧本、大本作“王”，今據改。

[6] 蒭：磧本、大本作“芻”。下同。

[7] 門：敦本作“门”。

[8] 致：敦本作“數”。下文有“考其致也，則律撿不殊”，應作“致”。

[9] 勿：敦本脱。

【箋注】

① 開：允許。

② 制:禁止。

③ 制:禁止。

④ 頻毗娑羅:梵文 Bimbisāra 音譯,摩竭陀國王之名。

⑤ 阿輸迦王:梵文 Aśoka 音譯,即阿育王。

⑥ 致:事理、道理。晋袁宏《三國名臣序贊》:"所以存亡殊致,始終不同。"《文選·王中〈頭陀寺碑文〉》:"是故三才既辨,識妙物之功;萬象已陳,悟太極之致。"

其四部之中,大乘小乘區分不定。北天南海之郡,純是小乘。神州赤縣之鄉,意存大教①[1]。自餘諸處,大小雜行。考其致也,則律撿②不殊[2],齊③制④五篇⑤,通修四諦⑥。若禮菩薩,讀大乘經[3],名之爲大;不行斯事,號之爲小。所云大乘,無過二種:一則中觀⑦,二乃瑜伽⑧。中觀則俗有真空,體虚如幻;瑜伽則外無内有[4],事皆唯識⑨。斯並咸遵聖教,孰是孰非[5]?同契涅槃,何真何僞?意在斷除煩惑[6],拔濟衆生[7],豈欲廣致紛紜,重增沉結⑩[8]?依行則俱昇彼岸,棄背則並溺生津。西國雙行,理無乖競[9]。既無慧目,誰鑒是非?任久習而修之,幸無勞於自割⑪。

【校勘】

[1] 存:敦本、麗初本、麗本、大本同,磧本作"在"。

[2] 撿:敦本、麗初本、麗本、大本同,磧本作"檢"。

[3] 讀大乘經:敦本作"大乘"。

[4] 内:敦本作"内外","外"字旁有竪三點,即删除號。

[5] 孰是孰非:金本、麗初本作"孰非",敦本作"熟是熟非",麗本、磧本、大本作"孰是孰非",今據改。

[6] 斷除:金本、麗初本作"断",敦本、磧本作"斷",麗本作"断除",大本作"斷除",今據改。

[7] 拔濟:金本、敦本、麗初本、磧本作"濟",麗本、大本作"拔

濟”，今據改。

[8] 沉：大本作“沈”。

[9] 競：金本、麗初本、麗本作“竟”，磧本、大本作“競”，“竟”“競”同，今據改。

【箋注】

① 大教：一般指佛教，晋無名氏《蓮社高賢傳·慧遠法師》：“初是大教流行江東，經卷未備，禪法無聞，律藏多闕。”此處指大乘。

② 律撿：指佛教的戒律。“撿”同“檢”，義爲法律、制度。

③ 齊：同。

④ 制：禁止。

⑤ 五篇：佛教的五等罪：一波羅夷，二僧殘，三波逸提，四提舍尼，五突吉羅。

⑥ 四諦：苦諦，集諦，滅諦，道諦。

⑦ 中觀：指印度大乘佛教中觀派，又稱爲“空宗”。

⑧ 瑜伽：指印度大乘佛教瑜伽行派，又稱爲“有宗”。

⑨ 唯識：佛教謂一切事物皆爲人的耳、目、口、鼻、身、意、神識、靈性等八識所變現，没有心外之物。唐般剌蜜諦譯《楞嚴經》卷五：“我以諦觀十方唯識，識心圓明，入圓成實。”

⑩ 沉結：鬱結。唐元稹《決絕詞》之三：“夜夜相抱眠，幽懷尚沉結。”

⑪ 割：分割，劃分。

且神州持律，諸部互牽，而講説撰録之家，遂乃章鈔繁雜。五篇七聚，易處更難。方便持犯[1]，顯而還隱。遂使覆一簣而情息[2]，聽一席而心退[3]。上流之伍[4]，蒼髭乃成[5]；中下之徒，白首寧就？律本自然落漠①，讀疏遂至終身[6]。師弟②相承，用爲成則。論章段則科而更科③[7]，述結罪則句而還句[8]。考其功也[9]，實致爲山之勞；覈其益焉[10]，時有海珠之潤[11]。又凡是制作之家[12]，意在令人易解，豈得故爲密語[13]，而更作解謿[14]？譬乎水溢平川，決入深井[15]，有懷飲息[16]，濟命無由。准驗律文[17]，則不如此。論斷輕重但用數行[18]，説罪方便無煩半日。此則西方南海法徒之大歸④矣。

【校勘】

[1] 持犯：即持戒和犯戒。金本、大本作"犯持"，敦本作"持犯"。今從敦本作"持犯"，本書中另有 2 例"持犯"，各本皆同，如："然於所著衣服之製，飲食之儀，若持犯昞然，律有成則。"（卷二）"既識持犯，師乃令講一遍，方聽大經。"（卷四）

[2] 簣：金本、麗初本作"匱"，敦本、麗本、磧本、大本作"簀"。慧琳作"簣"："一簣，蘡位反，土籠也。"此從慧琳作"簣"。

[3] 聽：敦本作"聴"。

[4] 之伍：敦本作"伍之"，之間有√。

[5] 髭：麗初本作"髯"。

[6] 疏：金本、敦本、麗初本、麗本作"踈"，二字同，今改。

[7] 段：磧本、麗初本、麗本作"叚"。敦本作"科"，旁有紅色"段"字。

[8] 句：敦本作"勾"。下同。

[9] 功：敦本作"切"。

[10] 覈：金本作"覈"，麗初本作"覈"，敦本、麗本、磧本、大本作"覈"，三字同，今據改。

[11] 海珠之潤：金本、麗初本作"海殊之閏"，敦本、麗本、磧本、大本作"海珠之潤"，今據改。

[12] 制：金本、大本作"製"，敦本作"制"，今據改。

[13] 豈：敦本作"豈欲"。故：敦本用硃筆補於旁。

[14] 解謿：慧琳作"解嘲"。慧琳："解嘲，上皆買反，下陟交反。《博雅》云：'謿，謔也。'《蒼頡篇》：'調也。'《説文》作啁，從口周聲。

《傳》本作謿，俗字也。漢楊雄作《解嘲》。”

［15］ 決：金本、敦本、麗初本、麗本作“决”，磧本作“泱”，二字同，今據改。

［16］ 息：金本無此字，今據他本補。

［17］ 准驗：敦本、石本、麗初本、麗本、大本同，磧本作“准檢”。

［18］ 斷：金本作“断”，今改。

【箋注】

① 落漠：疏略，簡略。《宋書・王微傳》：“力作此答，無復條貫，貴布所懷，落漠不舉。”

② 師弟：老師和弟子。

③ 科：段落，條款。漢劉向《説苑・奉使》：“《春秋》之辭有相反者四：既曰‘大夫無遂事’，不得擅生事矣，又曰‘出境可以安社稷利國家者，則專之可也’……何也？曰：此四者，各止其科，不轉移也。”

④ 大歸：大要，大旨。《漢書・王莽傳中》：“其文爾雅依托，皆爲作説，大歸言莽當代漢有天下云。”《宋書・袁粲傳》：“然九流百氏之言，雕龍談天之藝，皆泛識其大歸，而不以成名。”

至如神州之地［1］，禮教①盛行，敬事君親②，尊讓耆長③，廉素④謙順，義而後取。孝子忠臣，謹身節用。皇上則恩育兆庶⑤［2］，納隍⑥軫慮⑦於明發⑧［3］；群臣則莫不拱手⑨［4］，履薄⑩呈志於通宵。或時大啟三乘⑪［5］，廣開百座。布制底⑫於八澤⑬［6］，有識者咸悉歸心；散伽藍⑭於九宇⑮［7］，迷途者並皆迴向⑯［8］。皇皇⑰焉農歌畎畝⑱之中［9］，濟濟⑲焉商詠舟車之上。遂使雞貴⑳象尊㉑之國［10］，頓顙㉒丹墀㉓［11］，金隣㉔玉嶺㉕之鄉，投誠㉖碧砌㉗。爲無爲，事無事㉘，斯固無以加也【雞貴者，西方名高麗國爲“俱俱吒䃜説羅”［12］。“俱俱吒”是“雞”，“䃜説羅”是“貴”。西方傳云，彼國敬雞神而取尊，故戴翎羽而表飾矣。言象尊者，西國君王以象爲最［13］，五天並悉同然［14］】。

【校勘】

[1] 至:石本無此字。

[2] 兆庶:金本作“地庻”,敦本、麗初本、麗本作“坕庻”,大本作“兆庶”,今據改。

[3] 軫:金本、敦本、麗初本、麗本作“軫”,磧本作“軫”,二字同,今據改。

[4] 群:敦本作“郡”。

拱:敦本作“栱”。

[5] 啟:金本、敦本、麗初本、麗本作“启”,磧本作“啟”。“启”“啟”同,今據改。

[6] 制底:敦本無“制”字。

[7] 於:敦本無此字。

[8] 皆:敦本無此字。

[9] 畝:大本作“畒”,二字同。

[10] 尊:敦本作“貴”。

[11] 顙:金本、石本、麗初本、麗本、可洪作“顙”,可洪:“頓顙,桒朗反。”慧琳作“顙”:“頓顙,上都困反,下桑朗反,額至地也。”二字同,今據改。

[12] 瞖(yī):敦本、石本作“殹”。下同。可洪:“瞖説,上烏兮反。”

羅:石本作“羅羅”。

[13] 最:金本、石本作“㝡”,即“最”字,今改。

[14] 天:麗初本作“大”。然:磧本後有“也”,敦本後有“矣”。

【箋注】

① 禮教:禮儀教化。《孔子家語·賢君》:“敦禮教,遠罪疾,則民壽矣。”三國魏吴質《在元城與魏太子箋》:“都人士女,服習禮教。”

② 君親:君王與父母。晋葛洪《抱朴子外篇·酒誡》:“臣子失禮於君親之前,幼賤悖慢於耆宿之坐。”

③ 耆(qí)長:師長,長者。元魏吉迦夜共曇曜譯《雜寶藏經》卷

一:諸比丘言:“如來世尊而常讚嘆恭敬父母耆長宿老。”佛言:“不但今日,我於過去無量劫中,恒恭敬父母耆長宿老。”

④ 廉素:廉潔清白。宋范仲淹《與翰長學士書》:“寒儒之家,世守廉素。”

⑤ 兆庶:兆民。《後漢書·崔駰傳》:“濟兹兆庶,出於平易之路。”

⑥ 納隍:指出民於水火的迫切心情。《宋書·王僧達傳》:“民有諮瘼之聲,君表納隍之志。”唐陸贄《論淮西管内水損處請同諸道遣宣慰使狀》:“儻宏善救之心,當軫納隍之慮。”

⑦ 軫慮:憂慮。南朝梁江淹《蕭讓太傅相國齊公十郡九錫第二表》:“中庶卷容,左右軫慮。”唐太宗《執契静三邊》:“秋駕轉兢懷,春冰彌軫慮。”

⑧ 明發:黎明,平明。《詩經·小雅·小宛》:“明發不寐,有懷二人。”朱熹集傳:“明發,謂將旦而光明開發也。”唐王維《春夜竹亭贈錢少府歸藍田》:“羡君明發去,采蕨輕軒冕。”

⑨ 拱手:兩手相合以示敬意。《禮記·曲禮上》:“遭先生於道,趨而進,正立拱手。”

⑩ 履薄:行走於薄冰上,比喻謹慎之極。《文選·陸倕〈新刻漏銘〉》:“履薄非兢,臨深罔戰。”

⑪ 三乘:一般指小乘、中乘和大乘。此處泛指佛法。《魏書·釋老志》:“初根人爲小乘,行四諦法;中根人爲中乘,受十二因緣;上根人爲大乘,則修六度。雖階三乘,而要由修進萬行,拯度億流,彌歷長遠,乃可登佛境矣。”《西遊記》第二回:“妙演三乘教,精微萬法全。”

⑫ 制底:梵文 Caitya 音譯,指佛塔。

⑬ 八澤:中國古代的八大水澤。《淮南子·墬形訓》:“自東北方曰大澤,曰無通;東方曰大渚,曰少海;東南方曰具區,曰元澤;南方曰大夢,曰浩澤;西南方曰渚資,曰丹澤;西方曰九區,曰泉澤;西北方曰大夏,曰海澤;北方曰大冥,曰寒澤;凡八殥八澤之雲,是雨九州。”三國魏曹植《吁嗟篇》:“飄颻周八澤,連翩歷五山。”

⑭ 伽藍:梵文 Saṃghārāma 譯音“僧伽藍摩”的略稱,意爲衆園

或僧院，即僧衆居住的庭園。後因稱佛寺爲伽藍。北魏楊衒之《洛陽伽藍記》卷四："伽藍之内，花果蔚茂，芳草蔓合，嘉木被庭。"唐玄奘《大唐西域記》卷一："伽藍十餘所，僧徒二千餘人，習學小乘教説一切有部。"

⑮ 九宇：九州。《隋書・音樂志下》："四海之内，一和之壤，地曰神州，物賴生長。咸池既降，泰折斯饗。牲牷尚黑，珪玉實兩，九宇載寧，神功克廣。"

⑯ 迴向：回首面向。《尚書・召誥》"面稽天若"孔穎達疏引漢鄭玄曰："面，猶迴向也。"

⑰ 皇皇：莊嚴盛大的樣子。《詩經・魯頌・泮水》："烝烝皇皇，不吴不揚。"毛傳："皇皇，美也。"《禮記・曲禮下》："天子穆穆，諸侯皇皇。"孔穎達疏："諸侯皇皇者，自莊盛也。"

⑱ 畎畒：田地，田野。慧琳："畎畒，泱泫反。《考工記》云：'耜廣五寸，二耜爲耦之伐，廣尺深尺爲畎。'《廣雅》：'坑也。'《古今正字》從田犬聲。"可洪："畎畒，上古犬反，田中渠也，又引水也。下音母。"《國語・周語下》："天所崇之子孫，或在畎畝，由欲亂民也。"韋昭注："下曰畎，高曰畝。畝，壟也。"

⑲ 濟濟：人物衆多的樣子。《詩經・大雅・旱麓》："瞻彼旱麓，榛楛濟濟。"毛傳："濟濟，衆多也。"唐盧綸《元日早朝呈故省諸公》："濟濟延多士，躚躚舞百蠻。"

⑳ 雞貴：見下文作者自注。

㉑ 象尊：見下文作者自注。

㉒ 頓顙（sǎng）：屈膝下拜，以額角觸地，多表示請罪或投降。《國語・吴語》："句踐用帥二三之老，親委重罪，頓顙於邊。"《三國志・吴志・諸葛恪傳》："及於難至，然後頓顙，雖有智者，又不能圖。"顙，額頭。

㉓ 丹墀（chí）：指宫殿的赤色臺階或赤色地面。慧琳："丹墀，稚飢反。《漢書》：'士登文右之階，步赤墀之塗。'《説文》：'塗地也。《礼》：天子赤墀。從土犀聲。'赤即丹也。"漢張衡《西京賦》："右平左城，青瑣丹墀。"《漢書・外戚傳下・孝成班倢伃》："俯視兮丹墀，思君

兮履綦。”顔師古注引孟康曰：“丹墀，赤地也。”

㉔ 金隣：海南古國名，常寫作“金鄰”，《文選·左思〈吴都賦〉》：“儋耳黑齒之酋，金鄰象郡之渠。”劉逵注：“夫南之外，有金鄰國，去夫南可二千餘里，土地出銀，人衆多。”《梁書》卷五十四“諸夷傳”有傳。

㉕ 玉嶺：欽光《南海寄歸内法傳解纜鈔》認爲指的是玉門關。

㉖ 投誠：投獻誠心。南朝宋顔延之《範連珠》：“蓋聞匹夫履順，則天地不違；一物投誠，則神明可交。”唐李商隱《為同州任侍御上崔相公啟》：“感恩撫己，誓志投誠，仰惟輝光，終賜埏埴。”

㉗ 碧砌：碧緑的臺階。

㉘ 無事：指無爲。道家主張順乎自然，無爲而治。《老子》第四十八章：“故取天下者，常以無事，及其有事，不足以取天下。”

其出家法侣，講説軌儀，徒衆儼然，欽誠①極旨②[1]。自有屏居幽谷，脱屣樊籠[2]，漱巖流以遐想，坐林薄③而棲志④[3]。六時⑤行道⑥，能報淨信⑦之恩[4]；兩期⑧入定⑨[5]，合受人天之重。此則善符經律，何有過焉？然由傳受訛謬，軌則參差，積習生常，有乖綱致者[6]。

【校勘】

[1] 軌：石本作“軓”。全书同。

誠：敦本、石本、麗初本、麗本、大本同，磧本作“承”。

[2] 樊：敦本作“煩”。

[3] 棲志：金本、石本、麗本作“捿志”，敦本作“捿心志”，“心”字旁有竪三點。磧本作“棲志”，今據改。

[4] 信：敦本硃筆補作“施”。

[5] 期：金本作“朝”，敦本、石本、麗初本、麗本、磧本作“期”，今據改。

[6] 乖綱：敦本作“�乖”，之間有√。

【箋注】

① 欽誠:恭敬地表達誠意。

② 極旨:最高深的理論。唐道宣《續高僧傳》卷二:"未應强移此韻始符極旨,要工披讀乃究玄宗。"

③ 林薄:交錯叢生的草木。《楚辭·九章·涉江》:"露申辛夷,死林薄兮。"王逸注:"叢木曰林,草木交錯曰薄。"借指隱居之所。《晋書·束皙傳》:"忠不足以衛己,禍不可以預度,是士諱登朝而競赴林薄。"

④ 棲志:寄託情志。《太平廣記》卷二三五引宋龐元英《談藪》:"齊太原孫伯翳家貧,嘗暎雪讀書。放情物外,棲志丘壑。"

⑤ 六時:古印度分一晝夜爲六時:晨朝、日中、日没、初夜、中夜、後夜。唐玄奘《大唐西域記》卷二:"六時合成一日一夜,晝三夜三。"

⑥ 行道:修道。唐賈島《哭柏巖和尚》詩:"寫留行道影,焚卻坐禪身。"明高啟《方匡師畫》詩:"身若在師行道處,晚來唯訝不聞鐘。"

⑦ 淨信:佛教信徒。唐玄奘《大唐西域記》卷二:"德慧曰:'良告淨信:德慧者,我是也。'淨信聞已,更深恭敬。"

⑧ 兩期:初夜和後夜。

⑨ 入定:入于禪定。

謹依聖教及現行要法[1],揔有四十章[2],分爲四卷,名《南海寄歸内法傳》。又《大周西域行人傳》一卷[3],并雜經論等[4],並録附歸。願諸大德①興弘法心,無懷彼我,善可量度,順佛教行,勿以輕人②,便非③重法[5]。

【校勘】

[1] 現:石本作"見"。

[2] 揔:敦本作"惣",石本作"捴",大本作"總"。三字同。

[3] 又:石本"又"字後有"附"。

大周西域行人傳一卷:金本、麗本、大本作"大唐西域高僧傳一卷”，石本作“大周域行人傳一卷”，麗初本、磧本作“大唐西域高僧傳二卷”，敦本作“大周西域行人傳一卷”，今據改。

［4］等：磧本“等”字後有“十卷”二字。

［5］便：石本作“偠”。二字同。

【箋注】

① 大德：佛家對年長德高僧人的敬稱。北魏楊衒之《洛陽伽藍記》卷二：“常有大德名僧講一切經，受業沙門，亦有千數。”

② 輕人：無關緊要的人。此處當是作者自謙。

③ 非：非議。

重曰①［1］：然今古所傳經論［2］，理致②善通③；禪門定潋④之微，此難懸囑［3］。且復粗陳行法⑤，符律相⑥以先呈；備舉條章⑦［4］，考師宗⑧於實録。縱使命淪夕景⑨，希成一簣⑩之功［5］；焰絶朝光［6］，庶有百燈之續［7］。閲此則不勞尺步［8］，可踐五天於短階；未徙寸陰［9］，實鏡千齡⑪之迷躅⑫。幸願撿尋⑬三藏［10］，鼓法海而揚四波⑭；皎鏡⑮五篇，泛慧舟而提⑯六欲⑰［11］！雖復親承匠旨⑱［12］，目檢⑲玄宗［13］，然非濬發⑳於巧心，終恐受嗤於慧目云爾［14］！

【校勘】

［1］重曰：金本、麗本、大本無此二字，敦本、石本、麗初本、磧本前有此二字，今據增。

［2］今古：金本、麗初本、麗本、大本作“古今”，敦本、石本、磧本作“今古”，今據改。

［3］懸：石本作“縣”。

［4］備：敦本、石本作“俻”。

［5］簣：金本、麗初本作“匱”，磧本作“贊”，敦本作“賛”，石本作“替”，麗本、大本作“簣”。本書綜合以上情況定作“簣”。

［6］焰：金本、敦本、石本作“燄”，大本作“焰”，二字同，今改。

［7］庶：金本、石本作“庻”，敦本、麗初本、麗本作“庶”，三字同，今改。

［8］則：敦本無此字。

［9］徙：敦本作“徒”。

［10］撿：敦本、石本、麗初本、麗本、大本同，磧本作“檢”。

［11］揚：石本作“楊”。

泛：石本作“沉”。金本、敦本作“汎”，麗初本作“泛”，二字同，今據改。

慧：敦本作“惠”。

六欲：金本、麗本、大本作“六象”，敦本、麗初本、磧本作“六欲”，今據改。

［12］匠旨：敦本、石本作“近旨”。“匠”“近”形近而混。

［13］目檢：金本作“備撿”，麗初本、麗本、磧本、大本作“備檢”，石本作“目撿”，敦本作“目檢”，今據改。

［14］慧：敦本作“惠”。

爾：金本、石本作“尔”，今改。

【箋注】

① 重曰：飲光《南海寄歸内法傳解纜鈔》云：“重曰者，上散文説了意未暢，重調聲韻，述其所懷，例如經中云欲重宣此義而説偈言。”

② 理致：義理情致。南朝宋劉義慶《世説新語・文學》：“裴徐理前語，理致甚微，四坐咨嗟稱快。”北齊顔之推《顔氏家訓・文章》：“文章當以理致爲心腎，氣調爲筋骨，事義爲皮膚，華麗爲冠冕。”王利器集解：“理致，義理情致。”

③ 通：通曉。

④ 定瀲：指如清水澄澈的禪定。慧琳：“定瀲，廉贍反。《考聲》云：‘瀲，水淺際也。泛也。’《古今正字》作澰，云：‘清也。從水僉聲。’”

⑤ 行法：施行的方法。

⑥ 律相：戒律的法相。

⑦ 條章：條例規章。義淨譯《根本説一切有部毘奈耶雜事》卷三

十三:"何須白佛?且立條章,勿使諸尼來入逝多林内。"

⑧ 師宗:即宗師,佛教尊稱傳其宗法者。梁慧皎《高僧傳》卷二:"弗若多羅,此云功德華,罽賓人也。少出家以戒節見稱,備通三藏而專精十誦律部,爲外國師宗。"

⑨ 夕景:夕陽。晋摯虞《思遊賦》:"星鳥逝而時反兮,夕景潛而且融。"南朝宋鮑照《登大雷岸與妹書》:"夕景欲沉,曉霧將合。"北魏酈道元《水經注·穀水》:"及其晨光初起,夕景斜輝,霜文翠照,陸離眩目。"

⑩ 簣(kuì):土籠。

⑪ 千齡:千年、千歲。極言時間久長。《晋書·禮志上》:"方今天地更始,萬物權輿,蕩近世之流弊,創千齡之英範。"唐張九齡《奉和聖制登封禮畢洛城酺宴》:"運與千齡合,歡將萬國同。"

⑫ 迷躅(zhuó):迷失的足跡。

⑬ 撿尋:撿,通"檢"。考察、探求。

⑭ 四波:四波羅市迦,比丘犯四戒之罪:一婬戒,二盜戒,三殺人戒,四大妄語戒。

⑮ 皎鏡:明鏡。南朝齊謝朓《奉和隨王殿下》之十一:"方池含積水,明月流皎鏡。"唐羅隱《投禮部鄭員外啟》:"伏以皎鏡無私,雖容屢照;醫門多病,應倦施功。"此處用作動詞,意指像明鏡一樣映照清楚。

⑯ 提:斷絶。

⑰ 六欲:色欲、形貌欲、威儀姿態欲、言語音聲欲、細滑欲、人想欲。

⑱ 匠旨:師長的告諭。

⑲ 目檢:親自驗證。

⑳ 濬發:從深處發出。唐柳宗元《祭楊憑詹事文》:"實期濬發,再光文陛。誰謂昊天,遽茲降厲。"

一、破夏非小　　二、對尊之儀
三、食坐小牀[1]　　四、飡分淨觸[2]
五、食罷去穢　　六、水有二瓶

【校勘】

[1] 牀:大本作“床”。

[2] 飡:磧本作“餐”。下同。

淨觸:石本作“觸淨”。

[3] 式:麗初本作“戒”。

[4] 尼衣喪制:金本作“尼鉢制”,敦本、石本、麗初本、麗本、磧本、大本作“尼衣喪制”,今據改。

[5] 隨:敦本作“随”。下同。

[6] 筯:石本作“著”。

合不:各本同。卷二小目和正文均作“合否”,各本均同。

［7］便利：敦本作“利便”，之間有√。

［8］二十：敦本作“廿”，石本作“卄”。下同。

儭：麗初本同，麗本、大本作“䞋”，即“襯”。

［9］卧：大本作“臥”。

［10］扶：金本、麗初本、麗本作“状”，磧本作“扶”，據改。

［11］弊：金本、麗初本、麗本作“獘”，敦本、磧本作“弊”，二字同，今據改。

［12］三十：敦本作“卅”，下同。此處石本同他本、但“三十一”及之後數字之“三十”作“卅”。

旋：石本作“施”。

［13］禮：石本作“體”。

［14］三十三：磧本作“二十三”。

尊敬：金本作“尊儀”，敦本、石本、麗初本、麗本、磧本、大本作“尊敬”，今據改。

［15］財：石本、大本作“則”。

［16］三：麗初本作“二”。

［17］不合：敦本、石本作“合不”。

［18］古：金本誤作“右”，今改。

【箋注】

① 儭：通“襯”，襯墊。

凡此所論，皆依根本説一切有部，不可將餘部事見糅於斯。此與《十誦》大歸相似[1]。有部所分三部之别：一法護，二化地，三迦攝卑①[2]，此並不行五天，唯烏長那②國及龜兹③、于闐④雜有行者。然《十誦律》亦不是根本有部也[3]。

【校勘】

［1］誦：敦本作“诵”。下同。

［2］攝：敦本作“葉”。

卑：金本、敦本、麗初本、麗本作“卑”，下同。二字同，今改。

［3］有：敦本無此字。

【箋注】

① 迦攝卑：梵文 kāśyapīyā 音譯，意譯作“飲光部”。

② 烏長那：梵文 Udyāna 音譯，北印度古國名，在今巴基斯坦北部。

③ 龜兹：梵文 Kucīna 音譯，漢西域古國名，即今新疆庫車縣地。

④ 于闐：古西域國名，在今新疆和田一帶。

一、破夏①非小

凡諸破夏苾蒭[1]，但不獲其十利②，然是本位③，理無成小[2]。豈容昔時受敬，今翻④禮卑？習以成俗[3]，本無憑據[4]。依夏受請，盜過⑤容生[5]？故應詳審，理無踈略[6]。宜取受戒之日以論大小[7]。縱令失夏，不退下行⑥。尋撿⑦聖教無文[8]，誰昔遺行斯事？

【校勘】

［1］蒭：磧本、大本作“芻”。

［2］無：敦本作“无”。下同。

［3］習：敦本作“㫺”。

［4］憑：敦本作“凴”。

據：敦本、金本、麗初本、麗本作“㩀”，磧本作“據”，二字同，今據改。

［5］盜：金本作“盗”，今改。

［6］踈：大本作“疎”。

［7］宜：金本、敦本、麗初本、麗本作“冝”，二字同，今改。

［8］撿：敦本、麗初本、麗本、大本同，磧本作“檢”。

【箋注】

① 破夏：僧人在夏季三月須安居靜修，稱爲坐夏；坐夏期内外出爲“破夏”。

② 十利：僧人安居時或安居後應得的十種利益。

③ 本位：本來的位次。

④ 翻：反而。

⑤ 盜過：盜罪，應指以小充大之過。飲光《南海寄歸内法傳解纜鈔》云：“謂若有居士言請十夏人供養，假令下座滿夏應去。若是上座不滿而去，即結盜罪。”

⑥ 下行（háng）：下面的行列，此指法齡小的一列。

⑦ 尋撿：即撿尋。撿，通“檢”，考查，察驗。

二、對尊之儀

准依①佛教，若對形像②及近尊師，除病，則徒跣③是儀，無容輒著鞋履[1]。偏露右肩，衣掩左髆[2]，首無巾帊④[3]，自是恒途。餘處遊行[4]，在開⑤非過。若是寒國，聽著短靴。諸餘履屣[5]，隨處應用。

【校勘】

［1］輒：金本作“輙”，磧本作“輒”，二字同，今據改。

履：石本、可洪作“屨”，後者云：“鞋屨，音句。”

［2］左髆：石本作“左髆”，可洪作“在膊”：“在膊，上子个反，下音愽，正作左髆也。”

［3］帊：敦本、石本、可洪作“帕”。

［4］遊：金本、石本作“遊”，磧本作“遊”，二字同，今據改。

［5］餘：敦本用硃筆補於行右。

【箋注】

① 准依：依據，根據。

② 形像：肖像。此指佛像。

③ 徒跣：赤足。

④ 帊（pà）：巾帕。

⑤ 開：允許。

既而殊方異域[1]，寒燠①不同，准如聖教，多有違處[2]。理可隆冬之月[3]，權著養身[4]；春夏之時，須依律制。履屣不旋佛塔，教已先明[5]；富羅②勿進香臺③[6]，頒之自久[7]。然有故違之類，即是强慢金言④[8]。

【校勘】

［1］域：石本無此字。

［2］處：金本作“處”，今改。

［3］之：敦本用硃筆補於行右。

［4］權：金本、麗初本、麗本作“擢”，敦本作“榷”，石本作“權”，磧本作“權”，今據改。

［5］已：金本、石本、麗本、磧本作“巳”，今改。下同。

［6］富：金本、麗初本、麗本、磧本作“富”，敦本、大本作“富”，二

字同，今據改。

[7] 頒：石本作“領”。慧琳：“頒之，上音班，非本音，借用字也。”

自：敦本作“日”。

[8] 慢：敦本、石本作“慯”。

言：石本“言”字後有“耳”。

【箋注】

① 燠(yù)：暖、熱。

② 富羅：梵文 pūlā 音譯，一種短靴。唐玄應《一切經音義》卷十六：“腹羅或作福羅，或云富羅，正言布羅，此云短靿靴也。”

③ 香臺：佛殿的别稱。義淨譯《根本説一切有部毘奈耶雜事》卷二十六：“爾時世尊遂便作意，即以右足踏其香殿(義淨自注：西方名佛所住堂爲健陀俱知。健陀是香，俱知是室。此是香室、香臺、香殿之義，不可親觸尊顔，故但唤其所住之殿，即如此方玉階陛下之類。然名爲佛堂佛殿者，斯乃不順西方之意也)。”

④ 金言：此指佛所説的話。

三、 食坐小牀[1]

西方僧衆將食之時，必須人人淨洗手足，各各别踞小牀。高可七寸[2]，方纔一尺[3]，藤繩織内[4]，脚圓且輕。卑幼之流[5]，小枯①隨事[6]。雙足蹋地[7]，前置盤盂[8]。地以牛糞淨塗，鮮葉布上[9]。座去②一肘，互不相觸[10]。未曾見有於大牀上跏坐③食者。且如聖制，牀量長佛八指[11]，以三倍之，長中人④二十四指[12]，當笏尺⑤尺半⑥。東夏諸寺，床高二尺已上[13]，此則元不合坐[14]，坐有高牀之過。時衆同此，欲如之何？護罪之流，須觀尺様[15]。然靈巖⑦四禪[16]，牀高一尺，古德所製，誠有由來[17]。

【校勘】

[1] 牀：大本作“床”。

[2] 可：石本無此字。

[3] 一：金本、麗初本、麗本作“壹”，敦本、磧本作“一”，今據改。

[4] 繩：敦本作“绳”。

[5] 幼：金本、敦本、石本、麗初本、麗本、磧本作“㓜”，大本作“幼”。“㓜”即“幼”，今據改。

[6] 枮：敦本、石本作“枯”，磧本、大本、可洪作“拈”，可洪云：“小拈，知林反，正作枮。”金本、麗初本、麗本、慧琳作“枮”，慧琳云：“小枮，縶林反，正作椹，經從手作拈，誤也。”

[7] 蹋：敦本作“踏”。

[8] 盤：敦本作“槃”，石本作“縏”。

[9] 葉：金本、敦本、麗初本作“莱”，據他本改。

[10] 座去：敦本、石本作“坐去”，大本作“座云”。

互：石本作“牙”。下同。

[11] 且：石本作“旦”。

佛：敦本無此字。

[12] 二十：敦本作“廿”。

[13] 已：各本作“巳”，今改。

[14] 元：石本作“无”。

[15] 様：金本作“㨾”，麗初本作“㨾”，敦本、麗本作“㨾”，磧本作“様”，四字同，今據改。

[16] 四禪：敦本作“西禪”。

[17] 由來：金本、敦本、麗初本作“由来”，今改。石本、麗本、大

本作“來由”。

【箋注】

① 枮(zhēn):墊板。

② 去:相距。

③ 跏坐:結跏趺坐。

④ 中人:中等的人,常人。《漢書·食貨志上》:“數石之重,中人弗勝。”顔師古注:“中人者,處强弱之中也。”

⑤ 笏尺:笏本古代大臣朝見國君時所執的狹長板子,有備忘作用。後爲佛教借用,講解時常擊笏,以强調所講之句段。亦可用作量物長短的尺子。其長約爲中等身材人的一十六指,約三十八公分。

⑥ 尺半:一尺五寸。義淨譯《根本薩婆多部律攝》卷十三義淨自注作“一尺五寸”:“言中人一肘者,長笏尺一尺五寸,過此是高床量,用皆得罪。”

⑦ 靈巖:靈巖寺,在今山東長清縣東南境内。

即如連坐、跏趺①、排膝而食[1],斯非本法[2],幸可知之。聞夫佛法初來[3],僧食悉皆踞坐,至于晋代[4],此事方訛。自兹已後[5],跏坐而食。然聖教東流,年垂七百[6],時經十代[7],代有其人。梵僧既繼踵②來儀③[8],漢德乃排肩受業[9]。亦有親行西國,目擊是非,雖還④告言,誰能見用?又經云“食已洗足”[10],明非牀上坐來[11];“食棄足邊”[12],故知垂脚而坐。是⑤佛弟子,宜應學佛,縱不能依,勿生輕笑[13]。良以敷巾方坐,難爲護淨。殘宿⑥惡觸⑦,無由得免[14]。又復歛衆殘食[15],深是非儀。收去反觸僧盤[16],家人還捉淨器。此則空傳護淨[17],未見其功[18]。幸熟察之,須觀得失[19]。

【校勘】

［1］膝：敦本作“䣛”。

［2］本：敦本作“夲”。

［3］佛法：敦本作“仏”。

來：金本作“来”，今改。

［4］于：敦本、石本、磧本作“乎”。

［5］已：磧本作“巳”。

［6］垂：金本、石本作“垂”，敦本作“乘”，麗本、磧本作“垂”，“垂”“垂”同，今據改。下同。

［7］十代：金本、麗初本作“七代”，敦本、磧本、麗本作“十代”，今據改。

［8］繼：金本作“継”，今改。

［9］業：敦本作“葉”。

［10］已：金本作“巳”，磧本作“已”，今據改。

［11］來：麗初本、麗本、大本作“莱”。金本、敦本、磧本作“来”，今改。

［12］棄：敦本、石本作“弃”。

［13］笑：敦本、麗初本、麗本、磧本作“咲”，二字同。

［14］無由得免：敦本作“无淂免”，石本作“無由得无”。

［15］斂：金本作“歛”，敦本、麗初本、麗本作“斂”，磧本作“歛”，三字同，今據改。

［16］盤：金本、麗初本、麗本作“槃”，敦本、磧本、大本作“槃”，石本作“盤”，三字同，今據改。

［17］傳：敦本無此字。

［18］功：敦本作“切”。

［19］得：敦本作“淂”。

失：麗本、大本後有一“也”字。

【箋注】

① 跏趺：“結跏趺坐”的略稱。兩足交叉置於左右股上，稱“全跏

坐”。或單以左足押在右股上,或單以右足押在左股上,叫“半跏坐”。

② 繼踵:接踵,前後相接。《史記·范雎蔡澤列傳論》:“及二人羈旅入秦,繼踵取卿相。”南朝梁劉勰《文心雕龍·雜文》:“自《七發》以下,作者繼踵。”

③ 來儀:比喻傑出人物的降臨。漢劉楨《贈從弟》詩之三:“何時當來儀,將須聖明君。”晋干寶《搜神記》卷十六:“不悟陰陽運,哲人忽來儀。”

④ 還:回還。

⑤ 是:凡是。

⑥ 殘宿:指殘食和過夜之食。義淨譯《根本説一切有部毘奈耶雜事》卷三十一:“尼於明日遂來覓食,報言:‘仁者! 昨不見來遂不出食,今雖有者已成殘宿惡觸,不堪受用。’”

⑦ 惡觸:指食物等被觸摸而不乾淨。

四、 飡分淨觸[1]

凡西方道俗,噉食之法,淨觸① 事殊。既飡一口[2],即皆成觸。所受之器[3],無宜重將[4],置在傍邊,待了同棄。所有殘食,與應食者食之[5]。若更重收,斯定不可。無問貴賤,法皆同爾[6]。此乃天儀②,非獨人事。故諸論云[7]:不嚼楊枝,便利③ 不洗,食無淨觸,將以爲鄙[8]。豈有器已成觸[9],還將益送? 所有殘食,却收入厨。餘飯即覆寫④ 瓮中[10],長⑤ 膗⑥ 乃反歸鐺内[11],羹菜明朝更食,餅果後日仍飡[12]。持律者頗識分彊⑦[13],流漫⑧ 者雷同⑨ 一槩⑩[14]。

【校勘】

［1］飡:磧本作“餐”。

［2］飡:麗初本、麗本同,磧本作“餐”,二字同。

［3］所受:石本作“所食”。

之:金本作“食”,敦本、磧本、麗初本、麗本作“之”,今據改。

［4］宜:金本、敦本、麗本、磧本作“冝”,二字同,今改。

［5］者食:敦本用硃筆補於行右。

［6］爾:金本作“尔”,今改。

［7］故:磧本無此字。

［8］將:金本作“特”,敦本、麗初本、麗本作“将”,磧本作“將”,今據改。

［9］已:各本作“巳”,今改。

［10］餘飯:金本、敦本、麗初本、麗本、大本作“餘餅”,磧本作“餘飯”,今據改。

寫:敦本、石本、麗初本同,麗本、大本作“瀉”。

［11］臛,敦本作“饠”,慧琳作“膗”:“長膗,上直亮反。《文字典説》云:‘長,賸長也。’從到亡,從兀,從匕,此借長字用也。下訶各反。《考聲》云:‘膗,似羹而濃也。’《説文》從月隺聲也。”

［12］餅果:麗初本、麗本、大本同,敦本、石本作“餅菓”,磧本作“飯果”。

日:敦本用硃筆補於行右。

飡:麗初本、麗本同,磧本作“餐”,二字同。

［13］彊:敦本、麗初本、麗本、可洪同,磧本作“疆”,二字同。

［14］槩:即“概”字,大本作“概”。

【箋注】

① 觸:觸摸、接觸,引申指因觸摸而致物體不潔淨。

② 天儀:上天規定的法度。《雲笈七籤》卷八十:“奉承教旨,具依天儀,長齋千日。”

③ 便利:排泄屎尿。《漢書・韋玄成傳》:“玄成深知其非賢雅

意，即陽爲病狂，臥便利，妄笑語昏亂。”

④ 寫：即“瀉”，傾倒。

⑤ 長：多餘。《孟子·告子下》：“交聞文王十尺、湯九尺，今交九尺四寸以長，食粟而已。”《吕氏春秋·觀世》：“此治世之所以短，而亂世之所以長也。”高誘注：“短，少；長，多也。”

⑥ 臛（huò）：肉羹。南朝宋劉敬叔《異苑》卷三：“吾被拘縶，方見烹臛。”

⑦ 分彊：即“分疆”。本指各自的疆域，這裏指區别。

⑧ 流漫：放縱，放蕩。《史記·李斯列傳》：“諫説論理之臣間於側，則流漫之志詘矣。”漢劉向《説苑·反質》：“婦女優倡，鐘鼓管絃，流漫不禁，而天下愈竭。”

⑨ 雷同：隨聲附和，混同。《禮記·曲禮上》：“毋勦説，毋雷同。”鄭玄注：“雷之發聲，物無不同時應者；人之言當各由己，不當然也。”

⑩ 一槩：槩，即“概”字。一樣，一律。唐杜甫《秦州雜詩》之四：“萬方聲一概，吾道竟何之？”

又凡受齋供及餘飲噉[1]，既其入口，身即成觸[2]，要將淨水漱口之後[3]，方得觸著餘人及餘淨食[4]。若未澡漱①，觸他並成不淨，其被觸人皆須淨漱。若觸著狗犬[5]，亦須澡漱。其甞食人，應在一邊，甞訖洗手漱口[6]，并洗甞器[7]，方觸鐺釜。若不爾者，所作祈請及爲禁術，並無効驗。縱陳饗祭[8]，神祇不受。以此言之，所造供設，欲獻三寶[9]、奉靈祇[10]，及尋常飲食，皆須清潔[11]。若身未淨澡漱，及大小便利不洗淨者，皆不合作食。俗亦有云清齋②方釋奠③、剪爪宜侵肌[12]、拾塵惑孔顏④[13]，如斯等類，亦是事須⑤清潔[14]，不以殘食而歆饗⑥也[15]。

【校勘】

[1] 飲噉：敦本作“飲食噉”，“食”字旁有删除號竪三點。

［2］身：金本、石本、麗本、大本作“方”，敦本、麗初本、磧本作“身”。“方”爲“身”字俗寫的訛混字，今據改。

［3］要將淨水：敦本作“要須淨”。

［4］得：敦本作“淂”。

［5］狥：金本、敦本、麗初本、麗本作“狗”，二字同，今改。

［6］手：敦本用硃筆補於行右。

［7］嘗器：敦本、石本、麗初本、麗本、大本同，磧本作“嘗食器”。

［8］饗：敦本作“嚮”。

［9］欲：石本作“飲”。

［10］奉靈祇：金本、麗初本、麗本、大本前有“并”字，敦本、石本無，今據刪。

［11］潔：金本作“絜”，“絜”同“潔”，今改。下同。敦本作“淨”。

［12］齋：石本作“齊”。下同。

奠：石本作“貿”。

剪：磧本作“翦”，二字同。

［13］拾：敦本、麗初本同，麗本、磧本作“捨”。

惑：麗本、大本同，敦本、石本、麗初本、磧本作“或”。

［14］事：敦本作“淨事”，“淨”字旁有竪三點。

［15］歆：石本作“歆”。

【箋注】

① 澡漱：洗漱。《魏書·西域傳·悦般國》：“日三澡漱，然後飲食。”唐玄奘《大唐西域記》卷二：“澡漱未終，無相執觸。”

② 清齋：謂舉行祭祀或典禮前潔身靜心以示誠敬。《舊唐書·禮儀志四》：“其太尉行事前一日，於致齋所具羽儀鹵簿，公服引入，親授祝版，乃赴清齋所。”

③ 釋奠：古代在學校設置酒食以奠祭先聖先師的一種典禮。《禮記·王制》：“出征執有罪，反釋奠于學，以訊馘告。”《禮記·文王世子》：“凡學，春官釋奠于其先師，秋冬亦如之。凡始立學者，必釋奠于先聖先師。”鄭玄注：“釋奠者，設薦饌酌奠而已。”

④ 拾塵惑孔顔：《吕氏春秋·任數》："孔子窮乎陳、蔡之閒，藜羹不斟，七日不嘗粒，晝寢。顔回索米，得而爨之，幾熟，孔子望見顔回攫其甑中而食之。選閒食熟，謁孔子而進食，孔子佯爲不見之。孔子起曰："今者夢見先君，食潔而後饋。"顔回對曰："不可。嚮者煤炱入甑中，棄食不祥，回攫而飯之。"孔子歎曰："所信者目也，而目猶不可信；所恃者心也，而心猶不足恃。弟子記之，知人固不易矣。"

⑤ 事須：情勢應該如此，理應如此。北魏賈思勰《齊民要術·雜説》："且須調習器械，務令快利；秣飼牛畜，事須肥健。"唐劉禹錫《和僕射牛相公寓言》詩之二："衹恐重重世緣在，事須三度副蒼生。

⑥ 歆饗：神靈享受供物。《晉書·樂志下》："奠樽俎，實玉觴。神歆饗，咸悦康。宴孫子，祐無疆。"《北史·夏侯道遷傳》："脱有先亡者，於良辰美景，靈前飲宴，儻或有知，庶共歆饗。"

凡設齋供及僧常食[1]，須人檢校①[2]。若待齋了[3]，恐時過者，無論道俗，雖未薦②奉，取分③先食。斯是佛教，許無罪咎。比見僧尼助檢校者[4]，食多過午，因福獲罪，事未可也。

【校勘】

[1] 齋：敦本無此字。

[2] 檢：金本、石本、麗本、大本作"撿"，磧本作"檢"，今據改。

校：敦本、石本作"挍"。下同。

[3] 待：石本作"持"。

[4] 檢：金本、石本、麗初本、麗本、大本作"撿"，磧本作"檢"，今據改。

【箋注】

① 檢校：查看，查視。晉葛洪《抱朴子内篇·祛惑》："敢爲大言，乃云，已登名山，見仙人。倉卒聞之，不能清澄檢校之者，鮮覺其僞也。"

② 薦:進獻。《儀禮·鄉射禮》:"主人阼階上拜送爵,賓少退,薦脯醢。"鄭玄注:"薦,進。"《國語·晋語三》:"補乏薦饑,道也,不可以廢道於天下。"韋昭注:"薦,進也。"

③ 分:本份,自己的一份。

然五天之地,云與諸國有别異者,以此淨觸爲初基①耳。昔有北方胡地使人②,行至西國,人多見笑[1]。良以便利不洗,餘食内③盆,食時藂④坐[2],互相振⑤觸[3],不避猪犬,不嚼齒木⑥,遂招譏議[4]。故行法者極須存意[5],勿以爲輕。然東夏食無淨觸,其來久矣。雖聞此説,多未體儀[6]。自非⑦面言,方能解悟。

【校勘】

[1] 見:敦本無此字。

笑:麗初本、麗本、磧本作"笑"。

[2] 藂:敦本、麗初本、麗本同,石本、磧本、大本作"叢"。二字同。

[3] 振:石本、麗初本、麗本、大本同,慧琳也作"振":"振觸,上字耕反。《字統》云:'振猶牚也。'《考聲》作敞、撐,云:'撞也。'從手從長。《傳》文從木作棖。人名也。下衝欲反,揬也。"磧本作"堂",敦本、可洪作"棖"。

[4] 遂招:金本、敦本、石本、麗初本、磧本作"遂成",麗本、大本作"遂招"。按:應作"遂招"。義淨其他作品中未見"成譏議",但有"招譏議"。例如,《根本説一切有部毘奈耶》卷十八:"我於今時由昔俗累,尚被黑鉢同梵行者所輕,況復令彼出家更招譏議,云六衆苾芻度苾芻尼。"《根本説一切有部毘奈耶》卷三十:"今應共造一寺,令諸黑鉢曾未見聞。我等共營,恐招譏議,云往時六衆今作傭人。"《根本説一切有部毘奈耶雜事》卷五:"知彼慇懃唤同食者,當於屏處勿招譏議。先受其食以手執盤,同食無過。"

［5］者：敦本作“者之”，之間有√。

［6］體儀：石本作“體其儀”。

【箋注】

① 初基：初始。《尚書·康誥》：“周公初基，作新大邑於東國洛。”《隋書·刑法志》：“周文帝之有關中也，霸業初基，典章多闕。”

② 使人：奉命出使的人。《左傳·襄公二十七年》：“趙孟曰：‘牀笫之言不踰閾，況在野乎？非使人之所得聞也。’”宋陸游《老學庵筆記》卷六：“沙糖中國本無之。唐太宗時，外國貢至，問其使人：‘此何物？’云：‘以甘蔗汁煎。’”

③ 内：即“納”，放入。《孟子·萬章上》：“思天下之民，匹夫匹婦，有不被堯舜之澤者，若己推而内之溝中。”

④ 藂（cóng）：聚集。

⑤ 振（chéng）：觸，碰撞。

⑥ 齒木：用來刷牙的小木片。

⑦ 自非：除非。《左傳·成公十六年》：“唯聖人能外内無患；自非聖人，外寧必有内憂。”《漢書·董仲舒傳》：“自非大亡道之世者，天盡欲扶持而全安之，事在彊勉而已矣。”

五、食罷去穢

食罷之時，或以器承，或在屏處①，或向渠竇②[1]，或可臨階，或自持瓶，或令人授水[2]，手必淨洗。口嚼齒木，疏牙刮舌[3]，務令清潔[4]。餘津若在，即不成齋。然後以其豆屑③，或時將土，水撚④成泥，拭其脣吻[5]，令無膩氣⑤。次取淨瓶之水，盛以螺盃，或用鮮葉，或以手承。其器及手，必須三屑淨揩【豆屑、土、乾牛糞】，洗令去膩。或於屏隱⑥，淨瓶注口。若居顯處，律有遮文。略漱兩三，方乃成淨。自此之前，口津無宜輒咽[6]。既破威儀，咽咽得罪。乃至未將淨水重漱已來[7]，涎唾必須外棄[8]。若日過午，更犯非時⑦。

【校勘】

[1] 渠：敦本作"渠"。

[2] 人：敦本無此字。

[3] 疏：金本、敦本、麗初本、麗本、磧本作"踈"，二字同，今改。

刮舌：敦本作"刮刮舌"，前一個刮字旁有豎三點。

[4] 清潔：敦本作"淨潔"。潔，金本作"潔"，今改。

[5] 屑：敦本作"屑"。

[6] 無：敦本作"无"。

輒：金本作"輙"，今改。

[7] 已：各本作"巳"，今改。

[8] 涎唾：唾液。慧琳作"次唾"："上羡延反，《説文》云：'次，口液也，從水欠聲。'《傳》作涎，俗字也。下吐卧反。"

棄：敦本作"弃"。

【箋注】

① 屏處：隱蔽之處。《漢書・外戚傳下・孝成趙皇后》："告武，篋中有死兒，埋屏處，勿令人知！"宋莊季裕《雞肋編》卷上："氣尚未平，獨坐屏處。"

② 竇：水溝，水道口。可洪："渠竇，音豆，穴也，水道也。"《周禮・考工記・匠人》："竇其崇三尺。"鄭玄注："宫中水道。"孫詒讓正義："竇若今陰溝，穿地爲之，以通水潦者。"

③ 豆屑：豆粉。《周禮・天官・籩人》"糗餌粉餈"鄭玄注引漢鄭司農曰："糗，熬大豆與米也；粉，豆屑也。"

④ 撚(niǎn):揉搓,搓捻。慧琳:“水撚,年典反。《説文》:撚猶執也。一云蹂也。從手然聲。”

⑤ 膩:跡印,污垢。晋潘岳《皇女誄》:“手澤未改,領膩如初。”《晋書·劉輿傳》:“東海王越將召之,或曰:‘輿猶膩也,近則汙人。’”唐杜甫《北征》:“見耶背面啼,垢膩脚不襪。”

氣:氣味。《墨子·節葬下》:“棺三寸,足以朽骨;衣三領,足以朽肉,掘地之深,下無菹漏,氣無發洩於上,壟足以期其所,則止矣。”《晋書·樂志下》:“蘭風發芳氣,蓋世同其芬。”唐李德裕《思山居·清明》:“月照一山明,風吹百花氣。”

膩氣:即污垢和氣味。北魏賈思勰《齊民要術·餳餔》:“釜必磨治令白淨,勿使有膩氣。”姚秦弗若多羅譯《十誦律》卷五十三:“若手若鉢,若二若三澡豆,洗殘餘膩氣不盡,名爲洗不?”又《十誦律》卷六十一:“比丘新熏鉢、酥著鉢,二三過洗,膩氣不淨,便白佛。佛言:‘若一心三洗者,是鉢名淨。’”義淨譯《根本説一切有部目得迦》卷九:“時有苾芻,飲非時漿,喉中膩氣,遂即變出,生惡作心。世尊告曰:‘先淨洗手,次漱脣口。既漱口已,方可飲漿。’”又《根本説一切有部目得迦》卷九:“有染之口,此亦何能令成無染?應以乾淨牛糞,撚之令碎,或以澡豆和水揩脣,除食膩氣。復以兩三掬水,再三漱口,即名爲淨。”

⑥ 屏隱:隱蔽處。

⑦ 非時:非正時。佛教以從晨朝至日中爲時,從日中至後夜分爲非時。

斯則人罕識知,縱知護亦非易。以此言之,豆麵灰水,誠難免過,良爲牙中食在,舌上膩存。智者觀斯,理應存意。豈容正食已了[1],談話過時,不畜淨瓶[2],不嚼齒木[3]?終朝含穢,竟夜①招愆。以此送殁②[4],固成難矣!其淨瓶水,或遣門人持授[5],亦是其儀[6]。

【校勘】

［1］已：各本作“巳”，今改。

［2］淨瓶：敦本作“淨淨瓶”。

［3］齒：敦本無此字。

［4］歿：麗初本、麗本同，敦本、石本、磧本、大本作“終”。

［5］門：敦本作“门”。

［6］其儀：麗本、大本後有“也”。

【箋注】

① 竟夜：整夜，通宵。《南史·沈懷文傳》：“孝武嘗有事圓丘，未至期而雨晦竟夜。”唐杜甫《昔遊》：“林昏罷幽磬，竟夜伏石閣。”

② 送歿：“歿”同“終”。終身、終其一生。本書卷四：“然後降邪伏外，擢揚正理；廣化群物，弘誘忘疲。運想二空，澄懷八道；敬修四定，善護七篇。以此送終，斯爲上也。”又本書卷四：“況乎糞掃三衣，巡家乞食，蘭若依樹，正命自居。定慧内融，極想木叉之路；慈悲外發，摽心普濟之津。以此送歿，斯爲上矣。”

六、水有二瓶

凡水分淨觸，瓶有二枚[1]。淨者咸用瓦瓷，觸者任兼銅鐵[2]。淨擬非時飲用，觸乃便利所須。淨則淨手方持[3]，必須安著淨處。觸乃觸手隨執[4]，可於觸處置之。唯斯淨瓶及新淨器所盛之水[5]，非時合飲。餘器盛者[6]，名爲時水。中前受飲[7]，即是無愆。若於午後，飲便有過。

【校勘】

［1］枚：敦本作“牧”。

［2］任兼：金本作“任意兼”，敦本作“又兼”，石本、麗初本作“任兼”，今據改。

鐵：敦本、石本、麗初本作“鐖”。

［3］淨則：敦本無此二字。

［4］觸乃：敦本無“觸”。

［5］唯：敦本、石本、麗初本、麗本、大本同，磧本作“准”。

［6］盛：敦本作“成”。

［7］受：敦本無此字。

其作瓶法：蓋須連口，頂出尖臺，可高兩指；上通小穴，麤①如銅箸[1]，飲水可在此中；傍邊則別開圓孔，擁②口令上豎[2]，高兩指，孔如錢許，添水宜於此處。可受二三升，小成無用[3]。斯之二穴，恐蟲塵入[4]，或可著蓋，或以竹木，或將布葉而裹塞之[5]。彼有梵僧，取製而造。若取水時，必須洗内，令塵垢盡，方始納新。

豈容水則不分淨觸，但畜一小銅瓶？著蓋插口[6]，傾水流散，不堪受用，難分淨觸；中間有垢有氣，不堪停水；一升兩合③，隨事皆闕[7]。

【校勘】

［1］麤：麗初本、麗本、慧琳同，敦本、石本、磧本、大本作“麁”，“麤”即“麁”。慧琳：“麤如，上醋胡反，正體字今不多行用，俗通作麁。”可洪：“麤如，上倉胡反，大也，正作麁也。麤者，警防也。鹿之性，相背而食，慮大獸之害也，故從三鹿也。今從麁者，悮也。《字樣》云：‘相承作麁字用，不可施行於經典。’”

箸：敦本、石本作“著”。

［2］擁：金本、麗初本、磧本作“罐”，敦本、石本、麗本、大本作

"擁",今據改。

[3] 小:敦本無此字。

[4] 恐:敦本、石本作"忈"。下同。

[5] 將:金本、麗初本作"捋",敦本作"将",石本作"𢪏",麗本、磧本作"將",今據改。

裹:磧本作"褁"。

[6] 插:金本作"揷",慧琳作"插",二字同,今據改。慧琳:"插口,上懺洽反,《説文》云:'刺内入也。從手臿聲。'《傳》作揷,俗字也。"

[7] 闕:石本作"闗"。

【箋注】

① 麤:大小,粗細。

② 擁:持,此指用手握著攏長。

③ 合(gě):量詞。一升的十分之一。《孫子算經》卷上:"十抄爲一勺,十勺爲一合,十合爲一升。"漢劉向《説苑·辨物》:"千二百黍爲一龠,十龠爲一合,十合爲一升。"

其瓶袋法式:可取布長二尺、寬一尺許[1],角① 襵② 兩頭[2],對處縫合[3];於兩角頭,連施一襻③,纔長一磔④[4],内⑤ 瓶在中,掛髆⑥ 而去[5]。乞食鉢袋,樣亦同此[6]。上掩鉢口,塵土不入。由其底尖,鉢不動轉[7]。其貯鉢之袋,與此不同[8],如餘處述。

【校勘】

[1] 寬:金本、敦本、麗初本、麗本作"寛",石本作"寬",即"寬"字,今改。

[2] 襵:金本、敦本、麗初本、麗本、磧本作"襵",慧琳、可洪、大本作"襵"。二字同,今據改。

[3] 縫合:敦本作"絳各"。

［4］磔：敦本作“桀”，石本作“搩”。

［5］掛髆：敦本作“桂髓”，石本、慧琳、可洪作“挂髆”，慧琳：“挂髆，上瓜畫反，下牓莫反。杜子春注《周礼》云：‘髆，肩也。’《説文》從骨尃聲。”可洪：“挂髆，上音卦，下音愽。”

［6］樣：金本、麗初本、麗本作“禨”，敦本作“搸”，石本作“搸”，磧本作“樣”，四字同，今據改。

［7］動轉：敦本作“動鉢轉”。

［8］與：敦本作“与”。

【箋注】

① 角：包，裹。《太平廣記》卷一三三引唐皇甫枚《三水小牘·王公直》：“所由領公直至村，先集鄰保，責手狀。皆稱實知王公直埋蠶，别無惡跡。乃與村衆及公直同發蠶坑，中唯有箔角一死人，而缺其左臂。”

② 襵(zhě)：摺疊。慧琳：“角襵，占涉反，《蒼頡篇》云：‘卷也。’《廣雅》：‘縶也。’《古今正字》從衣聶聲。”

③ 襻：帶子。慧琳：“一襻，攀慢反，《古今正字》云：‘衣挂肩曰襻。從手從攀，攀亦聲也。’”

④ 磔(zhé)：大指伸開後與中指之間的長度。《慧琳音義》卷二十四音《方廣大莊嚴經》第四卷“一磔手”云：“張革反。《廣雅》：‘磔猶開也，又張也。’一磔手者，張其手，取大指中指所極爲量也。《古今正字》從石桀聲。經本作搩，音傑，非義也。”《慧琳音義》卷三十二音《大威燈光仙人問疑經》“磔耶”云：“上張革反。《廣雅》云：‘磔，張也，開也。’案磔者，今之唐言一搩也，謂將手大拇指與第二指張開一搩是也。《文字典説》從石桀聲。經從手作榤，誤也。桀音搩也。”

⑤ 内：即“納”，放入。

⑥ 髆(bó)：肩膀。

所有瓶鉢，隨身衣物，各置一肩，通覆加沙[1]，擎傘而去。此等並是佛教出家之儀。有暇手執觸瓶并革屣袋[2]，錫杖斜挾[3],進止①安詳[4]。鳥喻月經②,雅③當④其況[5]。至如王城覺樹⑤[6],鷲嶺⑥鹿園⑦[7],娑羅⑧鶴變⑨之所[8],蕭條⑩鵲封⑪之處,禮制底時[9],四方俱湊,日觀千數,咸同此式。若那爛陁寺[10],大德多聞並皆乘輿[11],無騎鞍乘者[12]。及大王寺⑫,僉亦同爾[13]。所有資具,咸令人擔[13],或遣童子擎持[14]。

此是西方僧徒法式。

【校勘】

[1] 加沙:金本、大本作"袈裟",敦本、石本作"加沙",今據改。按,根據義淨本人意見,本書所有"袈裟",均應作"加沙"。義淨在卷一指出:"加沙乃是梵言,即是乾陁之色,元來不干東語,何勞下底置衣?"其中"元來不干東語,何勞下底置衣"就是批評人們在"加沙"二字下面添加了"衣"字旁,而寫作"袈裟"。現存義淨的翻譯佛經中,大量的"袈裟"都有異文作"加沙"。可見,他一直在堅持使用"加沙"。

[2] 暇:金本、石本、麗初本、麗本作"睱",磧本作"暇",今據改。

執:敦本無此字。

革:敦本作"草"。

[3] 斜:敦本、可洪作"鈄"。

挾:敦本、麗初本、麗本作"挟",石本作"陝"。

[4] 詳:石本作"祥"。

[5] 況:敦本、石本、麗初本、麗本作"况"。

[6] 城:敦本作"成"。

覺:敦本作"觉"。

[7] 嶺:敦本作"領"。

[8] 鶴:敦本作"鸖"。

[9] 制:敦本作"製"。

[10] 爛:敦本、石本、麗本、大本同,磧本作"蘭"。

陁：大本作“陀”。

［11］輿：敦本、石本作“轝”。

［12］鞍：敦本作“安”。

［13］令：敦本、石本作“合”。

擔：金本、敦本作“檐”，麗初本作“襜”，麗本、磧本作“擔”，今據改。

［14］擎：石本作“驚”。

【箋注】

① 進止：舉止，行動。《漢書・薛宣傳》：“宣爲人好威儀，進止雍容，甚可觀也。”晋葛洪《抱朴子外篇・行品》：“聲氣雌弱，進止質澀。”北魏楊衒之《洛陽伽藍記》卷四：“江東朝貴，侈於矜尚，見略入朝，莫不憚其進止。”

② 鳥喻月經：東晋法顯譯《大般泥洹經》中有“鳥喻品第十五”和“月喻品第十六”。疑“鳥喻月經”即指此“鳥喻品”和“月喻品”。而上文所云“所有瓶鉢、隨身衣物，各置一肩，通覆加沙，擎傘而去。此等並是佛教出家之儀。有暇手執觸瓶并革屣袋，錫杖斜挾，進止安詳”情況，應該是指當時在中國寺廟和民間盛行的關於“鳥喻品”和“月喻品”的所畫變相中的人物打扮，“雅當其況”。

③ 雅：甚，頗。《後漢書・皇后紀上・章德竇皇后》：“肅宗先聞后有才色，數以訊諸姬傅。及見，雅以爲美。”唐白居易《燕子樓》詩序：“善歌舞，雅多風態。”

④ 當：對等；相當。

⑤ 覺樹：菩提樹。梵文 Bodha（菩提）意譯爲“覺”。

⑥ 鷲嶺：指靈鷲山。

⑦ 鹿園：即鹿野苑，佛教聖地。爲釋迦牟尼成道後初轉法輪之處。在今印度北方邦瓦臘納西城西北。亦被稱作仙人住處、仙人墮處、仙人鹿園等。佛陀在菩提迦耶尼連禪河畔成正覺後，遊行至此，向昔日的修行侍從和夥伴憍陳如等五人説法，使其成爲最初的僧伽成員。

⑧ 娑羅：即娑羅雙樹。唐玄奘《大唐西域記》卷六：“城西北三四里，渡阿恃多伐底河，西岸不遠，至娑羅林。其樹類槲，而皮青白，葉甚光潤，四樹特高，如來寂滅之所也。”

⑨ 鶴變：北涼曇無讖譯《大般涅槃經》卷一：“爾時拘尸那城娑羅樹林，其林變白，猶如白鶴。於虚空中，自然而有七寶堂閣，彫文刻鏤，綺飾分明，周匝欄楯，衆寶雜廁。堂下多有流泉浴池，上妙蓮花彌滿其中，猶如北方欝單越國，亦如忉利歡喜之園。爾時娑羅樹林中間，種種莊嚴，甚可愛樂，亦復如是。是諸天、人、阿修羅等，咸覩如來涅槃之相，皆悉悲感，愁憂不樂。”

⑩ 蕭條：逍遙。閑逸貌。南朝宋劉義慶《世説新語・品藻》：“明帝問周伯仁：‘卿自謂何如庾元規？’對曰：‘蕭條方外，亮不如臣；從容廊廟，臣不如亮。’”

⑪ 鵲封：王舍城竹園名。西晋若羅嚴譯《佛説時非時經》：“一時，佛在王舍城鵲封竹園。”

⑫ 大王寺：古印度寺廟名，具體情况不詳。

七、 晨旦觀蟲

每於晨旦①，必須觀水。水有瓶井池河之别，觀察事非一准②[1]。亦既天明，先觀瓶水。可於白淨銅盞銅楪[2]，或蠃杯漆器之中[3]，傾取掬許，安竪塼上[4]，或可别作觀水之木[5]。以手掩口，良久視之。或於盆罐中看之亦得。蟲若毛端，必須存念。若見蟲者，倒瀉瓶中[6]，更以餘水再三滌器，無蟲方罷。有池河處，持瓶就彼。瀉去蟲水，濾取新淨。如但有井，准法濾之。若觀井水，汲出水時，以銅盞於水罐中酌取掬許，如上觀察。若無蟲者，通夜隨用[7]。若有，同前濾漉[8]。池河觀水，廣如律説[9]。

【校勘】

［1］事：敦本作“是”。

［2］盞：敦本作“㭗”。

銅楪：敦本作“疊”，石本作“銅疊”。“楪”即“碟”。

［3］蠃杯：金本作“蠃杯”，敦本作“蠃抔”，石本作“蠃坏”，麗本作“蠡杯”，大本作“蠡杯”，麗初本作“蠃杯”。可洪作“蠃杯”：“上洛禾反，似瓢，可爲飲器也。正作蠃、螺、蠡三形也，前作螺盃也。”

［4］竪：金本、麗本、大本作“置”，敦本、石本、麗初本、磧本作“竪”，今據改。

塼：金本、石本、麗初本、麗本、磧本、大本作“甎”，敦本作“塼”，今據改。

［5］或可：敦本作“或”。

觀水之木：麗初本作“觀水之水”。

［6］倒：金本作“到”，敦本、磧本、麗本作“倒”，今據改。

瀉：敦本、石本作“寫”。

［7］隨：敦本無此字。

［8］濾：大本作“瀘”。下同。

［9］廣如：敦本作“如廣”，之間有√。

【箋注】

① 晨旦：天亮。唐皮日休《正樂府十篇・賤貢士》：“南越貢珠璣，西蜀進羅綺，到京未晨旦，一一見天子。”宋梅堯臣《晚泊觀鬥雞》：“血流何所爭？死鬭欲充玩。應當激猛毅，豈獨專晨旦！”

② 一准：同“一準”，唯一標準。南朝梁劉勰《文心雕龍・史傳》：“若斯之科，亦萬代一準焉。”

凡濾水者，西方用上①白疊[1]。東夏宜將密絹[2]，或以米柔②[3]，或可微煑[4]。若是生絹，小蟲直過。可取熟絹，笏尺四尺，捉邊長挽，襵取兩頭[5]，刺使相著[6]，即是羅樣。兩角施帶，兩畔置㡌③[7]，中安橫杖[8]，張開尺六。兩邊繫柱[9]，下以盆承。傾水之時，罐底須入羅内[10]。如其不爾，蟲隨水落，墮地墮盆[11]，還不免死[12]。凡水初入羅時，承取觀察，有蟲即須換却[13]，若淨如常用之。水既足已[14]，即可翻羅。兩人各捉一頭翻羅，令入放生器内[15]。上以水澆三遍[16]，外邊更以水淋[17]。中復安水[18]，承取觀察，若無蟲者，隨意去羅。此水經宵，還須重察。凡是經宿之水，且不看者，有蟲無蟲，律云用皆招罪。

【校勘】

［1］疊：敦本、麗初本、麗本、大本同，磧本作“氎”。

［2］將：用。敦本無此字。

［3］米柔：敦本、石本同，麗本、大本作“米揉”，麗初本作“采柔”。

［4］煑：金本、敦本、麗初本、麗本作“煑”，磧本作“煮”，二字同，今據改。

［5］襵：敦本、麗初本、麗本作“襵”。

［6］刺：金本、石本、麗初本、麗本作“刾”，敦本作“頰”，磧本作“剌”，大本作“刺”。“刾”即“刺”字，今改。

［7］㡌：金本、麗初本、可洪作“㤘”，可洪：“置㤘，苦侯反。”敦本作“鉤”，石本作“句”，麗本、磧本、慧琳作“㡌”，慧琳：“置㡌，口侯反。《古今正字》：從巾句聲。亦從區作幅，亦同。”今據改。

［8］橫：金本、石本作“擴”，磧本作“橫”，今據改。

［9］柱：敦本作“住”。

［10］底：金本作“底”，今改。

［11］墮盆：石本無“墮”。

［12］死：金本作“殺”，麗初本、麗本、磧本、大本作“殺”，石本作

"敍",敦本作"死",今據改。

[13] 須换:敦本作"换須"。

[14] 已:各本作"巳",今改。

[15] 放:敦本作"施"。

[16] 澆:敦本、石本、磧本作"洗"。"洗"爲"澆"俗寫形近字。

[17] 水:敦本無此字。

[18] 中:石本無此字。

【箋注】

① 上:上等。

② 柔:浸漬;潤澤。《禮記・内則》:"擣珍,取牛羊麋鹿麕之肉,必胨,每物與牛若一,捶反側之,去其餌,孰出之,去其皽,柔其肉。"鄭玄注:"柔之爲汁和也。"《國語・鄭語》:"祝融亦能昭顯天地之光明,以生柔嘉材者也。"韋昭注:"柔,潤也。"《淮南子・説山訓》:"厲利劍者,必以柔砥。"高誘注:"柔,濡。"唐元稹《酬鄭從事宴望海亭》:"欲將滑甘柔藏府,已被鬱噎衝喉嚨。"

③ 㣲(kōu):器物上的環耳。

然護生取水,多種不同。井處施行,此羅最要[1]。河池之處,或可安棬①[2],用陰陽瓶②,權時③濟事[3]。又六月七月[4],其蟲更細,不同餘時,生絹十重,蟲亦直過。樂護生者[5],理應存念,方便令免。或作瓦盆子④羅[6],亦是省要⑤。西方寺家[7],多用銅作。咸是聖制,事不可輕。

其放生器[8],作小水罐,令口直開,於其底傍更安兩鼻。雙繩放下[9],到水覆牽,再三入水,然後抽出。

【校勘】

[1] 最:金本作"㝡",即"最"字,今改。

[2] 棬:各本作"捲",可洪作"棬":"安棬,丘員反,正作捲。"今

據改。

[3] 權：金本、敦本、麗初本、麗本作“擢”，石本作“推”，磧本作“權”，今據改。

[4] 七月：敦本作“七日”。

[5] 護：石本无。

[6] 瓦：金本、麗初本、麗本作“凡”，敦本無此字，磧本作“瓦”。“凡”即“瓦”，今改。

[7] 西：敦本無此字。

寺：敦本作“等”。

[8] 放：敦本作“施”。

[9] 雙：敦本、麗初本、麗本作“雙”。

【箋注】

① 棬(quān)：圓圈。北魏賈思勰《齊民要術·養羊》：“屈木爲棬，以張生絹袋子，濾熟乳。著瓦瓶子中臥之。”

② 陰陽瓶：法瓶。寺院中舉行儀式時，用來盛裝香湯、香水的瓶子。

③ 權時：暫時，臨時。漢朱浮《爲幽州牧與彭寵書》：“而浮秉征伐之任，欲權時救急。”

④ 盆子：口大底小的淺盛器。北魏賈思勰《齊民要術·醴酪》：“預前多買新瓦盆子，容受二斗者，抒粥著盆子中。”

⑤ 省要：簡單扼要。

若是寺家濾羅，大僧①元不合觸。房内時水，亦復同然。未受具②人，取方得飲。非時飲者，須用淨羅、淨瓶、淨器，方堪受用。存生乃是性戒③[1]，可護中重，十惡④居首，理難輕忽[2]。水羅是六物⑤之數，不得不持。若行三五里[3]，無羅不去[4]。若知寺不濾水，不合飡食[5]。渴死長途，足爲龜鏡⑥。豈容恒常用水[6]，曾不觀察？雖有濾羅，蟲還死内。

假欲存救，罕識其儀[7]。井口之上翻羅，未曉放生之器[8]。設令到水，蟲死何疑？時有作小圓羅，纔受一升兩合，生疎薄絹，元不觀蟲[9]，懸著鉢邊，令他知見。無心護命，日日招愆。師弟相承，用爲傳法。誠哉可歎，良足悲嗟！其觀水器[10]，人人自畜，放生之罐[11]，在處須有。

【校勘】

[1] 存生：敦本、麗初本、麗本、大本同，石本作“存人”，磧本作“在生”。

[2] 難：敦本、石本作“雖”。

[3] 若：石本作“若得”。

[4] 無：敦本作“无”。

不去：石本作“去不”。

[5] 飡：麗初本、麗本同，磧本作“餐”。

[6] 常：石本無此字。

[7] 存：敦本作“在”。

罕：石本作“罕”。

[8] 曉：敦本作“晚”。

[9] 元：麗初本作“无”。

[10] 觀：石本作“親”。

[11] 放：敦本作“施”。

罐：石本作“器罐”。

【箋注】

① 大僧：比丘，相對于沙彌而稱大僧。

② 受具：“受具足戒”或“受具戒”的略語。唐王維《大唐大安國寺故大德淨覺禪師碑銘并序》：“入太行山，削髮受具。”

③ 性戒：指殺、盜、邪淫、妄語四戒。

④ 十惡：佛教以殺生、偷盜、邪婬、妄語、兩舌、惡口、綺語、貪欲、

瞋恚、邪見爲十惡。《南齊書·高逸傳論》:“今則十惡所墜,五及無間,刀樹劍山,焦湯猛火,造受自貽,罔或差貳。”《敦煌變文集·大目乾連冥間救母變文》:“阿娘生時不修福,十惡十愆皆具足。”

⑤ 六物:見下文“衣食所須”章介紹。

⑥ 龜鏡:龜可預卜吉凶,鏡能分辨美醜,因以比喻可供人對照學習的榜樣或引以爲戒的教訓。《隋書·魏澹傳》:“五帝之聖,三代之英,積德纍功,乃文乃武,賢聖相承,莫過周室,名器不及后稷,追謚止於三王,此即前代之茂實,後人之龜鏡也。”

八、 朝嚼齒木

每日旦朝,須嚼齒木[1]。揩齒刮舌[2],務令如法。盥漱清淨,方行敬禮[3]。若其不然,受禮禮他[4],悉皆得罪。

【校勘】

[1] 齒:敦本無此字。

[2] 揩:金本、敦本作“楷”,麗初本、麗本、磧本、大本作“揩”,今據改。

[3] 禮:金本作“礼”,今改。

[4] 受禮禮他:敦本作“受他礼”。禮禮,金本、石本作“礼礼”,磧本作“禮禮”,今據改。

其齒木者,梵云“憚哆家瑟詑①”[1]。“憚哆”譯之爲“齒”,“家瑟詑”即是其“木”。長十二指,短不減八指[2],大如小指。一頭緩須熟嚼,良久淨刷牙關②[3]。若也逼近尊人，宜將左手掩口。用罷擘破，屈而刮舌[4]。或可别用銅鐵，作刮舌之篦③[5]。或取竹木薄片，如小指面許[6]，一頭纖細，以剔斷④牙[7]。屈而刮舌，勿令傷損。

亦既用罷，即可俱洗，棄之屏處。凡棄齒木，若⑤口中吐水及以洟唾，皆須彈指經三，或時謦欬⑥過兩[8]。如不爾者，棄便有罪[9]。

【校勘】

[1] 憚哆：慧琳作“憚多”：“憚多家瑟詑，下拆賈反，梵語也，唐云齒木也。”

詑：大本作“詫”，下同。

[2] 短：敦本作“拞”。

減：敦本、麗初本、麗本作“减”。

[3] 闕：金本、石本作“開”，磧本作“闕”，今據改。

[4] 用：石本無此字。

[5] 鐵：金本、敦本、麗初本、麗本作“鏚”，磧本作“鐵”，二字同，今據改。

刮：敦本無此字。

篦：敦本、可洪作“箄”，可洪：“之箄，必西反。”金本、石本、麗初本、麗本作“箅”，磧本、大本作“篦”，今據改。

[6] 面：磧本作“靣”。

[7] 齗：敦本、麗初本、麗本、磧本、慧琳同，大本作“斷”。慧琳：“剔齗，上汀歷反，已釋《高僧傳》第二十七卷中。下屰斤反，《蒼頡篇》云：‘齗，齒根也。’《説文》從齒斤聲。”

[8] 謦：石本作“聲”。

[9] 罪：敦本作“羅”。

【箋注】

① 憚哆家瑟詑：梵文 Dantakāṣṭha 音譯。

② 牙關：上下頜之間的關節，亦指口腔。

③ 篦：同“鎞”，此處“刮舌之篦”應該指的是一種用銅鐵製成的刮片，用來刮除舌頭上的津液。

④ 齗（yín）：牙床。

⑤ 若：或。

⑥ 謦（qǐng）欬：咳嗽。“欬”即“咳”。

或可大木破用，或可小條截爲。近山莊者[1]，則柞① 條葛蔓爲先[2]；處平疇② 者，乃楮桃槐柳隨意[3]。預收備擬③[4]，無令闕乏。濕者即須他授[5]，乾者許自執持。少壯者任取嚼之，老宿者乃槌頭使碎[6]。

【校勘】

［1］莊：金本、麗初本、麗本作“𤼧”，敦本作“庄”，磧本作“莊”，三字同，今據改。

［2］柞條葛蔓：敦本作“可條蔓”。

柞：可洪作“祚”：“祚條，上作昨二音，木名也。”

［3］隨：敦本作“随”。下同。

［4］收：金本作“収”，收之異體，今改。

備：敦本、麗本作“俻”。

［5］濕：敦本作“温”，石本作“溼”。

授：敦本、石本作“受”。

［6］老宿：麗初本、麗本、大本同，敦本、石本、磧本作“耆宿”。

槌：金本、麗本、大本作“椎”，可洪作“推”，敦本、石本作“搥”，今據改。

【箋注】

① 柞（zuò）：樹名。慧琳：“柞條，上音昨。鄭箋《詩》云：‘除木曰柞。’白櫟木也。《説文》從木乍聲。”

② 平疇：平原。晉陶潛《癸卯歲始春懷古田舍》詩之二："平疇交遠風，良苗亦懷新。"唐李敻《恒嶽晨望有懷》："禋祠彰舊典，壇廟列平疇。"

③ 備擬：準備。唐陸贄《請邊城貯備米粟等狀》："去歲版築五原，大興師旅，所司素無備擬，臨事支計缺然。"《舊唐書·王晙傳》："若多屯士卒，廣爲備擬，亭障之地，蕃、漢相參，費甚人勞，此下策也。"

其木條以苦澀辛辣者爲佳[1]，嚼頭成絮者爲最[2]。麁胡菜①根[3]，極爲精也【即蒼耳[4]，根并截取[5]，入地二寸[6]】。堅齒口香，消食去癊②[7]。用之半月[8]，口氣③頓除。牙疼齒憊④[9]，三旬即愈[10]。要須熟嚼淨揩，令涎癊流出，多水淨漱[11]，斯其法也。次後若能[12]，鼻中飲水一抄⑤，此是龍樹⑥長年之術[13]。必其鼻中不串⑦[14]，口飲亦佳。久而用之，便少疾病[15]。

【校勘】

[1] 以：敦本作"如"。

澀：金本、敦本、大本作"澁"，可洪作"澀"，二字同，今據改。

辛辣：慧琳作"辢辛"："闌怛反。《古今正字》云：'辢，辛也，從束聲。'"辛，敦本作"辛"。

[2] 最：金本作"㝡"，即"最"字，今改。

[3] 麁：敦本作"麤"。

菜：磧本、大本作"葉"，金本、敦本、麗初本、麗本作"菜"。大本校云：葉＝菜【宋】【元】【明】。今據改。"菜"爲"葉"俗字，"葉"又爲"菜"形近訛字。

[4] 即：石本作"取"。

蒼：金本、麗初本、麗本、大本作"倉"，石本作"食"，敦本、磧本作"蒼"，今據改。

［5］根：麗初本、磧本無此字。

取：麗初本、磧本作“耳”。

［6］二寸：敦本作“二三寸”。

［7］癊：敦本、石本作“飲”。

［8］用：敦本作“同”。

［9］憊：金本、敦本、石本、麗本作“𢠽”，二字同，今改。

［10］愈：敦本作“喻”。

［11］漱：敦本作“瀨”。

［12］次：敦本無此字。

後：敦本作“浚”。

［13］術：敦本作“述”。

［14］串：磧本作“慣”。

［15］少：金本作“小”，磧本作“少”，今據改。

【箋注】

① 胡菓（xǐ）：蒼耳。《淮南子·覽冥訓》：“夫瞽師庶女，位賤尚菓，權輕飛羽。”高誘注：“菓者，菓耳，菜名也。”菓耳即蒼耳。

② 癊（yìn）：痰涎。參見曾良、儲小昆《唐宋詞語考釋二則》（《古漢語研究》2005 年第 2 期）。

③ 口氣：指口臭。宋沈括《夢溪筆談·藥議》：“《日華子》云‘雞舌香，治口氣。’所以三省故事：郎官日含雞舌香，欲其奏事對答，其氣芬芳。此正謂丁香治口氣。”

④ 憊（bèi）：衰竭。慧琳：“齒憊，牌拜反，《廣蒼》云：‘憊，疾也。’《説文》作㒞。《傳》作憊，亦通用。”

⑤ 抄：容量單位，六百粟爲一抄，一升的千分之一。《孫子算經》卷上：“量之所起，起於粟。六粟爲一圭，十圭爲一撮，十撮爲一抄，十抄爲一勺，十勺爲一合，十合爲一升。”

⑥ 龍樹：印度古代高僧。

⑦ 串：即“慣”，習慣。

然而牙根宿①穢[1]，積久成堅[2]。刮之令盡，若湯②淨漱[3]，更不腐敗，自至終身。牙疼西國迥無[4]，良爲嚼其齒木。

【校勘】

[1] 牙根：麗本、大本作"牙齒根"。

宿：敦本無此字。

[2] 堅：敦本作"坚"。

[3] 若：金本、敦本、石本、麗初本、麗本、大本作"苦"，磧本作"若"，今據改。

湯：金本、麗初本、麗本、大本作"盪"，敦本作"湯水"，"水"字旁邊有竪三點，磧本作"湯"，今據改。

[4] 疼：金本作"庝"。

無：敦本作"无"。

【箋注】

① 宿：久。

② 湯：熱水。

豈容不識齒木名作楊枝？西國柳樹全稀，譯者輒①傳斯號[1]。佛齒木樹實非楊柳②[2]，那爛陁寺目自親觀[3]。既不取信於他，聞者亦無勞致惑③[4]。撿《涅槃經》梵本云[5]："嚼齒木時矣。"

【校勘】

[1] 輒：金本、石本作"輙"，今改。

[2] 佛：敦本作"仏"。

楊柳：敦本作"柳樹"。

[3] 爛：敦本作"蘭"。

陁:大本作“陀”。

[4] 惑:敦本、石本作“或”。

[5] 撿:通“檢”,麗本同,磧本作“檢”。

槃:金本、麗初本、麗本作“䑽”,磧本作“槃”,二字同,今據改。

【箋注】

① 輒:却。漢劉向《列女傳·梁節姑姊》:“因失火,兄子與己子在内中,欲取兄子,輒得其子,獨不得兄子。”

② 楊柳:即柳樹。

③ 既不取信於他,聞者亦無勞致惑:這句話的意思是説,這都是我親自看到的,不是道聽途説,所以希望大家不要懷疑我的説法。“取信於他”的意思是説,不是從别人那裏得到的消息。

亦有用細柳條,或五或六,全嚼口内[1],不解漱除。或有吞汁,將爲殄病[2],求清潔而返穢[3],冀去疾而招痾①[4]。或有斯亦不知,非在論限。然五天法俗,嚼齒木自是恒事②,三歲童子,咸即教爲。聖教俗流[5],俱通利益。既申臧否③[6],行捨隨心。

【校勘】

[1] 全嚼口内:敦本作“全无嚼口内”,“无”字旁有竪三點。

[2] 殄:滅。金本、敦本、麗初本、麗本作“殇”,石本作“弥”,磧本作“殄”,今據改。

[3] 潔:金本作“潔”,今改。

[4] 冀:金本、敦本、麗初本、麗本作“兾”,石本作“糞”,磧本作“冀”,今據改。下同。

招:金本作“𢪊”,磧本作“招”,今據改。

[5] 聖教:麗初本作“教諸”。

俗流:敦本作“流俗”。

［6］申：敦本、石本、麗本、大本同，磧本作"伸"。

臧：金本、麗初本、麗本作"慼"，敦本、可洪作"減"，磧本作"臧"，今據改。

否：敦本、石本作"不"。

【箋注】

① 痾（ē）：疾病。慧琳："招痾，婀何反，病也。"

② 恒事：常事。

③ 臧否（pǐ）：善惡；得失。《詩經·大雅·抑》："於呼小子，未知臧否。"鄭玄箋："臧，善也。"《左傳·隱公十一年》："師出臧否，亦如之。"杜預注："臧否，謂善惡得失也。"

九、受齋赴請［1］

凡① 論西方赴請之法，并南海諸國［2］，略顯其儀。

【校勘】

［1］赴請：各本作"軌則"，此據卷一序言"九、受齋赴請"改。

［2］并：石本無此字。

【箋注】

① 凡：總。

西方乃施主預前禮拜請僧，齋日來白時至。僧徒器座，量准時宜,或可淨人①自持,或受他淨物。器乃唯銅一色②,須以灰末③淨揩。座乃各别小牀,不應連席相觸。其牀法式[1],如第三章已言[2]。若其瓦器曾未用者[3],一度用之,此成無過。既被用訖,棄之坑塹[4],爲其受觸,不可重收。故西國路傍設義④食處[5],殘器若山,曾無再用。即如襄陽瓦器,食了更收,向若棄之,便同淨法[6]。又復五天元無瓷漆。瓷若油合⑤[7],是淨無疑。其漆器或時賈客將至,西方及乎南海皆不用食,良爲受膩故也。必若是新,以淨灰洗,令無膩氣,用亦應得⑥。其木器元非食物,新者一用,固亦無愆[8],重觸有過,事如律説。

【校勘】

[1] 牀:磧本作"床"。

[2] 第:敦本作"弟"。下同。

已:各本作"巳",今改。

[3] 未:磧本作"末"。

[4] 塹:金本、石本、麗本作"壍",敦本、大本作"塹",二字同,今據改。

[5] 設義:敦本作"議設"。

[6] 同:敦本無此字。磧本作"用","用""同"形近而混。

[7] 瓷:敦本無此字。

[8] 固:麗初本、麗本、大本同,石本作"因",敦本、磧本作"故"。

【箋注】

① 淨人:在寺院擔負勤雜勞務的俗家人。南朝梁慧皎《高僧傳·義解·釋智順》:"嘗有夜盜順者,淨人追而擒之。"唐玄奘《大唐西域記》卷五:"佛像嚴麗,僧徒肅穆,役使淨人數千餘户。"

② 一色:一種;一類。《唐六典·户部尚書·金部郎中》:"開元二十年敕,以爲名目雖多,料數先定,既煩案牘,因此生姦,自今以後,

合爲一色,都以月俸爲名。”唐劉肅《大唐新語·極諫》:“望請命婦會於别殿;九部樂從東門入;散樂一色,伏望停省。”

③ 灰末:灰,灰粉。《晋書·藝術傳·鳩摩羅什》:“乃以五色絲作繩結之,燒爲灰末投水中。”

④ 義:施捨的,救濟的。

⑤ 油合:“合”通“盒”,即油盒,一種用來裝盛梳妝用頭油等的瓷盒。此説參劉東《唐長沙窑青釉緑彩草葉紋油盒》(中國社會科學網 2019 年 9 月 15 日轉自《收藏快報》)。

⑥ 得:行,可以。

其施主家設食之處[1],地必牛糞淨塗,各别安小牀座[2]。復須清淨瓨①瓮[3],預多貯水。僧徒②既至[4],解開衣紐,安置淨瓶,即宜看水。若無蟲者,用之濯足。然後各就小牀[5],停息片時。察其早晚[6],日既將午,施主白言時至。法衆乃反褔上衣[7],兩角前繫,下邊右角壓③在腰絛④左邊[8]。或屑或土,澡手令淨,或施主授水,或自用君持⑤,隨時濟事[9]。重來踞坐[10],受其器葉[11],以水略洗,勿使横流[12]。食前全無呪願⑥之法[13]。

【校勘】

[1] 處:敦本作“時處”,“時”字旁有竪三點。

[2] 糞:石本作“糞”。座:敦本作“坐”。

[3] 瓨:金本、麗初本無此字,石本作“汎”,敦本、麗本、磧本、大本作“坻”。“坻”即“瓨”,今據補。

[4] 既至:敦本作“已至”。

[5] 牀:磧本作“床”。

[6] 其:敦本作“時”。

晚:石本作“曉”。

[7] 衆:敦本作“家”。

反：敦本作“返”。

䙋：金本、敦本、麗初本、麗本、大本作“攝”，石本無此字，磧本作“䙋”，今據改。

[8] 角：敦本無此字。

擪：金本、磧本、麗本、大本作“壓”，敦本、慧琳、可洪作“𢶍”。慧琳：“𢶍在，上壓葉反。《説文》云：‘以指按也。從手厭聲。’”今據改作“擪”。

腰：金本、石本、麗本、麗初本、慧琳、可洪作“腎”，敦本作“要”，磧本作“腰”，今據改。

左邊：敦本作“右邊”。

[9] 濟：敦本作“齊”。

[10] 坐：敦本作“座”。

[11] 其：敦本作“以”。

[12] 横：金本、敦本、石本、麗初本、麗本作“擴”，磧本作“横”，今據改。

[13] 無：敦本無此字。

【箋注】

① 瓨(xiáng)：長頸大腹的瓮罋。《説文·瓦部》：“瓨，似罌，長頸，受十升。”《史記·貨殖列傳》：“醯醤千瓨，漿千甔。”裴駰集解引徐廣曰：“長頸罌。”

② 僧徒：僧人，僧衆。《魏書·釋老志》：“太祖聞其名，詔以禮徵赴京師，後以爲道人統，綰攝僧徒。”唐韓愈《送僧澄觀》：“皆言澄觀雖僧徒，公才吏用當今無。”

③ 擪(yè)：用手指按壓。

④ 腰絛：腰帶。

⑤ 君持：梵文 Kuṇḍikā 音譯，水瓶。《慧琳音義》卷八十二：“君稚迦，僧所受用。君持，銅瓶是也。”

⑥ 呪願：“呪”即“咒”。指唱誦願文，爲施主作種種讚歎。西晋竺法護譯《盂蘭盆經》：“時佛敕十方衆僧，皆先爲施主家呪願七世父

母，行禪定意，然後受食。”

施主乃淨洗手足[1]，先於大衆行初①[2]，置聖僧供[3]。次乃行食，以奉僧衆。復於行末[4]，安食一盤[5]，以供呵利底②母[6]。

【校勘】

[1] 淨洗：石本作“洗淨”。

[2] 行初：金本、麗本、大本作“前初”，敦本、石本、麗初本、磧本作“行初”，今據改。

[3] 置：敦本作“至”。

[4] 行末：金本作“行食末間”，麗本、大本作“行食末”，敦本、石本、麗初本、磧本作“行末”，今據改。

[5] 盤：金本、敦本、麗初本作“䑻”，磧本、麗本作“盤”，今據改。

[6] 呵利底母：敦本後有“神”字。

【箋注】

① 行初：一行座位的前面。

② 呵利底：梵文 Hārītī 音譯。

其母先身①因事，發願食王舍城所有兒子②。因其邪願，捨身遂生藥叉③之内[1]，生五百兒，日日每飡王舍城男女④[2]。諸人白佛[3]。佛遂藏其稚子[4]，名曰愛兒。觸處⑤覓之[5]，佛邊方得。

【校勘】

[1] 叉：金本、麗本作“乂”，敦本無此字，石本、麗初本、磧本作“叉”，今據改。

[2] 飡：敦本、石本、麗初本同，麗本、大本作“食”，磧本作“餐”。

［3］佛：敦本作“仏”。下同。

［4］藏：麗本、磧本作“蔵”。

［5］覓：金本、敦本作“覔”，磧本作“覔”，二字同，今據改。

【箋注】

① 先身：前身，前生。

② 兒子：嬰兒。《莊子·庚桑楚》：“能兒子乎，兒子終日嗥而嗌不嗄。”成玄英疏：“同於赤子也。”《吕氏春秋·異寶》：“今以百金與摶黍，以示兒子，兒子必取摶黍矣。”高誘注：“兒子，小子。”

③ 藥叉：梵文 yakṣā 音譯，義爲勇捷，佛教指惡鬼。後常比喻醜陋、凶惡的人。義淨譯《根本説一切有部毘奈耶》卷十：“言我知者謂知四諦法，而言我見者，謂見天見龍見藥叉。”

④ 男女：兒女。《史記·龜策列傳》：“夫妻男女，賦之田宅，列其室屋。”唐杜甫《歲晏行》：“況聞處處鬻男女，割慈忍愛還租庸。”

⑤ 觸處：到處，隨處。《南史·循吏傳序》：“凡百户之鄉，有市之邑，歌謡舞蹈，觸處成羣，蓋宋世之極盛也。”

世尊告曰；“汝憐愛兒乎[1]？汝子五百，一尚見憐，況復餘人一二而已[2]。”佛因化之，令受五戒①，為鄔波斯迦②。因請③佛曰：“我兒五百，今何食焉？”佛言：“苾芻等住處寺家[3]，日日每設祭食，令汝等充飡④[4]。”故西方諸寺每於門屋⑤處[5]，或在食厨⑥邊，素⑦畫母形[6]，抱一兒子，於其膝下或五或三，以表其像，每日於前盛陳供食[7]。其母乃是四天王⑧之衆，大豐勢力[8]。其有疾病，無兒息者，饗食⑨薦⑩之[9]，咸皆遂願。廣緣如律，此陳大意耳。神州先有名“鬼子母”焉[10]。

【校勘】

［1］兒：石本作“兒子”。

[2] 況：金本、石本作“况”，磧本作“況”，今據改。

而已：石本作“皃已”。

[3] 蒭：磧本作“芻”。

[4] 飡：麗本、麗初本同，磧本作“餐”。

[5] 門：敦本作“寺门”。

[6] 素：敦本、石本、麗本、可洪、大本同，磧本作“塑”，二字同。

[7] 供食：敦本作“供養”。

[8] 豐：金本、石本作“豊”，磧本作“豐”，今據改。下同。

[9] 者：石本無此字。

饗食：敦本無“食”字。

薦：金本作“廌”，敦本、石本、麗本、磧本作“薦”，今據改。

[10] 有：敦本無此字。

【箋注】

① 五戒：佛教指在家信徒終身應遵守的五條戒律，即不殺生、不偷盜、不邪淫、不妄語、不飲酒。《晋書·會稽文孝王道子傳》：“臣聞佛者清遠玄虚之神，以五誡爲教，絕酒不淫。”《魏書·釋老志》：“又有五戒，去殺、盜、淫、妄言、飲酒，大意與仁、義、禮、智、信同，名爲異耳。”

② 鄔波斯迦：梵文 Upāsikā 音譯，意譯作清淨女、清信女等。

③ 請：詢問。《禮記·樂記》：“賓牟賈起，免席而請曰：‘夫武之備戒之已久，則既聞命矣，敢問遲之遲而又久，何也？’”孔穎達疏：“此一經是賓牟賈問詞也。”

④ 充飡：飽餐。“充”，足，滿。《周禮·天官·大府》：“凡萬民之貢，以充府庫。”鄭玄注：“充，猶足。”《楚辭·離騷》：“蘇糞壤以充幃兮。”王逸注：“充，猶滿也。”

⑤ 門屋：廟宇等出入口的建築物。設牆和門，上有屋頂，前後兩面有柱無牆，類似廊屋。《新唐書·五行志一》：“光啓初，揚州府署門屋自壞，故隋之行臺門也，制度甚宏麗云。”

⑥ 食厨：厨房。

⑦ 素：塑。可洪："素畫，上正作塐，桑醋反，土像也。"

⑧ 四天王：帝釋的外將，分别居於須彌山四埵，各護一方，因亦稱護世四天王。東方持國天王，身白色，持琵琶；南方增長天王，身青色，執寶劍；西方廣目天王，身紅色，執罥索；北方多聞天王，身緑色，執寶叉。寺廟山門兩旁多塑四天王像，身形高大，面目猙獰，又稱四大天王。俗稱四大金剛。

⑨ 饗食：舉行饗食之禮。三國魏曹植《陳審舉表》："近者漢氏廣建藩王，豐則連城數十，約則饗食祖祭而已。"

⑩ 薦：祭祀時敬獻。《周易·觀》："觀，盥而不薦，有孚顒若。"孔穎達疏："薦者，既盥之後，陳薦籩豆之事。"《左傳·隱公三年》："可薦於鬼神，可羞於王公。"

又復西方諸大寺處，咸於食厨柱側，或在大庫門前，彫木表形，或二尺三尺[1]，爲神王狀[2]，坐把① 金囊[3]，却踞小牀，一脚垂地[4]，每將油拭，黑色爲形，號曰莫訶哥羅②[5]，即大黑神也。古代相承云是大天③之部屬[6]，性愛三寶，護持五衆④[7]，使無損耗，求者稱情。但至食時，厨家每薦香火[8]，所有飲食隨列於前[9]。

【校勘】

[1] 或：敦本前有"戒"字，旁有竪三點。

[2] 狀：石本作"牀"。

[3] 把：麗本、大本作"抱"，"抱"是"把"字形誤字。

[4] 脚：敦本作"却"。

垂：金本作"垂"，今改。

[5] 號：金本作"号"，今改。

莫：敦本作"磨"。

哥：敦本、石本、麗初本、麗本、大本同，磧本作"歌"。

[6] 屬：敦本、麗初本、麗本作"属"。

［7］護：敦本作"諫"。
［8］薦：金本作"廌"，敦本、麗本、磧本作"薦"，今據改。
［9］隨：敦本作"随"。

【箋注】

① 把：握。

② 莫訶哥羅：梵文 Mahākāla 音譯。

③ 大天：人名，梵文 Mahādeva（摩訶提婆）意譯。唐玄奘《大唐西域記》卷三："摩揭陀國無憂王以如來涅槃之後第一百年，命世君臨，威被殊俗。深信三寶，愛育四生。時有五百羅漢僧、五百凡夫僧，王所敬仰，供養無差。有凡夫僧摩訶提婆（唐言大天），闊達多智，幽求名實，潭思作論，理違聖教，凡有聞知，群從異議。無憂王不識凡、聖，因情所好，黨援所親，召集僧徒赴殑伽河，欲沈深流，總從誅戮。時諸羅漢既逼命難，咸運神通，凌虛履空，來至此國，山棲谷隱。時無憂王聞而悔懼，躬來謝過，請還本國。彼諸羅漢確不從命。無憂王爲羅漢建五百僧伽藍，總以此國持施衆僧。"

④ 五衆：指比丘、比丘尼、式叉摩那、沙彌、沙彌尼。《法苑珠林》卷十六："若出家五衆已受得戒，但依修行，不須別受。"

曾親見說《大涅槃》①處般彈那寺②［1］，每常僧食一百有餘［2］。春秋二時禮拜之際［3］，不期而至僧徒五百［4］，臨中忽來。正到中時③［5］，無宜更煮［6］。其知事人告厨家曰："有斯倉卒，事欲如何？"于時有一淨人老母④而告之曰："此乃常事，無勞見憂。"遂乃多燃香火［7］，盛陳祭食［8］，告黑神曰："人聖⑤涅槃［9］，爾徒尚在。四方僧至，為禮聖蹤［10］。飲食供承，勿令闕乏，是仁之力［11］，幸可知時。"尋即惣命大衆令坐［12］，以寺常食，次第行之［13］，大衆咸足。其飡所長⑥［14］，還如常日。咸皆唱善，讚天神之力。

親行禮觀，故覩黑神［15］。見在其前，食成大聚［16］。問其何意,報此所由。淮北雖復先無[17],江南多有置處。求者交⑦驗[18],神道非虚。大覺寺⑧目真鱗陁龍亦同斯異矣[19]。

【校勘】

［1］桀,金本、麗初本、麗本作"𣘸",敦本、磧本作"桀",今據改。

［2］有:石本無此字。

［3］際:敦本作"癸"。

［4］五百:敦本作"百五",之間有√。

［5］正:石本作"𠙺"。"𠙺"即"正"字,爲武則天新字。

［6］煮:金本、敦本、石本、麗初本、麗本作"煑",磧本作"煮",二字同,今據改。

［7］燃:麗初本、麗本、大本同,敦本、石本、磧本作"然"。

［8］祭:石本作"發"。

［9］桀:金本、麗初本、麗本作"𣘸",磧本作"桀",今據改。

［10］為:石本作"乃",磧本作"爲"。

［11］仁:敦本作"人"。

［12］惣:敦本、麗初本、麗本同,磧本作"摠",石本作"捴",三字同。

［13］第:敦本作"弟"。

［14］飡:麗本、麗初本同,磧本作"餐",二字同。

［15］覩:敦本、石本作"都"。

黑神:麗本、大本作"神容"。

［16］成:石本作"盛"。

［17］淮:敦本、磧本作"准"。

［18］交:金本、麗本、大本作"効",敦本、石本作"交",今據改。

［19］覺:敦本作"党"。

鱗:磧本作"隣"。

陁:磧本、大本作"陀"。

【箋注】

①《大涅槃》:指《大般涅槃經》。

② 般彈那寺:在拘尸那城,即今印度北方邦 Gorakhpur 東的 kasiā。詳參王邦維(1995,53)注釋(四)。

③ 中時:午時。《後漢書・方術傳上・李南》:"明日中時應有吉問。"晋葛洪《抱朴子内篇・仙藥》:"以五月五日日中時取之,陰乾百日。"

④ 淨人老母:老年的女性淨人。

⑤ 大聖:佛教稱佛及菩薩。西晋竺法護譯《生經》卷一:"一切大聖,神通已達。"姚秦鳩摩羅什譯《妙法蓮華經》卷一:"今慧日大聖尊,久乃説是法。"

⑥ 長(zhàng):剩餘。

⑦ 交:定,必定。

⑧ 大覺寺:在釋迦牟尼成道處。詳參王邦維(1995,53)注釋(五)。

其行食法,先下薑鹽[1]。薑乃一片兩片,大如指許;鹽則全匕①半匕[2],藉②之以葉[3]。其行鹽者,合掌長跪③在上座④前[4],口唱"三鉢羅佉哆⑤"[5],譯爲"善至"⑥,舊云"僧跋"者訛也[6]。上座告曰:"平等行食。"意道供具善成,食時復至[7]。准其字義,合當如是。然而佛與大衆受他毒食[8],佛教令唱"三鉢羅佉哆"[9],然後方食。所有毒藥,皆變成美味。以此言之,乃是秘密言詞[10],未必目其"善至"。東西兩音⑦,臨時任道。并⑧汾⑨之地唱"時至"者,頗有故實⑩。

【校勘】

[1] 鹽:敦本作"塩"。下同。

[2] 匕:石本作"巳"。

[3] 葉:金本、石本作"茱",敦本作"業",磧本作"葉",今據改。

[4] 座:石本作"坐"。下同。

［5］佉：敦本、石本作“法”。下同。

［6］䟦：麗初本作“趺”。

［7］復：敦本作“湲”。

［8］佛：敦本作“仏”。下同。

［9］哆：磧本作“多”。

［10］秘：磧本、大本作“祕”。

【箋注】

① 匕：飯匕，古代取食的用具，曲柄淺斗，類似後代的羹匙。《儀禮・公食大夫禮》：“雍人以俎入陳于鼎南，旅人南面加匕于鼎，退。”

② 藉：襯墊。南朝宋鮑照《代白紵舞歌辭》之四：“簪金藉綺升曲筵。”

③ 長跪：兩足屈膝著地，上身挺立，以示禮敬。

④ 上座：又稱長老、上臘、首座、尚座、住位等。指法臘高而居上位之僧尼。

⑤ 三鉢羅佉哆：梵文 Saṃprāgata 音譯。

⑥ 善至：即下文“供具善成，食時復至”的合稱。

⑦ 東西兩音：中外兩種叫法，即“善至”和“三鉢羅佉哆”。

⑧ 并：并州，古州名。其地約當今河北保定和山西太原、大同一帶地區。《周禮・夏官・職方氏》：“乃辨九州之國……正北曰并州，其山鎮曰恒山。”

⑨ 汾：古地名。在今河南省許昌市西南，潁水南岸。《左傳・襄公十八年》：“子庚帥師治兵於汾。”杜預注：“襄城縣東北有汾丘城。”

⑩ 故實：出處，典故。北齊顔之推《顔氏家訓・書證》：“或問：‘俗名傀儡子爲郭秃，有故實乎？’”

其授食之人[1]，必須當前並足[2]，恭敬曲身，兩手執器及以餅果[3]，去手一磔①，即須懸放[4]。自餘器食，或一寸二寸。若異此途，理不成受。隨受隨食，無勞待遍。等②供食遍，不是正翻[5]。食罷隨意，亦非聖説。次授乾杭③米飯并稠豆䐪④[6]，澆以熱酥[7]，手攪令和，投諸助味⑤[8]。食用右手。纔可半腹，方行餅果，後行乳酪及以沙糖⑥[9]。渴飲冷水，無問冬夏[10]。此乃衆僧常食[11]，并設齋供，大略皆爾。

【校勘】

[1] 授：敦本、石本作“受”。下同。

[2] 並：麗初本作“霊”。

[3] 果：敦本、石本作“菓”。下同。

[4] 放：敦本作“故”。

[5] 正：石本作“[illegible]”。

翻：麗初本、麗本、大本同，磧本作“飜”，敦本作“[illegible]”。

[6] 乾：金本、麗初本作“訖”，敦本、麗本、磧本作“乾”，今據改。

杭：麗本、大本作“粳”。

飯：磧本作“飲”，敦本、石本作“餅”。

并：石本無此字。

[7] 澆：敦本、石本作“洗”。

熱：敦本作“執”。

酥：敦本作“蘓”，石本作“蘇”，麗初本作“[illegible]”。

[8] 投：敦本作“頭”。

[9] 行：敦本無此字。

[10] 無問：敦本作“无问”。

[11] 衆：敦本、石本無此字。

【箋注】

① 磔(zhé)：大指伸開後與中指之間的長度。

② 等：平等。

③ 杭(jīng)：一種黏性較小的稻。漢張衡《南都賦》：“若其廚膳則有華薌重秬，滍皐香杭。”

④ 豆臛：豆羹。

⑤ 助味：主食之外的輔食。義淨譯《根本説一切有部毘奈耶雜事》卷十：佛言："汝等苾芻有五種可嚼食：一根，二莖，三葉，四花，五果。五種可噉食：一麨，二飯，三麥豆飯，四魚肉，五餅。"彼復不知以何助味？佛言："應共乳酪、酥、蜜、魚、肉乾脯、雜菜之類。此若無者可和水食，凡潤濕滋味充人色力，得修善品。"

⑥ 沙糖：即砂糖。《北史・真臘傳》："飲食多蘇酪、沙糖、秔粟、米餅。"宋陸游《老學庵筆記》卷六："沙糖中國本無之。唐太宗時外國貢至，問其使人：'此何物？'云：'以甘蔗汁煎。'用其法煎成，與外國者等。自此中國方有沙糖。"

然其齋法，意存殷厚[1]，所餘餅餅[2]，盈溢盤盂，酥酪縱横[3]，隨著皆受。故佛在日，勝軍王①親供佛衆[4]，行其飲食及以酥酪[5]，乃至地皆流漫②。律有成文③[6]，即其事也。

【校勘】

[1] 存：敦本作"在"。

[2] 所餘餅餅："餅"即"飯"。敦本作"所餅食"；石本作"所餘餅餅"，後一"餅"字又用淡墨改作"飯"；金本作"所餘餅餅"；麗初本、麗本作"所餘餅餅"；磧本、大本作"所餘餅飯"。"餅飯"可洪作"餅餅"。根據早期版本和可洪的記録，原本應作"餅"字。"餅"字應是後來有的版本"餅"字致誤的原因。

[3] 酥：金本作"穌"，麗初本作"穌"，敦本作"蕕"，石本作"蘇"，麗本、磧本作"酥"，今據改。

[4] 勝軍王：金本、麗初本、麗本、磧本、大本作"勝光王"，敦本、石本作"勝軍王"，今據改。

[5] 飲食：金本、麗初本、麗本、大本作"餘食"，敦本、石本、磧本作"飲食"，今據改。

酥：敦本作"穌"，麗初本作"穌"。

[6] 成文：敦本、石本、麗初本、麗本、大本同，磧本誤作"誠文"。

【箋注】

① 勝軍王:梵文 Prasenajit(波斯匿)意譯,憍薩羅國國王。

② 流漫:遍佈,彌漫。唐玄奘《大唐西域記》卷十二:"從此東行入大流沙,沙則流漫,聚散隨風,人行無迹,遂多迷路。"唐宋之問《自湘源至潭州衡山縣》:"漸見江勢闊,行嗟水流漫。"

③ 成文:用文字固定下來的話。

淨初至東印度躭摩立底①國[1],欲依廉素,設僧齋供[2]。時人止曰:"若纔足而已[3],何爲不得②?然而古來相承,設須盈富[4]。若但滿腹者,恐人致笑[5]。聞師從大國來[6],處所豐贍[7],若無盈長③,不如不設。"是以還依彼法矣[8]。

斯乃施心弘廣,得報還復豐多[9],無乖理也 。必其貧窶④[10],及食罷行儭⑤[11],隨力所能。

【校勘】

[1] 淨初至:敦本無"淨""至"二字,石本"浄"乃後添。

印:金本誤作"即",今改。

躭:麗初本、麗本同,磧本、大本作"耽"。

[2] 設僧齋供:敦本作"設供僧齋供",麗初本作"供僧齋供",麗本、大本作"設供齋僧"。

[3] 已:各本作"巳",今改。

[4] 設:敦本作"設淂","淂"字旁有竪三點。

富:各本作"冨",今改。

[5] 恐:敦本作"忈"。

笑:金本、敦本、麗初本、麗本、磧本作"咲",今改。

[6] 從:金本作"従",今改。

國:敦本作"国",下同。

[7] 豐:金本、敦本、麗初本作"豊"。下同。今改。

贍:敦本、石本作"瞻"。

［8］彼：敦本作“波”。

［9］復：敦本無此字。

［10］寠，金本、麗初本、麗本作“窶”，敦本、磧本、可洪作“窭”，二字同，今據改。

［11］儭：磧本作“嚫”，麗本、大本作“䞋”。

【箋注】

① 躭摩立底：梵文 Tāmralipti 音譯，東印度古國名，位于恆河河口。

② 得：行，可以。

③ 盈長：多餘，剩餘。

④ 貧窶(jù)：貧乏，貧窮。《荀子・大略篇》：“然故民不困財，貧窶者有所竄其手。”唐杜甫《早發射洪縣南途中作》：“將老憂貧窶，筋力豈能及。”

⑤ 儭：梵文 Dakṣiṇā 音譯“達儭”的略稱，義爲施捨財物。該字又常常寫作“嚫”或“䞋”。

既其食了，以片① 水漱口[1]，咽而不棄[2]。將少水置器[3]，略淨右手，然後方起。欲起之時[4]，須以右手滿掬取食，持將出外。不簡② 僧私③ 之物[5]，聖遺普施衆生。未食前呈[6]，律無成教。又復將食一盤[7]，以上先亡及餘神鬼應食之類[8]。緣在鷲山，如經廣説。可將其食，向上座前跪，上座乃以片水灑而呪願曰[9]：

以今所修福，普霑於鬼趣④。
食已免極苦，捨身生樂處[10]。
菩薩之福報[11]，無盡若虚空。
施獲如是果[12]，增長無休息⑤。

持將出外，於幽僻處，林叢⑥ 之下[13]，或在河池之内，以施先亡矣。江淮⑦ 間設齋之次，外置一盤，即斯法也。

然後施主授齒木[14]，供淨水。盥漱之法[15]，如第五章已述[16]。

【校勘】

[1] 水：敦本無此字。

[2] 棄：敦本、石本作“弃”。下同。

[3] 將：敦本作“将”。下同。

[4] 欲起：敦本無此二字。

[5] 簡：敦本作“蕑”。

私：金本、麗初本、麗本作“私”，磧本作“佛”，敦本、石本、麗本、大本作“私”，今據改。

[6] 未：金本作“來”，誤。

[7] 盤：金本、麗初本作“𣚦”，敦本作“槃”，麗本、磧本作“盤”，今據改。

[8] 以：敦本作“以已”，“已”字旁有豎三點。

[9] 座：敦本無此字。此句两“座”字，石本皆作“坐”。

[10] 已：各本作“巳”，今改。下同。

生：石本作“出”。

[11] 之福報：麗初本、磧本同，敦本、石本、麗本、大本作“所受用”。

[12] 獲：磧本作“護”。

[13] 藂：磧本、大本作“叢”。

[14] 後：磧本作“彼”。

主：大本作“生”。

[15] 盥漱：敦本作“盥與漱”。

[16] 第：敦本作“弟”。

【箋注】

① 片：微小，微少。南朝梁沈約《難范縝〈神滅論〉》：“若形與神對，片不可差，何則形之名多、神之名寡也？”唐白居易《泛渭賦》：“雖

片藝而必收兮，故不棄予之小才。”

② 簡：分别，辨别。《北史·宋游道傳》：“忠臣奉國，事在其心，亦復何簡貴賤？”

③ 私：私人，個人。

④ 鬼趣：鬼道，佛教六道之一。

⑤ 休息：停止。漢賈誼《鵩鳥賦》：“萬物變化兮，固無休息。”唐蘇渙《變律》：“開目爲晨光，閉目爲夜色，一開復一閉，明晦無休息。”

⑥ 林藂：即叢林。“藂”同“叢”。

⑦ 江淮：長江與淮河之間的地區。

僧徒辭别之時[1]，口云“所有福業，悉皆隨喜①”[2]，然後散去。衆僧各各自誦伽他②，更無法事。食罷餘殘，並任衆僧令小兒將去，或施貧下，隨應食者食之[3]。或可時屬飢年，或恐施主性悋③者[4]，問而後取[5]。齋主全無重收食法[6]。

此是西方一途④受供之式[7]。

【校勘】

[1] 辭：金本、麗初本、麗本、磧本作“辤”，敦本、石本作“辞”，大本作“辭”，今據改。

[2] 所有：金本、麗初本、麗本、大本作“所修”，敦本、磧本作“所有”，今據改。“所有”之後内容至“衆僧或有杜多乞食”，石本缺。

[3] 食者：敦本無此二字。

[4] 恐：金本、敦本、麗初本、磧本作“知”，麗本、大本作“恐”，今據改。

性：敦本無此字。

[5] 後取：麗本作“方取”，大本作“力取”。

[6] 全：金本、麗初本誤作“令”，今改。

重：麗初本作“量”。

［7］途：磧本作“塗”。

受：金本無此字，今據他本補。

【箋注】

① 隨喜：佛教謂見到他人行善而生歡喜之意。南朝梁沈約《懺悔文》：“弱性蒙心，隨喜讚悦。”

② 伽他：梵文 Gāthā 音譯，譯曰偈、頌，佛經中的讚頌之詞。

③ 悋：同“吝”，吝嗇。《逸周書・寤儆》：“不驕不悋，時乃無敵。”漢劉向《説苑・尊賢》：“當此之時，誠使周公驕而且悋，則天下賢士至者寡矣。”

④ 一途：一類，一種。

或可施主延請同前，於其宅中形像預設[1]。午時既至，普就尊儀①，蹲踞合掌[2]，各自心念。禮敬既訖，食乃同前。

或可别令一人，在尊像前，長跪合掌，大聲讚佛【言長跪者，謂是雙膝踞地，竪兩足以支身，舊云胡跪者非也。五天皆爾，何獨道胡】。唯歎佛德，不雜餘言。施主乃燃燈散花[3]，一心虔敬，用摩香②泥以塗僧足[4]。燒香普馥③[5]，元不别行[6]。鼓樂絃歌[7]，隨情④供養。方始如前，准次飡食。食罷將其瓶水遍瀝衆前[8]，上座方爲施主略誦陁那⑤伽他[9]。

斯乃復是兩途西方食法[10]。

【校勘】

［1］預：敦本、麗初本、麗本、大本同，磧本作“豫”。

［2］踞：金本、敦本、麗初本作“居”，磧本作“踞”，今據改。

［3］燃：金本、敦本、麗初本、麗本、大本作“然”，磧本作“燃”，今據改。

花：磧本作“華”，二字同。

［4］用摩：敦本無此二字。

［5］普：慧琳、敦本、麗初本、麗本、大本同，磧本作“馚”。慧琳：“普馥，逢目反。正體字也。《韓詩傳》曰：‘馥，香皃也。’《古今正字》：‘從香复聲也。复音同上。’”

［6］元：磧本作“尣”。

［7］鼓樂絃歌：敦本、磧本作“皷樂弦歌”。

［8］灑：麗初本、麗本、磧本、大本同，敦本作“灑”。

［9］陁：大本作“陀”。

伽他：金本、麗本作“伽陁”，大本作“伽陀”，敦本、磧本作“伽他”，今據改。

［10］途：敦本、麗本、大本同，磧本作“塗”。

【箋注】

① 尊儀：尊貴之儀容，此處指佛、菩薩的形像。

② 摩香：末香。

③ 普馥：普遍、到處散發香氣。

④ 隨情：隨意。

⑤ 陁那：梵文Ḍāna 音譯，意譯爲布施。

然而西國噉嚼[1]，多與神州不同，但可略據律科①[2]，粗陳梗槩②云爾[3]。

【校勘】

［1］西國：敦本作“西方”。

［2］律科：敦本作“科律”，之間有√。

［3］槩：大本作“概”。

【箋注】

① 律科：法令條文。《南史・齊紀下・廢帝東昏侯》：“冬十月己未，詔刪省律科。”此指佛教律部的條文。

② 梗槩：即梗概，大概，概略。《後漢書・文苑傳上・杜篤》："臣聞知而復知，是爲重知。臣所欲言，陛下已知，故略其梗概，不敢具陳。"

律云："半者蒲膳尼①[1]，半者珂但尼②。""蒲膳尼"以"含噉"為義[2]，"珂但尼"即"齧嚼"受名[3]。"半者"謂"五"也，"半者蒲膳尼"，應譯爲"五噉食"，舊云"五正"者[4]，准義翻也：一飯[5]，二麥豆飯[6]，三麨③，四肉，五餅[7]。"半者珂但尼"，應譯爲"五嚼食"：一根，二莖，三葉，四花[8]，五果[9]。其無緣者[10]，若食初五，後五必不合飡[11]。若先食後五，前五噉便隨意。准知④乳酪等非二五所收⑤，律文更無別號[12]，明非正食所攝⑥。若諸麵食，竪匙不倒，皆是餅飯所收[13]。乾麨和水[14]，指畫見跡者，斯還五攝。

【校勘】

[1] 膳：敦本作"饍"。

[2] 含噉：金本、麗初本作"食噉"，敦本、麗本、磧本作"含噉"，今據改。

[3] 受名：敦本作"受一名"，"一"字旁有竪三點。

[4] 五正：敦本作"五正食"。

[5] 飯：金本、麗初本、麗本、慧琳作"飰"，磧本作"飯"，敦本作"餅"，慧琳："一飰，樊晚反。《説文》或作飯，云：'食也。從食反聲。'""飰"即"飯"字，今據改。

[6] 麥：金本、敦本、麗本作"麦"，今改。

飯：金本、麗初本、麗本作"飰"，敦本作"餅"，磧本作"飯"。"飰"即"飯"字，今據改。

[7] 餅：金本、麗初本作"飰"，敦本作"飯"，麗本、磧本作"餅"。按，應作"餅"。前面已經講了二處"飯"，此處不當重複。

[8] 花：磧本作"華"，二字同。

[9] 果：敦本、磧本作“菓”。

[10] 無：敦本無此字，金本、麗初本、麗本作“无”，今改。

[11] 不合：敦本作“合不”，之間有√。

[12] 文：敦本作“云”。

無：敦本作“不”。

[13] 飯：金本作“餅”，敦本作“飰”，磧本作“飯”，今據改。

[14] 麨：慧琳作“麵”：“乾麵，上哥安反，下昌繞反。《廣雅》云：‘麵，食也。’《埤蒼》：‘熘麥爲麪。’《文字典説》：‘熘麥乾屑也。從麥酋聲，熘音抄爪反。’”

【箋注】

① 蒲膳尼：梵文 Bhojanīya 音譯。

② 珂但尼：梵文 Khādaniya 音譯。

③ 麨(chǎo)：米、麥等炒熟後磨粉製成的乾糧。晋干寶《搜神記》卷十九：“先將數石米餈，用蜜麨灌之，以置穴口。”《梁書・諸夷傳・高昌國》：“備植九穀，人多噉麨及羊牛肉。出良馬、蒲陶酒、石鹽。”

④ 准知：推測可知。

⑤ 收：收攝，包括。

⑥ 攝：收攝。

且如五天之地，界分①綿邈②，大略而言，東西南北各四百餘驛[1]。除其邊裔③[2]，雖非盡能目擊，故可詳而問知。所有噉嚼，奇巧非一[3]。北方足麵，西邊豐麨，摩揭陁國麵少米多[4]，南裔東垂④[5]，與摩揭陁一類。酥油乳酪[6]，在處皆有。餅果之屬[7]，難可勝數。俗人之流，膻腥⑤尚⑥寡[8]。諸國並多粳米⑦，粟⑧少黍無[9]。有甘瓜[10]，豐蔗芋，乏葵⑨菜[11]。足蔓菁⑩，然子有黑白，比來⑪譯爲芥子⑫。押油充食[12]，諸國咸然。其菜食之[13]，味與神州蔓菁無别[14]。其根堅鞕[15],復與蔓菁不同。結實粒麤[16],復非芥子。其猶枳橘⑬,因地遷形?在那爛陁與無行禪師⑭共議懷疑[17],未能的辯[18]。

【校勘】

[1] 四:敦本無此字。

[2] 裔:金本、麗初本、麗本作“褎”,敦本、磧本作“裔”,今據改。

[3] 奇:金本、敦本、麗初本、麗本作“竒”,今改。

[4] 摩揭陁國:敦本作“摩麨揭陁國”。陁,大本作“陀”。下同。

[5] 裔:金本、麗初本、麗本作“褎”,敦本、磧本作“裔”,二字同。

垂:敦本、麗初本、麗本、大本同,磧本作“陲”。

[6] 酥:金本、麗初本、麗本作“穌”,敦本作“蘓”,大本作“蘇”,磧本作“酥”,今據改。

[7] 果:敦本、磧本作“菓”。

屬:金本、敦本、麗本作“属”,今改。

[8] 寡:敦本作“宜”。

[9] 粟:大本作“栗”。

黍:黄米。金本、麗初本、麗本作“桼”,敦本、磧本作“黍”,二字同,今據改。

[10] 瓜:金本、敦本、麗本作“爪”,今改。

[11] 葵:敦本作“蔡”。

[12] 押:敦本、麗初本同,磧本、麗本、大本作“壓”。

[13] 菜:敦本作“采”。

[14] 味:敦本作“未”。

[15] 鞕:即“硬”。麗初本、麗本、磧本、大本同,敦本作“硬”。慧琳:“堅鞕,額更反,小疋作鞕,與《傳》本同。今時用有從石作硬,俗字也。”

[16] 結:麗初本作“然”。

麤:麗本同,磧本、大本作“麁”。

[17] 陁:大本作“陀”。

師：敦本作“师”。

［18］辯：敦本、麗初本、麗本、大本同，磧本作“辨”。

【箋注】

① 界分：地界。《法苑珠林》卷五：“如是界分，衆生居住，若來若去，若生若滅。”

② 綿邈：遼遠。《文選·左思〈吴都賦〉》：“島嶼綿邈，洲渚憑隆。”劉逵注：“綿邈，廣遠貌。”唐玄奘《大唐西域記》卷四：“家國綿邈，山川遼敻。”

③ 邊裔：邊遠的地方。《宋書·氐胡傳》：“太祖以其邊裔，下詔曰：‘楊難當表如此，悔謝前愆，可特恕宥，并特還章節。’”

④ 垂：通“陲”。邊疆；邊地。《荀子·臣道篇》：“邊境之臣處，則疆垂不喪。”楊倞注：“垂與陲同。”《漢書·谷永杜鄴傳》：“方今四夷賓服……三垂晏然，靡有兵革之警。”

⑤ 膻腥：葷腥。亦指魚肉類食物。慧琳：“羶腥，上設延反。杜子春注《周礼》云：‘羶，羊脂也。’《説文》作羴，云：‘羊臭也。從三羊。’今作羶，通用字也。《傳》從月作膻，俗字也。下皆丁反。《小疋》云：‘腥，生肉氣也。’《説文》：‘從月從星，星亦聲也。’”唐高適《送郭處士往萊蕪兼寄苟山人》：“身上未曾染名利，口中猶未知膻腥。”唐李紳《過荊門》：“陰森鬼廟當郵亭，雞豚日宰聞膻腥。”

⑥ 尚：崇尚。

⑦ 粳米：粳稻碾出的米。《南史·徐孝克傳》：“家道壁立，所生母患，欲粳米爲粥，不能常辦。”

⑧ 粟：穀物名，中國北方通稱“穀子”。明李時珍《本草綱目·穀二·粟》：“古者以粟爲黍、稷、粱、秫之總稱。而今之粟，在古但呼爲粱。後人乃專以粱之細者名粟……大抵黏者爲秫，不黏者爲粟。故呼此爲秈粟，以别秫而配秈。北人謂之小米也。”

⑨ 葵：中國古代重要蔬菜之一。可醃制，稱葵菹。《詩經·豳風·七月》：“七月亨葵及菽。”明李時珍《本草綱目·草五·葵》：“葵菜古人種爲常食，今之種者頗鮮。有紫莖、白莖二種，以白莖爲勝。

大葉小花，花紫黄色，其最小者名鴨脚葵。其實大如指頂，皮薄而扁，實内子輕虚如榆莢仁。

⑩ 蔓菁：即蕪菁，俗稱大頭菜。《詩經・邶風・谷風》："采葑采菲"漢鄭玄箋："此二菜者，蔓菁與葍之類也。"明李時珍《本草綱目・菜一・蕪菁》："蕪菁，北人名蔓菁。"

⑪ 比來：先前。《北齊書・段榮傳》："吾每與段孝先論兵，殊有英略，若使比來用其謀，亦可無今日之勞矣。"

⑫ 芥子：芥菜的種子，可榨油或制芥末。

⑬ 枳（zhǐ）橘：《周禮・考工記序》："橘踰淮而北爲枳。"

⑭ 無行禪師：人名。詳參王邦維（1995，62）注釋（一）。

又五天之人，不食諸齏①及生菜②之屬[1]，由此人無腹痛之患。腸胃和軟[2]，亡③堅强④之憂矣[3]。

【校勘】

[1] 齏：金本作"䪡"，敦本、麗本、磧本、慧琳作"齏"，可洪作"齏"。齏、齏、䪡三字同。本處字形從敦本和《慧琳音義》作"齏"。

屬：敦本、麗本作"属"。

[2] 腸：敦本作"腹"。

軟：金本、敦本、麗初本、麗本作"耎"，磧本作"輭"，大本作"軟"，三字同，今據改。

[3] 堅：敦本無。

【箋注】

① 齏（jī）：用醬醃漬並細切的韭菜。慧琳："諸齏，濟題反。鄭注《礼記》云：'齏，醬之属也。'《古今正字》：'從韭，齊省聲。古作韲。'"

② 生菜：鮮菜，青菜，特指不烹煮而生吃的蔬菜，如萵苣、芹菜、香菜等。《三國志・魏志・倭人傳》："倭地溫暖，冬夏食生菜。"晋葛洪《抱朴子内篇・釋滯》："不欲多食，及食生菜肥鮮之物，令人氣强難

閉。”明李時珍《本草綱目・菜二・白苣》:“白苣、苦苣、萵苣俱不可煮烹,皆宜生挼去汁,鹽醋拌食,通可曰生菜。”

③ 亡:無。

④ 堅强:堅硬。

然南海十洲,齋供更成殷厚。

初日[1],將檳榔一裹①[2],及片子②香油③,并米屑少許,並悉盛之葉器[3],安大盤中[4],白氎④蓋之[5]。金瓶盛水[6],當前瀝地。以請衆僧,令於後日中前,塗身澡浴。

【校勘】

[1] 日:敦本作“目”。

[2] 檳榔:金本作“擯掷”,今改。

裹:磧本作“顆”。

[3] 葉:敦本、麗初本作“菜”。

[4] 盤:敦本作“槃”,下同。

[5] 氎:金本作“氎”,今改。

[6] 盛:敦本作“成”。

【箋注】

① 裹:用作包裹之物的計量詞。《穆天子傳》卷二:“貝帶四十,珠四百裹。”宋陸游《老學庵筆記》卷二:“紹興中,陳福公及錢上閣愷出使虜庭,至燕山,忽有兩人持爊栗各十裹來獻。”

② 片子:一點點;少量。南朝陳徐陵《諫仁山深法師罷道書》:“譬如瓦礫盈路,人所不驚;片子黄金,萬夫息步。”

③ 香油:有香味的油。《北史・赤土國傳》:“其俗,皆穿耳翦髮,無跪拜之禮,以香油塗身。”

④ 白氎:白羊毛壓成的厚呢。《新唐書・回鶻傳下》:“諸下皆帽白氎,喜佩刀礪。”

第二日過午已後[1]，則擊鼓樂[2]，設香花[3]，延請尊儀，棚車①輦輿②[4]，幡旗映日[5]，法俗雲奔，引至家庭，張施帷蓋[6]。金銅尊像，瑩③飾皎然，塗以香泥[7]，置淨盤内。咸持香水，虔誠沐浴。拭以香疊[8]，捧入堂中[9]，盛設香燈，方爲稱讚[10]。然後上座爲其施主説陁那伽他[11]，申述功德。方始請僧，出外澡漱，飲沙糖水，多噉檳榔，然後取散。

【校勘】

[1] 第：敦本作"弟"。

已：各本作"巳"，今改。

[2] 鼓：麗初本、麗本、大本同，敦本、磧本作"皷"，二字同。

[3] 花：磧本作"華"，二字同。

[4] 棚：敦本作"拥"，麗本、可洪作"掤"。可洪："掤車，上步盲反，閣也，或作輣。"

輿：敦本作"轝"，二字同。

[5] 幡：敦本作"憣"。

映：敦本作"暎"。

[6] 張施帷蓋：敦本作"張設唯盖"。

[7] 泥：敦本作"埿"。

[8] 疊：金本作"氎"，敦本作"疊"，今據改。

[9] 堂：敦本作"棠"。

[10] 讚：敦本無此字。

[11] 陁那：敦本作"伽陁那"。陁，大本作"陀"。

【箋注】

① 棚車：帶棚的車。慧琳："棚車，上白萌反。《考聲》云：'棚車是樓車也。今時俗多行用之。施朱於車上，以五綵纏結爲棚，以載樂人，導引於前也。正從車作輣。'"

② 輦輿：人抬的車。即後世轎子。唐玄奘《大唐西域記》卷一：

"諸僧伽藍莊嚴佛像,瑩以珍寶,飾之錦綺,載諸輦輿,謂之行像,動以千數,雲集會所。"

③ 瑩:塗飾。南朝宋劉義慶《世説新語·汰侈》:"王君夫有牛,名八百里駮,常瑩其蹄角。"

至第三日隅中① 入寺[1],敬白時到。

僧洗浴已,引向齋家。重設尊儀,略爲澡沐。香花鼓樂[2],倍於昨晨。所有供養,尊② 前普列[3]。於像兩邊,各嚴③ 童女或五或十,或可童子,量時有無。或擎香鑪[4],執金澡罐,或捧香燈[5]、鮮花[6]、白拂[7]。所有粧臺④ 鏡奩⑤ 之屬[8],咸悉持來,佛前奉獻[9]。問其何意,答是福因[10],今不奉獻,後寧希報? 以理言之,斯亦善事。

【校勘】

[1] 第:敦本作"弟"。

三:金本作"二",磧本作"三",今據改。

隅:敦本、麗初本同,麗本、磧本、大本作"禺"。

[2] 花鼓:麗初本、麗本、大本同,磧本作"華皷",敦本作"花皷"。

[3] 普:敦本作"並",麗初本無此字。

[4] 鑪:麗初本、麗本、大本同,敦本、磧本作"爐",二字同。

[5] 燈:金本誤作"登",今改。

[6] 花:磧本作"華",二字同。

[7] 拂:敦本作"佛"。

[8] 所:敦本無此字。

臺:金本作"臺",麗初本作"薹",敦本、磧本、麗本、大本作"臺",今據改。

[9] 佛:敦本作"仏"。

[10] 答:金本作"荅",磧本、大本作"答",二字同,今據改。

福因:敦本、麗初本、麗本、大本同,磧本作"福田"。

【箋注】

① 隅中：將午之時。《淮南子·天文訓》："至於衡陽，是謂隅中；至於昆吾，是謂正中。"《左傳·昭公五年》"日之數十，故有十時"晉杜預注："隅中日出，闕不在第。"孔穎達疏："隅，謂東南隅也。過隅未中，故爲隅中也。"

② 尊：指上文的尊儀，即佛像。

③ 嚴：裝飾。

④ 粧臺：梳妝用的鏡臺。

⑤ 鏡奩（lián）：鏡匣。慧琳："鏡匳，力占反。《古今正字》從匚僉聲。《傳》作奩，俗字也。匚音方。"《急就篇》卷三："鏡奩疏比各異工。"顔師古注："鏡奩，盛鏡之器，若今鏡匣也。"《後漢書·皇后紀上·光烈陰皇后》："帝從席前伏御床，視太后鏡奩中物，感動悲涕。"

次請一僧，座前長跪，讚歎佛德[1]。

次復別請兩僧，各昇佛邊一座，略誦小經[2]，半紙一紙。或慶形像[3]，共點佛睛[4]，以求勝福[5]。然後隨便各就一邊[6]，反襵袈裟[7]【袈裟乃是梵言[8]，即是乾陁之色[9]，元來不干東語①，何勞下底②置衣[10]？若依律文典語，三衣③並名支伐羅④也[11]】，兩角前繫，澡手就飡。威儀法式、牛糞塗地、觀水濯足及所飡噉、行食法用⑤，並與西方大同。然其別者，頗兼三淨⑥耳。

【校勘】

[1] 佛：敦本作"仏"。下二同。

[2] 誦：金本、麗初本作"説"，今據他本改。

[3] 形像：敦本作"像形"。

[4] 點：敦本作"默"。

[5] 求：大本作"來"。

[6] 麗初本無以上"紙或慶形像共點佛睛以求勝福然後隨便"十

七字。

［7］加沙：金本、敦本、麗初本、麗本、大本作“袈裟”，磧本作“加沙”，今據改。

［8］加沙：各本作“袈裟”，今據全書通例改。

言：敦本作“語”。

［9］陁：大本作“陀”。

之：敦本無此字。

［10］下：敦本作“不”。

［11］名：磧本作“曰”。

也：敦本無此字。

【箋注】

① 東語：指漢語，此與西方的梵語相對而言。

② 下底：底下，這裏指“袈裟”二字的底下。

衣：指“袈裟”二字底下的“衣”字旁。

③ 三衣：梵文 Tricīvara 的意譯。佛教比丘穿的三種衣服。一種叫僧伽梨，即大衣或名衆聚時衣，在大衆集會或行授戒禮時穿着；一種叫鬱多羅僧，即上衣，禮誦、聽講、説戒時穿着；一種叫安陀會，日常作業和安寢時穿用，即内衣。亦泛指僧衣。南朝梁慧皎《高僧傳・唱導・曇光》：“宋明帝於湘宫設會，聞光唱導，帝稱善，即勑賜三衣瓶鉢。”唐玄奘《大唐西域記》卷二：“沙門法服，惟有三衣及僧却崎，泥縛些那。三衣裁製，部執不同，或緣有寬狹，或葉有小大。”

④ 支伐羅：梵文 Cīvara 音譯。

⑤ 法用：法要，做法的要義。

⑥ 三淨：指三淨肉，即不見殺、不聞殺、不疑爲我殺三種肉食。唐玄奘《大唐西域記》卷一：“戒行律儀，潔清勤勵。然食雜三淨，滯於漸教矣。”

並多縫葉爲盤[1]，寬如半席[2]，貯粳米飯一升二升[3]，亦用爲器，受一升二升。擎向僧處，當前授與[4]。次行諸食[5]，有三二十般①[6]。此乃貧窶②之輩也[7]。

【校勘】

［1］多：敦本作“不”。

盤：金本、麗初本、麗本作“𦪇”，磧本、大本作“槃”，敦本作“盤”，今據改。

［2］寬：金本作“寛”，即“寬”字，今改。

［3］飯：金本、麗初本、麗本作“飰”，敦本作“饼”，磧本作“餅”，大本作“飯”。“飰”即“飯”，今據改。

一升：金本、麗本、大本作“一㪺”，敦本、麗初本、磧本作“一升”，今據改。

二升：金本、麗本、大本作“二㪺”，敦本無此二字，麗初本、磧本作“二升”，今據改。

［4］與：敦本作“与”。

［5］次行：敦本作“次弟”。

［6］般：敦本作“盤”，“盤”爲“般”形近訛字。

［7］窶：金本作“寠”，敦本作“煎”，大本作“窶”，今據改。

輩：麗初本、麗本作“輩”。

【箋注】

① 般：量詞，種、類。

② 貧窶：貧乏，貧窮。慧琳：“貧窶，劬禹反。《考聲》云：‘居無財以備礼者也。’《説文》從宀婁聲。《傳》從穴作窶，非。”《荀子·大略篇》：“然故民不困財，貧窶者有所竄其手。”

若是王家及餘富者[1]，並授銅盤銅椀[2]，及以葉器，大如席許。餚饌飲食[3]，數盈百味。國王乃捨尊貴位，自稱奴僕[4]，與僧授食[5]，虔恭徹到[6]。隨著皆受，更無遮法，若但取足而已[7]，施主心便不快，見其盈溢，方成意滿。

【校勘】

［1］富:各本作“畐”。

［2］盤:金本、麗初本、麗本作“䑘”,大本作“槃”,敦本、磧本作“盤”,今據改。

椀:敦本後有“器”字,旁有竪三點。

［3］飲:敦本作“饮”。

［4］僕:敦本作“蔂”。

［5］與:敦本作“与”。

［6］到:敦本作“致”。

［7］已:敦本無此字。

粳米飯則四升五升[1],餅果等則三盤兩盤[2]。其親屬隣伍之家,咸賫助供[3],或飯或餅[4],羹菜非一。然一人殘食[5],可供三四。或盛設者[6],十人食亦未盡。

【校勘】

［1］飯:金本、麗初本、麗本作“餅”,敦本作“餅”,磧本作“飯”,今據改。

升:金本、麗本、大本作“㪪”,敦本、麗初本、磧本作“升”,今據改。

［2］果:敦本作“菓”。

［3］賫:金本作“賷”,大本作“齎”。

［4］或飯或餅:金本、麗初本、麗本、大本作“或餅或餅”,敦本作“或饼或饭”,磧本作“或餅或飯”。“餅”即“飯”。

［5］殘:敦本作“残”。

［6］或:麗本、大本作“若”。

其所殘食,皆任衆僧令淨人將去。然而神州齋法,與西國不同[1],所食殘餘[2],主還自取。僧輒將去[3],理成未可。故出家之人,相時而動,知足不辱,無虧施心。必若施主決心不擬重取[4]，請僧將去者，任量事斟酌。

【校勘】

[1] 與：敦本作“与”。

[2] 殘餘：敦本作“残余”。

[3] 輒：金本作“輙”，今改。

[4] 決：金本、敦本、麗初本、麗本作“决”，磧本作“決”，今據改。下同。

衆僧亦既食了①[1]，盥漱又畢[2]，乃掃除餘食[3]，令地清淨。布以花燈[4]，燒香散馥。持所施物，列在衆前。次行香泥，如梧子②許，僧各揩手[5]，令使香潔[6]。次行檳榔豆蔻[7]，糅以丁香龍腦[8]，咀嚼能令口香，亦乃消食去癊[9]。其香藥等，皆須淨瓶水洗，以鮮葉裹[10]，授與衆僧[11]。

【校勘】

[1] 衆僧：敦本作“衆僧食”。

[2] 盥：敦本作“盎”。

[3] 餘：敦本無此字。

[4] 花：磧本作“華”，二字同。

[5] 揩：磧本作“楷”。

[6] 潔：金本作“潔”，今改。

[7] 豆蔻：金本、敦本、麗初本、麗本、可洪作“豆蔲”，磧本作“豆蔻”，今據改。可洪：“豆蔲，呼搆反。”慧琳作“荳蔻”：“上音豆，下訶搆反。《南方異物志》云：‘荳蔻，辛香可食，出交阯郡。’《古今正字》：‘二字並從草，豆、冦皆聲。’”

[8] 腦：金本、麗初本、麗本作“脳”，敦本作“惱”，磧本作“腦”，今據改。

[9] 乃：麗本、大本作“可”。

［10］裹:磧本作“褁”。

［11］與:敦本作“与”。

衆僧:敦本無此二字。

【箋注】

① 了:完畢。

② 梧子:梧桐的子實。宋范成大《霜後紀園中草木十二絕》之十:“真珠綴玉船,梧子炒可供。莫嫌能墮髮,老夫頭已童。”清吴偉業《子夜詞》之一:“人采蓮子青,妾采梧子黄。”

施主至上座前[1],或就能者,以著嘴瓶[2],水如銅箸[3],連注不絶,下以盤承[4]。師乃手中執花[5],承其注水,口誦陁那伽他[6]。

【校勘】

［1］至:敦本無此字。

［2］嘴:金本、麗初本、麗本、磧本作“觜”,敦本作“[此/米]”,可洪作“**紫**”,大本作“嘴”,今據改。

［3］箸:麗初本、敦本作“著”。

［4］盤:金本、麗初本、麗本作“䑹”,敦本、大本作“槃”,磧本作“盤”,今據改。

［5］師:敦本作“师”。

花:磧本作“華”,二字同。

［6］陁:大本作“陀”。

那:敦本作“羅”。

初須佛説之頌,後通人①造,任情多少,量時爲度。須稱施主名,願令富樂[1]。復持現福[2],迴爲先亡,後爲皇王,資及②龍鬼[3]。願國土成熟[4],人物乂安③[5],釋迦聖教,住而莫滅。其伽他譯之如别[6]。

【校勘】

[1] 富:各本作“畐”,今改。

[2] 福:敦本無此字。

[3] 資及:金本、石本、麗初本、麗本、大本作“次及”,敦本、磧本作“資及”,今據改。

[4] 土:敦本作“圡”。

[5] 乂安:金本、敦本、麗初本、麗本、大本作“又安”。王校云:“乂安,磧本原印作‘又安’,今依思本、南本改。”今據改。

[6] 他:敦本作“陁”。

【箋注】

① 通人:學識淵博通達的人。《莊子·秋水》:“當桀紂而天下無通人,非知失也。”漢王充《論衡·超奇》:“博覽古今者爲通人。”

② 資及:資助給。義淨譯《根本説一切有部毘奈耶》卷二十三:“願以此福資及梵天,此世界主帝釋天王,并四護世及十八種大藥叉王,般支迦藥叉大將,執杖神王所有眷屬,難陀、鄔波難陀大龍王等。”又《根本説一切有部毘奈耶》卷二十九:“如是等頌,教以福利資及存亡,普爲有情離障解脱。爲呪願已,從座而去。”

③ 乂(yì)安:太平,安定。《史記·孝武本紀》:“漢興已六十餘歲矣,天下乂安。”前蜀杜光庭《莫庭乂青城山本命醮詞》:“眷屬乂安,公私和泰。”

斯乃世尊在日,親爲呪願。但至食罷,必爲説特欹拏伽他①[1],是將施物供奉之儀[2],特欹尼野② 即是應合受供養人[3]。是故聖制,每但食了,必須誦一兩陁那伽他[4],報施主恩[5]【梵云陁那鉢底③[6],譯爲施主。陁那是施,鉢底是主。而云檀越④者,本非正譯。略去“那”字,取上“陁”音,轉名爲“檀”,更加

"越"字,意道由行檀捨⑤,自可越渡貧窮[7]。妙釋雖然,終乖正本。舊云達儭⑥者訛[8]】。若不然者,既違聖教,不銷所湌。

乞餘食法[9],時有行處。

【校勘】

[1] 㩜:磧本、麗本作"㰦",可洪作"皵"。

[2] 將:麗本、大本作"持"。

儀:麗本、大本同,敦本、麗初本、磧本作"義"。

[3] 野:金本、麗本、大本作"師",敦本、麗初本、磧本作"野",今據改。

[4] 誦:敦本作"頌"。

陁:大本作"陀"。下同。

[5] 主:敦本無此字。

[6] 陁:敦本作"達"。

底:金本誤作"成",今改。

[7] 渡:敦本作"度"。

[8] 儭:麗本、大本作"嚫"。

訛:麗本、磧本、大本後有"也"。

[9] 食:金本無此字,今據他本補。

【箋注】

① 特欿拏伽他:梵文 Dakṣiṇāgāthā 音譯,施頌。

② 特欿尼野:梵文 dakṣiṇīya 音譯。

③ 陁那鉢底:梵文 Dānapati 音譯。

④ 檀越:施主。晋陶潛《搜神後記》卷二:"晋大司馬桓溫,字元子,末年忽有一比丘尼,失其名,來自遠方,投溫爲檀越。"

⑤ 檀捨:施捨。

⑥ 達儭:梵文 Dakṣiṇā 音譯,義爲財施。"儭"字又常常寫作"嚫"或"𧡎"。

然後行其儭①物[1]。或作如意樹以施僧[2]，或造金蓮花以上佛[3]。鮮花齊膝[4]，白氎盈牀[5]。過午或講小經，或時連夜方散[6]。辭别之時[7]，口云“娑度”②[8]，兼唱“阿奴謨柂”③[9]。“娑度”即事目“善哉”[10]，“阿奴謨柂”譯爲“隨喜”[11]。凡見施他，或見施己[12]，咸同此説[13]。意者前人既呈，隨後慶讚，俱招福利矣。

此是南海十洲一途受供法式[14]。

【校勘】

[1] 儭：敦本同，磧本作“嚫”，麗本、大本作“䞋”。

[2] 如意：敦本作“意如”，之間有√。

[3] 花：磧本、大本作“華”，二字同。

[4] 花：磧本作“華”，二字同。

[5] 氎：金本作“氎”，敦本作“氎”，今據改。

[6] 或：麗初本無此字。

[7] 辭：金本、麗初本、麗本、磧本作“辤”，敦本作“辤”，大本作“辭”，今據改。

[8] 娑：磧本作“婆”。

[9] 柂：金本、麗初本、麗本作“拖”，大本作“拕”，敦本、磧本作“柂”，今據改。

[10] 娑度：金本、麗初本作“娑婆度”，敦本、麗本、磧本作“娑度”，今據改。

目：麗初本作“自”。

哉：麗本、大本作“奉”。

[11] 柂：金本、麗初本、麗本作“拖”，磧本作“柂”，今據改。

[12] 施：敦本無。

己：磧本、麗本作“巳”。

[13] 咸：敦本作“皆”。

[14] 一途：敦本作“之途”，磧本作“一塗”。

式:敦本無此字。

【箋注】

① 儭:"達儭"的略稱。

② 娑度:梵文 Sādhu 音譯,善哉。

③ 阿奴謨柂:梵文 Anumoda 音譯,隨喜。

或初日檳榔請僧,第二日隅中浴像[1],午時食罷,齊暮①講經。斯則處中者所務。或可初日奉齒木以請僧,明日但直②設齋而已[2]。或可就僧禮拜[3],言申請白③[4]。斯乃貧乏之流也[5]。

【校勘】

[1] 第:敦本作"弟"。

隅:敦本、麗初本同,麗本、磧本、大本作"禺"。

像:敦本作"仏像","仏"字旁有竪三點。

[2] 已:敦本作"以",磧本、麗本作"巳"。

[3] 或:敦本無此字。

[4] 申:敦本、麗初本、麗本、大本同,磧本作"伸"。

[5] 之:敦本無此字。

【箋注】

① 齊暮:至暮,一直到傍晚。

② 直:徑直,直接。《公羊傳·莊公三十二年》:"殺世子母弟直稱君者,甚之也。"唐元稹《和李校書新題樂府·上陽白髪人》:"醉酣直入卿士家,閨闈不得偷迴避。"

③ 請白:請教白事。

然北方諸胡,覩貨羅①及速利②國等,其法復别。施主先呈花蓋③[1],供養制底。大衆旋繞,令唱導師廣陳呪願,然後方食。其花蓋法式[2],如《西方記》④中所陳矣。

【校勘】

［1］花蓋:麗初本、麗本同,敦本作“花盖”,磧本作“華蓋”,大本作“花著”,下同。

［2］式:敦本作“或”。

【箋注】

① 覩貨羅:梵文 Tukhāra 音譯,中亞古國,一般譯作吐火羅。慧立、彦悰《大慈恩寺三藏法師傳》卷二:“出鐵門至覩貨羅國(舊曰吐火羅,訛也)。”《新唐書·西域傳下·吐火羅》:“吐火羅,或曰土豁羅,曰睹貨邏,元魏謂吐呼羅者。居葱嶺西,烏滸河之南,古大夏地。”

② 速利:梵文 Sūrika 音譯,中亞古國,又譯作“窣利”。唐玄奘《大唐西域記》卷一:“自素葉水城,至羯霜那國,地名窣利,人亦謂焉。文字語言,即隨稱矣。”

③ 花蓋:即“華蓋”,傘蓋。

④《西方記》:鄭炳林先生《俄藏敦煌寫本唐義淨和尚〈西方記〉殘卷研究》(載《蘭州大學學報》2004 年第 6 期)認爲《西方記》爲義淨所作,《俄藏敦煌文獻》第四輯所録 Φ209《聖地遊記述》應即《西方記》殘卷。其説可參。

斯等雖復事有踈繁,食兼廣略,然而僧徒軌式,護淨手湌,大徒法則,並悉相似[1]。衆僧或有杜多乞食,但著三衣,設他來請,或奉金寶[2],棄如洟唾[3],屏跡窮林矣。即如東夏齋法,遣疏①請僧,雖至明朝,不來啟白[4]。准如聖教,似不慇懃[5]。必是門徒[6],須教法式[7]。若行赴供,應將濾羅。僧所用水,並可觀察。既其食了,須嚼齒木。若口有餘膩,即不成齋。雖復餓腹終宵,詎免非時之過?幸可看西方食法[8],擬議②東川③[9],得不④之宜[10],自然明白。無暇詳述,智者當思[11]。

【校勘】

[1] 並悉:敦本作“兼皆”。

[2] 或:金本、麗本、大本無此字,今補。

金:麗初本作“全”。

[3] 棄:敦本作“弃”,麗初本作“葉”。

[4] 疏:麗初本、麗本作“踈”。

僧:敦本無此字。

啟:金本、麗初本、麗本作“啓”,敦本、磧本作“啟”,二字同,今據改。

[5] 懃:敦本、麗初本、麗本、大本同,磧本作“勤”。

[6] 門:敦本作“门”。

[7] 式:敦本作“或”。

[8] 看:金本誤作“容”,今改。

[9] 擬議:敦本作“儀擬”。

[10] 之:磧本作“乏”,麗初本作“定”。

[11] 思:石本作“觀”。

【箋注】

① 疏:書信。三國魏曹丕《與吴質書》:“雖書疏往返,未足解其勞結。”唐杜甫《潭州送韋員外迢牧韶州》:“洞庭無過雁,書疏莫相忘。”

② 擬議:比擬。唐韓愈《爲裴相公讓官表》:“以今準古,擬議非倫。”宋贊寧《宋高僧傳》卷十二:“釋寰普者,不知何許人也。稟形淳粹,克性謙沖,居于醜夷,下風請業,汪汪然其識度輒難擬議。”

③ 東川:中國。

④ 得不:可否。

嘗試論之曰[1]:然無上世尊大慈悲父,慜生淪滯①[2],歷三大②而翹懃③[3];冀使依行,現七紀④而揚化⑤。以爲住持之本,衣食是先,恐長塵勞⑥,嚴施戒檢⑦[4]。制在聖意,理可遵行[5]。反以輕心,道其無罪,食噉不知受觸[6]。但護婬戒一條,即云我是無罪之人,何勞更煩學律[7]? 咽噉著脱,無不關情[8]。直指空門⑧[9],將爲佛意,寧知諸戒非佛意焉[10]? 一貴一輕⑨,出乎臆斷[11]。門徒遂相踵習,制⑩不窺看戒經[12],寫得兩卷空門[13],便謂理苞⑪三藏[14]。不思咽咽當有流漿⑫之苦[15],誰知步步現⑬招賊住⑭之殃[16]。浮囊⑮不洩,乃是菩薩本心[17];勿輕小愆[18],還成最後之唱⑯[19]。理合大小雙修⑰,方順慈尊⑱之訓。防小罪,觀大空,攝物澄心,何過之有? 或恐自迷誤衆[20],准教聊陳一隅。空法⑲信是非虚,律典何因見慢[21]? 宜應半月説戒,洗懺恒爲。勸誡門徒[22],日三禮白。佛法住世,日日衰微。察己童年所觀,乃與老時全異。目驗斯在,幸可存心[23]。夫飲食之累[24],乃是常須,幸願敬奉之倫無輕聖教耳!

【校勘】

[1] 嘗:敦本、石本、麗初本、麗本、磧本、大本作"甞",二字同。

[2] 慜:敦本、麗初本、麗本、大本同,磧本作"愍",二字同。

[3] 歷三大而翹懃:金本自此句"大"字以下至"浮囊不洩"共十一行一百五十四字誤置於卷末"誰復輒鑒於精麁"句前。今改。

歷:麗初本作"度"。

懃,金本、麗初本、麗本、磧本、大本作"勤",石本作"勤",敦本作"懃",今據改。

[4] 檢:金本作"撿",敦本、磧本作"檢",今據改。

[5] 遵:敦本作"導"。

[6] 噉:敦本作"敢"。

［7］學：敦本作“学”。

［8］無：金本、麗初本作“无”，敦本、麗本、磧本、大本作“元”，石本作“無”，今據改。

關：金本作“関”，“関”即“關”，今改。

［9］指：敦本作“至”。

空門：敦本作“門空”，之間有√。

［10］佛：敦本作“仏”。下同。

意：敦本後有“言”字，旁有竪三點。

［11］臆：敦本作“意”。

斷：金本作“断”，今改。

［12］制：金本、敦本、石本、麗初本作“判”，“判”是“制”的俗寫訛混字。麗本、大本作“制”。今據改。

［13］卷：敦本作“養”。

空門：敦本作“門空”，之間有√。

［14］謂：敦本作“為”。

苞：敦本作“芭”，麗本、磧本作“包”。“包”“苞”二字相通，敦本作“芭”，爲“苞”字誤寫。

藏：麗初本、麗本作“蔵”，敦本無此字。

［15］漿：敦本作“醤”。

［16］現：石本作“見”。

［17］金本自“乃是菩薩本心”句至“勝諦而無著”句之“勝”字共十二行一百六十八字誤置於“歷三大而翹勤”句之“大而翹勤”之前。今改。

［18］愆：敦本、石本作“僁”。

［19］最：金本作“㝡”，即“最”字，今改。

［20］誤：敦本作“誤”。

［21］律：敦本無此字。

因：敦本無此字。

［22］誡：磧本作“戒”。

門：敦本作“门”。

［23］存：敦本作“在”。

［24］累：麗初本作“界”。敦本前有“異”字，旁有竪三點。

【箋注】

① 淪滯：陷入苦境。宋洪邁《夷堅丁志·淮陰民女》：“我乃彼家亡女也，淪滯冥路久。”

② 三大：指三大阿僧祇劫。

③ 翹懃：勤奮。

④ 七紀：十二年爲一紀，七紀指釋迦牟尼在世八十餘年。

⑤ 揚化：顯揚教化。

⑥ 塵勞：佛教徒謂世俗事務的煩惱。西晉竺法護譯《生經》卷五：“於時在世，雖講經法，未除三毒生老病死，不能究竟除塵勞垢，淨修梵行。”

⑦ 戒檢：即律檢，指佛教的戒律。

⑧ 空門：佛法。大乘以觀空爲入門，故稱。姚秦鳩摩羅什譯《大智度論》卷十八：“空門者，生空、法空。”唐王維《嘆白髮》：“一生幾許傷心事，不向空門何處銷。”

⑨ 一貴一輕：指的是貴“空法/空門”，輕“律典/戒經”。下文“大小雙修”亦指此。

⑩ 制：限制，禁制。

⑪ 苞：包容、包含。

⑫ 流漿：佛教指於地獄中飲洋銅、吃鐵丸。

⑬ 現：現在，眼前。蕭齊求那毘地譯《百喻經》卷一：“苟容己身，不顧禮義。現受惡名，後得苦報。”

⑭ 賊住：以賊心而住，指于教團（僧伽）中，爲得利養與生活。

⑮ 浮囊：渡水用的氣囊。《慧琳音義》卷三：“浮囊者，氣囊也，欲渡大海，憑此氣囊輕浮之力也。”

⑯ 最後之唱：指如來涅槃時，令諸弟子以戒爲師，依戒而住。

⑰ 大小：指下文的大空和小罪。

⑱ 慈尊：大慈悲世尊的簡稱，即指如來。

⑲ 空法:佛法。

重曰:聖教八萬①,要唯一二:外順俗途,内凝真智。何謂俗途[1]?奉禁亡辜②[2]。何謂真智?見境俱棄[3]。遵勝諦而無著[4],滅緣生③之有累;懃積集④於多修[5],證圓成⑤之妙義[6]。豈容不習三藏[7],教理⑥俱迷?罪若河沙之巨量[8],妄道已證於菩提[9]。菩提是覺,惑累皆亡[10]。不生不滅,號曰真常⑦。寧得同居苦海,漫説我住西方?常理欲希[11],戒淨爲基。護囊穿⑧之小隙,慎針穴之大非。大非之首[12],衣食多咎。奉佛教則解脱非遥[13],慢尊言乃沉淪自久[14]。聊題行法,略述先模。咸依聖檢[15],豈曰情啚⑨[16]?幸無嫌於直説,庶有益於疑徒⑩[17]。若不確⑪言其進不⑫[18],誰復輒鑒於精麤⑬[19]?

南海寄歸内法傳卷第一[20]

【校勘】

[1] 途:敦本作"徒"。

[2] 奉:敦本後有"為"字,旁有竪三點。

[3] 見:敦本後有"意"字,旁有竪三點。

[4] 遵勝諦而無著:金本自此句"諦"字起至"誰復輒鑒於精麤"句之"誰"字共十一行一百五十五字誤置於"歷三大而翹勤"句之"三"字後。今改。

[5] 懃:金本、麗初本、麗本、磧本、大本作"勤",石本作"㔸",敦本作"懃",今據改。

[6] 成:敦本後有"士"字。

[7] 藏:敦本、麗本作"蔵"。

[8] 河沙:敦本作"恒河"。

[9] 妄:金本誤作"望",今改。

[10] 惑:敦本、麗初本、麗本作"或"。

［11］理：敦本作“離”。

［12］非：敦本無此字。

［13］佛：敦本作“仏”。

解脱：敦本作“脱解”，之間有√。

遥：大本作“遙”。

［14］沉：大本作“沈”。

［15］檢：麗初本、麗本、大本作“撿”。

［16］啚：大本作“圖”。

［17］有：敦本後有“疑”字，旁有竪三點。

疑徒：金本、磧本作“疑途”，麗本、大本作“遐途”，敦本、麗初本作“疑徒”，今據改。

［18］礭：大本作“確”。

進不：金本作“進退不”，石本作“進否”，敦本、麗初本、麗本、磧本、大本作“進不”，今據改。

［19］輒：金本、石本作“輙”，今改。

麤：敦本、磧本、大本作“麁”，石本作“麄”。

［20］第：敦本作“弟”。

【箋注】

① 八萬：佛法的八萬四千法門，簡稱八萬法門。

② 亡辜：無罪。

③ 緣生：佛教語。謂一切有生滅的事物皆由衆緣和合而生，没有固定不變的自性。唐不空譯《仁王護國般若經》卷上：“深入緣生，空無相願。”

④ 積集：積聚彙集。《敦煌變文集・目連緣起變文》：“母爲前生造罪多，積集慳貪結網羅。”

⑤ 圓成：成就圓滿。唐常達《山居八詠》之七：“胡僧論的旨，物物唱圓成。”

⑥ 教理：此指言教與道理。

⑦ 真常：真實常住。唐般剌密帝譯《楞嚴經》卷十三：“性真常

中，求於去來，迷悟生死，了無所得。"

⑧ 穿：孔；洞。《周禮・考工記・陶人》："甑實二鬴，厚半寸，脣寸，七穿。"《史記・田敬仲完世家》："豨膏棘軸，所以爲滑也，然而不能運方穿。"司馬貞索隱："然而穿孔若方，則不能運轉。"《宋書・劉秀之傳》："廳事柱有一穿。穆之謂子弟及秀之曰：'汝等試以栗遥擲此柱，若能入穿，後必得此郡。'"

⑨ 情啚：情希，情求，情願。

⑩ 疑徒：懷疑之途，"徒"通"塗"（途）。

⑪ 礭（què）：明確。礭，同"確"。

⑫ 進不：進退。義淨譯《根本薩婆多部律攝》卷八："若有病人爲病所困，便將衣鉢隨處布施，其受施者不應即分，應於餘日問其進不。"

⑬ 精麤：即精粗，精密和粗疏。《禮記・王制》："布帛精麤不中數，幅廣狹不中量，不粥於市。"唐韓愈《示兒》："來過亦無事，考評道精麤。"

南海寄歸内法傳卷第二

翻經[1]三藏[2]沙門義淨[3]撰

【校勘】

[1] 翻經：磧本無此二字。

[2] 藏：麗初本、麗本作“蔵”。

[3] 義淨：磧本作“淨義”。

十、 衣食所須

原夫有待①累形②[1]，假衣食而始濟；無③生妙智④，託滅理⑤而方興。若其受用⑥乖儀，便招步步之罪；澄心⑦失軌，遂致念念之迷。爲此，於受用中求脱者，順聖言而受用；在澄心處習理者[2]，符先教⑧以澄心。即須俯視生涯⑨，是迷生之牢獄;仰睎⑩寂岸⑪[3],爲悟寂之虚關[4]。方可艤⑫法舟於苦津,秉慧炬於長夜⑬矣。然於所著衣服之製[5],飲食之儀,若持犯眪然⑭,律有成則。初學之葷[6],亦識重輕。此則得失局⑮在别人⑯[7],固乃無煩商搉[8]。自有現違律撿⑰[9],而將爲指南。或可習俗生常,謂其無過。或道佛生西國,彼出家者依西國之形儀,我住東川,離俗者習東川之軌則,詎能移神州之雅服⑱,受印度之殊風⑲者?聊爲此徒粗銓衡⑳也[10]。

【校勘】

[1] 原夫:石本、麗初本、磧本作"察夫"。"原"義爲推究,"夫"爲發語詞。"察夫"罕見,且與句義不符。

[2] 澄:石本作"證"。

[3] 睎:石本、可洪、大本作"晞"。

[4] 關:金本作"関","関"即"關"。

[5] 製:磧本作"制"。

[6] 葷:石本、麗本作"輩"。

[7] 局:金本作"局",磧本、大本作"局",二字同,今改。

[8] 搉:金本作"擢",石本、慧琳作"搉",大本作"推",今據改。

[9] 撿:通"檢",磧本、大本作"檢"。

[10] 粗:石本作"沮"。

銓:石本作"詮"。

衡:磧本作"衡"。

【箋注】

① 有待:人身須待食物、衣服等資財而生活。南朝梁慧皎《高僧傳・義解・道安》:"捐米彌覺有待之爲煩。"宋元照《行宗記》卷上二:"身名有待,必假資緣。"

② 累形:謂使身體勞累。《莊子・讓王》:"雖富貴不以養傷身,

雖貧賤不以利累形。”

③ 無：指虚無、空虚等。《老子》第四十章：“天下萬物生於有，有生於無。”

④ 妙智：指不可思議的佛智。義淨譯《金光明最勝王經》卷二：“我於諸佛海，甚深功德藏，妙智難思議，皆令得具足。”

⑤ 滅理：寂滅之真理，指涅槃。

⑥ 受用：享受，享用。《法苑珠林》卷十二：“四方僧物，飲食卧具，皆悉不得共同受用。”

⑦ 澄心：静心。晋陸機《文賦》：“罄澄心以凝思，眇衆慮而爲言。”

⑧ 先教：已有的教導，這裏應指佛的教導。

⑨ 生涯：語本《莊子·養生主》：“吾生也有涯，而知也無涯。”原謂生命有邊際、限度，後指生命、人生。唐劉禹錫《爲裴相公讓官第三表》：“聖日難逢，生涯漸短。體羸無拜舞之望，心在有涕戀之悲。”

⑩ 睎：望。慧琳：“仰睎，戲衣反。《廣雅》云：‘睎，視也。’《説文》云：‘望也，從目希聲。’”《淮南子·氾論訓》：“夫繩之爲度也，可卷而伸也，引而伸之，可直而睎。”高誘注：“睎，望也。”

⑪ 寂岸：寂滅之彼岸，即涅槃。

⑫ 艤（yǐ）：使船靠岸。可洪：“艤法，上魚綺反，附也，整舟向岸也。”慧琳作“檥”：“檥法舟，上宜倚反。《文字集略》云：‘檥爲整船向岸也。’應劭云：‘正也。’《説文》：‘從木義聲也。’《傳》作艤，俗字也。”《文選·左思〈蜀都賦〉》：“艤輕舟。”劉逵注：“應劭曰：‘艤，正也。’一曰，南方俗謂正船迴濟處爲艤。”

⑬ 長夜：佛教認爲凡夫流轉生死不已，直至由無明之睡眠中覺醒這一漫長時間，稱爲長夜，用來比喻生死之迷。

⑭ 昞然：鮮明的樣子。《魏書·樂志》：“嘗覽司馬彪所撰《續漢書》，見京房準術，成數昞然，而張光等不能定。”《魏書·袁翻傳》：“時説昞然，本制著存，而言無明文，欲復何責。”

⑮ 局：局限。隋薛道衡《隋高祖頌》：“而元功暢洽，不局於形器。”

⑯ 别人：個别人，個人。

⑰ 撿：法律、制度。

⑱ 雅服：儒雅的服裝。《北史·高季式傳》："性弘毅方重，常從容雅服，北州敬仰之。"

⑲ 殊風：不同的風尚。漢張衡《思玄賦》："思九土之殊風兮，從蓐收而遂徂。"

⑳ 銓衡：鑑别衡量。晋葛洪《抱朴子外篇·尚博》："德行爲有事，優劣易見，文章微妙，其體難識，夫易見者粗也，難識者精也。夫唯粗也，故銓衡有定焉；夫唯精也，故品藻難一焉。"

凡是衣服之儀，斯乃出家綱要[1]，理須具題其製，豈得輕而略諸？且如法衆三衣，五天並皆刺葉①[2]，獨唯東夏開而不縫。親問北方諸國行《四分律》處，俱同刺葉[3]，全無開者。西方若得神州法服，縫合乃披。諸部律文，皆云刺合[4]。然而充身六物，自有嚴條；十三資具，廣如律説[5]。

【校勘】

[1] 綱：石本作"細"。

[2] 刺：縫合。金本、石本、麗初本、麗本作"刾"，磧本、大本作"剌"，"刾"即"刺"字。

[3] 刺：金本、石本、麗初本、麗本作"刾"，磧本、大本作"剌"。

[4] 刺：金本、石本、麗初本、麗本作"刾"，磧本、大本作"剌"。

[5] 石本"廣"前有"且"字。

【箋注】

① 葉：衣幅。唐玄奘《大唐西域記》卷二："三衣裁製，部執不同，或緣有寬狹，或葉有小大。"

言六物者：一僧伽胝①[1]【譯爲複衣②也】；二嗢呾囉僧伽③[2]【譯爲上衣也】；三安呾婆娑④【譯爲内衣也[3]。此之三衣，皆名支伐羅[4]。北方諸國多名法衣爲加沙，乃是赤色之義，非律文典語[5]】；四波呾囉⑤【鉢也[6]】；五尼師但那⑥【坐卧具也】；六鉢里薩囉伐拏⑦【濾水羅也。受戒之時，要須具斯六物也[7]】。

【校勘】

[1] 胝：金本、石本、麗初本、麗本作"胵"，磧本、大本作"胝"，二字同，今據改。下同。

[2] 嗢：石本作"唱"。

[3] 也：石本脱。

[4] 羅：石本、磧本作"囉"。

[5] 加沙：石本、麗初本同，麗本、磧本、大本作"袈裟"。

"非律文"句：石本句尾有"也"字。

[6] 鉢：石本作"針"。

[7] 也：石本脱。

【箋注】

① 僧伽胝：梵文 saṃghāṭī 音譯。慧琳："僧伽胝，中音伽，下音知，梵語也。唐云大衣也。"

② 複衣：有衣裏，内可裝入綿絮的衣服。《禮記·喪服大記》："小斂，君、大夫、士皆用複衣複衾。"南朝宋劉義慶《世説新語·夙惠》："晋孝武年十二，時冬天，晝日不箸複衣，但箸單練衫五六重，夜則累茵褥。"

③ 嗢呾囉僧伽：梵文 uttarāsaṅga 音譯。可洪："嗢呾，上烏没反，下多達反，衣名。嗢呾囉僧伽，此譯爲上衣，即是七條袈裟也。"

④ 安呾婆娑：梵文 antarvāsa 音譯。

⑤ 波呾囉：梵文 Pātra 音譯。

⑥ 尼師但那：梵文 Niṣīdana 音譯。

⑦ 鉢里薩囉伐拏：梵文 Parisrāvaṇa 音譯。

十三資具者：一僧伽胝[1]；二嗢呾囉僧伽；三安呾婆娑；四尼師但那；五裙[2]；六副裙[3]；七僧脚崎①【掩腋衣也】；八副僧脚崎；九拭身巾；十拭面巾；十一剃髮衣；十二覆瘡疥衣[4]；十三藥資具衣。

頌曰：三衣并坐具，裙二帔②有兩[5]，身面巾剃髮，遮瘡藥直衣③[6]。

【校勘】

[1] 胝：金本、石本、麗初本、麗本作“胒”，磧本、大本作“胝”，今據改。

[2] 裙：麗本作“裙”，石本、磧本作“裠”。慧琳作“帬”：“五帬，音羣。郭注《方言》云：‘帬，接下衣也。’《説文》：‘下裳也，從巾君聲。’《傳》作裠，俗字，亦通。”

[3] 裙：石本、磧本作“裠”。

[4] 衣：石本作“依”。

[5] 裙二帔有兩：麗初本、麗本、大本同，石本作“裠一帔有兩”，磧本作“裠兩帔有雙”。

[6] 藥直衣：石本、磧本作“藥具衣”。

【箋注】

① 僧脚崎：梵文 Saṅkakṣikā 音譯。慧琳：“僧脚崎，綺儀反，梵語，掩腋衣。”唐玄奘《大唐西域記》卷二：“僧却崎，覆左肩，掩兩腋，左開右合，長裁過腰。”原注：“唐言掩腋。舊曰僧祇支，訛也。”

② 帔（pèi）：披在肩上的服飾。

③ 藥直衣：用來充當醫藥費的衣服。

十三種衣，出家開畜。既有定格①，即須順教用之，不比自餘所有長物。此之十三，咸須别牒②其事，點淨③守持，隨得隨持，無勞總足[1]。餘外長衣，量事分别④。若氈褥緂席之流[2]，但須作其委付他心而受用也。

【校勘】

［1］總：金本、石本、麗初本、麗本作“捻”，磧本作“揔”，大本作“總”，三字同，今據改。

［2］氈：麗初本、麗本同，石本、磧本、大本作“氊”，二字同。

緂：可洪、麗本、大本作“毯”，慧琳作“毵”。慧琳：“毵席，上貪覽反。《考聲》云：‘毵，織毛爲之，出吐蕃中。’字書亦從帛作緂，或從系作緂，音義同。”

【箋注】

① 定格：一定的標準、規則。《南史·齊豫章王嶷傳》：“宋武以來，州郡秩俸及雜供給，多隨土所出，無有定準。嶷上表請明立定格，班下四方，永爲恒制。”

② 牒：表册、譜籍，此指登記在册。

③ 點淨：僧人得到三衣坐具尼師但那等新衣，以少量舊衣舊布，貼在新衣上，或者在新衣上加墨點，稱爲點淨。

④ 分别：説淨，淨施。

有云三衣什物者[1]，蓋是譯者之意。離爲二處，不依梵本，别道三衣，析開十物[2]。然其十數不能的委，致使猜卜，皆悉憑虚。訓“什”爲“雜”，未符先旨[3]。

【校勘】

［1］什：金本、石本、麗初本、麗本、大本作“十”，磧本作“什”，今據改。

［2］析：磧本、石本作“折”。

［3］旨：麗本、石本作“言”。

其蘗直衣[1]，佛制畜者，計當用絹可二丈許，或可一匹[2]。既而病起無恒，卒①求難濟，爲此制畜，可豫備之[3]。病時所須，無宜輒用[4]。

【校勘】

［1］蘗直衣：磧本作“蘗具衣”。

［2］匹：金本、麗初本、麗本、大本作“疋”，磧本作“匹”，二字同，今據改。

［3］豫：麗初本、麗本、大本同，石本、磧本作“預”。

［4］輒：金本、石本作“輙”，今改。

【箋注】

① 卒（cù）：即“猝”，突然。《孟子·梁惠王上》：“卒然問曰：‘天下惡乎定？’”

然修行利生之門，義在存①乎通②濟。既而根③有三等，不可局爲一途[1]。四依④四作⑤，十二杜多[2]，制准上行⑥[3]；畜房受施，十三資具，益⑦兼中下⑧[4]。遂使少欲者無盈長之過，多求者亡闕事之咎。大哉慈父，巧應根機⑨，善誘人天，稱調御⑩者！

【校勘】

［1］局：金本作“房”，麗本作“扃”，磧本作“局”，麗初本、大本作“局”，今據改。

［2］十二：金本、麗初本作“十三”，麗本、大本作“十二”，今據改。杜：金本、麗初本、麗本作“社”，磧本、大本作“杜”，今據改。

［3］准：金本、石本、麗本、大本作“唯”，麗初本、磧本作“准”，今據改。

［4］益：石本、麗初本、麗本、大本同，磧本作“蓋”。

【箋注】

① 在存:存在。

② 通:全,都。

③ 根:根性。

④ 四依:指行四依,即著糞掃衣、乞食活命、在樹下居、用陳棄藥。義淨譯《根本説一切有部毘奈耶雜事》卷十七:“於佛法中爲出家者,有四依事,出家近圓成苾芻性。云何爲四?佛告苾芻:‘著糞掃衣清淨易得,乞食活命、在樹下居、用陳棄藥清淨易得,依此出家成苾芻性。’”

⑤ 四作:即他罵不應返罵,他瞋不應返瞋,他調不應返調,他打不應返打。(見義淨譯《根本説一切有部百一羯磨》卷二)

⑥ 上行:尊位。《漢書·霍光傳》:“於是殺牛置酒,謝其鄰人,灼爛者在於上行,餘各以功次坐,而不録言曲突者。”

⑦ 益:更,更加。《左傳·昭公七年》:“國人益懼。”《史記·伯夷列傳》:“伯夷、叔齊雖賢,得夫子而名益彰。”本書卷一:“豈有器已成觸,還將益送?所有殘食,却收入厨。”

⑧ 中下:中等和下等。

⑨ 根機:根性。佛教認爲,人有六根,根的發動處叫機。唐玄奘《大唐西域記》卷九:“如來知其根機將發也,遂往彼而成之。”

⑩ 調御:佛十號之一“調御丈夫”的省稱。

而云供身百一①,四部未見律文。雖復經有其言,故是別時之意[1]。且如多事俗徒,家具尚不盈五十;豈容省緣釋子②,翻乃過其百數?准驗道理,通塞③可知。

【校勘】

[1] 是:金本誤作“見”,今改。

【箋注】

① 供身百一:指三衣六物之外,僧徒所需一切器具物品。

② 釋子：釋迦弟子，僧徒的通稱。南朝宋求那跋陀羅譯《雜阿含經》卷十八："若欲爲福者，應於沙門釋子所作福。"唐韋應物《寄皎然上人》："吴興老釋子，野雪蓋精廬。"

③ 通塞：通暢與阻塞。唐杜甫《歸夢》："道路時通塞，江山日寂寥。"宋蘇軾《與王敏仲》之十五："聞遂作管引蒲澗水甚善。每竿上，須鑽一小眼，如菉豆大，以小竹針窒之，以驗通塞。"

凡論絁絹①，乃是聖開，何事强遮？徒爲節目②，斷之以意，欲省招繁。五天四部，並皆著用。詎可棄易求之絹絁[1]，覓難得之細布③[2]？妨道之極[3]，其在斯乎！非制强制，即其類也。遂使好事持律之者④，增己慢而輕餘；無求省欲之賓，内起慚而外恧⑤[4]。斯乃遮身長道，亦復何事云云。而彼意者將爲害命處來，傷慈之極，悲愍含識⑥，理可絶之。若爾者，著衣噉食，緣多損生。螻蚓⑦曾不寄心，蛹蠶⑧一何見念[5]？若其總護者[6]，遂使存身靡託，投命⑨何因[7]？以理推⑩徵⑪，此不然也。而有不噉酥酪，不履皮鞋，不著絲綿⑫，同斯類矣。

【校勘】

[1] 詎：石本作"詐"。

[2] 覓：金本作"覔"，磧本作"覔"，二字同，今據改。

[3] 妨：石本作"防"。

[4] 慚：金本、石本作"慙"，大本作"慚"，二字同，今據改。

[5] 蠶：金本、麗初本、麗本作"蚕"，慧琳、可洪、磧本作"蠶"。二字同，今據改。下同。

[6] 總：金本、麗初本、麗本作"揔"，磧本作"惣"，大本作"總"，今據改。

[7] 投：石本作"捉"。

【箋注】

① 絁(shī)絹：品質稍次的絲織品。《宋史・張觀傳》："上曰：'朕庶事簡約，至於所服，多用絁絹，皆經澣濯爾，卿言甚善。'"

② 節目：枝節，細節。宋蘇洵《衡論下・議法》："是以宋有天下因而循之，變其節目而存其大體。"

③ 細布：細軟的織物。漢趙曄《吴越春秋・勾踐歸國外傳》："吴王好服之離體，吾欲采葛使女工織細布獻之。"《後漢書・西域傳・大秦國》："又有細布，或言水羊毳，野蠶繭所作也。"

④ 之者：之人，之物。唐范攄《雲溪友議》卷下："乃作《劉弘傳》，雕印數千本，以寄中朝及四海精心燒煉之者。"《敦煌變文集・祇園因由記》："非但此金，世間一切伏藏未出之者，我能盡見。"

⑤ 恧(nǜ)：慚愧。慧琳："外恧，紐六反。《方言》云：'恧，慙也。山之東西息愧曰恧。'郭璞云：'心愧也。'《説文》從心而聲。"

⑥ 含識：有意識、有感情的生物，即衆生。《四十二章經》："遠人伏化願為臣妾者，不可稱數，國内清寧，含識之類蒙恩受賴于今不絶也。"

⑦ 螻蚓：螻蛄與蚯蚓。慧琳："螻蚓，上漏侯反。《方言》云：'南楚或謂螻蛄也。'《説文》：'螻，蛄也。一云螜，天螻也。從虫婁聲。'下寅忍反。《月令》云：'季春蚯蚓。'顧野王云：'即螼蚓也。'《字書》云作螾。《説文》云：'螼，螾。側行者也。從虫寅聲。'螼音丘忍反。"

⑧ 蛹蠶：蠶蛹與蠶。慧琳："蛹蠶，上容種反。《説文》云：'繭中蠶也。從虫甬聲。'下雜南反。《説文》：'蠶，姙絲也。從䖵，朁聲。'朁音倉感反。"

⑨ 投命：投身。晋潘岳《西征賦》："鑒亡王之驕淫，竄南巢以投命。"《宋書・沈攸之傳》："其鋒陳營壁之主，驅逼寇手之人，若有投命軍門，一無所問。"

⑩ 推：推斷；推論。《史記・秦始皇本紀》："始皇推終始五德之傳，以爲周得火德，秦代周德，從所不勝。"南朝宋謝靈運《石壁精舍還湖中作》："寄言攝生客，試用此道推。"

⑪ 徵：證明；證驗。《淮南子・脩務訓》："夫謳者樂之徵也，哭者

悲之效也。"高誘注:"徵,應也;效,驗也。"

⑫ 絲綿:一種絲織品。漢王充《論衡・别通》:"内中所有,柙匱所贏,縑布絲綿也。"《南史・梁臨川靖惠王宏傳》:"帝與佗卿屈指計見錢三億餘萬,餘屋貯布絹絲綿漆蜜紵蠟朱沙黄屑雜貨,但見滿庫,不知多少。"

凡論殺者,先以故意斷彼命根,方成業道①。必匪②故思③,佛言無犯。三處清淨④,判在亡愆[1]。設乖斯旨[2],但招輕過。無殺心故[3],因乃極成。猶若受餘,喻便彰著。因喻既其明白,無過衣[4],宗自顯,三支⑤道理且已皎然。況復金口⑥自言[5],何勞更爲穿鑿?遂使五月之疑[6],出於作者之筆;三豕之謬⑦,傳乎信受之言。若其自乞生繭⑧[7],目驗損蟲,斯則俗士尚不應行,何況情希出離⑨[8]?引斯爲證,深成未可。若有施主淨意持來,即須唱隨喜以受之[9],用資身而育德,實無過也。

【校勘】

[1] 判:麗本、大本作"制"。

[2] 旨:麗初本、麗本作"盲"。

[3] 殺:金本、麗初本、麗本作"煞",石本作"敍",磧本作"殺",三字通,今據改。

[4] 衣:麗本、大本作"依"。

[5] 況:麗本作"况"。

[6] 五月:金本、石本、麗初本、麗本作"五日",磧本作"五百"。本書改作"五月"。"五月之疑"典故出自《春秋・桓公十四年》"夏五"杜預注:"不書月,闕文。"詳細論證請參看譚代龍《南海寄歸内法傳解詁》。

[7] 自:磧本作"目"。

繭:金本、麗初本、麗本作"蠒",石本、可洪作"藅",慧琳、磧本作

“繭”,今據改。慧琳:“生繭,堅顯反。《説文》云:蠶衣也。從系,從虫,從芇省聲。古文作絸。”可洪:“生薾,古典反,正作繭。”

[8] 況:麗本作“况”。

情:石本作“清”。

[9] 唱:金本作“唱道”,麗本、大本作“唱導”,麗初本、磧本作“唱”,今據改。義淨其他作品中都衹作“唱隨喜”,例多不舉。

【箋注】

① 業道:佛教三道之一。所作善惡,使人向於六趣,故名爲道。

② 匪:非。

③ 故思:故意。

④ 三處清淨:三淨肉,指不見殺、不聞殺、不疑爲我殺。

⑤ 三支:古印度因明學指組成比量的三個環節,即:宗(立義),因(論證),喻(設譬)。宋法雲編《翻譯名義集·名句文法》:“能立三支,譬喻宗因;由此譬況,喻曉宗因。”

⑥ 金口:佛口。

⑦ 三豕之謬:典故出自《吕氏春秋·察傳》:“子夏之晋,過衛,有讀史記者曰:‘晋師三豕涉河。’子夏曰:‘非也,是己亥也。夫己與三相近,豕與亥相似。’至于晋而問之,則曰晋師己亥涉河也。”

⑧ 生繭:蠶繭。

⑨ 出離:涅槃。唐實叉難陀譯《大方廣佛華嚴經》卷五:“嚴淨一切佛國土,調伏衆生,令究竟出離。”

五天法服,任刺任縫[1],衣縷不問縱橫[2],爲日無過三五。計絹一疋,作得七條①五條②[3]。内葉三指,外緣一寸。外緣有刺三道[4],内葉悉皆縫合。充事③表儀,亦何假精妙?若著納衣④者,意存省事。或拾遺於糞聚,或取棄於屍林⑤,隨得隨縫[5],用袪⑥寒暑耳[6]。而有説云,律中卧具即是三衣。見制⑦野蠶[7],便生異意,剩⑧謂法衣非絹,遂即覓布慇懃[8]。寧委本文⑨,元來是褥?高世耶⑩乃是蠶名,作絹還受斯號,體是貴物,制不聽用。

【校勘】

[1] 刺:金本、石本、麗初本、麗本作"剌",磧本作"刺"。

[2] 横:金本、石本、麗初本、麗本作"擴",磧本作"横",今據改。

[3] 五條:石本無此二字。

[4] 刺:金本、石本、麗初本、麗本作"剌",磧本作"刺"。

[5] 隨縫:石本無"隨"。

[6] 祛:石本作"社",慧琳、大本作"袪"。慧琳:"用祛,去魚反。"

[7] 蠶:金本、麗初本、麗本作"蚕",磧本作"蠶",今據改。下同。

[8] 覓:金本、麗初本、麗本作"覔",磧本、大本作"覓",二字同,今據改。

慇懃:磧本作"殷勤"。

【箋注】

① 七條:即郁多羅僧,僧人上衣。因衣有横截七條,故稱。

② 五條:三衣之一。即袈裟,有横截五條,故稱。

③ 充事:湊合使用。《北史·邢卲傳》:"雖望實兼重,不以才位傲物,脱略簡易,不修威儀,車服器用,充事而已。"唐劉肅《大唐新語·勸勵》:"嘗謂所親:'吾所居宅,微爲壯麗,非吾心也,將賣之,别營一所,粗充事而已。'"

④ 納衣:納,通"衲",即衲衣,用人拋棄的布帛縫衲成的僧衣。也稱百衲衣。南朝梁慧皎《高僧傳·義解·慧持》:"持形長八尺,風神儁爽,常躡草屣,納衣半脛。"

⑤ 屍林:梵文śītavana音譯"屍陀林"的略稱,意譯爲寒林,丟棄死屍之處。

⑥ 祛:除去,消除。《韓詩外傳》卷八:"所友者十有二人,足以祛雍蔽矣。"晋陶潛《九日閑居》:"酒能祛百慮,菊爲制頹齡。"

⑦ 制:禁止。

⑧ 剩：更，又。唐高適《贈杜二拾遺》："聽法還應難，尋經剩欲翻。"

⑨ 本文：原文。《三國志·魏志·劉放傳》："邊候得權書，放乃改易其辭，往往换其本文而傅合之。"北齊顔之推《顔氏家訓·書證》："皆由後人所羼，非本文也。"

⑩ 高世耶：蠶，蠶繭。梵文 Kauśeya 音譯。義淨譯《根本説一切有部毘奈耶》卷二十："苾芻料理高世耶時，若於一繭、若於小團、若於大聚，或披、或擘、或以弓彈而作敷具，作時得惡作；竟時得捨墮。若苾芻乞高世耶時及料理時，皆惡作；成犯捨墮。"

作褥之法，有其兩種：或縫之作袋，貯毛在中；或可用絲織成，即是氍毹①之類[1]。其褥様闊二肘[2]，長四肘，厚薄隨時。自乞乃遮，他施無罪。全不許用[3]，大②事嚴科[4]。此諸敷具非三衣也。

【校勘】

[1] 毹：大本作"毺"。

[2] 褥様：麗本作"褥㨾"，可洪作"褥㨾"。

[3] 全不許用：麗本、大本後有"者"。

[4] 大：石本作"太"。

【箋注】

① 氍毹(qú shū)：用毛或毛與其他材料混織的毯子。慧琳："氍毹，上懼俱反，下數芻反。《埤蒼》云：'即毾㲪也。'《聲類》云：'毛席也。'《古今正字》二字並從毛，瞿、俞皆聲也。"

② 大：即"太"。

又復律云，正命①謂是口腹爲先，耕墾須得其宜[1]，種植無違教綱[2]，應法食用，不生其罪，始曰立身②，能長其福。

依如律教，僧家作田，須共淨人爲其分數，或可共餘人户，咸並六分抽一。僧但給牛與地，諸事皆悉不知③。或可分數量時斟酌，西方諸寺多並如是。或有貪婪不爲分數[3]，自使奴婢，躬撿營農[4]。護戒苾蒭，不噉其食。意者以其僧自經理，邪命養身。驅使傭人[5]，非瞋不可。壞種墾地，蟲蟻多傷。日食不過一升，誰復能當百罪？是以耿介之士疾其事繁[6]，擕瓶挾鉢[7]，棄之長鶩[8]。獨坐靜林之野，歡與鳥鹿爲儔[9]。絶名利之諠躡[10]，修涅槃之寂滅[11]。若爲衆家經求④取利，是律所聽。墾土⑤害命，教門不許。損蟲妨業，寧復過此？有罪邪生之十頃⑥[12]，著作則不見爲踈條；無過正行之三衣，還⑦復幾勞於文墨[13]。嗚呼！可爲信者説，難與疑者言，由恐傳法之家尚懷固執耳！

【校勘】

[1] 耕：石本、麗本作“畊”。

[2] 網：金本、麗初本、麗本作“絅”，石本作“細”，磧本作“綱”，今據改。

[3] 貪婪：慧琳作“貪惏”：“拉南反。《方言》云：‘惏，殘也。’《説文》：‘河北謂貪曰惏，從心林聲。’《傳》作婪，音同義異，今不取也。”

[4] 撿：麗初本、麗本、大本同，磧本作“檢”。

[5] 驅：金本、麗初本、麗本、磧本作“駈”，大本作“驅”，二字同，今據改。

[6] 疾：石本作“失”。

[7] 擕：金本、石本、麗初本、麗本、大本作“携”，磧本作“擕”，慧琳作“攜”：“攜瓶，上惠珪反。顧野王云：‘攜，持也。’《説文》：‘提也。從手巂聲。’巂音同上。《傳》作擕，俗字也。”根據慧琳的記録，原書應作“擕”字。

[8] 鶩（wù）：石本作“鶩”，慧琳作“騖”：“長騖，上丈良反，下無遇反。郭璞注《穆天子傳》云：‘騖，馳也。’顧野王云：‘疾馳也。’《廣雅》：

‘奔也。’《説文》從馬敄聲。敄音武。”麗本、可洪作“騖”：“長騖，音務，正作騖。”

［9］歡：金本、麗初本、麗本、磧本作“懽”，大本作“歡”，“懽”即“歡”，今據改。

［10］諠躍：麗初本、麗本同，磧本、大本作“諠囂”，慧琳作“讙躍”：“上喧袁反。《傳》作諠，義同。《廣雅》云：‘讙，鳴也。’顧野王云：‘呼召也。’又云：‘讙躍猶諠譁也。’《説文》：‘諠，譁也。言雚聲。’下香妖反。《説文》云：‘氣出，頭上也。從㗊從頁。’頁，首也。㗊音側立反。”

［11］㮚：金本、麗初本、麗本作“粿”，磧本作“㮚”。今據改。下同。

［12］頃：石本作“須”。

［13］還：石本、大本同，磧本、麗初本、麗本、慧琳、可洪作“薳”。慧琳：“薳復，上爲委反，《考聲》云：‘語詞也。’”可洪：“薳復，上爲委、爲菀二反，未詳何義。”

【箋注】

① 正命：八正道之一，謂符合戒律的正當生活。

② 立身：處世、爲人。《孝經·開宗明義》：“立身行道，揚名於後世，以顯父母，孝之終也。”《史記·太史公自序》：“且夫孝始於事親，中於事君，終於立身。”

③ 知：管，過問。唐杜甫《鸚鵡》：“翠衿渾短盡，紅嘴漫多知。”

④ 經求：經營尋求。

⑤ 墾土：耕墾土地。慧琳：“墾土，上肯很反，耕也。”

⑥ 頃：百畝爲頃。《管子·揆度》：“百乘爲耕田萬頃，爲户萬户，爲開口十萬人，爲當分者萬人，爲輕車百乘，爲馬四百匹。”

⑦ 還：卻、反而。

初至躭摩立底國[1]，寺院之外有一方①地。忽見家人取菜，分爲三分，與僧一分，自取兩歸。未解其故[2]，問大乘燈師曰[3]：“斯何意焉？”答曰[4]：“此寺僧徒，並多戒行。自爲種植，大聖所遮，是以租地與他[5]，分苗而食，方爲正命。省緣自活，無其耕墾溉灌殺生之罪矣[6]。”

【校勘】

[1] 躭：大本作“耽”。

[2] 故：金本作“意故”，麗初本、麗本、磧本、大本作“故”，今據改。

[3] 師：麗本、大本作“法師”。

[4] 答：金本、麗初本、麗本、磧本作“荅”，大本作“答”，二字同，今據改。

[5] 租：石本作“祖”。

他：金本、麗初本誤作“地”，今改。

[6] 殺：金本、麗初本、麗本作“煞”，磧本、大本作“殺”，今據改。

【箋注】

① 一方：用於田地、土地的數量詞。北魏賈思勰《齊民要術・種榆白楊》：“其於地畔種者，致雀損穀；既非叢林，率多曲戾；不如割地一方種之。”唐王建《上田僕射》：“一方新地隔河煙，曾接諸生聽管絃。”

又見知事苾芻，晨旦井邊觀水。無蟲得用一日，有命即須羅濾①。

又見但是外人取與，下至一莖之菜[1]，並須問衆方用。

又見寺内不立綱維②，但有事來，合衆③量許。若緣獨④意[2]，處斷⑤隨情，損益⑥僧徒，不遵衆望者，此名俱羅鉢底⑦，衆共驅之[3]。

【校勘】

[1] 一莖之菜：金本、麗初本作“一莖菜”，石本作“一鐵莖菜”，麗

本、大本作“一莖之菜”，今據改。

［2］獨意：石本作“意獨”。

［3］驅：金本、麗初本、麗本、磧本作“駈”，大本作“驅”，今據改。

【箋注】

① 羅濾：慧琳：“羅濾，驢預反。案，羅濾者，恐水中有細蟲草蔑等物，故以絹爲羅，濾其水。蓋亦護生故也。今時俗通用字也。”

② 綱維：寺廟中的司事僧。唐段成式《酉陽雜俎續集·支植下》：“衛公言北都惟童子寺有竹一窠，纔長數尺，相傳其寺綱維每日報竹平安。”

③ 合衆：合寺大衆，所有人。

④ 獨：單獨，獨自。

⑤ 處斷：處理決斷。《晋書·王渾傳》：“渾不尚刑名，處斷明允。”

⑥ 損益：減損。漢晁錯《説文帝令民入粟受爵疏》：“能以粟拜爵者，皆民之有餘者也。取有餘以給塞下之食，則富人有爵，而貧民損益于征賦矣。”

⑦ 俱羅鉢底：梵文 kulapati 音譯，譯爲家主。義淨《大唐西域求法高僧傳》卷上：“其守庫當莊之流，雖三二人亦遣典庫家人合掌爲白，若和方可費用，誠無獨任之咎。不白而獨用者，下至半升之粟，即交被驅擯。若一人稱豪獨用僧物，處斷綱務，不白大衆者，名爲俱攞鉢底，譯爲家主。斯乃佛法之大疣，人神所共怨。雖復於寺有益，而終獲罪彌深，智者必不爲也。”

又見尼入僧寺，白乃方前。僧向尼坊，問而後進。若出寺外，兩人方去。必有緣事①須至俗舍者[1]，白衆許已，四人共去。

又見每月四齋之日②，合寺大衆，晡後咸集，俱聽寺制，遵而奉行，深生敬仰。

又見有一小師③,遣其童子,將米二升送與家人婦女④。情涉曲私[2],有人告衆。唤來對勘⑤,三⑥皆承引⑦。雖無惡事,而自負慚心[3],即出寺門,棄名長去。師遣餘人,送彼衣物。但是衆法共遵,未勞官制。

又見婦人入寺,不進房中,廊下共語[4],暫時便去。

【校勘】

[1] 事:麗初本、磧本無此字。

[2] 私:金本、麗初本、麗本作“私”,磧本作“私”,二字同,今據改。下同。

[3] 慚:金本、石本作“慙”,大本作“慚”,二字同,今據改。

[4] 廊:石本作“廓”。

【箋注】

① 緣事:佛教語。謂與己有關的俗事。義淨譯《根本説一切有部毘奈耶》卷五:“時婆蘇達多於一聚落有少緣事,語蘇師牟曰:‘具壽! 我於某處有少緣事,有能爲我辦是事者,我持小鉢與之。’”宋何薳《春渚紀聞・點銅成庚》:“若首座有未了緣事可與衆集福者,我當分藥點治,雖百兩不靳也。”

② 四齋之日:佛教以每月一日(朔)、八日(上弦)、十五日(望)、二十三日(下弦)等爲持齋日,稱四齋日。

③ 小師:受戒未滿十夏的僧侣。宋道誠集《釋氏要覽》卷上:“受戒十夏以前,西天皆稱小師。”

④ 家人婦女:婦女。“家人”也指婦女。《三國志・魏志・中山恭王衮傳》:“太和二年就國,尚約儉,教敕妃妾紡績織紝,習爲家人之事。”

⑤ 對勘:對質。唐段成式《酉陽雜俎續集・金剛經鳩異》:“又説對勘時,見一戎王,衛者數百,自外來。”清蒲松齡《聊齋志異・席方平》:“當堂對勘,席所言皆不妄。”

⑥ 三：三方。

⑦ 承引：招認罪行。《魏書·刑罰志》："或拷不承引，依證而科；或有私嫌，强逼成罪。"《唐律·斷獄一·訊囚察辭理》："若贜狀露驗，理不可疑，雖不承引，據狀斷之。"

又見寺内有一苾蒭，名曷羅户羅蜜呾羅[1]。于時年可三十，操行不群[2]，名稱①高遠，一日誦《寶積經》②有七百頌，閑③内典④之三藏[3]，洞⑤俗言之四明⑥。東聖方處⑦推爲上首。自從受具[4]，女人曾不面言。母姊設來[5]，出觀而已。當時問曰："斯非聖教，何爲然乎？"答曰[6]："我性多染⑧，非此不杜⑨其源。雖復不是聖遮，防邪亦復何爽⑩[7]？"

【校勘】

[1] 户：石本、麗本、大本同，磧本作"尸"。

羅：麗初本、麗本、大本同，磧本作"囉"。

[2] 群：磧本作"羣"。

[3] 藏：金本作"蔵"，磧本作"藏"，今據改。

[4] 從：金本作"従"，今改。

[5] 姊：金本作"姉"，大本作"姊"，二字同，今改。

[6] 答：金本作"荅"，二字同，今改。

[7] 爽：金本、麗初本、麗本作"爽"，二字同，今改。

【箋注】

① 名稱：名聲。《史記·萬石張叔列傳》："不好立名稱，稱爲長者。"

② 寶積經：指《大寶積經》。

③ 閑：通"嫻"，熟悉。

④ 内典：佛教徒稱佛經爲内典。北齊顔之推《顔氏家訓·歸心》："内典初門，設五種禁；外典仁義禮智信，皆與之符。"宋王禹偁

《左街僧録通惠大師文集序》:"釋子謂佛書爲内典,謂儒書爲外學。"

⑤ 洞:通曉。《淮南子·原道訓》:"遂兮洞兮,不虛動兮。"高誘注:"洞,達也。道動有所應,故曰不虛動也。"

⑥ 四明:即四吠陀:梨俱吠陀、沙磨吠陀、夜柔吠陀、阿闥婆吠陀。吠陀義爲明智。

⑦ 東聖方處:指東印度。

⑧ 染:不潔淨。

⑨ 杜:斷絶,制止。晋葛洪《抱朴子内篇·論仙》:"故古人學不求仙,言不語怪,杜彼異端,守此自然。"

⑩ 爽:差失。《詩經·衛風·氓》:"女也不爽,士貳其行。"朱熹集傳:"爽,差。"

又見多聞大德,或可一藏精研,衆給上房,亦與淨人供使①[1]。講説尋常②,放免③僧事。出多乘輿,鞍畜不騎。

又見客僧創來入寺,於五日内,和衆④與其好食,冀令解息⑤,後乃僧常。若是好人,和僧⑥請住,准其夏歲,卧具是資。無學識則一體⑦常僧[2],具多聞乃准前安置。名掛僧籍[3],同舊住人矣。

又見好心⑧來至,具問因由,如求出家[4],和僧剃髮。名字不干王籍,衆僧自有部書⑨。後若破戒行非,鳴健稚而驅遣[5]。爲此衆僧自相撿⑩察[6],起過難爲萌漸⑪。

【校勘】

[1] 亦:石本作"無"。

[2] 無:金本作"无",麗本作"如无",大本作"如無"。

[3] 掛:石本作"桂",磧本作"挂"。

[4] 如求:磧本作"如來"。

[5] 健:各本作"揵",今據全書通例改。

稚:金本、麗初本作"雉",今改。

驅：金本、敦本、石本、麗初本、麗本作“駈”，大本、磧本作“驅”，二字同，今據改。

［6］撿：磧本作“檢”。

【箋注】

① 供使：疑應作“役使”，“供”“役”形近而誤。本段文字介紹的情況，唐玄奘《大唐西域記》（卷二）也有記載，下面列出：“其有宴默思惟，經行住立，定慧悠隔，諠靜良殊，隨其衆居，各製科防。無云律、論，經是佛經，講宣一部，乃免僧知事；二部，加上房資具；三部，差侍者祗承；四部，給淨人役使；五部，則行乘象輿；六部，又導從周衛。道德既高，旌命亦異。”此處明確寫作“給淨人役使”。另外，玄奘《大唐西域記》（卷五）也明確指出，寺廟中可以“役使淨人”：“説法窣堵波南，臨殑伽河，有三伽藍，同垣異門，佛像嚴麗，僧徒肅穆，役使淨人數千餘户。”義淨作品中也有多處“役使”用例，例多不舉。

② 尋常：經常；平時。唐杜甫《江南逢李龜年》：“岐王宅裏尋常見，崔九堂前幾度聞。”《敦煌曲子詞・十二月相思》：“無端嫁得長征壻，教妾尋常獨自眠。”

③ 放免：免除。宋高承《事物紀原・治理政體・放房錢》：“七年二月，詔：貧民住官舍者，遇冬正、寒食免僦直三日。此節日放免之始也。”

④ 和衆：合衆。所有人。

⑤ 解息：休息。《晋書・天文志上》：“門外六星曰天牀，主寢舍，解息燕休。”

⑥ 和僧：和衆。

⑦ 一體：一樣，一同。《史記・張耳陳餘列傳》：“陳餘張耳一體有功於趙。”北魏賈思勰《齊民要術・笨麴并酒》：“酒色漂漂，與銀光一體。”

⑧ 好心：善心。

⑨ 部書：即簿籍，此指寺廟中的登記册。

⑩ 撿：通“檢”，考查，察驗。

⑪ 萌漸：開始。唐道宣《續高僧傳》卷二十四："時未思其禍始也，禍作萌漸，百辟之所不知。及望夷之福終也，潰發滂流。天無方改前政，呼嗟何及！"唐道宣《續高僧傳》卷二十六："先以威權動之，後以言聲導之，轉發信然，所以開萌漸也。"

于時歎曰：昔在神州，自言明律，寧知到此，反作迷人！向若不移步西方，何能鑒斯正則！此乃或是寺家衆制，或[1]是别行要心①[2]。餘並著在律文，末代②住持③極要。

【校勘】

[1] 或：金本、麗初本誤作"戒"，今改。

[2] 要心：金本作"恶要"，麗初本作"恶心"，麗本、磧本、大本作"要心"。今據改。

【箋注】

① 要(yāo)心：約束内心。

② 末代：末世，佛教指佛法衰亡時期。

③ 住持：久住護持佛法。唐佛陀多羅譯《大方廣圓覺修多羅了義經》："一切如來，光嚴住持。"唐李益《贈宣大師》："因論佛地求心地，衹説常吟是住持。"

此皆是躭摩立底跋羅訶寺之法式也[1]。其那爛陁寺[2]，法乃更嚴。遂使僧徒數出三千[3]，封邑則村餘二百，並是積代①君王之所奉施[4]。紹隆不絶，非律而誰者哉[5]！

【校勘】

[1] 躭：大本作"耽"。

[2] 陁：磧本、大本作"陀"。

[3] 三千：石本作"二千"。

[4] 並是：磧本作“並”。

[5] 誰：金本、麗本、大本作“論”，麗初本、磧本作“誰”，今據改。

【箋注】

① 積代：纍世；世代。《隋書·天文志上》：“王蕃云：‘渾天儀者，羲和之舊器，積代相傳，謂之璣衡。’”唐張鷟《遊仙窟》：“下官姓望屬南陽，住居西鄂，得黄石公之靈術，控白水之餘波。在漢則七葉貂蟬，居韓則五重卿相，鳴鐘食鼎，積代衣纓。”

亦未見有俗官乃當衙正坐，僧徒則爲行側立[1]。欺輕呼唤，不異凡流。送故迎新，幾倦途路。若點撿①不到[2]，則走赴公門，求命曹司②[3]，無問寒暑。夫出家之人，本爲情希離俗，捨五畏③之危道，遵八正④之平衢⑤。豈有反更驅馳[4]，重嬰羅網[5]？欲求簡寂⑥，寧能遂意？可謂全乖解脱，不順蕭然⑦者乎！理須二六杜多，十三資具，隨緣濟命，盪除業習⑧[6]，報師僧父母之鴻澤，酬天龍帝主之深慈。斯則雅順調御之儀，善愜策修之路[7]。因論護命之事，且復言其現行[8]，願諸大德勿嫌煩重耳！

【校勘】

[1] 則：金本、石本、麗初本、磧本無，麗本、大本有“則”字，今據補。如此符合“乃……，則……”句式。

[2] 撿：磧本作“檢”。

[3] 曹：金本、石本、麗初本、麗本作“亶”，磧本作“曹”，“亶”即“曹”。

[4] 驅：金本、麗初本、麗本作“駈”，磧本作“驅”，二字同，今據改。

[5] 網：金本、麗初本、麗本作“䋄”，磧本作“網”。二字同，今據改。

［6］盪：磧本作“蕩”。

業：麗本、大本作“舊”。

［7］策：金本、石本、麗初本、麗本作“筞”，磧本、大本作“策”，今據改。

［8］且：石本作“旦”。

現：石本作“見”。

【箋注】

① 點撿：查核，清點。“撿”同“檢”，考查，察驗。宋晏殊《木蘭花》：“當時共我賞花人，點檢如今無一半。”

② 曹司：官署。唐白居易《喜張十八博士除水部員外郎》：“無復篇章傳道路，空留風月在曹司。”

③ 五畏：指五種怖畏，即不活畏、惡名畏、死畏、惡道畏、大衆威德畏。

④ 八正：八正道，即正見、正思惟、正語、正業、正命、正精進、正念、正定。

⑤ 平衢：平坦的大路。三國魏阮籍《清思賦》：“長思肅以永至兮，滌平衢之大夷。”南朝宋謝靈運《擬魏太子鄴中集詩・平原侯植》：“平衢脩且直，白楊信褭褭。”

⑥ 簡寂：簡靜。明方孝孺《贈王時中序》：“其容貌簡寂如儒者，其神氣閑定如列僊之流，莫能明其術也。”

⑦ 蕭然：蕭灑，悠閑。晉葛洪《抱朴子外篇・刺驕》：“高蹈獨往，蕭然自得。”唐杜甫《劉九法曹鄭瑕丘石門宴集》：“秋水清無底，蕭然淨客心。”

⑧ 業習：惡業與習氣。

然四部之殊，以著裙表異。

一切有部則兩邊向外雙襵[1]。大衆部則右裾蹙①在左邊[2]，向内揷之[3]，不令其墮[4]。西方婦女著裙[5]，與大衆部無别。上座正量製亦同斯[6]，但以向外直翻、傍插爲異。腰條之製，亦復不殊[7]。尼則准部如僧，全無别體。

【校勘】

［1］雙：麗本作“雙”。

［2］裾：石本、磧本作“裙”。

［3］揷：石本作“插”，麗初本作“**揷**”。下同。

［4］不令：石本作“外不合”。

［5］裙：石本作“郡”。

［6］座：金本作“坐”，今據他本改。

製：磧本作“制”。

［7］不殊：金本、石本、麗本、大本作“不同”，磧本作“不殊”，今據改。

【箋注】

① 蹙（cù）：屈聚；收攏。《管子·水地》：“夫玉溫潤以澤，仁也……堅而不蹙，義也。”尹知章注：“蹙，屈聚也。”唐元稹《遣春詩》：“水生低岸没，梅蹙小珠連。”

且如神州，祇支①偏袒②[1]、覆髆③方裙、禪袴④袍襦⑤[2]，咸乖本製[3]，何但同袖⑥及以連脊⑦？至於披著不稱律儀，服用並皆得罪。頗有著至西方，人皆共笑[4]。懷慚内⑧恥[5]，裂充雜用。此即皆是非法衣服也。若默而不説[6]，知者無由；如欲直言，復恐聞者見怨。是以杼軸⑨於短懷⑩，沉吟於進退[7]。願智者詳察[8]，識衣服之本儀也。

【校勘】

［1］支：磧本作“攴”。

［2］禪：麗本、大本作“襌”。

［3］製：磧本作“制”。

［4］笑：金本、石本作“笑”，磧本作“笑”，今據改。

［5］慚：石本、磧本作“慙”。

［6］默：石本作“點”。

［7］沉：大本作“沈”。

［8］詳：石本作“祥”。

【箋注】

① 祇支：即僧腳崎。

② 偏袒：僧人的一種衣服樣式，即衹存左袖，袒露右邊的一種衹支。唐道宣《四分律刪繁補闕行事鈔》卷下：“今時有著偏袒、褡膊、方裙、諸裙、臂衣、蹲衣等，並無正文可依。”宋元照撰《四分律行事鈔資持記》下：“餘衣中初科偏袒，謂止存左袖，袒露右邊，即本衹支。褡膊亦即覆肩，此二雖是聽衣，但乖本式。”

③ 覆膊：一種可以遮住胳膊的僧腳崎。

④ 褌袴：褲子。《北史・斛律光傳》：“今軍人皆無褌袴；後宫内參，一賜數萬匹，府藏稍空，此是何理？”

⑤ 袍襦：襦袍，有襯裏的袍子。

⑥ 同袖：一種服飾。

⑦ 連脊：一種服飾。

⑧ 内：納。

⑨ 杼軸：杼，織機的梭子。軸，織具。“杼軸”本指織機，本處比喻詩文的組織、構思。《文選・陸機〈文賦〉》：“雖杼軸於予懷，怵他人之我先。”李善注：“杼軸，以織喻也。”

⑩ 短懷：短淺的思慮。南朝梁沈約《夕行聞夜鶴》：“抱跼促之短懷，隨冬春而哀樂。”

又西方俗侶，官人貴勝所著衣服［1］，唯有白疊① 一雙［2］；貧賤之流，只有一布。出家法衆，但畜三衣六物，樂盈長者，方用十三資具。東夏不許同袖及連脊衣者，蓋是自習東川，妄談西國耳。

【校勘】

［1］官:金本誤作“宮”,今據改。

［2］白疊:各本作“白氎”,此據全書通例改。

【箋注】

① 白疊:棉花,棉布。《新唐書・西域傳上・高昌》:“有草名白疊,擷花可織爲布。”

即如贍部洲中及諸邊海,人物衣服可略言之。

且從莫訶菩提①東至臨邑[1],有二十餘國,正當驩州南界也。西南至海,北齊羯濕彌羅②[2],并南海中有十餘國及師子洲,並著二敢曼矣。既無腰帶,亦不裁縫,直是闊布兩尋③,繞腰下抹。西天之外,大海邊隅有波剌斯④及多氏⑤國[3],並著衫袴。裸國則逈⑥無衣服[4],男女咸皆赤體。從羯濕彌羅已去[5],及速利諸胡、土蕃[6]、突厥,大途相似,不著敢曼,氈裘是務[7]。少有劫貝⑦,時存著者。以其寒地,衫袴是常。即此諸國之中,唯波剌斯及裸國[8]、土蕃[9]、突厥,元無佛法,餘皆遵奉。而於衫袴之鄉,咸不洗淨。由是五天之地,自恃清高也。

【校勘】

［1］從:金本作“従”,今改。

［2］彌:金本作“弥”,今改。下同。

［3］剌:金本作“賴”,麗本作“刾”,大本作“刺”,敦本、石本、麗初本、磧本作“剌”,今據改。

氏:金本作“氐”,麗本、大本作“底”,磧本、麗初本作“氏”,今據改。

［4］迥：磧本作“迴”。

［5］從：金本作“従”，今改。

［6］土：麗初本、麗本、大本作“吐”。

［7］氊：磧本、大本作“氈”。

［8］刺：大本作“剌”。

裸：麗初本、大本同，磧本作“躶”，麗本作“祼”。

［9］土：麗本、大本作“吐”。

【箋注】

① 莫訶菩提：梵文 Mahābodhivihāra 音譯，即大覺寺，在古印度摩揭陀國釋迦牟尼成道處。詳參王邦維（1995，170）注釋（一）。

② 羯濕彌羅：梵文 Kaśmira 音譯，今克什米爾。可洪：“羯溼，上居謁反，下失入反，正作溼也，國名。羯濕弥羅或云迦濕弥羅，唐言阿誰得入，舊云罽賓國也。”

③ 尋：古代長度單位。一般爲八尺。《詩經·魯頌·閟宫》：“是斷是度，是尋是尺。”毛傳：“八尺曰尋。”

④ 波剌斯：梵文 Pārasī 音譯，即波斯。慧琳：“波剌斯，中蘭怛反，梵語也。”

⑤ 多氏：即大食，唐以來用以稱阿拉伯帝國。

⑥ 迥：即“迴”，完全。唐杜甫《冬日洛城北謁玄元皇帝廟》：“翠柏深留景，紅梨迥得霜。”

⑦ 劫貝：梵文 Karpāsa 音譯。《慧琳音義》卷五十九：“劫貝，或云劫波育，或言劫婆娑，正言迦波羅。此譯云樹，花名也。可以爲布，高昌名㲲，是衣名。罽賓以南，大者成樹，以北形小，狀如土葵，有殼，剖以出花，如柳絮。可紉以爲布，用之爲衣也，紉音女珍反。”唐皮日休《孤園寺》：“巾之劫貝布，饌以栴檀餌。”

然其風流儒雅，禮節逢迎[1]，食噉淳濃，仁義豐贍，其唯東夏，餘莫能加。但以食不護淨，便利不洗，不嚼楊枝，事殊西域。而有現著非法衣服，將爲無過，引彼略教①文，云此方不淨，餘方清淨[2]，得行無罪者，斯乃譯者之謬[3]，意不然矣。具如別處②。若爾神州苾蒭[4]，除三衣外，並非聖儀。既其有犯，理難服用者。

【校勘】

[1] 逢：石本作"逄"，同"逢"。

[2] 清淨：金本誤作"清清"，今改。

[3] 者：石本無此字。

[4] 蒭：磧本、大本作"芻"。

【箋注】

① 略教："廣教"的對稱，又稱略戒，是佛教早期的簡略戒條。

② 具如別處：義淨譯有《略教誡經》一卷。

且如西方煖地[1]，單布自可終年；雪嶺寒鄉，欲遣若爲①存濟②？身安業進，聖有誠言；苦體勞勤，乃外道教。去取之理，其欲如何？然聖開立播③之服，通被寒鄉。斯乃足得養身，亦復何成妨道[2]？

【校勘】

[1] 煖：石本作"暖"。

[2] 妨：石本作"防"。

【箋注】

① 若爲：怎能。《樂府詩集·橫吹曲辭五·隔谷歌一》："食糧乏盡若爲活？救我來！救我來！"唐孟棨《本事詩·情感》："沙場征戍客，寒苦若爲眠？"

② 存濟：過活，度日。《周書・宣帝紀》："閏月乙亥，詔山東流民新復業者，及突厥侵掠家口破亡不能存濟者，並給復一年。"

③ 立播：梵文 repha 音譯。

梵云立播者，譯爲裹腹衣[1]。其所製儀，略陳形樣。即是去其正背，直取偏袒一邊。不應著袖，唯須一幅，纔①穿得手。肩袖不寬，著在左邊，無宜闊大[2]。右邊交②帶③，勿使風侵。多貯綿絮，事須厚煖。亦有右邊刺合[3]，貫頭紐腋[4]。斯其本製[5]。目驗西方，有胡地僧來，多見携著[6]。那爛陁處不覩斯衣[7]，良由國熱，人咸不用。准斯開意，直爲寒鄉。考其偏袒正背[8]，元是踵斯而作[9]。剩④加右畔，失本威儀。非製自爲[10]，定招越法⑤[11]。至如立播抱腹⑥[12]，自免嚴寒；厚帔通披，足遮隆凍。形像之處，禮佛對尊，露膊是恒[13]，掩便獲罪。

【校勘】

[1] 裹：磧本作"褁"。

[2] 闊：麗初本作"闕"。

[3] 刺：金本、石本、麗初本、麗本作"刾"，磧本作"刺"，"刾"即"刺"字，今改。

[4] 紐：石本作"紉"。

[5] 製：磧本作"制"。

[6] 携：磧本作"擕"。

[7] 陁：磧本、大本作"陀"。

[8] 考：金本、麗本、大本作"老者"，磧本作"考"，今據改。

袒：磧本作"祖"。

[9] 元：麗本作"无"，大本作"無"。

[10] 製：磧本作"制"。

[11] 招：麗初本作"佋"。

［12］抱：麗初本作“捨”。

［13］膞：金本、麗初本、麗本、大本作“髆”，磧本作“膊”，二字同，今據改。

【箋注】

① 纔：方始，剛剛。

② 交：交絡。

③ 帶：帶子。

④ 剩：更，又。唐高適《贈杜二拾遺》：“聽法還應難，尋經剩欲翻。”

⑤ 越法：越法罪。

⑥ 抱腹：即裹腹。

然則出家省事，冬月居房，炭火隨時，詎勞多服？必有病緣，要須著者，臨時處斷，勿使乖儀。然而東夏寒嚴，劈裂身體，若不煗服[1]，交①見羸亡。既爲難緣，理須弘濟。方裙偏袒[2]，形簡②俗流。唯立播衣[3]，寒冬暫著，知非本製[4]，爲命③權開[5]。如車置油，内生慚厚④[6]，必其不著，極是佳事。自餘袍袴褌衫之類，咸悉決須遮斷[7]。嚴寒既謝，即是不合擐⑤身，而復更著偏衫⑥，實非開限。斯則去繁得要，仰順聖情。自墮⑦乍可⑧一身⑨[8]，傳授恐爲誤衆。

【校勘】

［1］煗：同“煖”。金本、麗初本、麗本作“燸”，慧琳、磧本、大本作“煗”，二字同，今據改。慧琳：“煗服，上奴短反。《尔雅》：‘煗，燠也。’《説文》：‘溫也。從火耎聲。’《傳》作燸，誤也。”

［2］方裙偏袒：石本作“方郡偏袖”。

［3］唯立：金本作“唯唯”，麗初本、磧本作“准立”，麗本、大本作“唯立”，今據改。

［4］製：磧本作“制”。

［5］權：石本作“摧”，金本作“攉”，磧本作“權”，今據改。

［6］慚：麗本、麗初本同，石本作“暫”，磧本作“慙”。

［7］決：金本、石本作“决”，今改。

［8］墮：金本、石本、麗初本、麗本、大本作“墮”，磧本作“隨”。

【箋注】

① 交：必，必定。

② 簡：分别，區别。《北史·宋游道傳》：“忠臣奉國，事在其心，亦復何簡貴賤？”《資治通鑒·陳宣帝太建十二年》：“周復行佛、道二教，舊沙門、道士精志者，簡令入道。”胡三省注：“簡，分别也。”

③ 命：生命。

④ 慚厚：疑“厚”是“厭”的形近訛字，應作“慚厭”，是“羞慚厭捨”或“羞慚厭背”的縮略。

⑤ 擐(huàn)：穿著。《左傳·成公十三年》：“文公躬擐甲冑，跋履山川，踰越險阻。”《南齊書·高帝紀上》：“躬擐甲冑，視險若夷。”

⑥ 偏衫：僧尼的一種服裝。開脊接領，斜披在左肩上，像袈裟之類的法衣。宋贊寧《僧史略·服章法式》：“又後魏宫人見僧自恣，偏袒右肩，乃一施肩衣，號曰偏衫，全其兩扇衿袖，失祇支之禮，自魏始也。”《西遊記》第三六回：“那衆和尚，真箇齊齊整整，擺班出門迎接。有的披了袈裟，有的着了偏衫。”

⑦ 自墮：自我墮落。《法苑珠林》卷十九：“譬如燒香，香體雖壞，熏他令香。破戒比丘亦復如是，自墮惡道，能令衆生增長善根。”義淨譯《根本説一切有部毘奈耶出家事》卷三：“自墮淤泥，猶未得出，擬欲度他，此亦非理。”

⑧ 乍可：寧可。唐駱賓王《代女道士王靈妃贈道士李榮》：“乍可忽忽共百年，誰使遥遥期七夕。”義淨譯《根本説一切有部毘奈耶破僧事》卷八：“如此三返皆不隨從，太子復告曰：‘與汝財物，園可屬我。’彼答太子曰：‘乍可出國，終不能與。’”

⑨ 一身：獨自一人。《戰國策·趙策三》：“世以鮑焦無從容而死

者,皆非也。今衆人不知,則爲一身。"唐王維《老將行》:"一身轉戰三千里,一劍曾當百萬師。"

如能改斯故轍,務軌新蹤者,即可謂蟬聯①少室②,架③鷲峰④而並峻[1];櫛比⑤王舍[2],通帝鄉⑥而共圍⑦。鴻河⑧則合泚⑨於文池⑩[3],細柳⑪乃同暉於覺樹。變桑田⑫而騰茂⑬[4],盡劫石⑭而揚輝[5]。誠可嗟矣!誠可務哉[6]!但佛日⑮既沉,教留後季,行之則大師對面,背教則衆過現前[7]。故經云:若能奉戒,則我存無異。

【校勘】

[1] 峰:石本作"峯",金本、大本作"峯",磧本作"峰",三字同,今據改。

[2] 櫛比:金本、麗初本作"揤批",石本、麗本、大本作"櫛批",慧琳作"櫛毞":"上蓁瑟反,下頻蜜反。言櫛毞者,如梳齒之相次也,亦作比。《傳》作批,亦通。"可洪作"擳批":"上阻瑟反,下音鼻。"磧本作"櫛比",今據改。

[3] 泚:麗初本作"此"。

[4] 桑:金本、石本作"桒",磧本作"桑",今據改。

[5] 劫:金本作"刧",磧本作"劫",二字同,今據改。

[6] 誠可嗟矣:石本無此四字。

務:金本、麗本、大本作"嗟",麗初本、磧本作"務"。按:應作"務",義爲從事、致力。下文卷四另有一例:"其間委細具在别經,幸諸法師等時可務哉。"

[7] 現:石本作"見"。

【箋注】

① 蟬聯:連續相承。《史記·陳杞世家》唐司馬貞述贊:"蟬聯血食,豈其苗裔?"

② 少室：指少林寺所在地少室山。

③ 架：架設，連接。《韓詩外傳》卷八：“有鳥於此，架巢於葭葦之顛。”宋蘇軾《渚宫》：“當時郢人架宫殿，意思絕妙般與倕。”

④ 鷲峰：鷲山。唐玄應《一切經音義》卷二一：“鷲峰，梵言姞栗陀羅矩吒山，此云鷲峰或言鷲臺，言此山既栖鷲鳥，又類高臺也。”義淨譯《根本説一切有部毘奈耶雜事》卷三十九：“若於此城竹林園中作結集者，諸處僧來共相喧擾恐有妨廢。若向鷲峰山亦不安静，然畢鉢羅巖下堪爲結集，然無臥具。”

⑤ 櫛比：像梳篦齒那樣密密地排列。

⑥ 帝鄉：京城，皇帝居住的地方。唐杜甫《承聞河北諸道節度入朝歡喜口號絕句十二首》其七：“衣冠是日朝天子，草奏何時入帝鄉。”此處應指唐朝的東都洛陽。

⑦ 圍：圍繞。此指受到信徒圍繞致敬。

⑧ 鴻河：大河。北魏酈道元《水經注・河水四》：“余以爲鴻河巨瀆，故應不爲細梗躓湍；長津碩浪，無宜以微物屯流。”王邦維（1995，95）注釋（二）認爲此或指黄河。

⑨ 泚（cǐ）：清水。唐張九齡《龍池聖德頌・靈泉》：“靈泉有泚，其深無底。”宋楊萬里《丁酉初春和張欽夫榕溪閣五言》：“垂手掬寒泚，移床聽涼飀。”

⑩ 文池：即文真鄰陀龍池，又名目真鄰陀池，在金剛座之側。

⑪ 細柳：唐都長安附近有細柳營，此處應代指長安。

⑫ 桑田：指桑田滄海的相互變化。唐駱賓王《代女道士王靈妃贈道士李榮》：“桃實千年非易得，桑田一變已難尋。”

⑬ 騰茂：興旺。清蒲松齡《聊齋志異・紅玉》：“約半年，人煙騰茂，類素封家。”

⑭ 劫石：《大智度論》卷五：“佛以譬喻説劫義。四十里石山，有長壽人，每百歲一來，以細軟衣拂拭此大石盡，而劫未盡。”後因以“劫石”指時間之久遠。唐李白《陪族叔當涂宰遊化城寺升公清風亭》：“留歡若可盡，劫石乃成灰。”

⑮ 佛日：對佛的敬稱。佛教認爲佛之法力廣大，普濟衆生，如

日之普照大地，故以日爲喻。義淨譯《根本説一切有部毘奈耶雜事》卷三十八："于時阿難陀見佛日將没，在寺門外身心憂慼露地經行。"

或云舊來上德①並悉不言[1]，今日後人何事移則？固不然矣！依法匪人[2]，教有弘説。考之律藏，衣食無罪者，方可取也。非知之難[3]，行之爲難。聞若不行，導者寧過[4]？

【校勘】

[1] 並悉：金本作"並"，麗本、磧本作"並悉"，今據改。

[2] 匪：石本作"非"。

[3] 難：石本、麗初本、麗本、大本作"艱"。

[4] 寧：石本作"寗"。下同。

【箋注】

① 上德：至德，盛德。《老子》第三十八章："上德不德，是以有德；下德不失德，是以無德。"此指盛德之人。

重曰：含生①之類，衣食是先。斯爲枷鎖[1]，控制生田②。奉聖言則蕭然出離[2]，任自意乃罪累③相牽[3]。智者須鑒，事在目前。如玉處泥[4]，若水居蓮。八風④既離，五怖⑤寧纏[5]？衣纔蔽體[6]，食但支懸。專求解脱，不願人天⑥。杜多畢命⑦，拯物⑧窮年⑨。棄九門⑩之虚僞[7]，希十地⑪之圓堅⑫。合受施於五百⑬[8]，爲福利於三千⑭。

【校勘】

[1] 鎖：金本、麗本、麗初本、磧本、大本作"鏁"，今據改。

[2] 蕭然出離：石本、麗初本、麗本、大本同，磧本作"出離蕭然"。

蕭,石本作"簫"。

［3］自:石本作"息"。

［4］泥:石本作"湼"。

［5］纏:金本、麗初本、麗本作"緾",磧本、大本作"纒",二字同,今據改。

［6］體:石本作"躰"。下同。

［7］僞:石本作"為"。

［8］施:金本無此字,今補。

【箋注】

① 含生:一切有生命者。多指人類。晋傅玄《傅子·仁論》:"推己之不忍於飢寒以及天下之心,含生無凍餧之憂矣。"《魏書·崔光傳》:"以德爲車,以樂爲御,考仁聖之風,習治國之道,則率土屬賴,含生仰悦矣。"

② 生田:指生死之田地,即三界流轉之地。

③ 罪累:罪過。《後漢書·鄧騭傳》:"終不敢横受爵土,以增罪累。"北齊顔之推《顔氏家訓·歸心》:"一人修道,濟度幾許蒼生,免脱幾身罪累。"

④ 八風:佛教謂世間能煽動人心之八事:得可意事名"利",失可意事名"衰",背後排撥爲"毁",背後贊美爲"譽",當前贊美爲"稱",當前排撥爲"譏",逼迫身心名"苦",悦適心意名"樂"。

⑤ 五怖:佛教指不活、惡名、死、墮惡趣、處衆怯等五種怖畏。

⑥ 人天:六道輪回中的人道和天道。

⑦ 畢命:指老死,壽終。唐韓愈《赴江陵途中寄三學士》:"深思罷官去,畢命依松楸。"《雲笈七籤》卷八六:"仲産知道,遁化神仙,七十不娶,畢命幽山。"

⑧ 拯物:濟世。晋袁宏《三國名臣序贊》:"知能拯物,愚足全生。"唐劉禹錫《傳信方述》:"其志在於拯物,予故申之以書。"

⑨ 窮年:終其天年。《莊子·齊物論》:"和之以天倪,因之以曼衍,所以窮年也。"《荀子·解蔽篇》:"以可以知人之性,求可以知物之

理而無所疑止之，則没世窮年不能徧也。”

⑩ 九門：佛教謂衆生所住之處所，共有九處。

⑪ 十地：又稱“十住”，佛教謂菩薩修行所經歷的十個境界。南朝宋謝靈運《辨宗論附答問》：“一合於道場，非十地之所階，釋家之唱也。”

⑫ 圓堅：圓滿而堅實。

⑬ 五百：五百世的簡稱，表示時間極長。

⑭ 三千：指三千大千世界。

十一、 著衣法式

其著三衣及施帢紐法式[1]，依律陳之。

可取五肘之衣，疊作三襵。其肩頭疊處，去緣①四五指許，安其方帖[2]，可方五指，周刺四邊[3]，當中以錐穿爲小孔，用安衣帢。其帢或絛②或帛，麁細如衫帢相似，長可兩指[4]，結作同心③，餘者截却。將帢穿孔，向外牽出，十字④反繫[5]，便成兩帢，内紐此中。其胸前疊處[6]，緣邊安紐，亦如衫紐，即其法也。先呈本製[7]，略准大綱。若欲妙體其法，終須對面而授。衣之下畔，帢紐亦施，隨意到披[8]，是聖開許。兩頭去角可八指許，各施一帢一紐。此爲食時所須，反襵胸前，紐使相合，此成要也。

【校勘】

[1] 三衣：磧本作“法衣”。

帞:金本、麗初本、可洪作“㡌”,石本作“絇”,麗本、磧本作“帞”。今據改。下同。

［2］ 帖:金本、石本、麗初本、麗本作“怗”,磧本作“帖”,今據改。

［3］ 剌:金本、麗初本、麗本作“刾”,磧本作“剌”。“刾”即“剌”字。下同。

［4］ 長可:石本、磧本作“可長”。

［5］ 反:麗初本作“友”。

［6］ 胸:金本、石本作“胷”,大本作“胸”,今據改。下同。

［7］ 製:磧本作“制”。

［8］ 到:磧本作“倒”。

【箋注】

① 緣:衣服的邊。《禮記・玉藻》:“緣廣寸半。”唐玄奘《大唐西域記》卷二:“三衣裁製,部執不同,或緣有寬狹,或葉有小大。”

② 縧(tāo):絲繩,絲帶。宋歐陽修《玉樓春》:“春葱指甲輕攏撚,五彩垂縧雙袖卷。”

③ 同心:同心結。唐長孫佐輔《答邊信》:“揮刀就燭裁紅綺,結作同心答千里。”宋鄭文妻孫氏《憶秦娥》:“閑將柳帶,試結同心。”

④ 十字:“十”字形。南朝梁吴均《行路難》詩之三:“君不見西陵田,縱横十字成陌阡。”唐劉禹錫《酬令狐相公寄賀遷拜之什》:“三花秀色通書幌,十字春波繞宅牆。”

凡在寺内,或時對衆,必無帶紐及籠肩披法。若向外遊行并入俗舍,方須帶紐,餘時但可搭肩而已[1]。屏私① 執務[2],隨意反抄。若對尊容②,事須齊整,以衣右角寬搭左肩[3],垂之背後[4],勿安肘上。若欲帶紐,即須通肩披已,將紐内帞,迴向肩後,勿令其脱。以角搭肩,衣便繞頸,雙手下出,一角向前[5]。阿育王像正當其式。

【校勘】

［1］搭：磧本作“搭”。下同。

［2］私：金本、石本作“私”，磧本作“私”，今據改。

［3］整：石本作“整”。下同。

［4］垂：金本、石本作“垂”，今改。

［5］向前：麗本、大本同，石本、磧本作“前垂”。

【箋注】

① 屏私：隱蔽之處。

② 尊容：尊貴的容貌，特指佛像、神像。北魏酈道元《水經注·瀔水》：“立祇洹舍於東皋，椽瓦梁棟，臺壁欞陛，尊容聖像，及牀坐軒帳，悉青石也。”

出行執傘，形儀可愛。即是依教齊整著上衣也①。其傘可用竹織之，薄如竹簟，一重便得，大小隨情，寬二三尺[1]。頂中複作，擬施其柄。其柄長短，量如蓋闊。或可薄拂以漆，或可織葦爲之[2]。或如藤帽②之流[3]，夾紙亦成牢矣[4]。神州雖不先行，爲之亦是其要，驟雨則不霑衣服，赫熱則實可招涼[5]。既依律而益身，擎之固亦無損。

斯等所論要事，多並神州不行[6]。

【校勘】

［1］簟：石本作“簟”。

［2］葦：金本、麗初本、麗本、大本作“篳”，磧本作“葦”，二字同，今據改。

［3］帽：金本、麗初本、麗本作“帽”，磧本作“帽”，今據改。

［4］夾：金本作“夹”，今改。

［5］涼：金本作“涼”，麗本作“凉”，今據改。

［6］多：磧本作“益多”。

【箋注】

① 即是依教齊整著上衣也:疑此十字應當放在"出行執傘形儀可愛"之前,歸屬上段。

② 藤帽:藤條做成的帽子。

加沙角①垂[1],正當象鼻。梵僧縱至,皆亦雷同。良爲絹滑墮肩,遂令正則訛替。後唐三藏②來傳搭肩法[2],然而古德③嫌者尚多,黨④舊之迷[3],在處皆有。其三衣若安短紐而截長條,則違教之愆現免;著横裙而去腰緣[4],乃針線之勞交⑤息。所有瓶鉢[5],各掛兩肩,纔至腋下,不合交絡[6]。其襻不長,但容穿髆而已。若交絡胸前[7],令人氣急,元非本製[8],即不可行。鉢袋之儀[9],如下當辯[10]。北方速利諸人,多行交絡。隨方變改,實非佛制。設有餘衣,長搭肩上,然後通披,覆其衣鉢。若其向寺及詣俗家,要至房舍安置傘蓋⑥,方始解紐,掛其衣鉢[11]。房前壁上,多置象牙⑦,勿使臨時安物無處。餘同第二十六"客舊相遇"章説也[12]。

【校勘】

[1] 加沙:金本、麗本、磧本、大本作"袈裟",石本、麗初本作"加沙",今據改。

[2] 藏:麗本作"蔵"。

來:金本誤作"未",今改。

[3] 迷:石本作"述"。

[4] 裙:石本作"郡"。

腰:金本、石本作"腰",今改。

[5] 鉢:石本作"針"。

[6] 掛:金本、石本、麗初本、麗本、大本作"挂",磧本作"掛",今據改。

络:石本作"给"。

［7］交：麗初本作“受”。

［8］元：金本誤作“无”，今改。

製：磧本作“制”。

［9］袋：麗初本、麗本同，磧本作“帒”。

［10］辯：石本、麗初本、麗本、大本同，磧本作“辨”。

［11］掛：金本作“褂”，石本、磧本作“挂”，麗本、大本作“掛”，今據改。

［12］餘同：石本作“餘向同”。

二十六：石本作“廿六”。

【箋注】

① 角：斜。《文選・張衡〈西京賦〉》“隅目高匡”三國吴薛綜注：“隅目，角眼視也。”唐段成式《酉陽雜俎續集・寺塔記上》：“佛殿内槽東壁維摩變，舍利弗角而轉睞。”

② 唐三藏：當指唐代玄奘法師。精通經、律、論三藏的高僧稱爲三藏法師。

③ 古德：佛教徒對年高有道的高僧的尊稱。《景德傳燈録・諸方廣語》：“先賢古德，碩學高人，博達古今，洞明教綱。”

④ 黨：偏私。《尚書・洪範》：“無偏無黨，王道蕩蕩。”

⑤ 交：定，必定。

⑥ 傘蓋：傘。

⑦ 象牙：指象牙杙，牆壁上用來挂東西的短釘橛。義淨譯《根本説一切有部目得迦》卷六：“不應於窣覩波上尖刺釘之，若有犯者得惡作罪。然於刱始造塔之時，應出傍橛作象牙杙。”

然其薄絹爲加沙者多滑[1]，不肯著肩，禮拜之時，遂便落地。任取不墮物爲之，絁紬①白疊[2]，即其要也。

其僧脚崎衣，即是覆髆[3]，更加一肘，始合本儀。其披著法：應出右肩，交搭左髆[4]。房中恒著[5]，唯此與裙。出外禮尊，任加餘服。

【校勘】

［1］加沙：各本作“袈裟”，今據全書通例改。

［2］白：石本作“自”。

疊：麗本、磧本、大本作“氎”。

［3］髆：大本作“膊”。

［4］交搭：石本作“交絡搭”，磧本作“交搭”。

髆：大本作“膊”。

［5］著：金本作“箸”，麗初本、磧本作“著”，今據改。

【箋注】

① 絁（shī）紬（chóu）：粗質絲織品。《宋史・輿服志二》：“民庶止許以氈皮絁紬爲韉。”

其著裙法式，聊陳大況[1]。即如有部裙製，橫五肘，竪兩肘[2]，絁絹及布，隨有作之。西國並悉單爲，神州任情複作。橫竪隨意，繞身既訖，擡使過齊①[3]。右手牽其左邊，上角在内，牽向腰之右邊，左邊上裾取外邊而掩左畔[4]【近右手邊爲右裾，近左手邊爲左裾】。兩手二畔，舉使正平，中間矗【敕六反】直②[5]，即成三襵[6]。後以兩手，各蹙至腰，俱將三疊，向後掩之。兩角各擡三指，俱揷向脊，使下入腰間，可三指許。斯則縱未繫絛，亦乃著身不落。後以腰絛長五肘許，鈎取正中[7]，舉向齊③下[8]，抹裙上緣[9]，向後雙排交度[10]，前抽傍牽。左右各以一手牢壓兩邊[11]，纏彼兩絛[12]，可令三度。有長④割却，少則更添。絛帶之頭，不合緝⑤綵⑥[13]。斯謂圓整⑦著裙[14]，成薩婆多⑧之部別。鉢履曼荼羅⑨著泥婆娑⑩[15]，即其真也，譯爲圓整著裙矣[16]。

其條闊如指面，則靴條韈⑪帶之流[17]，或方或圓，雙亦無損。麻繩之流，律文不許。

【校勘】

[1] 況：金本作"况"，磧本作"況"，今據改。

[2] 竪：石本作"堅"。

[3] 齊：石本、麗初本同，麗本、磧本作"臍"。下同。段玉裁注《説文解字·齊部》"齊"字云："古假爲臍字。"慧琳作"膐"："過膐，薺奚反，《説文》云：'毘膐，從貝齊聲也。'"

[4] 裾：大本作"裙"。

[5] 犳六反：石本、可洪作"犳又反"。

[6] 襵：磧本作"攝"。

[7] 鈎：石本、磧本作"鉤"。

[8] 齊：麗本、磧本、大本作"臍"。

[9] 裙：金本、麗初本作"展"，石本作"帬"，麗本、磧本作"裙"，今據改。

[10] 交度：金本、麗初本作"文度"，麗本、磧本作"交度"，今據改。

[11] 厚：金本、麗本作"摩"，磧本作"擘"，麗初本、人本作"厚"，今據改。下同。

[12] 纏：金本、石本作"緾"，磧本作"纏"，今據改。

[13] 緝：石本作"緒"，麗本作"絹"。慧琳："緝綵，上辱容反。《考聲》云：'緒，以綫飾也。'《字書》：'毳飾也。'字或從耳，作茸。下倉宰反。"

[14] 謂：大本作"爲"。

[15] 荼：磧本作"茶"。

[16] 著：金本作"着"，磧本作"著"，今據改。

裙：石本作"郡"。

[17] 韈：麗初本、麗本、可洪同，磧本、大本作"襪"。

【箋注】

① 齊:通"臍",肚臍。

② 矗直:又長又直。慧琳:"矗直,上冲六反。《字統》云:'矗謂長直也。'《古今正》云:'直皃也。從三直。'"可洪:"矗直,上勑又反,傳文自切也。又《切韻》初六勑六二反,直也。"

③ 齊:通"臍",肚臍。

④ 長:多餘。

⑤ 緝(róng):用絲或綫裝飾。《集韻·鍾韻》:"緝,如容切,音茸。絲飾。"

⑥ 綵:彩色的絲織品。《晏子春秋·諫下十四》:"身服不雜綵,首服不鏤刻。"

⑦ 圓整:齊整。義淨譯《根本説一切有部毘奈耶》卷五十:"世尊即以天眼觀知,如諸天所説,事無差異,即告苾芻曰:'汝從今後,應同淨居天圓整著泥婆珊。'時六衆苾芻著衣太高,淨信婆羅門等見不齊整,便生譏誚,作如是語:'此諸苾芻,衣不齊整,同無恥人。'"又:"或復食時,極小入口,極大入口,如貧乞人。佛言:'不應如是,不極小摶、不極大摶,圓整而食,應當學。'"

⑧ 薩婆多:梵文 Sarvāstivādāninikāya 音譯,即説一切有部。

⑨ 鉢履曼荼羅:梵文 Parimaṇḍala 音譯,意譯爲"圓整"。

⑩ 泥婆娑:梵文 Nivāsana 音譯,意譯爲裙。

⑪ 韤:同"襪",襪子。

凡踞坐小牀及枯之時[1],牽裙上裾[2],下角急抹裙緣,壓於胯下[3]。但掩雙膝,露脛無傷。高須上蓋齊輪①[4],下至踝上四指。斯乃俗舍之儀[5]。若在寺中,半腨②亦得[6]。

此之齊限③[7],佛自親制[8],非是人意輒爲高下[9],寧合故違教旨[10],自順凡情?所著裙衣長申拂地[11],一則損信心④之淨施,二乃慢大師之格言[12]。設告慇懃[13],誰能見用?萬人之内,頗一存心[14]?

【校勘】

［1］枯：各本作“拈”，今據前後文及文義改。

［2］裾：磧本作“裙”。

［3］壓：石本作“擫”。於：金本作“扵”，磧本作“於”，今據改。

［4］齊：麗初本同，磧本、麗本、大本作“臍”。

［5］儀：石本作“義”。

［6］腨：金本、石本、麗初本、麗本、可洪、大本作“踹”，可洪：“半踹，市軟反。”慧琳、磧本作“腨”，今據改。

［7］齊：石本、麗本、大本同，磧本作“劑”。

［8］制：麗本、大本作“製”。

［9］輒：金本、石本作“輙”，今改。

［10］旨：金本、石本、麗本作“盲”，今改。

［11］著：麗本作“着”。

申：磧本作“伸”。

［12］格：金本作“挌”，麗初本、麗本、磧本作“格”，今據改。

［13］告慇懃：磧本作“若殷勤”。

［14］頗一存心：金本、麗初本作“頗之存心”，麗本、大本作“頗有一二存心”，磧本作“頗一存心”，今據改。

【箋注】

① 齊輪：肚臍。“齊”通“臍”。

② 腨(shuàn)：小腿肚。慧琳：“半腨，遄耎反。《説文》云：‘腨，腓腸也。從肉耑聲也。’”蕭齊曇摩伽陀耶舍譯《無量義經》：“踝膝不現陰馬藏，細筋鎖骨鹿腨膓。”《醫宗金鑒·外科心法要訣·膀胱經歌》：“貫腨内出外踝後，小指外側終至陰。”

③ 齊(jì)限：界限。《列子·湯問》：“其國名曰終北，不知際畔之所齊限，無風雨霜露，不生鳥獸、蟲魚、草木之類。”

④ 信心：指信衆。義淨譯《根本説一切有部毘奈耶》卷五：“爲向衆僧養病堂處而求藥耶？爲詣信心及親族處？若親族多者於誰處求？”義淨譯《根本説一切有部毘奈耶雜事》卷三十三：“時勝光王及勝

鬘夫人、行雨夫人，給孤長者、毘舍佉鹿子母，仙授故舊及大名等，近士男、近士女，各求勝上競薦香花，及以諸方僧尼悉皆來集，甚足花彩少結鬘人。時諸信心覓結花者不可多得，遂告諸尼曰：'我等今者爲供大師，頗能相助結花鬘不？'"

西國裙衣，並皆横著。彼方白疊[1]，幅寬二肘，若其半故。貧者難求，即須縫兩頭令相合，割内開以充事。此著衣儀，律文具有其制，但且略陳大綱[2]，要細論非面不可[3]。

【校勘】

[1] 疊：麗本、磧本、大本作"氎"。

[2] 大綱：磧本無"大"字。

[3] 細：麗初本無此字。

又凡是出家衣服，皆可染作乾陀①[1]，或爲地黄②黄屑，或復荊蘗③黄等。此皆宜以赤土赤石，研汁和之，量色淺深，要而省事。或復單用棘心④[2]，或赤土赤石，或棠梨⑤土紫⑥[3]。一染至破，亦何事⑦求餘？而桑皴青緑[4]，正是遮條；真紫褐色，西方不著。

【校勘】

[1] 乾陀：金本、石本、麗初本、麗本作"乹陁"，磧本、大本作"乾陀"，今據改。

[2] 棘心：磧本作"棗心"。

[3] 土：金本、麗初本作"圡"，麗本、磧本作"土"，二字同，今據改。

[4] 桑：金本作"桒"，磧本作"桑"，今據改。

皴：金本作"皴"，石本作"皽"，大本作"皴"，今據改。

【箋注】

① 乾陀：梵文 Gandhāra 音譯，香樹名。其汁可染褐色，故亦用以稱褐色。

② 地黄：植物名。《宋書・謝靈運傳》："採石上之地黄，摘竹下之天門。"唐白居易《采地黄者》："歲晏無口食，田中采地黄；采之將何用？持以易餱糧。"

③ 蘗(bò)：同"檗"。黄柏。

④ 棘心：棘木之心。《詩經・邶風・凱風》："凱風自南，吹彼棘心。"

⑤ 棠梨：俗稱野梨。三國吴陸璣《毛詩草木鳥獸蟲魚疏・蔽芾甘棠》："甘棠，今棠梨，一名杜梨。"唐元稹《村花晚》："三春已暮桃李傷，棠梨花白蔓菁黄。"

⑥ 土紫：如土色的紫色。按，北魏賈思勰《齊民要術・種棠》小注："今棠葉有中染絳者，有惟中染土紫者，杜則全不用。其實三種别異。《爾雅》、毛、郭以爲同，未詳也。""棠梨土紫"，義謂應選用土紫色的棠梨作爲染料。

⑦ 何事：爲何，何故。晋左思《招隱》詩之一："何事待嘯歌？灌木自悲吟。"《新唐書・沈既濟傳》："若廣聰明以收淹滯，先補其缺，何事官外置官？"按，本句義爲染一次就可以穿到破，又何必要求其他的呢？意思説上面的方法很好。

鞋履之屬，自有成教。長靴線鞋，全爲非法。彩繡文章①之物，佛皆制斷②，如《皮革事》③中具説[1]。

【校勘】

[1] 説：磧本"説"字後有"焉"字。

【箋注】

① 文章：錯雜的色彩或花紋。《墨子・非樂上》："是故子墨子之

所以非樂者，非以大鍾鳴鼓琴瑟竽笙之聲以爲不樂也；非以刻鏤華文章之色以爲不美也。"《後漢書·張衡傳》："文章焕以粲爛兮，美紛紜以從風。"

② 制斷：禁止。

③《皮革事》：義淨譯有《根本説一切有部毘奈耶皮革事》二卷。

十二、 尼衣喪制

東夏諸尼，衣皆涉俗，所有著用，多並乖儀。

准如律説，尼有五衣：一僧伽胝，二嗢呾羅僧伽，三安呾婆娑，四僧脚崎，五裙[1]。四衣儀軌與[2]大僧不殊，唯裙片有別處。梵云俱蘇洛迦①，譯爲篅衣②[3]，以其兩頭縫合，形如小篅也。長四肘，寬二肘，上可蓋齊③[4]，下至踝上四指。著時入内[5]，擡使過齊④[6]，各蹙兩邊，雙排壓【於協反】脊[7]。繫絛之法，量與僧同。

【校勘】

[1] 胝：金本、麗初本、麗本、磧本、大本作"知"，石本作"胝"，今據改。

呾：石本作"咀"。

裙：石本作"帬"。下同。

[2] 與：石本作"与"。

[3] 篅衣：慧琳作"圌衣"："圌衣，殊緣反。《埤蒼》云：'圌，貯穀米圌笹也。'《古今正字》：'從口耑聲。'《傳》作篅，非也。笹音徒困反。即女人所著裙也。"

［4］蓋：金本、石本作“盖”，今改。

齊：石本同，麗本、磧本、大本作“臍”。下同。

［5］著：麗本作“着”。

［6］擡：磧本作“檯”。

齊：石本同，麗本、磧本、大本作“臍”。下同。

［7］擪：金本、麗本作“擪”，石本作“㢊”，磧本作“擪”，四字同。

【箋注】

① 俱蘇洛迦：梵文 Kusūlaka 音譯。

② 篅（chuán）衣：一種形如圓形盛穀器的裙子。篅，一種盛穀物的圓形容器。北魏賈思勰《齊民要術·水稻》：“經五宿，漉出，内草篅中裛之。”

③ 齊：通“臍”，肚臍。

④ 齊：通“臍”，肚臍。

胸腋①之間[1]，逈無繫抹②。假令少壯或復衰年，乳高肉起[2]，誠在③無過，豈得羞人？不窺教撿④[3]，漫爲儀飾⑤，着脱招愆[4]，臨終之時，罪如澍雨⑥。萬中有一，時復能改？

【校勘】

［1］胸：金本、石本作“匈”，大本作“胸”，今據改。

［2］肉：金本、麗本、大本作“肉”，石本、麗初本、磧本作“内”。

［3］撿：磧本作“檢”。

［4］著：麗本作“着”。

【箋注】

① 胸腋：胸前與腋下，泛指胸部。晋潘岳《西征賦》：“痛百寮之勤王，咸畢力以致死；分身首于鋒刃，洞胸腋以流矢。”

② 抹（mò）：緊貼，緊束。唐劉言史《觀繩伎》：“銀畫青綃抹雲髮，

高處綺羅香更切。”後蜀毛熙震《浣溪沙》:“靜眠珍簟起來慵,繡羅紅嫩抹酥胸。”

③ 誠在:實在。

④ 教撿:即律檢,佛教的戒律。“撿”同“檢”,義爲法律、制度。

⑤ 儀飾:裝飾物。南朝宋劉義慶《世説新語·容止》“左太沖絶醜”劉孝標注引《續文章志》:“思貌醜頳,不持儀飾。”

⑥ 濛雨:細雨。慧琳:“濛雨,上音蒙。《毛詩傳》云:‘濛,雨皃。’《説文》:‘濛,微雨也。從水蒙聲也。’”唐宋之問《溫泉莊臥病寄楊七炯》:“是日濛雨晴,返景入巖谷。”

然其出外及在僧前,并向俗家受他請食,加沙繞頸覆身[1],不合解其肩紐。不露胷臆,下出手飡[2]。祇支、偏袒、衫袴之流,大聖親遮,無宜服用①。

【校勘】

[1] 加沙:各本作“袈裟”,今據全書通例改。

[2] 飡:麗初本、麗本、大本同,磧本作“餐”。

【箋注】

① 服用:使用。《禮記·内則》:“子弟猶歸器、衣服、裘衾、車馬,則必獻其上,而後敢服用其次也。”北齊顏之推《顏氏家訓·風操》:“政爲常所講習,讐校繕寫,及偏加服用,有迹可思者耳。”

南海諸國,尼衆别著一衣,雖復制匪西方,共名僧脚崎服。長二肘,寬二肘[1],兩頭縫合,留一尺許,角頭刺著一寸[2]。舉上穿膊貫頭,拔出右肩[3],更無腰帶,掩腋蓋乳,下齊①過膝。若欲此服,著亦無傷。線則唯費兩條[4],彌堪掩障形醜[5]。若不樂者,即可還須同大苾芻,著僧脚崎服。其寺内房中,俱蘇洛迦及僧脚崎[6],兩事便足【准撿②梵本[7],無覆肩衣名，即是僧脚崎衣。此乃祇支之本號，既不道裙[8]，多是傳譯參差】。應捨違法之服，著順教之衣。

【校勘】

[1] 寬：金本作"寛"，即"寬"字。

[2] 刺：金本、石本、麗初本、麗本作"剌"，磧本作"刺"。"剌"即"刺"字。

[3] 拔：金本、麗初本誤作"狀"，麗本、磧本作"拔"，今據改。

[4] 條：磧本作"絛"。

[5] 彌：金本、石本作"弥"，今改。

[6] 蘇洛：石本作"籍蘇洽"，"洽"後改作"洛"。

[7] 撿：麗初本、麗本、大本同，磧本作"檢"。

[8] 裙：金本、麗初本作"裾"，石本原作"郡"，後改作"帬"。麗本、磧本、大本作"裙"，今據改。

【箋注】

① 下齊(zī)：長衣的底邊。《禮記·深衣》："下齊如權衡以應平。"陳澔集説："下齊，裳末緝處也。"

② 撿：通"檢"，考查，察驗。

僧脚崎，取一幅半或絹或布，可長四肘五肘，如披五條，反搭肩上[1]，即其儀也。若向餘處，須好覆形，如在屏房，袒膊非事①。春夏之節，此可充軀[2]，秋冬之時，任情燸著[3]。

【校勘】

[1] 反：金本、麗初本、麗本作"及"，磧本、大本作"反"，今據改。

搭：磧本作"搭"。

[2] 軀：金本、麗初本、麗本作"躯"，磧本作"軀"，二字同，今據改。

［3］煗：金本、石本、麗初本、麗本作"煗"，磧本、大本作"煖"，二字同。

【箋注】

① 非事：没事，没關係，不要緊。

擎鉢乞食，足得養身，雖曰女人，有丈夫志。豈容恒營機杼，作諸雜業？廣爲衣服，十重五重？禪誦曾不致心，驅驅①鎮②惱情志［1］。同俗粧飾［2］，不顧戒經。宜可門徒，共相撿③察［3］。西國尼衆斯事全無，並皆乞食資身，居貧守素④而已。若爾出家尼衆，利養全稀，所在居寺，多無衆食。若不隨分經求［4］，活命無路，輒違律教［5］，便爽聖心［6］。進退兩途，如何折中？身安道盛，可不詳聞？

【校勘】

［1］惱：金本、石本、麗初本、麗本作"惱"，磧本作"惱"，二字同，今據改。

［2］粧：磧本作"糚"，二字同。

［3］撿：麗初本、麗本、大本同，磧本作"檢"。

［4］求：磧本作"營"。

［5］輒：金本、石本作"輙"，今改。

［6］爽：金本、麗初本、麗本作"爽"，二字同，今改。

【箋注】

① 驅驅：努力追求的樣子。《樂府詩集·清商曲辭三·讀曲歌五十八》："非歡獨慊慊，儂意亦驅驅。"唐杜甫《贈蜀僧閭丘師兄》："漠漠世界黑，驅驅争奪繁。"

② 鎮：常；長久。唐太宗《詠燭》："鎮下千行淚，非是爲思人。"宋高觀國《祝英臺近》："遥想芳臉輕顰，凌波微步，鎮輸與沙邊鷗鷺。"

③ 撿：通“檢”，考查，察驗。

④ 守素：保持素志。唐盧綸《綸與吉侍郎中孚》：“百年甘守素，一顧乃拾青。”

答[1]：本契出家，情希解脱，絶三株①之害種，偃四瀑②之洪流[2]。宜應畢志③杜多[3]，除苦樂之邪徑[4]；敦心少欲，務闃寂④之真途[5]。奉戒昬旦，斯即道隆[6]。豈念身安，將爲稱理？若能守律，決鍊⑤貞踈⑥，則龍鬼天人自然尊敬[7]，何憂不活，徒事辛苦？至如五衣瓶鉢，足得全軀[8]；一口小房，彌堪養命[9]。簡人事，省門徒，若玉處泥，如蓮在水。雖云下衆⑦，實智等上人⑧矣。

【校勘】

[1] 答：金本作“荅”，磧本作“答”，今據改。

[2] 情希：石本作“希情”。株：石本作“抹”。

[3] 宜：金本作“宜”，今改。

[4] 徑：石本作“迳”，磧本作“侄”。

[5] 闃：金本、麗初本、麗本、磧本、大本作“閑”，石本作“闃”，今據改。

[6] 昬：石本作“昏”。

[7] 決：金本作“决”，磧本作“決”，今據改。

貞：麗初本、磧本同，麗本、大本作“真”。

尊敬：金本、磧本、麗初本、麗本、大本作“遵敬”，石本作“尊敬”，今據改。

[8] 軀：金本、麗初本、麗本作“躯”，磧本作“軀”，二字同，今據改。

[9] 彌：金本、石本作“弥”，今改。

【箋注】

① 三株：指貪、瞋、癡三毒。

② 四瀑：欲瀑流、有瀑流、見瀑流、無明瀑流。

③ 畢志：竭盡心志。義淨《大唐西域求法高僧傳》卷上："乃畢志王城，敦心竹苑，冀摧八難，終求四輪。"義淨《大唐西域求法高僧傳》卷下："於是乎畢志南海，共赴金洲。"

④ 闃寂："闃"即"闃"，寂滅。本書卷一："既空洞於世界，則日月未流；實闃寂於慘舒，則陰陽莫辨。"

⑤ 決鍊：判斷、熔煉。

⑥ 貞踈：堅貞與粗疏。

⑦ 下衆：佛教指下七衆，即沙彌、沙彌尼、學法女、出家男、出家女、優婆塞、優婆夷。義淨譯《根本薩婆多部律攝》卷六："言苾芻尼者，謂受近圓非餘下衆。"義淨譯《根本説一切有部尼陀那》卷三："大德！若於尼處及下三衆爲輕毀者，亦應與作求謝法不？"佛言："亦作。尼及下衆若更互相惱，亦皆如是爲作羯磨及驅擯法。"

⑧ 上人：上德之人。佛教謂内有德智，外有勝行，在人之上，故名上人。

又復死喪之際，僧尼漫設禮儀。或復與俗同哀，將爲孝子；或房設靈机①[1]，用作供尊[2]；或披黲[3]②布而乖恒[4]，或留長髮而異則；或拄哭杖[5]，或寢苫廬③[6]。斯等咸非教儀，不行無過。理應爲其亡者淨飾一房，或可隨時，權施蓋幔④[7]，讀經念佛[8]，具設香花[9]，冀使亡魂託生善處[10]，方成孝子，始是報恩。豈可泣血三年，將爲賽⑤德[11]？不湌七日[12]，始符酬恩者乎[13]？斯乃重結塵勞，更嬰枷鎖[14]！從闇入闇[15]，不悟緣起之三節⑥；從死趣死[16]，詎證圓成之十地歟！

【校勘】

[1] 房設靈:石本作"靈房設"。

[2] 供尊:金本、麗本、大本作"供養",麗初本、磧本作"供尊",今據改。

[3] 黲:麗初本、麗本、大本同,磧本作"黪",二字同。

[4] 乖恒:金本、石本、麗本、大本後有"式"字,麗初本無,今據改。

[5] 拄:金本、麗初本作"柱",磧本、麗本、大本作"拄",今據改。

[6] 苫廬:金本、大本作"苦廬",麗本、磧本作"苫廬",今據改。

[7] 權:金本作"擢",石本作"摧",磧本作"權",今據改。

幔:金本、麗初本、麗本作"慢",石本作"憬",磧本作"幔",今據改。

[8] 念佛:石本作"浴像"。

[9] 花:磧本作"華",二字同。

[10] 冀:金本、麗初本、麗本作"兾",磧本作"冀",今據改。

魂:磧本作"䰟"。

[11] 賽:石本作"賨"。

[12] 湌:麗初本、麗本、大本同,磧本作"餐"。

[13] 恩:金本、麗初本作"恵",石本作"惠",磧本、麗本、大本作"恩",今據改。

[14] 鎖:金本、麗本、麗初本作"鏁",磧本、大本作"鎖",今據改。

[15] 從:金本作"従",今改。闇:石本作"暗"。

[16] 從:金本作"従",大本作"欲",磧本作"從",今據改。

【箋注】

① 靈机:供奉神主的几筵。"机"通"几",几案,小桌子。用以擱置物件或倚靠。《周易·涣》:"涣奔其机,悔亡。"王弼注:"机,承物者也。"《左傳·昭公五年》:"設机而不倚,爵盈而不飲。"《文選·嵇康〈與山巨源絶交書〉》:"堆案盈机,不相酬答。"吕延濟注:"机,亦案也。"唐李白《酬中都小吏攜斗酒雙魚於逆旅見贈》:"呼兒拂机霜刃

揮，紅肥花落白雪霏。”

② 黲(cǎn)：淺青黑色。慧琳：“黲布，上倉敢反。顧野王云：‘今謂物將敗無顏色爲黲黲也。’《說文》：‘淺青黑也。從黑參聲。’”

③ 苫廬：古代在親喪中所居之室。南朝陳徐陵《在北齊與宗室書》：“固以形如槁木，心若死灰。匍匐苫廬，纔有魂氣。”《舊唐書·憲宗紀上》：“癸未，詔：‘成德軍節度使王承宗頃在苫廬，潛竊戎鎮。’”

④ 蓋幔：覆蓋用的大塊幕布。

⑤ 賽：酬報。漢王充《論衡·辨祟》：“項羽攻襄安，襄安無噍類，未必不禱賽也。”《晋書·藝術傳·戴洋》：“公於白石祠中祈福，許賽其牛，至今未解，故爲此鬼所考。”

⑥ 三節：十二因緣涉於過去現在未來三世稱爲三節。無明、行二者爲過去，識至有八者爲現在，生、老死二者爲未來。

然依佛教，苾芻亡者，觀知決死[1]，當日輿向燒處[2]，尋即以火焚之。當燒之時，親友咸萃[3]，在一邊坐。或結草爲座[4]，或聚土作臺，或置甎石以充坐物[5]。令一能者[6]，誦《無常經》①，半紙一紙，勿令疲久【其經别録附去[7]】。然後各念無常，還歸住處。寺外池内，連衣並浴。其無池處，就井洗身。皆用故衣，不損新服。别著乾者，然後歸房。地以牛糞淨塗[8]，餘事並皆如故。衣服之儀，曾無片别。或有收其設利羅②，爲亡人作塔[9]，名爲俱攞③，形如小塔，上無輪蓋。然塔有凡聖之别，如律中廣論。

【校勘】

[1] 知：石本、麗本、大本同，磧本作“之”。

決：金本作“决”，今改。

[2] 輿：麗初本、磧本同，麗本、大本作“舁”，石本作“轝”。

[3] 萃：石本作“華”。

[4] 座：石本作“坐”。

［5］甎：石本作“塼”。

［6］一：麗本無此字。

［7］去：麗本、大本作“上”。

［8］糞：石本作“糞”。

［9］塔：磧本作“墖”。下同。二字同。

【箋注】

① 《無常經》：義淨譯有《無常經》一卷。

② 設利羅：梵文Śarīrā音譯，意譯作“身骨”。本指釋迦牟尼遺體火化後結成的堅硬珠狀物。又名舍利子。後泛指佛教徒火化後的遺骸。

③ 俱攞：梵文 Kūla 音譯。

豈容棄釋父之聖教，逐周公①之俗禮，號咷②數月[1]、布服三年者哉！曾聞有靈裕法師，不爲舉發③，不著孝衣，追念先亡，爲修福業。京洛諸師亦有遵斯轍者。或人以爲非孝，寧知更符律旨！

【校勘】

［1］號：金本、麗初本、麗本作“㗅”，石本作“唬”，磧本作“號”，三字同，今據改。

【箋注】

① 周公：指姬旦。

② 號咷：放聲大哭。《周易・同人》：“同人，先號咷而後笑。”

③ 舉發：舉哀發喪。

十三、結淨地法

有五種淨地①：一起心作，二共印持，三如牛卧，四故廢處[1]，五秉法作。

起心作者，初造寺時，定基石已，若一苾芻爲撿②校人者[2]，應起如是心：於此一寺，或可一房，爲僧當作淨厨也。

共印持③者，定寺基時，若但三人者，應一苾芻告餘苾芻言："諸具壽④皆可用心[3]，印定⑤此處，於此一寺，或可一房，爲僧作淨厨。"第二第三，應如是説。

言如牛卧者，其寺屋舍，猶如牛卧，房門無有定所。縱使元不作法[4]，此處即成其淨。

言故廢處者，謂是經久僧捨廢處，如重來者，至舊觸處，便爲淨也【然此不得經宿，即須作法也】[5]。

言秉法作者，謂秉白二羯磨⑥結界也[6]，文如《百一羯磨》⑦中説。

【校勘】

[1] 廢：石本作"癈"。

[2] 蒭：大本作"芻"，下同。

撿：麗初本、麗本、大本同，磧本作"檢"。

者：金本、麗初本誤作"寺"，今據改。

[3] 可用：石本作"用可"。

[4] 元：金本、麗初本、麗本作"无"，大本作"無"，石本、磧本作"元"，今據改。

［5］然此不得經宿即須作法也：麗本、大本此 11 字作大字正文。

［6］界：石本無此字。

【箋注】

① 淨地：指僧衆可居住而不犯戒之地。

② 撿：通“檢”，考查，察驗。

③ 印持：認可受持。

④ 具壽：苾芻通稱，義爲具有世間壽命及法身慧命。義淨譯《根本説一切有部毘奈耶雜事》卷十九：“年少苾芻亦復不應於耆宿處，唤名字氏族，或云具壽。然有二種呼召之事，或云大德，或云具壽。年少苾芻應唤老者爲大德，老唤少年爲具壽。”

⑤ 印定：印證確定。

⑥ 白二羯磨：佛教謂僧衆中作法辦事爲一表白與一羯磨，合稱白二羯磨。白，即告白。羯磨，梵文 karman 音譯，意譯爲“作法辦事”。

⑦《百一羯磨》：義淨譯有《根本説一切有部百一羯磨》十卷。

如前五種作淨法已，佛言令諸苾蒭得二種安樂：一在内煮[1]、在外貯，二在外煮、在内貯，並無過也。撿驗①四部衆僧[2]，目見當今行事，并復詳觀律旨，大同如此立淨。但未作淨之前，若共飲食同界宿者，咸有煮宿之過。既其加②法，雖共界宿，無煮宿之罪。斯其教也。

【校勘】

［1］煮：金本、石本、麗初本、麗本作“煑”，磧本、大本作“煮”，二字同。下同。

［2］撿：麗初本、麗本、大本同，磧本作“檢”。

【箋注】

① 撿驗:檢查驗證。“撿”同“檢”,考查,察驗。《三國志・魏志・胡質傳》:“質至官,察其情色,更詳其事,檢驗具服。”宋周密《齊東野語・洪端明入冥》:“且駱妻自謂一經檢驗,永失人身,意自不欲。”

② 加:加持。

言一寺者,總唱住處以爲淨厨[1]。房房之内,生熟皆貯。如其不聽内宿,豈可遣僧出外而住?一則僧不護宿,二乃貯畜無愆。西國相承,皆總結一寺爲淨厨也。若欲局取一邊[2],並在開限,不同神州律師見矣。且如未結衣界,離宿招愆。僧若結已,離便無失。淨厨亦爾。既其聖許,勿滯凡情。

【校勘】

[1] 總:金本作“揔”,大本作“總”,今據改。下同。

[2] 局:金本、石本、麗初本、麗本作“侷”,磧本作“局”,今據改。下同。

又復護衣之法界①,有樹等不同。但護界分②,意非防③女。淨人來入厨内,豈得即是村④收⑤?假令身入村坊,持衣元⑥不護⑦女[1],維那⑧持衣撿⑨校[2],斯亦漫爲傷急矣。

【校勘】

[1] 元:金本、麗初本、麗本作“无”,大本作“無”,石本、磧本作“元”,今據改。

[2] 撿:磧本作“檢”。

校:金本、麗初本、麗本作“挍”,磧本作“校”,今據改。

【箋注】

① 界:界限,範圍。

② 界分:境界,地界。《法苑珠林》卷五:"如是界分,衆生居住,若來若去,若生若滅。"

③ 防:防護,防範。

④ 村:村界。

⑤ 收:收攝。

⑥ 元:原來。

⑦ 護:防護,防範。

⑧ 維那:梵文 Karmadāna,意譯作"授事",音譯作"羯磨陀那","維那"爲漢梵合稱。佛寺中一種僧職。管理僧衆事務,地位次於上座、寺主。北魏楊衒之《洛陽伽藍記》卷五:"此寺昔日有沙彌,常除灰,因入神定,維那輓之,不覺皮連骨離。"

⑨ 撿:通"檢",考查,察驗。

十四、 五衆安居

若前安居①,謂五月黑月②一日。後安居,則六月黑月一日。唯斯兩日,合作安居。於此中間,文無許處。至八月半,是前夏了。至九月半,是後夏了,此時法俗盛興供養。從八月半已後[1],名歌栗底迦③月[2]。江南迦提④設會,正是前夏了時,八月十六日,即是張羯絺那衣⑤日,斯其古法。

【校勘】

[1] 從:金本、石本作"従",今改。

［2］歌：金本、麗初本、麗本作“哥”，今據他本改。

【箋注】

① 安居：佛教的一種修行制度，又稱坐夏或坐臘。僧徒每年在雨季三個月内不外出，静心坐禪修學。安居的日期，因各地氣候不同而異。晋法顯《佛國記》：“安居後一月，諸希福之家勸化供養僧。”唐玄奘《大唐西域記》卷一：“而諸僧徒以十二月十六日入安居，三月十五日解安居，斯乃據其多雨，亦是設教隨時也。”

② 黑月：爲“白月”之對稱。即印度曆法中，每月之前十五日。印度以月之盈缺將每個月分爲黑月、白月兩部分，自滿月之翌日至新月前日之前半月，稱黑月；從新月至滿月之後半月，稱爲白月。故一個月相當于陰曆之十六日至次月之十五日間。又因月有大小，故黑月有十五或十四日。

③ 歌栗底迦：梵文 Kārttikamāsa 音譯。

④ 迦提：梵文 Kaṭhina 音譯，即羯絺那，功德衣。

⑤ 羯絺那衣：梵文 Kaṭhina 音譯，功德衣。

又律文云：凡在夏内，有如法緣須受日①者，隨有多少緣來，即須准日而受。一宿事至，受其一日。如是至七，皆對别人②。更有緣來，律遣重請而去。如過七日，齊八日已去，乃至四十夜中間。羯磨受八日等去，然不得過半夏在外而宿，爲此但聽四十夜矣。必有病緣及諸難事③，須向餘處，雖不受日，不破安居。出家五衆既作安居，下衆有緣，囑授而去。

【箋注】

① 受日：指比丘于安居中，因事外出，行法所得假日。依法而行請假之法，爲受日法，以七日或十五日爲限。

② 别人：佛教術語，用來特指佛教中的某類人（包括主人、作羯

磨人、與欲人、述自見人、客人)中的少數人(一到三人)。參見譚代龍《漢文佛經裏的"别人"考》(《語言科學》2006 年第 3 期)。

③ 難事:即"難緣",苦難、困難之事。義淨譯《根本説一切有部毘奈耶》卷二十三:"無犯者有二種:一、爲難事,二、爲順教。言難事者,若其二師見己門徒於恐怖等處,或在非時河岸涉險,恐其失落强奪取衣,此皆無過。"

未至夏前,豫分房舍[1]。上座取其好者[2],以次分使至終。那爛陁寺現行斯法[3],大衆年年每分房舍。世尊親教,深爲利益:一則除其我執①,二乃普護僧房。出家之衆,理宜須作。然江左諸寺,時有分者[4]。斯乃古德相傳,尚行其法。豈容住得一院,將爲己有[5],不觀合不[6],遂至盡形②?良由上代不行,致使後人失法。若能准教分者,誠有深益矣[7]。

【校勘】

[1] 豫:麗初本、麗本、大本同,石本、磧本作"預"。

[2] 座:金本、石本、麗初本、麗本、大本作"坐",磧本作"座",今據改。

[3] 陁:磧本、大本作"陀"。現:石本原作"見",後改作"現"。

[4] 分者:磧本作"分寺"。

[5] 己:金本、石本、麗初本、麗本、大本作"巳",磧本作"己",今據改。

[6] 合不:磧本作"合不合",王本据他本删末"合"。

[7] 矣:磧本無此字。

【箋注】

① 我執:佛教認爲,一切煩惱,皆由有我而起。若無我者,則一切皆無。因見有我,故曰我見。因有我相,故曰我相。執爲有我,故

曰我執。

② 盡形：即盡形壽，意指過完此一期有形體、有壽限之有限生命。

十五、 隨意成規

凡夏罷歲終之時，此日應名“隨意”，即是隨他於三事①之中，任意舉發説罪除愆之義。舊云“自恣”者，是義翻也。

【箋注】

① 三事：身口意三事。

必須於十四日夜，請一經師，昇高座，誦佛經。于時俗士雲奔，法徒霧集。燃燈續明[1]，香花供養[2]。明朝總出[3]，旋繞村城。各並虔心，禮諸制底。棚車輿像[4]，鼓樂張天[5]，幡蓋縈①羅②，飄揚蔽日，名爲“三摩近離”③，譯爲“和集”。凡大齋日[6]，悉皆如是，即是神州行城④法也。隅中始還入寺[7]，日午方爲大齋。過午咸集，各取鮮茅，可一把許，手執足蹈，作隨意事。先乃苾芻，後方尼衆，次下三衆。若其衆大，恐延時者[8]，應差多人，分受隨意。被他舉罪，則准法説除。

【校勘】

[1] 續：石本作“燭”。

[2] 花：磧本作“華”，二字同。

[3] 總：金本、麗初本、麗本作“揔”，石本作“捴”，磧本作“惣”，大本作“總”，今據改。

[4] 棚：金本、麗初本、麗本作“掤”，磧本作“棚”，今據改。

[5] 鼓：磧本作“皷”。

[6] 齋：石本作“齊”。下同。

[7] 隅：石本同。麗本、磧本、大本作“禺”。

[8] 恐：石本作“思”。

延：金本、麗初本誤作“近”，今據磧本改。

【箋注】

① 縈：迴旋纏繞。

② 羅：陳列。

③ 三摩近離：梵文 sāmagrī 音譯。

④ 行城：行像。《歲時廣記》卷二十引南朝梁宗懍《荆楚歲時記》：“二月八日，釋氏下生之日，迦文成道之時，信捨之家建八關齋戒，車輪寶蓋，七變八會之燈。至今二月八日平旦，執香花繞城一匝，謂之行城。”

當此時也，或俗人行施，或衆僧自爲，所有施物，將至衆前。其五德①應問上座云[1]：“此物得與衆僧爲隨意物不？”上座等答云[2]：“得。”所有衣服、刀子、針錐之流，受已均分，斯其教也。此日所以奉刀針者，意求聰明利智②也[3]。

隨意既訖，任各東西，即是坐夏已周，無勞更經一宿。廣如餘處，此不詳言。

【校勘】

[1] 座：金本、石本、麗初本、麗本、大本作“坐”，磧本作“座”，今據改。

［2］座：金本、石本、麗初本、麗本、大本作“坐”，磧本作“座”，今據改。

等：麗本、大本無此字。

答：金本、石本、麗初本、麗本、大本作“荅”，磧本作“答”，今據改。

［3］聰：金本、麗初本、麗本作“聦”，石本作“聡”，大本作“聰”，三字同，今據改。

【箋注】

① 五德：具備不愛、不恚、不怖、不癡、善能分别隨意等事五種品德之人。義淨譯《根本説一切有部毘奈耶隨意事》：“既至明日應差五德，爲衆作隨意者，或一、二、多，須具五德人。若先不和能令和合，先和合者極令樂住。云何爲五？謂不愛、不恚、不怖、不癡、善能分别隨意等事。若翻斯五，即不應差。既具五德，應如是差：敷座席、鳴揵椎、集僧伽、作前方便，問衆許已，應勸獎：‘汝某甲，頗能爲夏坐僧伽，以三事見聞疑，爲隨意不？’彼答言：‘能。’次一苾芻應先作白，方爲羯磨。”

② 利智：“利”是“犀利、锐利”，“利智”即“犀利之智慧”。

言説罪者，意欲陳罪，説己先愆[1]，改往修來[2]，至誠懇責[3]。半月半月，爲褒灑陁①[4]；朝朝暮暮[5]，憶所犯罪【褒灑是長養義，陁是淨義[6]。意明長善[7]，淨除破戒之過[8]。昔云布薩者，訛略也】。初篇②若犯[9]，事不可治。第二③有違，人須二十。若作輕過，對不同者而除悔之。

【校勘】

［1］己：金本、石本、麗初本、麗本、磧本作“巳”，大本作“已”，今據改。

［2］往：金本、麗初本、麗本作“徃”，磧本作“往”，二字同，今據改。

來:金本作“来”,今改。

[3] 懇:磧本作“𢤱”。

責:石本作“讀”。

[4] 陁:磧本、大本作“陀”。

[5] 朝朝暮暮:石本、大本作“朝暮朝暮”。

[6] 陁:磧本、大本作“陀”。

[7] 善:石本、麗本、大本同,磧本作“養”。

[8] 除:磧本作“餘”。

[9] “初篇若犯”以下内容:石本缺。

【箋注】

① 褒灑陁:梵文 Poṣadha 音譯。可洪:“褒灑,上博高反,舊云布薩。”

② 初篇:五篇之一,六聚之一,七聚之一,戒律中最重之罪。義淨譯《根本説一切有部毘奈耶》卷一:“波羅市迦者,是極重罪。極可厭惡,可嫌棄,不可愛。若苾芻亦纔犯時,即非沙門,非釋迦子。失苾芻性,乖涅槃性。墮落崩倒,被他所勝,不可救濟。如截多羅樹頭,更不復生。不能鬱茂增長廣大,故名波羅市迦。”

③ 第二:僧殘罪,爲次於波羅市迦之重罪。

梵云痾鉢底鉢喇底提舍那①[1],“痾鉢底”者,罪過也;“鉢喇底提舍那”[2],即對他説也。説己之非,冀令清淨[3],自須各依局分②[4],則罪滅可期。若總相談愆[5],非律所許。

【校勘】

[1] 痾:麗初本、麗本、大本同,磧本作“阿”。下同。

[2] 喇:金本、麗初本作“嚩”,磧本作“喇”,二字同,今據改。

[3] 冀:金本、麗初本、麗本作“兾”,磧本作“冀”,二字同,今據改。

［4］局：金本、麗初本、麗本作“侷”，磧本作“局”，今據改。

［5］總：金本、麗初本、麗本作“摠”，磧本作“惣”，大本作“總”，今據改。

【箋注】

① 痾鉢底鉢喇底提舍那：梵文 Āpattipratideśana 音譯。

② 局分：器局，才分。晋常璩《華陽國志·後賢志·犍爲太守杜軫》：“良字幼倫，亦有當世局分。”《金史·世宗紀上》：“如鷹房、廚人之類，可典城牧民耶？自今如此局分，不得授以臨民職任。”

舊云“懺悔”，非關説罪。何者？“懺摩”① 乃是西音，自當“忍”義，“悔”乃東夏之字，“追悔”爲目[1]。“悔”之與“忍”，迥不相干[2]。若的依梵本，諸除罪時，應云至心説罪。以斯詳察，翻“懺摩”爲“追悔”，似罕由來。西國之人，但有觸誤及身錯相觸著[3]，無問大小，大者垂手相向[4]，小者合掌虔恭。或可撫身，或時執膊，口云“懺摩”，意是請恕，願勿瞋責。律中就他致謝[5]，即説懺摩之言。必若自己陳罪[6]，乃云“提舍那”② 矣。恐懷後滯，用啟先迷[7]，雖可習俗久成，而事須依本。梵云“鉢剌婆剌拏”③[8]，譯爲“隨意”，亦是“飽足”義，亦是隨他人意舉其所犯。

【校勘】

［1］目：金本、磧本作“自”，今據他本及文義改。

［2］迥：金本、麗初本、麗本、大本作“逈”，磧本作“迴”，二字同，今據改。

［3］及：金本、麗初本誤作“乃”，今改。

［4］垂：金本作“𠂹”，今改。

［5］律中：麗本、大本此下有“云提舍那矣恐懷後滯”九字，應是涉下而衍。

［6］己：金本作“巳”，大本作“已”，今據改。

［7］啟：金本、麗初本、麗本作“啓”，磧本作“啟”。“啓”“啟”同，今據改。

［8］剌：大本作“刺”。

【箋注】

① 懺摩：梵文 Kṣamā 音譯。

② 提舍那：梵文 Deśana 音譯，意譯爲發露、説罪。

③ 鉢剌婆剌拏：梵文 Pravāraṇa 音譯。

十六、匙筯合否

西方食法，唯用右手，必有病故，開聽畜匙。其筯則五天所不聞，四部亦未見，而獨東夏，共有斯事。俗徒自是舊法，僧侶隨情用否。筯既不聽不遮，即是當乎略教。用時衆無譏議，東夏即可行焉；若執①俗有嗤嫌，西土元不合捉。略教之旨，斯其事焉。

【箋注】

① 執：拿，握。

十七、知時而禮

夫禮敬之法,須合其儀。若不順教,則平地顛蹶①。故佛言有二種污觸②[1],不應受禮,亦不禮他。若違教者,拜拜皆招惡作之罪。何謂二污?

一是飲食污。謂若食噉一切諸物,下至吞嚼一片之藥,若不漱口洗手已來,並不合受禮禮他。若飲漿或水,乃至茶蜜等湯,及酥糖之類[2],若未漱口洗手,禮同前犯。

二是不淨污。謂大小行③來,身未洗淨及未洗手漱口;或身或衣被,便利不淨、洟唾等污未淨已來;若旦起未嚼齒木。禮同前犯。

又於大衆聚集齋會之次,合掌即是致敬,故亦不勞全禮④,禮便違教。或迮⑤鬧處[3],或不淨地,或途路中,禮亦同犯。

斯等諸事,並有律文,但爲日久相承,地居寒國,欲求順教,事亦難爲。莫不引同⑥,多以自慰,詎肯留心於小罪耳!

【校勘】

[1] 污,金本、麗初本、麗本、磧本作“汙”,大本作“污”。今據改。下同。

[2] 酥:金本、麗初本作“蘇”,麗本、磧本作“酥”,今據改。

[3] 鬧:麗本作“閙”。

【箋注】

① 顛蹶：倒仆；跌落。《戰國策·齊策三》："顛蹶之請，望拜之謁，雖得則薄矣。"鮑彪注："顛，倒；蹶，僵也。言其請救之遽。"晋葛洪《抱朴子外篇·交際》："芘之而誤者，譬如蔭朽樹之被筰也，彼尚不能自止其顛蹶，亦安能救我之碎首哉！"

② 污觸：不乾淨。

③ 大小行：大小便。

④ 全禮：飲光《南海寄歸内法傳解纜鈔》云："五輪著地名全禮。"

⑤ 迮：同"窄"，狹窄。《樂府詩集·清商曲辭一·子夜四時歌春歌九》："羅裳迮紅袖，玉釵明月璫。"

⑥ 引同：引爲同調。把某人視爲是志同道合者或言論主張相同的人。

十八、使利之事

便利之事，略出其儀。

下著洗浴之裙，上披僧脚崎服。次取觸瓶，添水令滿，持將上厠[1]，閉户遮身[2]。

土須二七塊，在其厠外，於甎石上或小版①上而安置之。其塼版②量長一肘[3]，闊半肘。其土碎之爲末[4]，列作兩行，一一别聚。更安一塊。

復將三丸入於厠内，安在一邊。一將拭體，一用洗身。洗身之法，須將左手。先以水洗，後兼土淨。餘有一丸[5]，麤③且一遍[6]，洗其左手。若有籌片④，持入亦佳，如其用罷，須擲厠外。必用故紙,可棄厠中。

既洗淨了,方以右手牽下其衣。瓶安一邊[7],右手撥開傍扂⑤[8],還將右手提瓶而出。或以左臂抱瓶[9],拳⑥其左手,可用右手開户而去[10]。

【校勘】

[1] 厠:金本、麗初本、麗本作"廁",磧本作"厠",二字同,今據改。下同。

[2] 閉:金本、麗初本、麗本作"閇",磧本作"閉",二字同,今據改。

[3] 塼:石本、敦本、麗初本、麗本同,磧本、大本作"甎",二字同。

[4] 末:金本作"未",王本云其訛,據改。

[5] 丸:麗初本作"九"。

[6] 麤:麗初本、麗本同,磧本、大本作"麄"。

[7] 安:磧本作"安置"。

[8] 扂:金本、麗初本、麗本、大本作"户",磧本、慧琳作"扂",今據改。慧琳:"傍扂,恬念反。"可洪作"店":"傍店,徒點反,正作扂。"

[9] 臂:金本、麗初本作"辟",麗本作"辟",磧本作"臂"。下同。三字同,今據改。

[10] 開:麗初本同,磧本作"闢",麗本、大本作"閉"。

【箋注】

① 版:木板。

② 塼版:塼和版。

③ 麤:粗略,大略。《禮記·儒行》:"儒有澡身而浴德,陳言而伏,静而正之,上弗知也;麤而翹之,又不急爲也。"鄭玄注:"麤猶疏也,微也。君不知己有善言正行,則觀色緣事而微翹發其意使知之。"

④ 籌片:大便後用於揩拭的竹片木片。《太平御覽》卷七〇四引《裴子語林》:"石崇廁内兩婢持錦囊,是籌也。"

⑤ 傍扂(diàn):側邊的門閂。

⑥ 拳:卷曲,弯曲。《儀禮·鄉射禮》:"楅髤横而拳之。"《漢書·外戚傳上·孝武鉤弋趙倢伃》:"女兩手皆拳,上自披之,手即時伸。"

就彼土處,蹲坐一邊。若須坐物,隨時量處①。置瓶左髀②之上[1],可以左臂向下壓之[2]。先取近身一七塊土[3],别别③洗其左手。後用餘七,一一兩手俱淨[4]。其塼木上必須淨洗。餘有一丸,將洗瓶器,次洗臂腨及足[5],並令清潔[6],然後隨情而去。

此瓶之水,不入口脣[7]。重至房中,以淨瓶水漱口。若其事至,觸此瓶者,還須洗手漱口,方可執餘器具。

斯乃大便之儀,麤説如此[8]。必其省事,咸任自爲。幸有供人④,使澆非過[9]。小便則一二之土,可用洗手洗身。

【校勘】

[1] 髀:金本、麗初本、麗本、磧本作"胜",大本作"髀"。"胜"通"髀",今據改。

[2] 壓:可洪、麗初本、麗本作"壓"。

[3] 七:金本誤作"土",今改。

[4] 淨:麗本、大本作"洗"。

[5] 腨:金本、麗初本、麗本、大本作"踹",磧本作"腨",今據改。

[6] 潔:金本作"潔",今改。

[7] 不入:麗本、大本作"不合入"。

[8] 麤:磧本、大本作"麁"。

[9] 澆:磧本作"洗"。

【箋注】

① 量處:酌情裁處。《魏書·皮喜傳》:"寬猛之宜,任其量處。"

② 髀(bì):大腿。

③ 别别：各别，各各。

④ 供人：疑應作“共人”，同行之人，此處指一起上廁所的人。

此即清淨之先，爲敬基本。或人將爲小事，律教乃有大呵①。若不洗淨，不合坐僧牀[1]，亦不應禮三寶。此是身子②伏外道法。佛因揔制③苾蒭[2]，修之則奉律福生，不作乃違教招罪。

【校勘】

[1] 牀：磧本作“床”。

[2] 揔：磧本作“惣”。

【箋注】

① 呵：責駡，喝斥。《史記·田叔列傳》：“主家皆怪而惡之，莫敢呵。”

② 身子：梵文Śāriputra的意譯，音譯作舍利弗多羅，“舍利”爲“身”，“弗多羅”爲“子”，一般稱作舍利子。

③ 制：要求。

斯則東夏不傳，其來尚①矣。設令啟示[1]，遂起嫌心，即道大乘虛通，何淨何穢？腹中恒滿，外洗寧益？詎知輕欺教撿②[2]，誣罔③聖心[3]！受禮禮他，俱招罪過。著衣噉食，天神共嫌。若不洗淨，五天同笑[4]，所至之處，人皆見譏。弘紹④之賓[5]，特宜傳教⑤。既而厭離塵俗[6]，捨家趣非家，即須慇懃用釋父之言[7]，何得睚眦⑥於毗尼⑦之説？如其不信，幸可依此洗之，五六日間，便知不洗之過。然而寒冬之月，須作煖湯，自外三時，事便隨意。然有筒槽⑧帛拂⑨，非本律文。或有含水將去，亦乖淨法。

【校勘】

［1］啟：金本、麗初本、麗本作“唘”，磧本作“啟”。“唘”“啟”同。

［2］撿：麗初本、麗本、大本同。磧本作“檢”。

［3］罔：金本、麗初本、麗本作“罓”，磧本作“罔”，今據改。

［4］笑：麗本作“咲”。

［5］賓：麗本作“賔”。

［6］厭離塵俗：金本、麗初本、麗本作“猒離塵俗”，磧本作“猒俗離塵”，大本作“厭離塵俗”，今據改。

［7］慇懃：磧本作“殷勤”。

【箋注】

① 尚：久遠。《史記・三代世表序》：“五帝三代之記，尚矣。”

② 撿：通“檢”，義爲法律、制度。

③ 誣罔：誣陷毀謗。《後漢書・馬援傳》：“海内不知其過，衆庶未聞其毁，卒遇三夫之言，横被誣罔之讒，家屬杜門，葬不歸墓。”

④ 弘紹：弘揚繼承。

⑤ 傳教：宣傳、教授。

⑥ 睚睞：即“睚眦”，瞋目怒視。慧琳作“睚眦”：“上崖懈反，下儕戒反。《考聲》云：‘睚眦，瞋目開闔，眼怒也。’《傳》作睞，誤也。”《戰國策・韓策二》：“夫賢者以感忿睚眦之意，而親信窮僻之人，而政獨安可嘿然而止乎？”

⑦ 毗尼：梵文 vinaya 音譯，又譯作“毗奈耶”，義爲律。唐天竺沙門般剌密帝譯《楞嚴經》卷一：“嚴淨毗尼，弘範三界。”

⑧ 筒槽：用來裝水的竹管木槽。

⑨ 帛拂：用來揩拭的布帛木片之物。義淨譯《根本説一切有部毘奈耶雜事》卷十六作者自注：“驗斯聖教金口親言，事合奉行理難違逆，但爲昔諸律部文有闕遺，雖復少傳未盡其旨，致令學者無所准憑。遂使七百年中斯法未備，或以筒槽充事，復用帛拂拭身，或於石上揩手，元無用土之處，此則咸非本法，求淨翻成污染。今既皎鏡灼然，行否任其恭慢。”可洪注“帛拂”云：“音弗，杖也，正作拂也。律文注意謂

今之比丘不以土水等洗淨，而用帛杖等拭身也，見今多用紙帛或籌杖等拭後是也。又或作柨，芳吠反，木札也。又依字芳弗反，非義也。”“𣏌”通“柨”。“柨”又通“柿”，削下的木片、木皮。《詩經·小雅·伐木》“伐木許許”毛傳：“許許，柿貌。”北齊顔之推《顔氏家訓·書證》：“《後漢書·楊由傳》云：‘風吹削肺。’此是削札牘之柿耳。古者書誤則削之，故《左傳》云‘削而投之’是也。”《資治通鑒·陳長城公禎明元年》：“命大作戰船。人請密之。隋主曰：‘吾將顯行天誅，何密之有！’使投其柿於江。”

凡是僧坊，先須淨治厠處[1]。若自無力，教化爲之。供十方①僧，理通凡聖[2]。無多所費，斯其要焉。是淨方業，固非虚矣。

理須大槽，可受一兩石，貯土令滿，置在圊②邊。大衆必無，私房可畜[3]。若卒③無水瓶，許用瓷瓦等鉢[4]，盛水將入，安在一邊，右手澆洗，亦無傷也。

【校勘】

［1］須：金本、麗初本無此字，麗本、磧本有此字，今據補。

［2］凡：金本誤作“元”，今改。

［3］私：金本、麗初本、麗本作“私”，磧本作“私”，今據改。

［4］用：金本、麗初本誤作“同”，今改。

【箋注】

① 十方：佛教謂東南西北及四維上下。《宋書·夷蠻傳·呵羅單國》：“身光明照，如水中月，如日初出，眉間白豪，普照十方。”

② 圊（qīng）：廁所。《釋名·釋宫室》：“廁，或曰圊，言至濊之處宜常修治使潔清也。”《廣雅·釋宫》：“圊，廁也。”

③ 卒：突然。後多作“猝”。《孟子·梁惠王上》：“卒然問曰：‘天下惡乎定？’”《史記·李將軍列傳》：“李廣軍極簡易，然虜卒犯之，無

以禁也。”

江淮地下瓮①厠者，多不可於斯即爲洗淨，宜應别作洗處，水流通出爲善。且如汾州抱腹②、岱岳靈巖③、荊府玉泉④、楊州白塔⑤[1]，圊厠之所，頗傳其法。然而安置水土，片有闕如，向使早有人教，行法亦不殊王舍。斯乃先賢之落漠，豈是後進之蒙籠⑥者哉！

【校勘】

[1] 塔：磧本作“㙮”。

【箋注】

① 瓮（pén）：同“盆”，敞口斂底的容器。蕭齊求那毗地譯《百喻經》卷三：“所有瓮瓨亦破作二分，錢亦破作二分，如是一切所有財物盡皆破之而作二分。”

② 抱腹：寺名。詳參王邦維（1995，121）注釋（一）。

③ 岱岳靈巖：泰山靈巖寺。詳參王邦維（1995，121）注釋（一）。

④ 荊府玉泉：湖北玉泉寺。詳參王邦維（1995，121）注釋（一）。

⑤ 楊州白塔：揚州白塔寺。詳參王邦維（1995，121）注釋（一）。

⑥ 蒙籠：模糊貌。唐白居易《眼病》詩之一：“散亂空中千片雪，蒙籠物上一重紗。”宋蘇軾《和子由與顔長道遊百步洪》：“卧聞客至倒屣迎，兩眼蒙籠餘睡色。”

然其厠内，貯土置瓶，並須安穩①，勿令闕事。添瓶之罐，著嘴爲佳[1]。如畜君持，准前爲矣。銅瓶揷蓋而口寬[2]，元來②不中洗淨。若其腹邊别③爲一孔[3]，頂上以錫錮④之[4]，高出尖臺，中安小孔，此亦權當時須也[5]。

【校勘】

［1］嘴：金本、麗初本、麗本作“**[illegible]**”，磧本作“柴”，大本作“[illegible]”。“**[illegible]**”“[illegible]”同，即“嘴”字。

［2］揷：金本、麗初本作“極”，麗本、磧本作“揷”，今據改。

寬：金本作“寛”，即“寬”字。

［3］别：金本、麗本、大本作“[illegible]”，磧本作“别”，今據改。“[illegible]”“别”形近而混。

［4］錮：麗本、大本作“固”，麗初本作“銅”。

［5］此：金本、麗初本無此字，今補。

權：金本作“擢”，麗本、大本作“權用”，磧本作“權”，今據改。

【箋注】

① 安穩：穩妥。《舊唐書·方伎傳·嚴善思》：“則天太后卑於天皇大帝，今欲開乾陵合葬，即是以卑動尊，事既不經，恐非安穩。”

② 元來：本來。唐張鷟《遊仙窟》：“元來不見，他自尋常；無事相逢，却交煩惱。”

③ 别：另外。

④ 錮：用金屬熔液填塞空隙。《説文·金部》：“錮，鑄塞也。”

重曰：載勞紙筆，幾致慇懃[1]。順流從諫[2]，冀有其人[3]。大聖既雙林①而寂體，羅漢亦五印②而灰身。遺餘法教，影響斯晨[4]。行寄捐生之侶，興由棄俗之賓。捨渾渾③之煩濁④，慕皎皎⑤之清塵⑥。外垢與内惑而俱喪，上結共下縛⑦而同湮。蕭條⑧其跡，爽亮⑨其神[5]。四儀⑩無累，三尊⑪是親。既不被生人⑫之所笑[6]，豈復怖死王⑬之見瞋！利九居而軫念⑭[7]，成三代⑮之芳因。幸希萬一⑯而能改易[8]，亦寧辭二紀⑰之艱辛[9]！

南海寄歸内法傳卷第二

【校勘】

[1] 慇懃:磧本作“殷勤”。

[2] 從:金本作“従”,今改。

[3] 冀:金本、麗初本、麗本作“兾”,磧本作“冀”,今據改。

[4] 斯:金本、麗初本作“期”,麗本、磧本作“斯”,今據改。

[5] 爽:麗本作“㸚”。

[6] 笑:麗本作“咲”。

[7] 軫:金本作“軫”,磧本作“軫”,今改。

[8] 萬:金本作“万”,麗初本作“方”,今改。

改易:各本無“易”字,可洪作“改易”:“上古海反,字從巳無點,下羊益反。”今據增。

[9] 辭:金本作“辤”,大本作“辭”,今據改。

紀:麗初本作“絕”。

【箋注】

① 雙林:指釋迦牟尼涅槃處,即“雙樹”。北魏楊衒之《洛陽伽藍記》卷四:“神光壯麗,若金剛之在雙林。”

② 五印:五印度。

③ 渾渾:渾濁貌;紛亂貌。《素問·脈要精微論》:“渾渾革至如涌泉,病進而色弊。”王冰注:“渾渾,言脉氣濁亂也。”晋陸雲《九湣·感逝》:“時藹藹而未颺,世渾渾其難澄。”

④ 煩濁:雜亂污濁。漢陸賈《新語·慎微》:“討逆亂之君,絕煩濁之原。”唐王維《苦熱》:“長風萬里來,江海蕩煩濁。”

⑤ 皎皎:潔白,清白。《詩經·小雅·白駒》:“皎皎白駒,在彼空谷。”三國魏曹植《蟬賦》:“皎皎貞素,侔夷節兮。帝臣是戴,尚其潔兮。”

⑥ 清塵:清靜無爲的境界。《楚辭·遠遊》:“聞赤松之清塵兮,願承風乎遺則。”

⑦ 上結共下縛:即“結縛”,指煩惱。佛教認爲煩惱繫縛身心,故名。姚秦鳩摩羅什譯《維摩詰經》卷上:“稽首能斷衆結縛。”唐玄奘

《大唐西域記》卷三:"王乃具懷白諸僧曰:'證聖果者住,具結縛者還。'"

⑧ 蕭條:猶逍遥,閑逸貌。南朝宋劉義慶《世説新語・品藻》:"明帝問周伯仁:'卿自謂何如庾元規?'對曰:'蕭條方外,亮不如臣;從容廊廟,臣不如亮。'"

⑨ 爽亮:豪爽開朗。義淨譯《根本説一切有部毘奈耶雜事》卷二十七:"時彼王子年雖弱冠,壯氣先成,如師子王,高聲爽亮,自述祖宗。"

⑩ 四儀:指行住坐臥。

⑪ 三尊:佛法僧。

⑫ 生人:活人。《莊子・至樂》:"視子所言,皆生人之累也,死則無此矣。"《玉臺新詠・古詩爲焦仲卿妻作》:"生人作死别,恨恨那可論!"

⑬ 死王:即閻王。

⑭ 軫念:憂慮。《舊唐書・元稹傳》:"況當行營退散之後,牛元翼未出之間,每聞陛下軫念之言,愚臣恨不身先士卒。"

⑮ 三代:即"三世",過去世、現在世、未來世。此處作"三代",應爲避李世民諱所改。

⑯ 萬一:萬中有一。

⑰ 二紀:二十四年。此指作者在國外二十年。

南海寄歸内法傳卷第三

翻經三藏沙門義淨撰[1]

【校勘】

[1] 翻經：磧本無此二字。

藏：金本作“蔵”，磧本作“藏”，今據改。

[2] 儭：麗本、大本作“襯”，“儭”通“襯”。

十九、受戒軌則

西國出家軌儀，咸悉具有聖制，廣如《百一羯磨》，此但略指方隅[①]。

諸有[②]發心欲出家者，隨情所樂，到一師邊，陳其本意。師乃方便問其難事，謂非害父母等。難事既無，許言攝受[③]。

既攝受已，或經旬月[④]，令其解息。師乃爲授五種學處[⑤]，名鄔波索迦[⑥]。自此之前，非七衆[⑦]數。此是創入佛法之基也。

【箋注】

① 方隅：全體中的一部分。多指邊側之地或角落之地。《周書·任果傳》："任果字静鸞，南安人也。世爲方隅豪族，仕於江左。"唐劉知幾《史通·載文》："國止方隅，而言併吞六合；福不盈眥，而稱感致百靈。"

② 諸有：所有，一切。蕭齊求那毘地譯《百喻經》卷四："昔有國王，設於教法：諸有婆羅門等，在我國内，制抑洗淨。"

③ 攝受：以慈悲心收容和護持衆生。唐慧能《壇經》："汝可他日易形而來，吾當攝受。"

④ 旬月：十天至一個月。《後漢書·楊賜傳》："旬月之閒，並各拔擢。"《三國志·魏志·涼茂傳》："旬月之間，襁負而至者千餘家。"

⑤ 學處：所學之處，一般指戒律。五種學處即五戒。義淨譯《根本説一切有部毘奈耶雜事》卷二十："母雖持胎身無勞倦，自然奉持五種學處，謂盡形壽不殺生、不偷盜、不邪婬、不妄語、不飲酒，於諸丈夫絕婬染意。"

⑥ 鄔波索迦：梵文 Upāsaka 音譯，又作優婆塞，意譯爲清信士、近事男等，總稱受五戒之男子。

⑦ 七衆：佛教按受戒程度和修行方式將信徒劃分為七種。其中出家五種（比丘、比丘尼、式叉摩那、沙彌、沙彌尼），在家二種（優婆塞、優婆夷），合稱七衆。

師次爲辦縵條[①]、僧脚崎及下裙等，并鉢濾羅，方爲白僧,陳出家事。僧衆許已,爲請阿遮利耶②。可於屏處,令剃頭人爲除鬚髮。方適寒温③,教其洗浴。師乃爲著下裙,方便撿察[1],非黄門④等。次與上衣,令頂戴⑤受。著法衣已,授與鉢器,是名出家。次於本師⑥前,阿遮利耶授十學處⑦[2],或時闇誦,或可讀文。既受戒已,名室羅末尼羅⑧【譯爲求寂,言欲求趣涅槃圓寂⑨之處[3]。舊云沙彌者[4],言略而音訛。翻作息慈⑩,意准而無據也】,威儀節度,請教白事,與進具⑪者體無二准,但於律藏十二無犯[5]。其正學女⑫,片有差降⑬。

【校勘】

[1] 撿:通"檢",磧本作"檢"。

[2] 授:磧本後有"與"字。

[3] 槃:金本作"𣝆",磧本、大本作"槃",今據改。

[4] 彌:金本作"弥",今改。

[5] 藏:金本作"蔵",磧本作"藏",今據改。

十二:麗本作"十一"。

【箋注】

① 縵條:大幅無條相的衣服,用以裹身。義淨譯《根本説一切有部毘奈耶》卷二十三:"婦曰:'我有細縷,令某織師織作鉢吒(言鉢吒者,謂是大疊,與袈裟量同,總爲一幅。此方既無,但言衣疊,前云衣者梵本皆曰鉢吒也,此云縵條),持與大德鄔波難陀令其披服。'"

② 阿遮利耶:梵文 Ācarya 音譯,意譯作軌範師。

③ 寒温:冷暖。《晏子春秋·諫下十三》:"故魯工不知寒温之節,輕重之量,以害正生,其罪一也。"《漢書·京房傳》:"其説長於災變,分六十四卦,更直日用事,以風雨寒温爲候。"

④ 黄門:男子不育者。北凉浮陀跋摩、道泰等譯《阿毗曇毗婆沙論》卷三:"黄門般吒,無形二形。"原注:"有男形不能男,有女形不能女。"唐玄應《一切經音義》卷十七:"此云黄門,其類有五:般荼迦,總

名，謂具男根而不生子。二、伊利沙般荼迦，伊利沙，此云妒，謂見他共婬即發情欲，不見不發。三、扇荼般荼迦，謂本來男根不滿，故不能生子。四、博叉般荼迦，謂半月作男，半月作女；博叉，此云助，謂兩半月助成一滿月也。五、留拏般荼迦，謂被刑男根；留拏，此云割也。"宋周密《齊東野語・黄門》："世有男子雖娶婦而終身無嗣育者，謂之天閹，世俗命之曰黄門。"

⑤ 頂戴：雙手持物舉過頭頂。表示致敬。唐元稹《韋氏館與周隱客杜歸和泛舟》："持君寶珠贈，頂戴頭上頭。"

⑥ 本師：僧徒對傳戒師父的敬稱。五代齊己《勉道林謙光鴻藴二侄》："舊林諸姪在，還住本師房。"

⑦ 十學處：十戒。一不殺生，二不偷盜，三不婬，四不妄語，五不飲酒，六不著華鬘好香塗身，七不歌舞倡伎，亦不往觀聽，八不得坐高廣大床，九不得非時食，十不得捉錢金銀寶物。

⑧ 室羅末尼羅：梵文Śrāmaṇera 音譯。

⑨ 圓寂：音譯作"般涅槃"或"涅槃"。謂諸德圓滿、諸惡寂滅，以此爲佛教修行理想的最終目的。故後稱僧尼死爲圓寂。唐李白《地藏菩薩贊》："焚蕩淫怒癡，圓寂了見佛。"王琦注："賢首云：'德無不備稱圓，障無不盡稱寂。'"

⑩ 息慈：義爲息惡行慈。《慧琳音義》卷四十七："勤策男，初革反，策，驅也；勤，勞也。梵言室羅末拏伊落迦，此云勞之小者也，亦言息慈，謂息惡行慈，義譯也。舊言沙彌者，訛略也。"

⑪ 進具：進一步受具足戒之意。沙彌受具足戒，成爲比丘、比丘尼。

⑫ 正學女：音譯作式叉摩那，出家五衆之一。

⑬ 差(cī)降：按等第遞降。《唐律疏議・名例三・除名比徒三年》："除名、免官、免所居官，罪有差降，故量輕重節級比徒。"

十二者何？一不分別衣，二離衣宿，三觸火[1]，四足食，五害生種，六青草上棄不淨，七輒上高樹[2]，八觸寶，九食殘宿食，十壞地，十一不受食，十二損生苗。斯之十二，兩小①

非過，其正學女，後五便犯。此下三衆，咸制安居。其六法六隨法如餘處説。能如是者，方成應法，是五衆收，堪銷物利②。

【校勘】

[1] 火：金本誤作“袋”，他本作“火”，今據改。

[2] 輒：金本作“輙”，今改。

【箋注】

① 兩小：指沙彌和沙彌尼。

② 物利：指衣物利和飲食利。義淨譯《根本説一切有部毘奈耶》卷二十七：“物利者，有二種：一、衣物利，二、飲食利。”

豈有既出家後，師主①不授十戒，恐其毁破大戒不成？此則妄負②求寂之名，虚抱出家之稱，似懷片利[1]，寧知大損！經云雖未受十戒墮僧數者，乃是權開一席③[2]，豈得執作④長時？

【校勘】

[1] 似：麗初本、麗本、大本作“以”。

[2] 權：金本作“擢”，磧本作“權”，今據改。

【箋注】

① 師主：師父。

② 負：抱有，享有。漢司馬遷《報任少卿書》：“僕少負不羈之行，長無鄉曲之譽。”唐王昌齡《淇上酬薛據兼寄郭微》：“故交負奇才，逸氣包謇諤。”

③ 一席：一陣，一番。宋范成大《放舟風復不順，再泊馬當，戲題兩絶》之一：“無才解賦珠簾雨，誰肯相賒一席風。”《儒林外史》第十三

回："一席話，説得蘧公孫如夢方醒。"

④ 執作：執行。

又神州出家，皆由公度。既蒙落髮，遂乃權依一師[1]。師主本①不問其一遮，弟子亦何曾請②其十戒？未進具來，恣情造罪。至受具日，令入道場[2]，律儀曾不預教，臨時③詎肯調順④？住持之道，固不然矣。既不合銷常住⑤、受施，負債何疑？理應依教而爲濟脱⑥。

【校勘】

[1] 權：金本作"擢"，磧本作"權"，今據改。

[2] 場：磧本作"場"。下同。

【箋注】

① 本：先前。

② 請：受，接受。

③ 臨時：當其時其事。《後漢書·段熲傳》："臣每奉詔書，軍不内御，願卒斯言，一以任臣，臨時量宜，不失權便。"唐張九齡《敕西州都督張待賓書》："自外臨時皆委卿量事。"

④ 調順：和順。義淨譯《根本説一切有部毘奈耶雜事》卷十二："如有一類凡夫有情，樂毁淨戒不修善品，常爲惡事作諸惡行，心不質直多行放逸，無有智慧貪財慳恪，手常拳縮不能舒展濟惠於人，恒有希望心不調順，見行顛倒。"

⑤ 常住：僧、道稱寺舍、田地、什物等爲常住物，簡稱常住。《雲笈七籤》卷一二二："道士用常住物如子孫用父母物耳，何罪之有？"唐馮翊《桂苑叢談·太尉朱崖辯獄》："太尉朱崖出鎮浙右，有甘露知主事者訴交代得常住什物，被前主事隱用。"

⑥ 濟脱：救助、濟度而使擺脱。漢焦贛《易林·蹇之師》："褰衣涉河，水深漬罷，賴幸舟子，濟脱無他。"

凡蒙公度者，皆須預請一師。師乃先問難事[1]，若清淨者，爲受五戒。後觀落髮，授縵條衣，令受十戒。法式既閑，年歲又滿，欲受具戒。師乃觀其志意[2]，能奉持者，即可爲辦六物，并爲請餘九人。或入小壇，或居大界①，或自然界②，俱得秉法。然壇場之内，或用衆家褥席，或可人人自將坐物，略辦香花，不在營費③。其受戒者，教令三遍一一禮僧[3]，或時近前，兩手執足。此二皆是聖教禮敬之儀。亦既禮已，教其乞戒。既三乞已，本師對衆爲受衣鉢。其鉢須持以巡行[4]，普呈大衆。如合樣者[5]，大衆人人咸云好鉢。如不言者，招越法罪。然後依法爲受。其羯磨師執文而讀，或時暗誦，俱是聖教[6]。既受戒已，名鄔波三鉢那④【鄔波是近，三鉢那是圓，謂涅槃也[7]。今受大戒[8]，即是親近涅槃。舊云具足者，言其汎意】。

【校勘】

[1] 問：磧本作"阿"。

[2] 志意：麗本、大本同，磧本作"意志"。

[3] 教：金本無此字，今據磧本補。

[4] 須：磧本作"必須"。

[5] 樣：金本作"𢳾"，麗初本作"㨾"，磧本作"樣"，今據改。

[6] 教：麗初本、麗本、大本同，磧本作"開"。

[7] 槃：金本作"𣙜"，磧本作"槃"，今據改。下同。

[8] 今：磧本作"令"。

【箋注】

① 大界：僧衆之團體生活中，依作法規定某一特定區域爲界，在此區域内之僧衆，共同舉行布薩、説戒等事。依戒場之大小而有大小界之别。

② 自然界：又稱不作法界，指不須特别加以建立，而依天然地形

所劃定之地區。

③ 營費:追求的煩勞。

④ 鄔波三鉢那:梵文 Upasaṃpanna 音譯。

然羯磨亦竟,急須量影,記五時之别。

其量影法:預取一木條[1],如細箸許[2],可長一肘。折其一頭四指,令竪如曲尺形,勿使相離,竪著日中[3],餘杖①布地,令其竪影與卧杖相當,方以四指量其卧影。滿一四指,名一布路沙②,乃至多布路沙,或一布路沙餘一指半指,或但有一指等。如是加減[4],可以意測【言布路沙者,譯爲人也。所以四指之影名一人者[5],即是四指竪杖影長四指之時,此人立在日中,影量與身量相似。其八指遂與身量兩影相似。斯據中人,未必皆爾。自餘長短,義可准之】,然須道其食前食後。若天陰及夜[6],即須准酌而言之。若依神州法者,或可竪尺日中,量影長短,或復記其十二辰數。

【校勘】

[1] 條:麗初本作"修"。

[2] 箸:金本、大本作"筯",麗初本、麗本、磧本作"箸",今據改。

[3] 著:麗初本、大本同,磧本作"箸",麗本作"着"。

[4] 減:金本作"减",磧本作"減",今據改。

[5] 一人:磧本作"二人"。

[6] 陰:金本作"隂",今改。

【箋注】

① 餘杖:指的是折掉四指長之後剩下的木條。

② 布路沙:梵文 Puruṣa 音譯。

言五時者，既而方域異儀，月數①離合，自非指事②，難以委知。

一謂冬時，有四月，從九月十六日至正月十五日[1]。

二謂春時，亦有四月，從正月十六日至五月十五日。

三謂雨時，但有一月，從五月十六日至六月十五日。

四謂終時，唯一日一夜，謂六月十六日晝夜。

五是長時，從六月十七日至九月十五日。

此乃獨於律教中，佛制如是次第，明有密意也。若依方俗，或作三時、四時、六時，如餘處説。

【校勘】

［1］從：金本作“従”，今改。下同。

【箋注】

① 月數：計時的月的數目，亦指某月在一年中的序次。宋程大昌《考古編・正朔一》：“由是推之，謂變歲初而不移月數者，非也。”明張綸《林泉隨筆》：“反復數百餘言，不過皆爲商建丑即以丑月爲歲首，周建子即以子月爲正月。今按山屋許氏言，《春秋》改時改月出於聖人特筆，而他書月數不改乃時王之制，如是則諸家不改月數之説爲有據矣。”

② 指事：闡明事理。南朝梁劉勰《文心雕龍・明詩》：“造懷指事，不求纖密之巧。”唐元稹《杜君墓志銘》：“詞意簡遠，指事言情，自非有爲而爲，則文不妄作。”

凡西方南海出家之人創相見者，問云大德幾夏，答云爾許[1]。若同夏者，問在何時。若時同者，問得幾日。若日同者，問食前後。同在食前，方問其影。影若有殊，大小成異。影若同者，便無大小，坐次則據其先至，知事乃任彼前差。

向西方者，必須閑此[2]，不同支那記其月日而已。

【校勘】

[1] 答：金本作"荅"，今改。

[2] 閑：磧本作"間"。

然那爛陁寺多是長時[1]，明相①纔出，受其近圓，意取同夏之中多爲最大[2]，即當神州六月十七日。明相纔出，由不得後夏故【此據西方坐夏之法，若如神州舊行[3]，即當五月十七日也】。若六月十六日夜將盡而受戒者，則同夏之中最小，由其得後夏故。

【校勘】

[1] 陁：磧本、大本作"陀"。

[2] 最：金本作"㝡"，即"最"字，今改。下同。

[3] 如：麗本作"女"。

【箋注】

① 明相：指曙光漸明、天空露白之相。律典中規定，凡比丘于晨朝，即現明相時至日中之間，入衆行乞、齋食；而明相以前或日中以後，稱爲非時，不得行乞、齋食等，若于此時段食之，稱爲非時食。

既受戒已，不行儭①施[1]。若其師有，爲辦少多②，或持腰條[2]，或濾水羅等，奉臨壇者，以表不空之心。次即本師爲指戒本③，令識罪相，方教誦戒。既其熟已，誦大律藏[3]。日日誦過，旦旦試之。不恒受持，恐損心力。誦律藏了，方學經論。

【校勘】

[1] 行:麗本、大本作“待”。

儭:磧本作“嚫”,麗本、大本作“䞋”。

[2] 腰:金本作“腎”,今改。

[3] 藏:金本作“蔵”,磧本作“藏”,今據改。下同。

【箋注】

① 儭:梵文 Dakṣiṇā 音譯“達儭”的略稱,義爲施捨財物。該字又常常寫作“嚫”或“䞋”。

② 少多:少量。《三國志·魏志·武帝紀》“葬高陵”裴松之注引晋張華《博物志》:“習啖野葛至一尺,亦得少多飲鴆酒。”

③ 戒本:從廣律中選擇最重要戒律而編成的書,爲廣律之根本,故稱爲戒本。

此是西方師資途轍。雖復去聖懸遠,然而此法未虧。爲此二師①,喻之父母。豈有欲受之時非常勞倦,亦既得已,戒不關懷?有始無終,可惜之甚[1]!自有一會②求受,受已不重參師[2],不誦戒經,不披③律典[3],虚霑法位[4],自損損他。若此之流,成滅法者。

【校勘】

[1] 甚:金本誤作“其”,今改。

[2] 參:金本、麗初本、麗本、磧本作“叅”,大本作“參”,今據改。

[3] 披:麗初本作“掀”。

[4] 位:金本、麗初本、麗本、大本作“伍”,磧本作“位”,今據改。

【箋注】

① 二師:指親教師和軌範師。

② 一會:一次讀經或説法之聚會。

③ 披：翻閲。漢班固《東都賦》："握乾符，闡坤珍，披皇圖，稽帝文。"唐韓愈《上襄陽于相公書》："手披目視，口詠其言，心惟其義。"

然西方行法，受近圓已去，名鐸曷攞①【譯爲小師】。滿十夏，名悉他薜攞②【譯爲住位③[1]】，得離依止④而住，又得爲鄔波馱耶⑤。凡有書疏往還[2]，題云求寂某乙⑥、小苾蒭某乙、住位苾蒭某乙。若學通内外⑦[3]，德行高著者，便云多聞苾蒭某乙，不可云僧某乙。"僧"是"僧伽"，目乎大衆，寧容一己輒道四人[4]？西方無此法也。

【校勘】

[1] 譯：金本無此字，今據他本補。

[2] 疏：金本、麗本作"踈"，今改。

往：金本、麗初本、麗本、磧本作"徃"，大本作"往"，今據改。

[3] 若：磧本後有"其"字。

[4] 輒：金本作"輙"，今改。

【箋注】

① 鐸曷攞：梵文 Dahara 音譯。

② 悉他薜攞：梵文 Sthavira 音譯。

③ 住位：菩薩階位中信位之次名住位，住位又分十位，稱十住。

④ 依止：依托，依附。《周禮・春官・肆師》"祭兵于山川"漢鄭玄注："山川蓋軍之所依止。"《北史・藝術傳上・殷紹》："興將臣到陽翟、九崖巖沙門釋曇影間，興即北還。臣獨留住，依止影所，求請《九章》。"

⑤ 鄔波馱耶：梵文 Upādhyāya 音譯，譯爲親教師、依止師等。

⑥ 某乙：自稱的代詞。唐地婆訶羅譯《大乘顯識經》卷上："我某乙，生平所作事業，臨終咸現憶念明了，身之與心二受逼切。"

⑦ 内外：内典和外典。

凡爲親教師[①]者，要須住位滿足十夏。秉羯磨師及屏教者[②]，并餘證人，並無定年幾[③]，事須解律清淨，中邊數滿[④]。律云："非鄔波馱耶而唤爲鄔波馱耶，非阿遮利耶唤爲阿遮利耶，或翻此二，及親斥[⑤]鄔波馱耶名者，皆得惡作之罪。"若有人問云；"爾親教師，其名何也?"或問："汝誰弟子?"或可自有事至，須説師名者，皆應言："我因事至，説鄔波馱耶名，鄔波馱耶名某甲[⑥]。"

【箋注】

① 親教師：鄔波馱耶的意譯。

② 屏教者：在隱秘處檢查問訊的人。義淨譯《根本説一切有部百一羯磨》卷一："何謂屏教阿遮利耶？謂於屏處撿問障法。"

③ 年幾：年紀，歲數。幾，通"紀"。南朝梁劉孝威《擬古應教》："美人年幾可十餘，含羞轉笑斂風裾。"宋王讜《唐語林》卷五引黄幡綽奏曰："大家年幾不爲小，聖體又重，儻馬力既極，以至顛躓，天下何望?"

④ 中邊數滿：中心地區和邊遠地區的人數分别夠。唐道宣《四分律删繁補闕行事鈔》卷上："數滿如法。若少一人，非法毗尼。今言少者，非謂頭數不滿也；謂作法者至時緣起别衆非法等，如足數所明。文云，自今已去，十僧受具故，此據中國以明；邊方無僧，曲開五人持律得受。若後有僧，用本開法，得戒得罪者，此十誦所列。"

⑤ 斥：指；直接指明。《詩經・周頌・雝》"假哉皇考"漢鄭玄箋："皇考，斥文王也。"宋吴曾《能改齋漫録・類對》："初，王維過郢州，畫孟浩然像於刺史亭，因曰浩然亭。咸通中，刺史鄭誠謂賢者名不可斥，更榜曰孟亭。"

⑥ 某甲：稱人的代詞。多用於避諱、設言或失名等。三國魏嵇康《家誡》："一旦事敗，便言某甲昔知吾事，以宜備之深也。"

西國南海，稱"我"不是慢詞[①]。設令道"汝"，亦非輕稱。

但欲别其彼此[1]，全無倨傲之心，不並神州將爲鄙惡。若其嫌者，改"我"爲"今"。斯乃咸是聖教，宜可行之。不得雷同②，無分皂白③云爾。

【校勘】

[1] 但：磧本作"怛"，王本據他本改，并言"怛"訛。

【箋注】

① 慢詞：即"慢辭"，不恭敬的言詞。《新唐書·渾瑊傳》："泚方據乾陵下瞰城，翠翟紅袍，左右宦人趨走，宴賜拜舞，又縱慢辭戲斥天子，以爲勝在景刻。"

② 雷同：混同，隨聲附和。《禮記·曲禮上》："毋勦説，毋雷同。"鄭玄注："雷之發聲，物無不同時應者；人之言當各由己，不當然也。"《後漢書·桓譚傳》："略靁同之俗語，詳通人之雅謀。"李賢注："靁之發聲，衆物同應，俗人無是非之心，出言同者謂之靁同。"

③ 皂白：黑與白。多比喻非與是。《詩經·大雅·桑柔》"匪言不能，胡斯畏忌"漢鄭玄箋："賢者見此事之是非，非不能分别皂白，言之於王也。"晋袁宏《後漢紀·桓帝紀上》："膺謂覲曰：孟軻以爲人無是非之心，非人也。弟於是何太無皂白邪！"

凡諸白衣①，詣苾芻所，若專誦佛典[1]，情希落髮，畢願②緇衣，號爲童子。或求外典，無心出離，名曰學生。斯之二流，並須自食【西國僧寺，多有學生來就苾芻習學外典，一得驅馳給侍[2]，二乃教發好心。既有自利利他，畜之非損。必是杜多一鉢[3]，理則不勞。若也片有供承，亦成是③要。遣給齒木，令其授食，足應時須，不傷悲道④也】。若湌常住，聖教全遮。必其於衆有勞，准功亦合湌食。或是普通之食，或可施主先心⑤[4]，雖復噉食，故成無罪。

【校勘】

［1］專：麗本作“専”。二字同。

［2］軀：金本、敦本、石本、麗初本、麗本、磧本作“駈”，大本作“軀”，二字同，今據改。

［3］杜：金本誤作“壯”，今據他本改。

［4］可：金本、麗初本無此字，今據敦本、石本、麗本、磧本、大本增。

【箋注】

① 白衣：佛教徒穿緇衣，因稱俗家爲“白衣”。北齊顔之推《顔氏家訓·歸心》：“一披法服，已墮僧數，歲中所計，齋講誦持，比諸白衣，猶不啻山海也。”盧文弨注：“僧衣緇，故謂世人爲白衣。”

② 畢願：竭盡心願。唐道宣《續高僧傳》卷二十九：“寺衆大小三百餘僧，咸同喜捨，畢願締構。”宋朱熹《遊白鹿得謝字》：“會當求敕賜，畢願老耕稼。”

③ 成是：成爲、屬於。義淨譯《根本説一切有部毘奈耶雜事》卷三十四：“我婆羅門法，行與他人而爲言説，立坐臥者皆共言談，不成是過。”

④ 悲道：慈悲之道。

⑤ 先心：本心，本意。

夫龍河影没，鷲嶺光收，傳法羅漢，能餘幾在？故論云：“大師眼閉[1]，證者隨亡。煩惱增時，應勤莫逸。”理當諸德，共作護持。若委隨①而縱慢心[2]，欲遣人天何所歸向？律云：“有秉羯磨，我法未滅。若不秉持[3]，我法便盡。”又云[4]：“戒住我住。”理非虚説，既有深旨，誠可敬歟！

【校勘】

［1］閉：金本、麗初本、麗本作“閇”，磧本作“閉”，二字同，今

據改。

［2］委：磧本作“透”。

［3］持：金本、麗初本、麗本、大本作“時”，磧本作“持”，今據改。按，此段文字又見於義淨翻譯的《根本説一切有部尼陀那》卷一：是時鄔波離白佛言：“世尊！如佛所説，淨不淨地者，不知齊何名淨不淨？”佛言：“乃至正法住世，有淨不淨。正法若滅，悉皆不淨。”“世尊！齊何名正法住世？云何名滅？”佛告鄔波離：“乃至有秉羯磨，有如説行者，是則名為正法住世。若不秉羯磨，無如説行，是則名為正法滅壞。”此處的“若不秉羯磨”就是“若不秉持”。

［4］又云：大本作“又曰”。

【箋注】

① 委隨：即“委惰”，懈怠懶惰。《魏書・王嶷傳》：“嶷性儒緩，委隨不斷，終日在坐，昏睡而已。”

重曰：大師影謝，法將隨亡。邪山峻峙，慧巘①隤綱②[1]。重明佛日，寔委賢良。若遵小徑，誰弘大方[2]？幸惟③通哲[3]，勉力宣揚！冀紹隆之無替，傳永劫而彌芳[4]。彌芳伊何？戒海揚波。此則教將滅而不滅，行欲訛而不訛，符正説於王舍，事無虧於逝多。

【校勘】

［1］慧巘：慧琳、麗初本、麗本、大本同，磧本作“惠巘”，可洪作“慧巚”。

［2］弘：金本作“弘”，麗本作“弘”，今改。

［3］惟：磧本作“垂”。

［4］彌：金本作“弥”，今改。下同。

【箋注】

① 慧巘（yǎn）：智慧山。慧琳："慧巘，言蹇反。《毛詩傳》云：'巘，小山，别於大山者也。'郭注《尔雅》云：'形如累雨甑也。'《釋名》：'山孤絕處也。'《古今正字》義与上同。從山獻聲也。"

② 隤綱：隤，壞；綱，總繩。慧琳："隤綱，上兊雷反。《廣雅》：'隤，壞也。'《説文》：'下墜也。從阜貴聲。'下各郎反。《説文》云：'綱，維紘繩也。從糸，岡聲。'《傳》文作䋄，俗字。"

③ 幸惟：希望。

二十、洗浴隨時

夫論洗浴之法，西國乃與東夏不同。但以時節調和，稍異餘處。於十二月，花果恒有[1]。不識冰雪[2]，薄有微霜。雖復多暑，亦非苦熱。熱則身無沸了①[3]，寒乃足無皴裂②。爲此人多洗沐，體尚清淨。每於日日之中，不洗不食。又復所在之處，極饒池水。時人皆以穿池爲福，若行一驛，則望見三二十所。或寬一畝五畝[4]，於其四邊種多羅樹③，高四五十尺[5]。池乃皆承雨水，湛若清江。

【校勘】

［1］果：麗初本、麗本、大本同，磧本作"菓"。

［2］冰：金本、麗初本、麗本、大本作"氷"，磧本作"冰"，今據改。

［3］沸：金本、麗本、大本作"拂"，磧本作"疿"，麗初本作"沸"，今據改。

［4］寬：金本作“寛”，即“寬”字。

［5］四：金本、麗初本無此字，今據他本補。

【箋注】

① 沸子：即疿子。

② 皴(cūn)裂：皮膚坼裂。慧琳：“皴裂，上七旬反。《埤蒼》云：‘皴，皮散起也。’《古今正字》從皮夋聲。夋音同上。”《南史・梁紀中・武帝下》：“執筆觸寒，手爲皴裂。”

③ 多羅樹：梵文 tālaḥ音譯，即貝多羅樹。其葉可供書寫，稱貝葉。唐玄奘《大唐西域記》卷一一：“城北不遠有多羅樹林，周三十餘里。其葉長廣，其色光潤，諸國書寫，莫不採用。”

八制底處①，皆有世尊洗浴之池。其水清美，異於餘者。那爛陁寺有十餘所大池[1]，每至晨時，寺鳴健稚[2]，令僧徒洗浴。人皆自持浴裙，或千或百，俱出寺外，散向諸池，各爲澡浴。

【校勘】

［1］陁：大本作“陀”。

［2］健：麗初本、麗本、大本同，磧本作“揵”。

【箋注】

① 八制底處：義淨譯《根本薩婆多部律攝》卷七：“言定處所得利者，謂世尊在日，久住之處，有八大制底：一、佛生處，在劫比羅伐窣覩城，嵐毘尼林。二、成佛處，在摩揭陀法阿蘭若菩提樹下金剛座上。三、轉法輪處，在婆羅痆斯仙人墮處施鹿林中。四、涅槃處，在拘尸那城娑羅雙樹間。五、在王舍城鷲峯山竹林園内。六、廣嚴城獮猴池側高閣堂中。七、在室羅伐城逝多林給孤獨園。八、從天下處，在平林聚落。初之四處名爲定處，後之四處名不定處。”

其浴裙法：以疊布長五肘[1]，闊肘半，繞身使匝[2]，抽出舊裙，迴兩頭令向前，取左邊上角，以右手牽向腰下[3]，令使近身，併蹙右邊，擪入腰内[4]。此謂著浴裙法。卧時著裙，其法亦爾。欲出池時，抖擻徐出，勿令蟲著。上岸法式，廣如律辯[5]。

【校勘】

[1] 疊：金本、磧本作"氎"，今據他本改。

[2] 匝：磧本作"帀"。

[3] 腰：磧本作"膂"。下同。

[4] 擪：金本、麗本作"壓"，磧本作"擊"，三字同，今改。

腰：磧本作"膂"。

[5] 辯：麗初本、麗本、大本同，磧本作"辨"。

若不向池，寺中洗者，著裙同此，水遣人澆，隨處隨時，可爲障蔽。世尊教爲浴室，或作露地甎池，或作去病藥湯，或令油遍塗體。夜夜油恒揩足，朝朝頭上塗油，明目去風①，深爲利益。皆有聖教，不違具述，廣如律也。

【箋注】

① 風：中醫學謂人體的病因之一。外感風邪常致風寒、風熱、風濕等症。亦指急症。如中風、痛風等。《素問·風論》："風之傷人也，或爲寒熱，或爲熱中，或爲寒中，或爲癘風，或爲偏枯，或爲風也，其病各異，其名不同。"

又洗浴者，並須飢時。浴已方食，有其二益：一則身體清虚，無諸垢穢；二則痰癊消散，能飡飲食[1]。飽食方洗[2]，醫明①所諱。故知飢沐飽浴之言，未是通方②之論[3]。

【校勘】

［1］湌：磧本作“餐”。

飲食：麗初本作“能食”。

［2］飽食方洗：金本作“飽方洗”，麗本、大本作“飽方洗浴”，麗初本、磧本作“飽食方洗”。今據改。

［3］是：金本誤作“定”，今據他本改。

【箋注】

① 醫明：醫方明，印度五明之一。

② 通方：共通的道理。《後漢書・王充王符等傳論》：“數子之言當世失得皆究矣，然多謬通方之訓，好申一隅之説。”宋曾鞏《代皇子免延安郡王第一表》：“庶幾識古今之通方，知國家之大體。”

若著三尺浴衣，褊小形露，或元不著[1]，赤體而浴者，深乖教理也。應用四幅洗裙，遮身可愛。非直①奉遵聖教[2]，亦乃不愧人神。餘之可不，智者當悉。夜浴尚不改容，對人寧無掩蔽耳？

【校勘】

［1］元：金本誤作“无”，今據他本改。

［2］奉：金本誤作“本”，今據他本改。

【箋注】

① 直：特；但；祇不過。《孟子・梁惠王下》：“寡人非能好先王之樂也，直好世俗之樂耳。”《漢書・司馬遷傳》：“夫陰陽、儒、墨、名、法、道德，此務爲治者也，直所從言之異路，有省不省耳。”顔師古注：“直猶但也。”

二十一、坐具儭身[1]

禮拜敷其坐具①，五天所不見行；致敬起爲三禮[2]，四部罔窺其事[3]。凡爲禮者，拜數法式[4]，如别章所陳。

【校勘】

[1] 儭：麗本、大本作"襯"。

[2] 起：金本、麗本作"起"，今改。

[3] 罔：金本、麗初本、麗本作"冈"，磧本作"罔"，今據改。

[4] 數：磧本作"敷"，"敷"爲"數"形近訛字。

【箋注】

① 坐具：僧人用來護衣、護身、護床席臥具的布巾。東晋瞿曇僧伽提婆譯《中阿含經》卷三："尊者羅云遥見佛來，即便往迎，取佛衣鉢，爲敷坐具，汲水洗足，佛洗足已，坐羅云座。"

其坐具法：割截爲之，必須複作，制令安葉，度量①不暇詳悉。其所須者，但擬眠卧之時護他氈席。若用他物，新故②並須安替③。如其己物，故④則不須。勿令污染[1]，虧損信施⑤[2]，非爲禮拜。南海諸僧，人持一布[3]，長三五尺，疊若食巾⑥，禮拜用替⑦膝頭，行時搭在肩上。西國苾芻來見，咸皆莞⑧爾而笑也[4]。

【校勘】

[1] 污：金本、麗初本、麗本、磧本作"汙"，大本作"污"。二字同，

今據改。

［2］虧：金本、麗初本、麗本、大本作“虧”，磧本作“虧”。二字同，今據改。

［3］一布：麗本、大本作“一布巾”。

［4］莧：麗初本、可洪同，麗本、磧本作“莞”。“莞”爲“莧”的俗字。

笑：麗初本、麗本、磧本作“笑”。

【箋注】

① 度量：事物的長短、大小。

② 新故：新與舊。《韓非子・五蠹》：“夫古今異俗，新故異備。”漢辛延年《羽林郎》：“人生有新故，貴賤不相踰。”

③ 替：通“屜”，墊子。

④ 故：舊的。

⑤ 信施：信奉者所施之財物。

⑥ 食巾：餐巾，吃飯時鋪在膝上，以免飯湯菜羹落在衣服之上。

⑦ 替：通“屜”，墊。

⑧ 莧（wǎn）：即“莞”。

二十二、卧息方法

西國房迮①[1]，居人②復多。卧起③之後，牀皆舉攝④[2]，或内置一邊，或移安户外。牀闊二肘，長四肘半，褥席同然，輕而不重。然後牛糞乾揩其地，令使清淨，安置坐牀⑤及木枯小席等[3]，隨尊卑而坐，如常作業⑥。所有資生⑦之具，並棚上安之[4]。

【校勘】

[1] 迮：慧琳、可洪作“窄”。慧琳：“房窄，爭厄反。《埤蒼》云：‘窄，陿也。’《古今正字》云：‘迫陿也。從穴，乍聲。亦從广作㡧。’《傳》作迮，誤用也，今不取。陿音洽。”可洪：“房窄，音迮。”

[2] 牀：磧本、大本作“床”。下同。

[3] 枯：大本作“桔”。

[4] 棚：金本作“掤”，麗本、磧本作“棚”，今據改。

【箋注】

① 迮：同“窄”。狹窄。

② 居人：居民。唐玄奘《大唐西域記》卷一：“颯秣建國，周千六七百里，東西長，南北狹。國大都城周二十餘里，極險固，多居人。”《舊唐書・食貨志上》：“贊請税京師居人屋宅。”

③ 卧起：起床。

④ 舉攝：收拾，收藏。義淨譯《根本説一切有部毘奈耶》卷二十八：“我於某處安僧敷具，若有同梵行者來見之時，當爲舉攝。”

⑤ 坐牀：坐榻。北魏楊衒之《洛陽伽藍記》卷二：“背設五采屏風、七寶坐床，容數人，真是異物。”宋沈括《夢溪筆談・譏謔》：“冬月作小坐牀，冰上拽之，謂之‘凌牀’。”

⑥ 作業：勞作。漢班固《東觀漢記・魏霸傳》：“爲將作大匠，吏皆懷恩，人自竭節作業。”

⑦ 資生：賴以爲生。《周易・坤》：“至哉坤元，萬物資生，乃順承天。”孔穎達疏：“萬物資生者，言萬物資地而生。”

其牀前並無以衣遮障之法。其不合者，自不合卧；如其合者，何事遮身？其衆僧卧具，必須安襯①，方合受用，坐具意在於此。如其不爾，還招黑背之辜②[1]。聖有誠言，不可不慎。

【校勘】

［1］黑：磧本作“累”。

【箋注】

① 儭：通“襯”。襯墊，墊子。

② 黑背之辜：義淨譯《根本説一切有部百一羯磨》卷九：如世尊説：“汝等苾芻不應於僧伽臥具不安襯替而爲受用。”時六衆苾芻或以垢膩疎薄破碎之類，用襯僧伽臥具。爾時世尊於日初分，執持衣鉢入薜舍離而行乞食，以具壽阿難陀爲侍者。世尊便見一人脊背皆黑，遂命阿難陀曰：“汝見此人脊背黑不？”阿難陀言：“見。”佛言：“此人往昔於迦攝波如來正教中出家，遂以隨宜惡物用襯僧伽臥具。由彼昔時黑業惡報墮於地獄，又五百生中常招黑背。由此過患，是故苾芻不應以其疎薄破碎垢膩之物襯僧伽臥具。若是厚物應可一重，必其故薄兩重方用。若不爾者，得越法罪。”

又復南海十島[1]，西國五天，並皆不用木枕支頭[2]，神州獨有斯事。其西方枕囊樣式[3]，其類相似。取帛或布，染色隨情，縫爲直袋，長一肘半，寬半肘。中間貯者，隨處所出。或可填毛，或盛麻緼①[4]，或蒲黄②柳絮，或木綿③荻苕④，或耎葉乾苔⑤[5]，或决明⑥麻豆⑦。隨時冷熱，量意高下。斯乃取適安身，實無堅强之患。然爲木枕踈鞕，頂下通風[6]，致使時人多苦頭疾。然則方殊土别，所翫不同，聊述異聞，行否隨好。既而煖物除風[7]，麻豆明目，且能有益，用成無爽[8]。又爲寒鄉凍頂，多得傷寒，冬月鼻流，斯其過也。適時温頂[9]，便無此患。諺云凍頂温足，未必常可依之矣。

【校勘】

［1］㠀：金本、麗初本、麗本作“㠀”，磧本、大本作“島”，二字同。

［2］木枕：金本作“大枕”，今據他本改。

支：金本作“楮”，麗初本、麗本作“支”，磧本作“支”，今據改。

［3］様：麗本作“㨾”。

［4］緼：金本作“緼”，麗本、磧本作“緼”，二字同。

［5］耎：大本作“軟”。

［6］頂：金本、麗初本、麗本、大本作“項”，磧本作“頂”，今據改。

［7］煖：金本、麗初本、麗本作“燸”，磧本作“煖”，今據改。

［8］爽：金本、麗本作“奭”，今改。

［9］時：磧本作“一時”。

【箋注】

① 緼：亂麻。可洪：“麻緼，於殞、於云二反，枲也。”《漢書・蒯通傳》：“即束緼請火于亡肉家。”顔師古注：“緼，亂麻。”

② 黄：枯葉。五代齊己《和孫支使惠示院中庭竹之什》：“剪黄憎舊本，科緑惜新生。”

③ 木綿：即木棉。《太平御覽》卷九六〇引晋郭義恭《廣志》：“木緜樹赤華，爲房甚繁，偪側相比，爲緜甚軟，出交州永昌。”唐章碣《送謝進士還閩》：“卻擁木綿吟麗句，便攀龍眼醉香醪。”

④ 荻苕：蘆葦的花穗。

⑤ 苔：地衣。《淮南子・泰族訓》：“窮谷之汙，生以青苔。”

⑥ 決明：決明子。唐杜甫《秋雨歎》詩之一：“雨中百草秋爛死，階下決明顔色鮮。”

⑦ 麻豆：芝麻和豆子。

又復僧房之内，有安尊像，或於窓上[1]，或故作龕。食坐之時，像前以布幔遮障。朝朝洗沐，每薦香花；午午虔恭，隨飡奉獻[2]。經箱格①在一邊[3]，卧時方居别室。南海諸洲，法亦同此。斯乃私房尋常禮敬之軌。其寺家尊像，並悉别有堂殿。豈有像成已後，終身更不洗拭？自非齋次，寧容輒設䟲飡？由此言之，同居亦復何損？大師在日，尚許同居。形像倣②真③，理當無妨。西國相傳，其來久矣。

【校勘】

［1］窓：磧本作“窻”。

［2］飡：磧本作“餐”。

［3］格：金本、麗初本作“挌”，麗本、磧本作“格”，今據改。

【箋注】

① 格：擱置。《史記·梁孝王世家》：“竇太后心欲以孝王爲後嗣。大臣及袁盎等有所關説於景帝，竇太后義格，亦遂不復言以梁王爲嗣事由此。”

② 倣：仿效，效法。漢班固《西都賦》：“據坤靈之正位，倣太紫之圓方。”

③ 真：畫像，容貌。唐范攄《雲溪友議》卷上：“楚材得妻真及詩範，遽有雋不疑之讓，夫婦隨偕老焉。”

二十三、經行少病

五天之地，道俗多作經行。直去直來，唯遵一路，隨時適性，勿居鬧處。一則痊痾，二能銷食。隅中日昳①[1]，即行時也。或可出寺長引②，或於廊下徐行。若不爲之，身多病苦，遂令脚腫肚腫，臂疼髆疼[2]。但有痰癊不銷，並是端居③所致。必若能行此事，實可資身長道。

【校勘】

[1] 隅：麗本、磧本作“禺”。

[2] 髆：麗本、大本作“髆”，二字同。

【箋注】

① 日昳（dié）：太陽偏西。《尚書・無逸》“自朝至于日中昃”孔傳：“從朝至日昳不暇食。”孔穎達疏：“昃亦名昳，言日蹉跌而下，謂未時也。”《史記・天官書》：“旦至食，爲麥；食至日昳，爲稷；昳至餔，爲黍。”

② 長引：長距離行走。

③ 端居：安居，静坐。

故鷲山覺樹之下，鹿苑王城之内[1]，及餘聖跡，皆有世尊經行之基耳。闊可二肘，長十四五肘，高二肘餘，壘①甎作之[2]。上乃石灰素作蓮花開勢[3]，高可二寸[4]，闊纔一尺，有十四五，表聖足跡。兩頭基上，安小制底，量與人齊，或可内設尊容，爲釋迦立像。

【校勘】

[1] 苑：金本、麗初本作“菀”，麗本、磧本作“苑”，今據改。

[2] 壘：金本、麗初本作“疊”，麗本、磧本作“壘”，今據改。

[3] 素：麗本、大本作“塑”。

花：磧本作“華”，二字同。

[4] 寸：金本、麗本、大本作“肘”，麗初本、磧本作“寸”，今據改。

【箋注】

① 壘(lěi):堆砌。

若其右繞佛殿,旋遊制底[1],别爲生福,本欲虔恭。經行乃是銷散之儀,意在養身療病。舊云行道,或曰經行,則二事總包[2],無分涇渭。遂使調適①之事,久闕東川。經云“觀樹經行”,親在金剛座側,但見直迹[3],未覩圓基耳。

【校勘】

[1] 遊:金本、麗初本無此字,麗本、磧本、大本有,今據補。

[2] 總:金本、麗初本、麗本作“揔”,磧本作“惣”,大本作“總”,今據改。

包:金本、麗初本作“苞”,今據他本改。

[3] 直:麗本、磧本作“真”。

【箋注】

① 調適:調理;調養。《舊唐書·李珏傳》:“當四體和平之時,長宜調適,以順寒暄之節。”

二十四、禮不相扶[1]

禮拜之軌,須依教爲。進具若分影在前,即合受小者之拜。佛言有二種人合受禮拜,一謂如來,二大已苾芻。斯則金口誠教,何勞輒事謙下?小者見大,緩須申敬[2],唱畔睇①

而禮之。大受小禮,自可端拱②而云痾嚕祇③[3]【近也反。是呪願彼令無病義耳】。如其不道,彼此招愆。隨立隨坐,不改常式。既其合受,無容反敬。斯乃五天僧徒之則也。

【校勘】

[1] 扶:金本、麗初本、麗本作"扶",今改。

[2] 申:麗初本、麗本、大本同,磧本作"伸"。

[3] 祇:金本作"底",磧本作"柢",麗初本作"抵",麗本作"抵",慧琳作"祇",今據改。慧琳:"痾嚕祇,上阿可反,次音魯,下,《傳》自音云近也。梵語,《傳》中自解也。"可洪:"痾嚕抵,上烏何反,中落故反,下近也反,傳文自切也。下又底帝二音也。"

【箋注】

① 畔睇:梵文 vandana 音譯。義爲稽首、敬禮。可洪:"畔睇,徒帝反,梵云畔睇,或云畔憚,此云和南。"

② 端拱:正身拱手。指恭敬有禮,莊重不苟。《莊子·山木》:"顔回端拱,還目而窺之。"《晋書·隱逸傳·張忠》:"冬則緼袍,夏則帶索,端拱若尸。"

③ 痾嚕祇(qí):梵文 Ārogya 音譯。

豈有小欲禮大,先望大起?大受小恭,恐小嫌恨?爲此則忩忩迫迫[1],尊執卑而不聽稽首;辛辛苦苦[2],卑求敬而不能至地。若不如此,云乖禮數。嗚呼!虧聖教[3],取人情,敬受乖儀,誠可深察。延波①既久,誰當偃②諸!

【校勘】

[1] 忩忩迫迫:麗初本、麗本同,磧本作"忽迫忽迫",大本作"忽忽迫迫"。

[2] 辛辛苦苦:金本作"辛辛苦苦",麗本、磧本、大本作"辛苦辛

苦”，麗初本作“辛辛苦苦”，今據改。“辛”即“辛”。

［3］虧：金本作“虧”，磧本作“虧”，二字同，今據改。

【箋注】

① 延波：傳播。延，傳播、傳揚。唐韓愈《獨孤府君墓誌銘》：“名聲垂延，紹德惟克。”波，波及、播散。南朝梁張率《清涼》：“羅帷夕風濟，清氣尚波人。”

② 偃：使停息，止息。《荀子・儒效篇》：“反而定三革，偃五兵，合天下，立聲樂。”唐盧照鄰《行路難》：“誰家能駐西山日？誰家能偃東流水？”

二十五、 師資之道

夫教授門徒，紹隆①之要。若不存念，則法滅可期。事須慇懃[1]，無宜網漏②[2]。

【校勘】

［1］懃：磧本作“勤”。

［2］網：金本、麗初本、麗本作“網”，磧本作“網”，大本作“網”，“網”即“網”字，今據改。

【箋注】

① 紹隆：繼承發揚。《文選・鍾會〈檄蜀文〉》：“今主上聖德欽明，紹隆前緒。”劉良注：“紹繼緒業也。言有聖明之德而繼先人之業。”

② 綱漏：大的遺漏。

律云每於晨旦[1]，先嚼齒木。次可就師，奉其齒木、澡豆①、水巾，敷置坐處，令安穩已[2]，然後禮敬尊儀，旋繞佛殿。却就師處，攝衣一禮，更不重起，合掌三叩，雙膝踞地[3]，低頭合掌問云[4]："鄔波馱耶存念[5]【馱字音停夜反[6]，既無正體，借音言之。鄔波是其親近，波字長唤，中有阿字。阿馱耶②義當教讀，言和尚者非也。西方汎唤博士③[7]，皆名烏社，斯非典語。若依梵本，經律之文，皆云鄔波馱耶[8]，譯爲親教師。北方諸國[9]，皆唤和社，致令傳譯習彼訛音】。"或問云："阿遮利耶存念【譯爲軌範師，是能教弟子法式之義。先云阿闍梨④，訛也】，我今請白，不審鄔波馱耶宿夜安不？四大⑤平和不？動止⑥輕利⑦、飲食銷不？旦朝之飡可能進不[10]？"斯則廣略隨時也。時師乃量身安不[11]，具答其事[12]。次於隣近比房，任能禮其大者[13]。次讀少許經，憶所先受，日新月故，無虧寸陰。待至日小食⑧時，量身輕重，請白方食。

【校勘】

[1] 於：金本、麗初本、麗本作"扵"，磧本作"於"，今據改。

[2] 穩：磧本作"隱"。

[3] 膝：麗初本、麗本、大本同，磧本作"膝"，二字同。

[4] 低：金本、麗初本、麗本作"仾"，磧本作"低"，二字同，今據改。

[5] 馱：金本、麗初本、麗本、大本作"馱"。二字同，今改。

[6] 停夜反：麗初本、麗本、大本同，磧本作"停駕反"。

[7] 博：金本、麗初本、麗本作"愽"，磧本作"博"，今據改。

[8] 皆：麗初本、大本作"咸"。

[9] 北方：金本誤作"西方"，今改。

[10] 朝：金本誤作"粥"，今改。

［11］時：磧本無此字。

［12］答：金本、麗初本、麗本、磧本作“荅”，大本作“答”，今據改。

［13］任：磧本作“住”。

者：金本、麗初本無此字。

【箋注】

① 澡豆：用豬胰等磨成糊狀，合豆粉、香料等，經自然乾燥而製成的塊狀物，有去污和營養皮膚的作用。姚秦弗若多羅、鳩摩羅什譯《十誦律》卷三十八：佛在舍衛國。有病比丘，蘇油塗身，不洗痒悶。是事白佛，佛言：“應用澡豆洗。”優波離問佛：“用何物作澡豆？”佛言：“以大豆、小豆、摩沙豆、豌豆、迦提婆羅草、梨頻陀子作。”南朝宋劉義慶《世説新語·紕漏》：“婢擎金澡盤盛水，琉璃碗盛澡豆。”

② 阿馱耶：梵文 ādhyāya 音譯。

③ 博士：博學之士。

④ 阿闍梨：梵文 Ācārya 音譯。

⑤ 四大：佛教以地、水、火、風爲四大。認爲四者分别包含堅、濕、暖、動四種性能，人身即由此構成。因亦用作人身的代稱。晉慧遠《明報應論》：“夫四大之體，即地、水、火、風耳，結而成身，以爲神宅。”

⑥ 動止：起居作息，謂日常生活。《隋書·經籍志二》：“起居注者，録紀人君言行動止之事。”唐韓愈《與華州李尚書書》：“比來不審尊體動止何似？”

⑦ 輕利：輕便。《墨子·辭過》：“其爲舟車也，全固輕利，可以任重致遠。”晉潘岳《射雉賦》：“蕭森繁茂，婉轉輕利。”

⑧ 小食：原指早餐，後泛指點心、零食。《梁書·昭明太子傳》：“普通中，大軍北討，京師穀貴，太子因命菲衣減膳，改常饌爲小食。”

何勞未曉①，覓粥怱怱[1]？不及白本師，無由嚼齒木，不暇觀蟲水，豈容能洗淨？寧知爲一盂之粥，便違四種佛教！訕替之本，皆從此來，願住持之家善應量處【前白事等，此乃是阿離耶提捨教授之儀[2]。阿離耶譯爲聖，提捨譯爲方，即名西國爲聖方矣。以其賢聖繼軌②[3]，人皆共稱。或云末睇是中[4]，提捨是國③，百億④之中心，斯其事也，此號人咸委之。其北方胡國[5]，獨喚聖方以爲呬度[6]。呬音許伊反[7]。全非通俗之名，但是方言，固無別義[8]。西國若聞此名，多皆不識。宜喚西國爲聖方[9]，斯成允當[10]。或有傳云，印度譯之爲月[11]，雖有斯理，未是通稱。且如西國名大周爲支那者[12]，直是其名，更無別義。又復須知，五天之地皆曰婆羅門國⑤[13]，北方速利總號胡彊[14]。不得雷同，咸爲一喚耳】。

【校勘】

[1] 忩忩：麗初本、麗本同，磧本、大本作“怱怱”。“忩”即“怱”字。

[2] 捨：各本作“舍”，今據下文改。

[3] 繼：麗本作“継”。

[4] 末：麗初本、麗本、磧本作“未”。

[5] 北：磧本作“比”。

[6] 呬度：金本、麗本、大本無此二字，今據他本補。

[7] 呬：麗本作“四”。

許伊反：金本、磧本作“許傒反”，麗初本作“許愋反”，麗本、大本作“許伊反”，今據改。

[8] 別：金本、麗初本無此字，今據他本補。

[9] 國：磧本無此字。

[10] 成：麗本、大本作“誠”。

[11] 譯：磧本作“説”。

[12] 周：金本、麗初本、麗本、大本作“唐”，磧本作“周”，今據改。

[13] 五：磧本前有“是”字。

[14] 速利：麗本、大本作“連例”。

【箋注】

① 曉：天亮。《説文・日部》：“曉，明也。从日，堯聲。”段玉裁

注:“俗云天曉是也。”南朝宋劉義慶《世説新語・文學》:“真長延之上坐,清言彌日,因留宿。”

② 繼軌:謂接繼前人之軌跡。三國魏李康《運命論》:“前監不遠,覆車繼軌。”晋法顯《佛國記》:“非夫彌勒大士繼軌釋迦,孰能令三寶宣通,邊人識法。”

③ 末睇提捨:梵文 Madhyadeśa 音譯,意譯爲中國,即中央之國,指恆河中游地帶。爲古代印度婆羅門文明之中心地。

④ 百億:指世界及衆生。東晋佛馱跋陀羅譯《大方廣佛華嚴經》卷五:“爾時,世尊從兩足相輪放百億光明,遍照三千大千世界,百億閻浮提、百億弗婆提、百億拘伽尼、百億鬱單越、百億大海、百億金剛圍山、百億菩薩生、百億菩薩出家、百億佛始成正覺、百億如來轉法輪、百億如來般泥洹、百億須彌山王、百億四天王天、百億三十三天、百億時天、百億兜率陀天、百億化樂天、百億他化樂天、百億梵天、百億光音天、百億遍淨天、百億果實天、百億色究竟天,此世界所有一切悉現。如此見佛坐蓮華藏師子座上,有十佛世界塵數菩薩眷屬圍遶,百億閻浮提亦復如是。”

⑤ 婆羅門國:古印度别稱。唐玄奘《大唐西域記》卷二:“印度種姓族類群分,而婆羅門特爲清貴,從其雅稱,傳以成俗,無云經界之别,總謂婆羅門國焉。”

凡剃髮披縵條[1],出家近圓已,律云唯除五事不白,自外一一皆須白師,不白得罪。五事者:一嚼齒木,二飲水,三大便,四小便,五界中四十九尋内制底畔睇[2]。

【校勘】

[1] 縵:磧本作“漫”。

[2] 畔:金本、麗初本作“毗”,今據他本及上下文改。

且如欲食,白者須就師邊,依禮拜法,而白師云:“鄔波駄耶存念，我今請白，洗手洗器，欲爲食事。”師云：“謹慎。”諸餘白事，類此應知。師乃量事度時，與其進止。知有多事，便可一時併白。

若其解律五夏，得離本師，人間①遊行，進求餘業，到處還須依止。十夏既滿，依止方休[1]。大聖慇懃[2]，意在於此[3]。如不解律，依他盡形。設無大者，依小而住，唯除禮拜，餘並爲之。

【校勘】

[1] 休：麗本作“休”。

[2] 慇懃：磧本作“殷勤”。

[3] 意：大本作“竟”。

【箋注】

① 人間：世間。《史記·留侯世家》：“願棄人閒事，欲從赤松子遊耳。”晋陶潛《庚子歲五月中從都還阻風於規林》詩之二：“静念園林好，人間良可辭。”

豈得晨朝問安，曾不依律？隨有事至，寧知白言？或有旦暮兩時，請其教誡。雖復權申訓誨，律文意不如是。何則？白者不的其事，答者何所商量？白事之言，故不然也。但爲因循①，日久逐省，誰肯勞煩？必能准教奉行，即是住持不絶。若將此以爲輕者，餘更何成重哉？故律文云：“寧作屠兒，不授他具戒捨而不教也。②”

【箋注】

① 因循：疏懶，懈怠。北齊顔之推《顔氏家訓·勉學》：“世人婚冠未學，便稱遲暮，因循面牆，亦爲愚耳。”

② 寧作屠兒，不授他具戒捨而不教也：義淨譯《根本説一切有部毘奈耶》卷三十六云：時少年苾芻有親教師，常修寂定住空林野。便將長者往詣師處，禮足已白言："鄔波馱耶！此善男子欲於善説法律而爲出家，願親教師與其出家，并授圓具，慈愍故！"時親教師報弟子曰："具壽！我無容暇。如世尊説：'寧作屠兒常爲殺害，不與他出家受圓具已而不教授。'"

又西國相承事師之禮。初夜後夜，到其師所。師乃先遣弟子安坐，三藏之中，隨時教授，若事若理，不令空過①。察其戒行，勿使虧違②。知有所犯，即令治③懺④。

【箋注】

① 空過：虚度。南唐馮延巳《更漏子》："雁孤飛，人獨坐，看卻一秋空過。"

② 虧違：虧缺、違背。

③ 治：作；爲。《詩經・邶風・緑衣》："緑兮絲兮，女所治兮。"《孟子・公孫丑下》："夫既或治之，予何言哉？"

④ 懺：懺摩。

弟子方乃爲師按摩身體[1]，襞疊①衣裳[2]。或時掃拭房庭，觀蟲進水。片有所作，咸皆代爲。斯則敬上之禮也。

若門徒有病，即皆躬自抱持湯藥所須，憂同赤子。然佛法綱紀，以教誨爲首，如輪王②長子③，攝養④不輕。律有明言，寧容致慢？

【校勘】

[1] 按：磧本作"案"。

[2] 襞疊：慧琳作"襞㲲"："上必亦反。《廣雅》云：'襞，詘也。'《説文》：'韏衣也。從衣辟聲。'下恬挾反。《説文》云：'㲲，重衣也。

從衣執聲。'《傳》作疊,非也。韏音卷。"

【箋注】

① 襞(bì)疊:折疊。襞,折疊衣物。《漢書·揚雄傳上》:"芳酷烈而莫聞兮,不如襞而幽之離房。"顔師古注:"襞,疊衣也。"南朝梁王僧孺《爲人寵姬有怨》:"錦衾襞不開,端坐夜及朝。"

② 輪王:轉輪聖王,印度古代神話中的國王。

③ 長子:養育孩子。《荀子·儒效篇》:"而狂惑戇陋之人,乃始率其羣徒,辯其談説,明其辟稱,老身長子,不知惡也。"楊倞注:"身老子長,言終身不知惡之也。"《莊子·至樂》:"莊子妻死,惠子弔之,莊子則方箕踞鼓盆而歌。惠子曰:'與人居,長子、老、身死,不哭,亦足矣,又鼓盆而歌,不亦甚乎!'"成玄英疏:"共妻居處,長養子孫。"

④ 攝養:撫養。《三國志·吴志·陸瑁傳》:"瑁從父績早亡,二男一女,皆數歲以還,瑁迎攝養,至長乃别。"南朝梁陶弘景《冥通記》卷一:"期歲,爲姨竇光所攝養,同如母之義子。"

上言制底畔睇者[1],或云制底畔彈那①。大師世尊既涅槃後,人天並集,以火焚之。衆聚香柴,遂成大積②,即名此處以爲質底③,是積聚義。據從生理④,遂有制底之名。又釋,一想世尊衆德俱聚於此,二乃積甎土而成之。詳傳字義如是。或名窣覩波⑤[2],義亦同此。舊總云塔[3],别道支提⑥,斯皆訛矣。或可俱是衆共了名,不論其義。

【校勘】

[1] 底:麗初本作"房"。

[2] 覩:磧本作"睹"。

[3] 總:金本作"揔",磧本作"惣",大本作"總",今據改。

【箋注】

① 畔彈那：即“畔睇”。

② 積：同“積”，柴堆，草堆。

③ 質底：梵文 Citi 音譯。

④ 生理：產生之原理。此指得名之由。

⑤ 窣覩波：梵文 Stūpa 音譯。

⑥ 支提：梵文 caitya 音譯。

西方釋名①，略有二種：一有義名，二無義名。有義名者，立名有由，即依名義②而釋也，名體③一向相稱。如釋“善人”之名者[1]，初依德跡，即是依義立名。次云或共了知，即是不論其義，但據世人共喚爲“善人”[2]，即是無義之名。

【校勘】

[1] 人：各本作“入”，今據文意及下文改。

[2] 人：麗初本、麗本、磧本、大本作“入”。

【箋注】

① 釋名：此指解釋名詞的字面意義。

② 名義：事物的名稱和含義；事物立名的含義。宋程大昌《演繁露・自序》：“而《繁露》之書，事物名義，悉所研極。”

③ 名體：名稱與所指稱的事物。

畔睇者，敬禮也。凡欲出外禮拜尊像，有人問云：“何所之適①？”答曰：“我向某處制底畔睇。”

凡禮拜者，意在敬上自卑之儀也[1]。欲致敬時，及有請白，先整法衣，搭左肩上[2]，壓衣左腋，令使著身，即將左手向下，掩攝衣之左畔。右手隨所掩之衣裾[3]，既至下邊，卷衣向膝[4],兩膝俱掩,勿令身現。背後衣緣,急使近身。掩攝衣裳,莫遣垂地。足跟雙竪,脊項平直[5],十指布地,方始叩頭。然其膝下,逈無衣物。復還合掌,復還叩頭[6],慇懃致敬[7],如是至三。必也尋常,一禮便罷,中間更無起義。西國見爲三拜,人皆恠之[8]。若恐額上有塵[9],先須摩手令淨,然後拭之。次當拂去兩膝頭土,整頓衣裳,在一邊坐。或可暫時竚立,尊者即宜賜坐。必有呵責,立亦無傷。

【校勘】

[1] 儀:麗本、大本作"義"。

[2] 左:金本、麗初本、大本作"在",麗本、磧本作"左",今據改。

[3] 裾:磧本作"裙"。

[4] 膝:磧本作"腜"。下同。

[5] 項:磧本、麗初本作"須"。

[6] 叩頭:金本、磧本、麗初本作"叩地",麗本、大本作"叩頭",今據改。

[7] 慇懃:磧本作"殷勤"。

[8] 恠:麗初本、麗本同,磧本、大本作"怪"。二字同。

之:大本作"也"。

[9] 恐:麗本作"忈",二字同。

【箋注】

① 之適:前往。《後漢書·禰衡傳》:"始達潁川,乃陰懷一刺,既而無所之適,至於刺字漫滅。"《三國志·蜀志·劉璋傳》:"先主所將將士,更相之適,歡飲百餘日。"

斯乃佛在世時,迄乎末代,師弟相傳,于今不絶。如經律云"來至佛所,禮佛雙足,在一邊坐",不云"敷坐具禮三拜,在一邊立",斯其教矣。但尊老之處,多座須安,必有人來,准儀而坐。

凡是坐者,皆足蹋地,曾無帖膝之法也。律云應先嗢屈竹迦①[1],譯爲蹲踞[2]。雙足履地,兩膝皆竪,攝斂衣服,勿令垂地,即是持衣説淨常途軌式。或對别人②而説罪,或向大衆而申敬,或被責而請忍,或受具而禮僧,皆同斯也。或可雙膝著地,平身合掌,乃是香臺瞻仰讚歎之容矣[3]。

【校勘】

[1] 嗢:麗初本作"湼"。

[2] 踞:金本、磧本、麗初本作"居",麗本、大本作"踞",今據改。

[3] 臺:金本、麗本作"薹",磧本、大本作"臺",今據改。

讚:磧本作"讃"。

【箋注】

① 嗢屈竹迦:梵文 Utkuṭuka 音譯。

② 别人:佛教術語,用來特指佛教中的某類人(包括主人、作羯磨人、與欲人、述自見人、客人)中的少數人(一到三人)。

然於牀上禮拜[1],諸國所無;或敷氈席,亦不見有。欲敬反慢,豈成道理?至如牀上席上,平懷①尚不致恭,況禮尊師大師[2]?此事若爲安可?西國講堂食堂之内,元來不置大牀,多設木枯并小牀子,聽講食時,用將踞坐,斯其本法矣。神州則大牀方坐,其事久之。雖可隨時設儀,而本末之源須識[3]。

【校勘】

[1] 牀:磧本、大本作"床"。下同。

[2] 況:金本、麗本作"况",今改。

［3］源：金本作“原”，麗初本、麗本、磧本作“源”，今據改。

【箋注】

① 平懷：平輩。

二十六、客舊相遇

昔大師在日，親爲教主，客苾蒭至，自唱善來①。

又復西方寺衆，多爲制法：凡見新來，無論客舊及弟子門人，舊人即須迎前，唱莎揭哆②，譯曰善來。客乃尋聲③即云窣莎揭哆④[1]，譯曰極善來。如不説者，一違寺制，二准律有犯。無問大小，悉皆如此。

【校勘】

［1］窣：麗本作“窣”。

【箋注】

① 善來：歡迎，即“其來正好”之意。

② 莎揭哆：梵文 Svāgata 音譯。

③ 尋聲：隨聲；緊接别人的聲音。《三國志・魏志・夏侯玄傳》：“令發之日，下之應也，猶響尋聲耳。”唐鄭綮《開天傳信記》：“上嘗問曰：‘此胡腹中何物，其大如是。’禄山尋聲應曰：‘腹中更無他物，惟赤心爾。’”

④ 窣莎揭哆：梵文 Suṣvāgata 音譯。

即爲收取瓶鉢,掛在壁牙①[1]。隨處安坐,令其憩息[2]。幼向屏處[3],尊乃房前。卑則敬上,而熟②搦③其腨[4],後及遍身。尊乃撫下,而頻按其背,不至腰足[5]。齊年④之類,事無間然⑤。既解疲勞,方澡手濯足。

【校勘】

[1] 掛:金本、麗初本、麗本作"挂",大本作"拄",磧本作"掛",今據改。

壁:金本、麗本作"辟",今改。

[2] 憩:金本、麗初本、麗本作"憇",磧本、大本作"憩",今據改。

[3] 幼:各本作"纫",二字同,今改。

[4] 熟:磧本作"孰"。

[5] 腰:磧本作"腰"。

【箋注】

① 壁牙:牆壁上用來挂東西的短釘橛。

② 熟:深度。

③ 搦(nuò):按壓。《史記·扁鵲倉公列傳》:"因五藏之輸,乃割皮解肌,訣脈結筋,搦髓腦,揲荒爪幕,湔浣腸胃,漱滌五藏,練精易形。"

④ 齊年:指年齡相同的人。宋邵伯溫《邵氏聞見録》卷九:"惠卿既得位,遂叛荆公,出平日荆公移書,有曰:'無使齊年知。'齊年謂馮公京,蓋荆公與馮公皆辛酉人。"

⑤ 間然:異議。《論語·泰伯》:"子曰:'禹,吾無間然矣。'"北齊顔之推《顔氏家訓·養生》:"若其愛養神明,調護氣息,慎節起卧,均適寒暄,禁忌食飲,將餌藥物,遂其所稟,不爲夭折者,吾無間然。"

次就尊所,申其禮敬[1],但爲一禮,跪而按足。尊乃展其右手[2],撫彼肩背。若别非經久,手撫不爲。師乃問其安不,弟子隨事見答。然後退在一邊,恭敬而坐,實無立法。然西方軌則,多坐小枯[3],復皆露足。東夏既無斯事,執足之禮不行。經説“人天來至佛所,頂禮雙足,退坐一面”,即其儀矣。

【校勘】

[1] 申:磧本作“伸”。

[2] 尊:磧本後有“遂”字。

[3] 枯:大本作“枯”。

然後釋其時候①[1],供給湯飲。蘇蜜沙糖[2],飲噉隨意,或餘八漿②。並須羅濾,澄清方飲,如兼濁滓,此定不開。杏湯之流,體是稠濁,准依道理[3],全非飲限。律云:凡漿淨濾,色如黄荻③。

【校勘】

[1] 候:金本作“候”,磧本作“候”,今據改。

[2] 蘇:麗本、磧本、大本作“酥”。

[3] 依:金本、麗初本誤作“衣”,今據他本改。

【箋注】

① 釋其時候:指根據佛教對“時”與“非時”的闡釋。唐道世撰《法苑珠林》卷四十二:“又薩婆多論云:釋時有四。一始從日出乃至日中,其明轉熾名之爲時。從中已後至後夜分其明滅没,故名非時。二從旦至中,是作食時,乞不生惱,故名爲時。從中已後至於夜分,是俗人醼會遊戲之時,入村乞食多有觸惱,故名非時。三從旦至中,俗人作務,婬亂未發。乞不生惱,故名爲時。從中已後事務休息,婬戲言笑,入村乞食,喜被誹謗,故名非時。四從旦至中是乞食時,得食濟身,寧心修道。事順應法,故名爲時。從中已後,宜應修道,非乞食

時。故名非時。”

② 八漿：指八種果漿。義淨譯《根本説一切有部毘奈耶藥事》卷一：“言更藥者，謂八種漿。云何爲八？一、招者漿（西方樹名，亦名顛咀梨。角同皂莢，其味如梅，角寬一兩指，長三四寸，時人鎮食）；二、毛者漿（即芭蕉子，以少胡椒粖安在果上，手極挼之，皆變成水）；三、孤洛迦漿（狀如酸棗，其味一種，唯有此棗無甜者）；四、阿説他果；五、烏曇跋羅（其果大如李）；六、鉢魯灑（其果狀如蘡薁子，味亦相似）；七、篾栗墜漿（即是葡萄菓）；八、渴樹羅漿（形如小棗，甜而且澁，樹多獨立，形若椶櫚。此等諸漿，皆須淨洗手，淨濾漉，然後堪飲）。”

③ 黄荻：黄色的荻，形狀像蘆葦。唐元稹《江邊四十韻》：“金璫排黄荻，琅玕褭翠梢。”

此謂西國師弟、門徒、客舊相遇逢迎之禮。豈有冒寒創至[1]，觸熱新來，或遍體汗流，或手足皆涷，放却衣幞①[2]，急事和南？情狀忩忙[3]，深乖軌式。師乃立之，閑問餘事，誠哉大急將爲紹隆[4]！

【校勘】

[1] 冒：磧本作“冐”。

[2] 幞：金本作“懞”，磧本作“幞”，今據改。

[3] 忩：磧本、大本作“悤”，“忩”即“悤”字。

[4] 大急：磧本作“太急”。“大”即“太”。

【箋注】

① 衣幞（fú）：即“衣襆”，衣裳包裹。《南史・王華傳》：“華時年十三，在軍中，與廞相失，隨沙門釋曇冰逃，使提衣襆從後，津邏咸疑焉。”唐谷神子《博異志・崔無隱》：“須臾，白刃夫攜一衣襆入廳，續有女人從之，乃計會逃逝者也。”

言“和南”者，梵云“畔睇”，或云“畔憚南”，譯爲“敬禮”，但爲採語不真，唤“和南”矣。不能移舊，且道“和南”，的取正音，應云“畔睇”。

又道行衆集，禮拜非儀，合掌低頭[1]，口云“畔睇”。故經云：或復但合掌，乃至小低頭，即是致敬也。南人①“不審”②，依希合度。向使改“不審”爲“畔睇”，斯乃全同律教矣。

【校勘】

[1] 低：金本、麗初本、麗本作“仾”，磧本作“低”。二字同，今據改。下同。

【箋注】

① 南人：南方人。《論語·子路》：“南人有言曰：‘人而無恒，不可以作巫醫。’”何晏集解引孔安國曰：“南人，南國之人。”唐劉禹錫《竹枝》詞之一：“南人上來歌一曲，北人莫上動鄉情。”

② 不審：比丘相見問訊之客套話。

二十七、先體病源

前云量身輕重方飡小食者，即是觀四大之强弱也[1]。若其輕利，便可如常所食。必有異處，則須視其起由。既得病源，然後將息。若覺輕健，飢火①内然②，至小食時，方始飡噉。

【校勘】

［1］弱：金本、麗初本作“[illegible]”，“[illegible]”即“弱”，今改。

【箋注】

① 飢火：難忍的飢餓感。唐白居易《旱熱》詩之二：“壯者不耐飢，飢火燒其腸。”

② 然：即“燃”。

凡是平旦，名痰癊時，宿食餘津積在胸膈[1]，尚未踈散，食便成咎。譬乎火燄起而投薪[2]，薪乃尋從火化；若也火未著而安草，草遂存而不然。

【校勘】

［1］胸：金本、慧琳作“胷”，磧本作“肓”，今改。

［2］譬：麗本作“辟”。

燄：大本作“焰”。

夫小食者，是聖别開。若粥若飯[1]，量身乃食。必也因粥能資道，即唯此而非餘。若其要飯方長身[2]，且食飯而無損[3]。凡有食噉令身不安者，是與身爲病緣也。不要頭痛臥床，方云是疾。若餘藥不療，醫人爲處，須非時食，佛言密處與之。如異此流，固非開限。

【校勘】

［1］飯：金本、麗初本作“飰”。下同。

［2］飯：金本、麗初本、麗本作“飰”，磧本作“餅”，大本作“飯”。“飰”即“飯”。上文先總説“若粥若飯”，然後先分説“必也因粥能資道”，故此處應再分説“飯”，下句“且食飯”也同此。

［3］且：大本作“旦”。按，“旦”字應作“且”。“旦”即平旦、早晨之義，書中明確説，平旦之時吃東西於身體有礙：“凡是平旦，名痰癊時，宿食餘津積在胸膈，尚未疎散，食便成咎。”（卷三）“旦”“且”形近而混。

飯：金本作“餘”，磧本作“餅”，麗初本、麗本、大本作“飯”，今據改。

然西方五明論①中，其醫明曰[1]：先當察聲色，然後行八醫，如不解斯妙，求順反成違。

【校勘】

［1］曰：磧本作“日”。

【箋注】

① 五明論：古印度的聲明、工巧明、醫方明、因明、内明等五種學問。

言八醫者：一論所有諸瘡，二論針刺首疾[1]，三論身患，四論鬼瘴，五論惡揭陁①藥[2]，六論童子病，七論長年方[3]，八論足身力②。

言瘡事兼内外；首疾但目在頭[4]；齊咽已下，名爲身患；鬼瘴謂是邪魅；惡揭陁遍治諸毒；童子始從胎内，至年十六；長年則延身久存；足力乃身體强健。

【校勘】

［1］刺：金本作“剌”，磧本作“刺”，二字同。

［2］惡：金本作“恶”，磧本作“惡”，今據改。下同。

陁：磧本、大本作“陀”。下同。

［3］方：金本作“病方”。此據麗初本、麗本、磧本改。

［4］目：麗初本誤作“因”。

【箋注】

① 惡揭陁：梵文 agada 音譯，藥。

② 身力：指體力。唐白居易《早冬遊王屋寄溫谷周尊師中書李相公》：“忽念公程盡，復慚身力衰。”

斯之八術，先爲八部，近日有人略爲一夾①[1]。五天之地，咸悉遵修，但令解者，無不食禄。由是西國大貴醫人，兼重商客，爲無殺害，自益濟他。於此醫明，已用功學，由非正業，遂乃棄之②。

【校勘】

［1］夾：金本作“夹”，今改。

【箋注】

① 夾：量詞。《宋史·外國傳六·天竺》：“滄州僧道圓自西域還，得佛舍利一水晶器、貝葉梵經四十夾來獻。”

② 於此醫明，已用功學，由非正業，遂乃棄之：這是作者介紹自己的情況。

又復須知，西方藥味①與東夏不同，互有互無，事非一概[1]。

且如人參茯苓、當歸遠志[2]、烏頭附子、麻黄細辛[3]，若斯之流，神州上藥。察問西國，咸不見有。西方則多足訶黎勒②，北道則時有鬱金香③，西邊乃阿魏④豐饒，南海則少⑤出龍腦⑥[4]。三種豆蔻，皆在杜和羅⑦；兩色⑧丁香，咸生堀倫國[5]。唯斯色類⑨，是周所須[6]。自餘藥物，不足收採。

【校勘】

［1］概：金本、麗初本、麗本、磧本作“槩”，大本作“概”，今據改。

［2］志：磧本作“忘”。

［3］辛：麗初本、麗本作“辛”。

［4］腦：金本、麗初本、麗本作“腦”，磧本作“腦”，今據改。

［5］倫：磧本作“淪”。

［6］周：金本、麗初本、麗本、大本作“唐”，磧本作“同”，“同”字爲“周”字形誤。今據全書通例改。

【箋注】

① 藥味：藥物的總稱。唐杜甫《寄韋有夏郎中》：“親知天畔少，藥味峽中無。”

② 訶黎勒：梵文 harītakī 音譯，柯子。漢張仲景《金匱要略・嘔吐噦下利病脈證治》：“氣利，訶黎勒散主之。”

③ 鬱金香：鬱金，草名。《藝文類聚》卷八一引晋左芬《鬱金頌》：“伊此奇草，名曰鬱金。越自殊域，厥珍來尋。芬香酷烈，悦目欣心。”《新唐書・西域傳下・箇失蜜》：“出火珠、鬱金、龍種馬。”

④ 阿魏：一種有臭氣的植物。根莖的漿液乾燥後，中醫用爲幫助消化、殺蟲解毒的藥物。唐段成式《酉陽雜俎・木篇》：“阿魏出伽闍那國，即北天竺也。伽闍那呼爲形虞。亦出波斯國，波斯國呼爲阿虞截。樹長八九丈，皮色青黄，三月生葉，葉似鼠耳，無花實。斷其枝，汁出如飴，久乃堅凝，名阿魏。”

⑤ 少：稍，略。《莊子・徐無鬼》：“今予病少痊，予又且復遊於六合之外。”《漢書・賈山傳》：“臣不敢以久遠諭，願借秦以爲諭，唯陛下少加意焉。”

⑥ 龍腦：龍腦香。醫藥上用作强心劑和清涼劑。唐長孫佐輔《古宫怨》：“看籠不記薰龍腦，咏扇空曾秃鼠鬚。”《敦煌曲子詞・内家嬌》：“渾身掛異種羅裳，更薰龍瑙香煙。”

⑦ 杜和羅：即吐火羅。

⑧ 色：種類。唐韓愈《國子監論新注學官牒》：“伏請非專通經

傳，博涉墳史，及進士五經諸色登科人，不以比擬。”

⑨ 色類：種類，類别。唐封演《封氏聞見記・蜀無兔鴿》：“又有酪菜似慎火，苦菜似苣胡，芹渾提葱之屬，並自西域而來，色類甚衆。”唐元稹《敘詩寄樂天書》：“自十六時至是元和七年矣，有詩八百餘首，色類相從，共成十體，凡二十卷。”

凡四大之身，有病生者，咸從多食而起，或由勞力而發[1]。或夜湌未洩[2]，平旦便湌[3]。或旦食不消，午時還食。因兹發動，遂成霍亂①。呃氣②則連宵不息，鼓脹③即終旬莫止。然後乃求多錢之腎氣④，覓貴價之秦膠⑤。富者此事可爲，貧人命隨朝露⑥[4]。

【校勘】

[1] 由：金本無，今據他本補。

[2] 湌：磧本作“餐”，麗本、大本作“食”。

[3] 湌：磧本作“餐”。

[4] 命：麗初本、磧本作“分”。

【箋注】

① 霍亂：病名。中醫泛指具有劇烈吐瀉、腹痛等症狀的腸胃疾病。《素問・六元正紀大論》：“太陰所至，爲中滿，霍亂吐下。”《漢書・嚴助傳》：“夏月暑時，歐泄霍亂之病相隨屬也。”

② 呃氣：氣逆作聲。俗稱打嗝。

③ 鼓脹：中醫學病症名。指由水、氣、瘀血、寄生蟲等原因引起的腹部膨脹的病。《素問・腹中論》：“黄帝問曰：‘有病心腹滿，旦食則不能暮食，此爲何病？’岐伯對曰：‘名爲鼓脹。’”王冰注：“心腹脹滿，不能再食，形如鼓脹，故名鼓脹也。”

④ 腎氣：藥名，指腎氣丸。《金匱要略・消渴小便不利淋病脈證并治》：“男子消渴，小便反多，以飲一斗，小便一斗，腎氣丸主之。”《金

匱要略・血痺虚勞病脈證并治》:“虚勞腰痛,少腹拘急,小便不利者,八味腎氣丸主之。”

⑤ 秦膠:即秦艽(jiāo),“膠”通“艽”。秦艽,草名。其根可作中藥,治風濕,以産於古秦國地區爲最佳,故名。明李時珍《本草綱目・草二・秦艽》:“秦艽出秦中,以根作羅紋交糾者佳,故名秦艽、秦糺。”晋葛洪《抱朴子内篇・至理》:“萑蘆、貫衆之煞九蟲,當歸、芍藥之止絞痛,秦膠、獨活之除八風,菖蒲、乾薑之止痺濕。”

⑥ 朝露:比喻存在時間短促。《史記・商君列傳》:“君之危若朝露,尚將欲延年益壽乎?”《漢書・蘇武傳》:“人生如朝露,何久自苦如此!”顔師古注:“朝露見日則晞,人命短促亦如之。”

病既成矣,斯何救焉!縱使盧醫①旦至[1],進丸散②而無因;鶣鵲③昏來[2],遺湯膏④而寧濟?火燒針刺,與木石而不殊;振足搖頭[3],媿⑤僵仆而何别[4]?斯乃良由不體病本,不解調將。可謂止流不塞其源,伐樹不除其本,波條彌蔓[5],求絶無因。致使學經論者,仰三藏而永嘆[6];習静慮者,想八定⑥而長嗟。俗士乃務明經⑦之輩,則絶轡於金馬之門⑧;求進士之流,遂息步於石渠⑨之署[7]。妨修道業,可不大歟?廢失榮寵,誠非小事!

【校勘】

[1] 醫:磧本作“毉”,麗初本、麗本、大本作“威”。

[2] 鶣鵲:鶣,磧本、慧琳作“扁”。慧琳:“扁鵲,上邊辮反,人姓名。《傳》從鳥作鶣,非也。”根據慧琳的敘述以及金本、麗初本、麗本、大本,原書應作“鶣鵲”。

昏:麗初本、麗本作“昬”。

[3] 振:磧本作“震”。

搖頭:金本、麗初本作“頭搖”,磧本作“頭摇”,麗本作“摇頭”,大本作“搖頭”,今據改。

［4］ 媲：金本、麗初本、麗本、大本作“混”，磧本、可洪作“媲”。可洪：“媲僵仆，上疋詣反，中居良反，下芳付反。”今據改。

［5］ 波：磧本作“枝”。

條：麗初本作“修”。

［6］ 嘆：磧本作“歎”。

［7］ 署：金本、麗初本誤作“暑”，今據他本改。

【箋注】

① 盧醫：扁鵲的别稱。唐楊玄操《〈難經〉序》：“《黄帝八十一難經》者，斯乃勃海秦越人之所作也……以其與軒轅時扁鵲相類，乃號之爲扁鵲，又家於盧國，因命之曰盧醫。”

② 丸散：指中藥的丸劑、粉劑之屬。晋葛洪《抱朴子内篇・極言》：“不知過之在己，而反云道之無益；故捐丸散而罷吐納矣。”

③ 鶣鵲：即扁鵲。

④ 湯膏：湯藥和膏藥。

⑤ 媲（pì）：比擬。

⑥ 八定：指色界的四禪定與無色界的四空定。四禪定是初禪定、二禪定、三禪定、四禪定；四空定是空無邊處定、識無邊處定、無所有處定、非想非非想處定。

⑦ 明經：漢代以明經射策取士。隋煬帝置明經、進士二科，以經義取者爲明經，以詩賦取者爲進士。宋改以經義論策試進士，明經始廢。梁啓超《變法通議・論科舉》：“今請雜取前代之制，立明經一科，以暢達教恉，闡發大義，能以今日新政，證合古經者爲及格。”

⑧ 金馬之門：即金馬門，漢代宫門名，學士待詔之處。《史記・滑稽列傳》：“金馬門者，宦署門也。門傍有銅馬，故謂之曰‘金馬門’。”唐劉禹錫《爲郎分司寄上都同舍》：“籍通金馬門，身在銅駝陌。”

⑨ 石渠：西漢皇室藏書之處，在長安未央宫殿北。《三輔黄圖・閣》：“石渠閣，蕭何造。其下礱石爲渠以導水，若今御溝，因爲閣名。所藏入關所得秦之圖籍。至於成帝，又於此藏祕書焉。”《漢書・儒林傳・施讎》：“甘露中，與五經諸儒，雜論同異於石渠閣。”

聊爲叙之,勿嫌繁重①。冀令未損多藥,宿痾可除;不造醫門,而新痾遂殄②[1]。四大調暢,百病不生。自利利人,豈非益也?然而食毒死生,蓋是由其往業。現緣避就,非不須爲者哉!

【校勘】

[1] 殄:金本作"殄",磧本作"殄",二字同,今據改。

【箋注】

① 繁重:繁瑣纍贅。晋葛洪《抱朴子外篇·省煩》:"人倫雖以有禮爲貴,但當令足以敘等威而表情敬,何在乎升降揖讓之繁重,拜起俯伏之無已邪!"蕭齊求那毘地譯《百喻經》卷四:"凡夫之人亦復如是,作諸異論,既不善好,文辭繁重,多有諸病。"

② 殄:滅絕;絕盡。《尚書·畢命》:"商俗靡靡,利口惟賢,餘風未殄,公其念哉?"孔穎達疏:"餘風至今未絕,公其念絕之哉?"《淮南子·本經訓》:"上掩天光,下殄地財。"高誘注:"殄,盡也。"

二十八、進藥方法

夫四大違和,生靈共有。八節①交競②[1],發動無恒。凡是痾生[2],即須將息。故世尊親說《醫方經》曰:四大不調者,一窶嚕③,二燮跛④,三畢哆⑤,四婆哆⑥。初則地大增,令身沉重[3];二則水大積,涕唾乖常;三則火大盛,頭胸壯熱;四則風大動,氣息擊衝。即當神州沉重、痰癊、熱黄、氣發之異名也。若依俗論，病乃有其三種，謂風、熱、癊。重則與癊體同，不别彰其地大。

【校勘】

［1］競：金本、麗初本、麗本作“竟”，磧本作“競”，今據改。

［2］痾：磧本作“病”。

［3］沉：大本作“沈”。下同。

【箋注】

① 八節：古代以立春、立夏、立秋、立冬、春分、夏至、秋分、冬至爲八節。《周髀算經》卷下：“凡爲八節二十四氣。”趙爽注：“二至者，寒暑之極；二分者，陰陽之和；四立者，生長收藏之始；是爲八節。”唐寒山《詩》之二七一：“四時周變易，八節急如流。”

② 交競：相互競爭。《明史・姜曰廣傳》：“前見文武交競，既慚無術調和；近睹逆案忽翻，又愧不能寢弭。”

③ 窶(jù)噜：梵文 guru 音譯。

④ 燮(xiè)跛：梵文 kapha 音譯。

⑤ 畢哆：梵文 pitta 音譯。

⑥ 婆哆：梵文 vāta 音譯。

凡候病源[1]，旦朝自察[2]，若覺四候①乖舛②，即以絶粒爲先。縱令大渴，勿進漿水，斯其極禁。或一日二日，或四朝五朝，以差③爲期，義無膠柱④。若疑腹有宿食，又刺⑤齊胸[3]，宜須恣飲熟湯，指剔喉中，變吐⑥令盡。更飲更決⑦，以盡爲度。或飲冷水，理亦無傷。或乾薑湯，斯其妙也。其日必須斷食，明朝方始進飡[4]。如若不能，臨時斟酌。必其壯熱⑧，特諱水洗[5]。若沉重戰冷，近火爲妙。其江嶺已南熱瘴之地，不可依斯。熱發水淋，是土宜⑨也。

【校勘】

［1］候：金本作“𠊱”，磧本作“候”，今據改。下同。

［2］自：金本作“目”，麗初本、麗本、磧本作“自”，今據改。

［3］齊胸：金本、麗初本、麗本作“齊胷”，磧本作“臍膏”，大本作“齊胸”，今據改。

［4］飡：磧本作“餐”。

［5］洗：麗初本同，麗本、磧本作“澆”。

【箋注】

① 四候：即四大。

② 乖舛：謬誤；差錯。北齊顔之推《顔氏家訓·勉學》：“己身姓名，或多乖舛。縱得不誤，亦未知所由。”《魏書·肅宗紀論》：“肅宗沖齡統業，靈后婦人專制，委用非人，賞罰乖舛。”

③ 差（chài）：病癒。《方言》第三：“差，愈也。南楚病愈者謂之差。”晋王羲之《十七帖》：“冀疾患差，末秋初冬，必思與諸君一佳集。”

④ 膠柱：膠住瑟上的弦柱，以致不能調節音的高低。比喻固執拘泥，不知變通。三國魏邯鄲淳《笑林》：“齊人就趙人學瑟，因之先調，膠柱而歸，三年不成一曲。”唐李紳《拜三川守》：“改張琴瑟移膠柱，止息笙篁辨魯魚。”

⑤ 叉刺：刺，扎取。

⑥ 變吐：“變”通“疲”，嘔吐。

⑦ 決：通“抉”。挖出，挑出。《史記·刺客列傳》：“聶政大呼，所擊殺者數十人，因自皮面決眼，自屠出腸，遂以死。”

⑧ 壯熱：高熱。《南史·吕僧珍傳》：“一夜，僧珍忽頭痛壯熱，及明而顙骨益大，其骨法蓋有異焉。”隋巢元方《諸病源候論·敗時氣病候》：“時氣之病，是四時之間，忽有非節之氣傷人，其病狀似傷寒，亦頭痛壯熱。”

⑨ 土宜：謂各地不同性質的土壤，對於不同的生物各有所宜。《周禮·地官·大司徒》：“以土宜之法，辨十有二土之名物。”孫詒讓正義：“即辨各土人民鳥獸草木所宜之法也。”

如其風急，塗以膏油，可用布團，火炙而熨[1]。折傷之處，斯亦爲善，熟油塗之，目驗交①益[2]。若覺痰癃填②胸[3]，口中唾數③，鼻流清水，糫糝咽關④[4]，户⑤滿槍⑥喉[5]，語聲不轉，飲食亡味，動歷一旬，如此之流，絶食便差。不勞灸頂[6]，無假捩咽。斯乃不御湯藥而能蠲疾，即醫明之大規矣。意者以其宿食若除，壯熱便息；流津既竭，痰癃便瘳；内静氣消，即狂風自殄[7]。將此調停⑦，萬無一失。既不勞其診脉[8]，詎假問乎陰陽⑧？各各自是醫王，人人悉成祇域⑨。至如鸞法師⑩調氣蠲疾，隱默者乃行；思禪師⑪坐内⑫抽邪，非流俗所識。訪名醫於東洛⑬，則貧匱絶其津；求上藥於西郊⑭，則惸獨⑮亡其路。所論絶食，省而且妙，備通窮富[9]，豈非要乎？

【校勘】

[1] 炙：金本、麗初本、麗本作“灸”，磧本、大本作“炙”，今據改。

熨：金本、麗初本作“慰”，麗本、磧本作“熨”，今據改。

[2] 目驗：金本、磧本作“日驗”，麗初本、麗本、大本作“目驗”，今據改。

[3] 填：麗初本、麗本同，大本作“塡”，磧本作“闐”。

[4] 糫糝咽關：金本、麗初本作“氣積咽閞”，麗本、大本作“氣積咽關”，磧本作“糫糝咽閇”。今據文義改作“糫糝咽關”。

[5] 户：磧本作“尸”。

[6] 灸：大本作“炙”。

[7] 殄：金本作“殄”，磧本作“殄”，二字同，今據改。

[8] 脉：大本作“脈”。二字同。

[9] 備：金本、麗初本、麗本作“俻”，磧本作“備”，今據改。

【箋注】

① 交：定，必定。

② 填：填塞。

③ 數：細密；稠密。《孟子·梁惠王上》："數罟不入洿池，魚鼈不可勝食也。"趙岐注："數罟，密網也。"《史記·蘇秦列傳》："地名雖小，然而田舍廬廡之數，曾無所芻牧。"唐柳宗元《小石城山記》："其疏數偃仰，類智者所施設也。"

④ 糟(tán)糝(sǎn)咽關：菜粥一類的東西黏附在了咽喉上面。糟，《説文·米部》："糟，糜和也。"段玉裁注："凡羹以米和之曰糝糜，或以菜和之曰糟。"即菜羹、菜粥。糝，《釋名·釋飲食》："糝，黏也，相黏数也。"慧琳："糟糝，上音談，俗字也。下桑覽反。"可洪："糟糝，上徒南反，下桒感反。"咽關，咽喉。

⑤ 户：酒量。唐白居易《久不見韓侍郎戲題四韻以寄之》："户大嫌甜酒，才高笑小詩。"唐趙璘《因話録·羽》："問崔公：'飲酒多少？'崔公曰：'户雖至小，亦可引滿。'"宋陸游《深居》："病來酒户何妨小，老去詩名不厭低。"此處應指腹胃。

⑥ 槍：衝突、衝撞。《莊子·逍遥遊》："我決起而飛，槍榆枋時則不至而控於地而已矣。"陸德明釋文引支遁曰："槍，突也。"

⑦ 調停：調攝養息。宋邵雍《旋風吟》之二："將養精神便静坐，調停意思喜清吟。"

⑧ 陰陽：指擅長星相、占卜、相宅、相墓方術的人。《西遊記》第二三回："卻只是倉卒間，不曾請得個陰陽，拜堂撒帳。"《儒林外史》第四回："次日，請將陰陽徐先生來寫了七單。"

⑨ 祇域：人名，佛經中稱爲醫王。元魏慧覺等譯《賢愚經》卷三：一時佛在羅閱祇耆闍崛山中。爾時世尊，身有風患，祇域醫王，爲合藥酥，用三十二種諸藥雜合，令佛日服三十二兩。時提婆達常懷嫉妬，心自高大望與佛齊，聞佛世尊服於藥酥，情中貪慕，欲同佛服，復勑祇域："當與我合。"爾時祇域，復與合之，因語之言："日服四兩。"提婆達問："佛服幾兩？"祇域答言："日三十二兩。"提婆達言："我亦當服三十二兩。"祇域答言："如來身者，不與汝同，汝若多服，必更爲患。"

⑩ 鸞法師：曇鸞，北朝時僧人。詳參王邦維(1995，159)注釋(二)。

⑪ 思禪師：慧思，南北朝時僧人。詳參王邦維（1995，159）注釋（三）。唐道宣《續高僧傳》卷十七："自斯已後，勤務更深。剋念翹專，無棄昏曉。坐誦相尋，用爲恒業。"

⑫ 坐内：坐禪。按，元宗寶編《六祖大師法寶壇經》："善知識！何名坐禪？此法門中，無障無礙，外於一切善惡境界，心念不起，名爲坐；内見自性不動，名爲禪。"

⑬ 東洛：指洛陽。漢唐時以洛陽爲東都，故稱。唐韓愈《縣齋有懷》："求官去東洛，犯雪過西華。"

⑭ 西郊：應指唐都長安的郊外。

⑮ 惸（qióng）獨：孤苦伶仃的人。《詩經・小雅・正月》："哿矣富人，哀此惸獨。"唐劉商《吊從甥》："日晚河邊訪惸獨，衰柳寒蕪繞茅屋。"

又如癰痤①暴起[1]，熱血忽衝，手足煩疼，天行時氣。或刀箭傷體，或墜墮損躬。傷寒霍亂之徒[2]，半日暴瀉之類。頭痛心痛，眼疼齒疼。片有病起，咸須斷食。

【校勘】

［1］癰：金本、麗初本、麗本作"痽"，磧本、大本作"癰"，今據改。

暴：金本、麗本作"㬥"，麗初本作"異"，磧本、大本作"暴"，今據改。

［2］亂：金本作"乱"，今改。

【箋注】

① 癰痤：泛指癤子、腫瘍一類的瘡病。《莊子・列禦寇》："秦王有病召醫，破癰潰痤者得車一乘。"

又三等丸①能療衆病[1]，復非難得。取訶黎勒皮、乾薑、沙糖，三事等分，擣前二令碎，以水片許，和沙糖融之，併擣爲丸。旦服十丸許，以知②爲度[2]，諸無所忌。若患痢者，不過三兩服即差。能破肱氣③，除風消食，爲益處廣，故此言之。若無沙糖者，飴蜜④亦得[3]。

又訶黎勒若能每日嚼一顆咽汁，亦終身無病。

【校勘】

[1] 丸：磧本作“九”。

[2] 知：麗本、大本無此字。

[3] 飴：磧本作“餳”。

【箋注】

① 三等丸：藥名，詳見下文介紹。

② 知：病愈。《方言》第三：“知，愈也。南楚病愈者謂之差，或謂之間，或謂之知。知，通語也。”《素問・刺瘧》：“二刺則知。”漢張仲景《金匱要略・消渴小便利淋病脈症》：“飲服三丸，日三服。不知，增至七八丸，以小便利，腹中温爲知。”

③ 肱氣：“肱”通“痃”，可洪：“肱氣，上音賢，正作痃。”“痃”，又稱“痃氣”，中醫學病症名，指腹中癖塊。《醫宗金鑒・婦科心法要訣・帶下門》：“臍旁左右一筋疼，突起如弦痃證名。”注：“婦人臍之兩旁，有筋突起疼痛，大者如臂，小者如指，狀類弓弦者，名曰痃。”

④ 飴蜜：飴糖和蜂蜜。《韓非子・難勢》：“此味非飴蜜也，必苦菜亭歷也。”漢王充《論衡・本性》：“詼諧劇談，甘如飴蜜。”

此等醫明，傳乎帝釋①，五明一數②，五天共遵。其中要者，絶食爲最。

舊人傳云：若其七日斷食不差，後乃方可求觀世音③。神州多並不閑，將爲别是齋戒，遂不肯行學，良由傳者不悟醫道也[1]。

【校勘】

［1］由：磧本作"田"。

【箋注】

① 帝釋：佛教護法神之一。佛教稱其爲三十三天之主，居須彌山頂善見城。梵文音譯名爲釋迦提桓因陀羅。南朝宋謝靈運《廬山慧遠法師誄》："人天感悴，帝釋動懷。"

② 一數：一個，之一。義淨譯《根本説一切有部毗奈耶》卷二十："世間所有貪餮之人我當一數，今聞獲利實稱本心。然此婢子雖有此言我更窮詰。"又《根本説一切有部毗奈耶》卷二十二："世間多求常貪覓者，鄔波難陀即是一數。"義淨譯《根本説一切有部毘奈耶雜事》卷三十六："諸人求渡者，往來非一數；浮囊及草木，欲越殑伽津。"

③ 觀世音：佛教菩薩名。唐避太宗李世民諱，省稱觀音。别稱觀自在或觀音大士。《南史·王玄謨傳》："初，玄謨始將見殺，夢人告曰：'誦觀世音千遍則免。'"

其有服丹石①及長病并腹塊之類，或可依斯[1]【恐有丹石之人忍飢，非所宜也。又飛丹②則諸國皆無，服石神州獨有[2]。然而水精③白石④有出火者[3]，若服之則身體爆裂。時人不别，枉死者無窮[4]。由此言之，深須體識】。蛇蠍等毒[5]，全非此療。

【校勘】

［1］可：大本作"又"。

［2］神州：麗本、大本前有"則"字。

［3］白：金本誤作"日"，今據他本改。

［4］枉：各本作"抂"，"抂"爲"枉"字俗寫，今改。

［5］蛇：金本、麗初本、麗本、磧本作"虵"，大本作"蛇"，今據改。

【箋注】

① 丹石：指丹砂煉製的丹藥。宋周密《齊東野語·痘陰陽證》：

“族伯臨川推官……多服烏附丹砂，晚年疽發背，其大如扇。醫者悉歸罪於丹石之毒。”

② 飛丹：道家煉製的丹藥。《南史·隱逸傳下·陶弘景》：“弘景既得神符祕訣，以爲神丹可成，而苦無藥物。帝給黄金、朱砂、曾青、雄黄等。後合飛丹，色如霜雪，服之體輕。及帝服飛丹有驗，益敬重之。”

③ 水精：水晶，無色透明的結晶石英。《後漢書·西域傳·大秦》：“宫室皆以水精爲柱，食器亦然。”唐杜甫《麗人行》：“紫駝之峰出翠釜，水精之盤行素鱗。”

④ 白石：傳説中的神仙的糧食。漢劉向《列仙傳·白石生》：“白石生，中黄丈人弟子，彭祖時已二千餘歲……嘗煮白石爲糧。”唐韋應物《寄全椒山中道士》：“澗底束荊薪，歸來煮白石。”

而絶食之時，大忌遊行及以作務①。其長行之人，縱令斷食，隨路無損。如其差已，後須將息。宜可食新煮飯[1]，飲熟菉豆②湯。投以香和③，任飲多少。若覺有冷，投椒薑蓽撥④[2]。若知是風，著胡荽⑤荊芥⑥[3]。《醫方論》曰：“諸辛⑦悉皆動風[4]，唯乾薑非也。”加之亦佳。准⑧絶食日而作調息，諱飲冷水，餘如藥禁。如其啜粥，恐痰癊還增。必是風勞⑨，食亦無損。若患熱者，即熟煎苦參⑩湯[5]，飲之爲善，茗⑪亦佳也。自離故國，向二十餘年，但以此療身，頗無他疾。

【校勘】

[1] 煮：金本作“煑”，今改。

飯：金本、麗初本、麗本、大本作“餅”，磧本作“飯”。

[2] 撥：金本、麗初本作“檪”，麗本、大本作“茇”，磧本作“撥”，今據改。

[3] 荽：大本作“葱”。慧琳作“荾”：“下音雖，香菜名也，亦作荽。

《傳》作荾，書錯也。”

［4］辛：麗本作“辛”。

［5］參：麗本、大本作“蔘”。

【箋注】

① 作務：勞作。《墨子・非儒》：“貪於飲食，惰於作務。”蕭齊求那毘地譯《百喻經》卷四：“昔有工匠師，爲王作務，不堪其苦。”

② 菉豆：即緑豆。《舊五代史・食貨志》：“魏府小菉豆稅，每畝減放三升。”宋歐陽修《歸田録》卷二：“余世家江西，見吉州人甚惜此果，其欲久留者，則於菉豆中藏之，可經時不變。”

③ 香和：即“和香”，是各種香料和合而成的香料。

④ 蓽撥：多年生藤本植物，中醫用乾燥果穗入藥。唐輸波迦羅譯《蘇悉地羯羅經》卷下：“又合眼藥。蘇嚕多安膳那濕沙蜜，龍腦香，蓽撥，丁香，皮得伽羅香，白生石蜜，各取等分，擣篩爲末。”

⑤ 胡荾（suī）：即芫荽，俗稱“香菜”。晉陸翽《鄴中記》：“石勒諱胡，胡物皆改名，名胡餅曰麻餅，胡荽曰香荽。”北魏賈思勰《齊民要術・種蒜》引晉張華《博物志》：“張騫使西域，得大蒜胡荽。”

⑥ 荊芥：一年生草本植物，莖葉可入藥，能祛風散瘀，破結消腫。

⑦ 辛：指葱蒜等含有辛辣味的菜蔬。

⑧ 准：根據。

⑨ 風勞：風疾。義淨譯《根本説一切有部毘奈耶》卷三十五：“時舍利子久爲説法背發風勞，復爲佛先制戒，時過不食。時彼長者請舍利子及大衆曰：‘願於我舍留神久住，當以四事共相供給。’時舍利子報長者曰：‘以汝爲緣，佛爲苾芻當制學處，我今欲去。’爾時舍利子身帶風疾斷食飢虛，將諸大衆詣室羅伐。”

⑩ 苦參：植物名。根入藥，有清熱解毒等作用。《神農本草經》卷二：“苦參，味苦寒，無毒，主心腹結氣、癥瘕積聚、黄疸、溺有餘瀝，逐水，除癰腫，補中，明目，止淚。”

⑪ 茗：茶。唐皎然《山居示靈澈上人》：“晴明路出山初暖，行踏春蕪看茗歸。”

且如神州藥石①，根莖之類，數乃四百有餘，多並色味精奇，香氣芬郁，可以蠲疾，可以王神②。針灸之醫，診脉之術[1]，贍部洲中無以加也。長年之藥，唯東夏焉。良以連崗雪巘[2]，接嶺香山，異物奇珍[3]，咸萃於此[4]，故體人像物，號曰神州。五天之内，誰不加③尚④！四海之中，孰不欽奉[5]！云文殊師利⑤現居其國。所到之處[6]，若聞是提婆弗呾攞⑥僧，莫不大生禮敬。"提婆"是"天"，"弗呾攞"是"子"，云是支那天子所居處來也。考其藥石，實爲奇妙；將息病由，頗有踈闕。故粗陳大況[7]，以備時須。

【校勘】

[1] 診：金本作"訡"，磧本作"診"，二字同。

[2] 崗：大本作"岡"。

巘：磧本作"巚"。

[3] 珍：金本作"珎"，磧本作"珍"，二字同。

[4] 此：麗初本、麗本、大本同，磧本作"彼"。

[5] 孰：磧本作"熟"。

[6] 到：麗初本作"致"。

[7] 況：金本作"况"，磧本作"況"，二字同。

【箋注】

① 藥石：藥劑和砭石。泛指藥物。《列子·楊朱》："及其病也，無藥石之儲；及其死也，無瘞埋之資。"漢枚乘《七發》："今太子之病，可無藥石針刺灸療而已，可以要言妙道説而去也。"三國魏曹髦《傷魂賦》："岐鵲騁技而弗救，豈藥石之能追。"

② 王：通"旺"。旺盛；興旺。《莊子·養生主》："神雖王，不善也。"南朝宋劉義慶《世説新語·雅量》："太傅神情方王，吟嘯不言。"

③ 加：通"嘉"。褒獎。《管子·小匡》："力死之功，猶尚可加也；顯生之功，將何如？"郭沫若等集校引丁士涵曰："加與嘉通。"漢劉向

《列女傳·齊桓公姬》:“望色請罪,桓公加焉;厥使治内,立爲夫人。”

④ 尚:仰慕。漢張衡《思玄賦》:“尚前良之遺風兮,恫後辰而無及。”晋陶潛《與子儼等疏》:“雖不能爾,至心尚之。”

⑤ 文殊師利:梵文 Mañjuśrī 音譯,常省稱爲“文殊”,意譯爲“妙吉祥”等。中國傳其説法道場爲山西省五臺山。晋殷晋安《文殊像贊》:“文殊淵睿,式昭厥聲。”《四遊記·唐三藏被難得救》:“願佛慈悲,早見文殊金身,賜我真經,留傳東土。”

⑥ 提婆弗呾攞:梵文 Devaputra 音譯。

若絶食不損者,後乃隨方①處療②。苦參湯偏除熱病[1],蘇油蜜漿特遣風痾[2]。其西天羅荼國[3],凡有病者,絶食或經半月,或經一月,要待病可,然後方食。中天極多七日,南海二三日矣。斯由風土差互③,四大不同,致令多少,不爲一概。未委神州宜斷食不?然而七日不食,人命多殞者,由其無病持故。若病在身,多日亦不死矣。曾見有病,絶粒三旬,後時還差,則何須見恠絶食日多[4]?豈容但見病發,不察病起所由,壯熱火燃[5],還將熱粥令飲[6]?帶病强食,深是可畏。萬有一差,終亦不堪教俗。醫方明内,極是諱焉。

【校勘】

[1] 參:麗本、大本作“蔘”。

[2] 蘇:麗初本作“穌”,磧本、大本作“酥”。

漿:金本作“將”,磧本、麗初本無此字,麗本、大本作“漿”,今據改。

[3] 荼:金本作“萏”,磧本作“茶”,麗本、大本作“荼”,今據改。

[4] 恠:麗初本、麗本同,磧本、大本作“怪”,二字同。

[5] 燃:麗初本、麗本、大本同,磧本作“然”。

[6] 令:麗初本、麗本、大本同,磧本作“食”。

【箋注】

① 方：藥方。

② 處療：治療。《南史·王微傳》："弟僧謙亦有才譽，爲太子舍人，遇疾，微躬自處療。"

③ 差互：差異，差錯。《南史·范曄傳》："曄等期以其日爲亂，許耀侍上，扣刀以目曄，曄不敢視，俄而坐散，差互不得發。"

又由東夏，時人魚菜多並生食，此乃西國咸悉不飡。凡是菜茹，皆須爛煮，加阿魏、蘇油及諸香和[1]，然後方噉。葅①虀②之類[2]，人皆不食。時復憶故噉之，遂使齊③中結痛[3]。損腹膓[4]，闇眼目，長疾病，益虚踈，其斯之謂。

智者思察，用行捨藏④。聞而不行，豈醫咎也？行則身安道備，自他之益俱成；捨則體損智微，彼我之功皆失也。

【校勘】

[1] 蘇：大本同，麗初本、麗本作"穌"，磧本作"酥"。

[2] 虀：金本、麗初本、麗本作"齏"，可洪作"薺"，磧本作"虀"，今據改。

[3] 齊：麗初本、麗本、大本同，磧本作"臍"。

[4] 膓：麗初本、麗本同，大本作"腸"，磧本作"肚"。

【箋注】

① 葅(zū)：同"菹"，醃菜。《詩經·小雅·信南山》："疆場有瓜，是剥是菹。"鄭玄箋："淹漬以爲菹。"唐杜甫《病後過王倚飲贈歌》："長安冬葅酸且緑，金城土酥浄如練。"

② 虀(jī)：細切後用鹽醬等浸漬的蔬果。如醃菜、醬菜、果醬之類。《周禮·天官·醢人》"以五齊七醢七菹三臡實之"漢鄭玄注："齊當爲虀，……凡醯醬所和，細切爲虀。"唐元稹《代曲江老人百韻》："虀鬬冬中韭，羹憐遠處蓴。"

③ 齊：通“臍”，肚臍。

④ 用行捨藏：謂被任用就行其道，不被任用就退隱。語見《論語·述而》：“子謂顔淵曰：‘用之則行，舍之則藏，唯我與爾有是夫。’”《文選·蔡邕〈陳太丘碑文序〉》：“其爲道也，用行舍藏，進退可度。”吕延濟注：“言其道德於時，用之則行，捨之則藏。”

二十九、 除其弊藥

自有方處①，鄙俗久行。病發即服大便小便，疾起便用猪糞猫糞。或堈②盛瓮貯[1]，號曰“龍湯”。雖加美名，穢惡斯極。

且如葱蒜[2]，許服尚自遣在邊房。七日潔身[3]，洗浴而進。身若未淨，不入衆中，不合遶塔，不應禮拜。以其臭穢，非病不聽。

【校勘】

[1] 堈：麗初本、麗本、可洪、大本同，磧本作“瓨”。可洪：“堈盛，上古郎反。”

[2] 葱：金本、麗初本、麗本作“菍”，磧本作“葱”，今據改。

蒜：麗本作“蒜”。

[3] 潔：金本作“絜”，麗本、大本作“淨”，磧本作“潔”，今據改。

【箋注】

① 方處：地方；處所。《魏書·釋老志》：“真實身，謂至極之體，

妙絶拘累，不得以方處期，不可以形量限。”

② 堈（gāng）：瓮，缸。北魏賈思勰《齊民要術·作酢法》：“作小麥苦酒法：小麥三斗，炊令熟，著堈中，以布密封其口。”

四依陳棄之言①，即是陳故②所棄之藥[1]，意在省事，僅可資身。上價自在開中[2]，噉服實成非損。梵云晡堤木底鞞殺社③[3]，“晡堤”是“陳”，“木底”是“棄”，“鞞殺社”譯之爲“藥”[4]【即是陳棄藥也】。

【校勘】

[1] 陳故：金本、麗初本無“故”字，麗本、磧本、大本有“故”字，今據補。

[2] 開：磧本作“關”。

[3] 社：金本、麗初本、麗本、大本作“杜”，磧本作“社”，今據改。

[4] 社：金本、麗初本、大本作“杜”，麗本、磧本作“社”，今據改。

【箋注】

① 四依陳棄之言：四依中陳棄藥的説法。義淨譯《根本説一切有部毘奈耶雜事》卷十七：“於佛法中爲出家者，有四依事，出家近圓成苾芻性。云何爲四？佛告苾芻：‘著糞掃衣清淨易得，乞食活命、在樹下居、用陳棄藥清淨易得，依此出家成苾芻性。’”

② 陳故：陳舊。《南史·后妃傳上·齊文安王皇后》：“太子爲宫人製新麗衣裳及首飾，而后床帷陳故，古舊釵鑷十餘枚。”

③ 晡堤木底鞞殺社：梵文 pūtimuktabhaiṣajya 音譯。

律開大便小便，乃是犢糞牛尿。西國極刑之儔①，糞塗其體，驅擯野外，不處人流②。除糞去穢之徒，行便擊杖自異。若誤衝著，即連衣遍洗。大師既緣時御物③，譏醜先防，豈遣服斯而獨乖時望④？不然之由，具如律内。用此惠人，誠爲可鄙，勿令流俗習以爲常[1]。外國若聞，誠損風化。又復大有香藥，何不服之？己所不愛，寧堪施物⑤？

【校勘】

[1] 令：磧本作“今”。

【箋注】

① 儔：輩，同類。漢王符《潛夫論·忠貴》：“此等之儔，雖見貴於時君，然上不順天心，下不得民意。”晋袁宏《後漢紀·靈帝紀上》：“吾見士多矣，未有如郭林宗者也。其聰識、通朗、高雅、密博，今之華夏鮮見其儔。”

② 人流：有某種社會地位的同類人。北齊顔之推《顔氏家訓·後娶》：“河北鄙於側出，不預人流。是以必須重娶。”王利器集解：“人流之流，與士流、學流、文流、某家者流之流義同。”唐張鷟《遊仙窟》：“豈敢在外談説，妄事加諸？忝預人流，寧容如此！”

③ 御物：駕御萬物。晋干寶《晋紀總論》：“行任數以御物，而知人善采拔。”

④ 時望：當時的聲望。《晋書·桓沖傳》：“謝安以時望輔政，爲群情所歸。”

⑤ 物：他人。

然而除蛇蠍毒[1]，自有硫黄[2]、雄黄、雌黄之石，片子隨身，誠非難得。若遭熱瘴，即有甘草、恒山、苦參之湯[3]，貯畜少多，理便易獲。薑椒蓽撥[4]，旦咽而風冷全袪[5]；石蜜①沙糖，夜飡而飢渴俱息。

【校勘】

[1] 蛇：金本作“虵”，大本作“蛇”，二字同。

［2］ 硫：金本、麗初本、麗本、大本作“磂”，磧本作“硫”，今據改。

［3］ 苦：麗初本全文均作“𦯬”。

參：麗本、大本作“蔘”。

［4］ 撥：金本、麗初本作“橃”，麗本、大本“作“茇”，磧本、可洪作“撥”。可洪：“蓽撥，上音必。前花撥即是華字悮爲華，書人又轉華爲花，如是展轉訛變，致失經旨。此處既然，諸經亦尔，良可痛哉。”今據改。

［5］ 祛：金本、麗初本、大本作“袪”，磧本作“祛”，今據改。

【箋注】

① 石蜜：用甘蔗煉成的糖。《西京雜記》卷四：“閩越王獻高帝石蜜五斛。”漢張衡《七辨》：“沙餳石蜜，遠國儲珍。”明李時珍《本草綱目·果五·石蜜》：“石蜜即白沙糖也。凝結作餅塊如石者，爲石蜜。”

不畜湯藥之直①，臨事定有闕如。違教不行，罪愆寧免？錢財漫用，急處便閑②。若不曲題，誰能直悟？嗚呼！不肯施佳藥，逐省用龍湯[1]。雖復小利在心，寧知大虧聖教！

【校勘】

［1］ 逐：麗本、大本作“遂”。

【箋注】

① 直：價值；代價。《戰國策·齊策三》：“象床之直千金，傷此若髮漂，賣妻子不足償之。”

② 閑：疑應作“闃”或“閴”。“闃”“閴”同，空，無。《文選·左思〈吴都賦〉》：“嶰澗闃，岡岵童。”劉逵注：“闃，空也。”《文選·謝莊〈宋孝武宣貴妃誄〉》：“皇帝痛掖殿之既閴，悼泉途之已宫。”

正量部中説其陳棄，既其部别[1]，不可同斯[2]。《了論》①雖復見文,元非有部所學[3]。

【校勘】

[1] 其:麗本作“是”。

[2] 同:磧本作“依”。

[3] 元:麗初本作“无”。

【箋注】

①《了論》:指《律二十二明了論》,有真諦譯本。

三十、旋右觀時

言旋右者,梵云鉢喇特崎拏①。“鉢喇”字緣②,乃有多義,此中意趣,事表旋行。“特崎拏”即是其右,總明尊③便④之目⑤[1],故時人名右手爲“特崎拏手”。意是從其右邊爲尊爲便,方合旋繞之儀矣。或“特欹拏”目其“施”義,與此不同,如前已述。

【校勘】

[1] 總:金本作“惣”,大本作“總”,二字同。

【箋注】

① 鉢喇特崎拏:梵文 Pradakṣiṇa 音譯。

② 字緣:指《悉曇章》“阿”等十二音或十六音,與“字界”相對

而言。

③ 尊：尊貴。

④ 便：便利，方便。

⑤ 目：名稱。

西國五天，皆名東方爲前方，南爲右方，亦不可依斯以論左右。諸經應云“旋右三匝”[1]，若云“佛邊行道”者，非也。經云“右繞三匝”者，正順其儀。或云“繞百千匝”，不云“右”者，略也。

【校勘】

[1] 匝：磧本作“帀”。二字同。下同。

然右繞左繞[1]，稍難詳定。爲向右手邊爲右繞，爲向左手邊爲右繞耶[2]？曾見東夏有學士云：“右手向内圓之名爲右繞，左手向内圓之名爲左繞[3]，理可向其左邊而轉，右繞之事方成。”斯乃出自胸臆，非關正理[4]。遂令迷俗莫辯司方①，大德鴻英亦雷同取惑。以理商度，如何折中？但可依其梵本，並須杜塞人情②。向右邊爲右繞，向左邊爲左繞，斯爲聖制，勿致疑惑。

【校勘】

[1] 左：麗初本作“右”。

[2] 右繞：金本、麗本、大本作“左繞”，磧本、麗初本作“右繞”，今據改。

[3] 左繞：金本、麗初本、麗本、大本作“左繞”，磧本作“右繞”。

[4] 關：金本作“関”，“関”即“關”。

【箋注】

① 司方:指示方向。《文選·左思〈吴都賦〉》:"俞騎騁路,指南司方。"吕向注:"指南,車名。上有木人,常指其南方,故曰司方。"《南齊書·文學傳·祖沖之》:"初,宋武平關中,得姚興指南車,有外形而無機巧,每行,使人於内轉之。昇明中,太祖輔政,使沖之追修古法。沖之改造銅機,圓轉不窮,而司方如一,馬均以來未有也。"此處用作名詞,方向。

② 人情:人之常情。指世間約定俗成的事理標準。《莊子·逍遥遊》:"大有逕庭,不近人情焉。"漢王粲《登樓賦》:"人情同於懷土兮,豈窮達而異心。"

又復時非時者,且如《時經》①所説,自應别是會②機[1]。然四部律文,皆以午時爲正,若影過線許,即曰非時。若欲護罪[2],取正方③者,宜須夜揆北辰④,直望南極⑤,定其邪正,的辯隅中[3]。又宜於要處安小土臺,圓闊一尺,高五寸,中揷細杖。或時石上竪丁⑥,如竹箸許,可高四指。取其正午之影,畫以爲記。影過畫處,便不合食。西方在處多悉有之,名爲薛攞斫羯攞⑦【彈舌道之】,譯爲"時輪"矣。揆影之法,看其杖影極短之時[4],即正中也。

【校勘】

[1] 機:金本作"譏",磧本作"機",今據改。

[2] 欲:磧本作"欲欲"。

[3] 辯:麗初本、麗本同,磧本作"辨"。

隅中:麗本、大本作"禺中"。

[4] 杖:金本、麗初本作"扙",麗本、磧本作"杖",今據改。

【箋注】

①《時經》:西晋若羅嚴譯有《佛説時非時經》一卷。

② 會：領會。

③ 正方：猶方正。《晋書·樂志下》："宫聲正方而好義，角聲堅齊而率禮。"唐元結《系樂府》之四："正方終莫可，江海有滄洲。"

④ 北辰：北極星。《論語·爲政》："子曰：'爲政以德，譬如北辰，居其所而衆星共之。'"《爾雅·釋天》："北極謂之北辰。"

⑤ 南極：即南極老人星。《史記·天官書》："狼比地有大星，曰南極老人。"唐張守節正義："老人一星，在弧南，一曰南極，爲人主占壽命延長之應。"

⑥ 丁：此指丁字形小杖。

⑦ 薜攞斫羯攞：梵文 Velācakra 音譯。

然贍部洲中，影多不定，隨其方處，量有參差[1]。即如洛州無影①，與餘不同。又如室利佛逝國，至八月中，以圭②測影，不縮不盈。日中人立，並皆無影，春中亦爾。一年再度，日過頭上。若日南行，則北畔影長二尺三尺。日向北邊，南影同爾。神州則南溟③北朔④[2]，更復不同，北户向日，是其恒矣。又海東⑤日午，關西⑥未中[3]。准理[4]，既然事難執一⑦，是故律云遣取當處日中以爲定矣。夫出家之人，要依聖教。口腹之事，無日不須，揆影而飡，理應存念[5]。此其落漠，餘何護焉？是以弘紹之英[6]，無恡繁重[7]。行海尚持圭去，在地寧得逶隨⑧？故西國相傳云：觀水觀時，是曰律師矣。

【校勘】

[1] 參：金本、麗初本、麗本、磧本作"叅"，大本作"參"，今據改。

[2] 南溟：金本、麗初本作"濵"，磧本作"溟"，今據改。

[3] 關：金本作"関"，"関"即"關"。

[4] 准：磧本作"淮"。

[5] 存：金本、麗初本作"在"，麗本、磧本作"存"，今據改。

［6］弘：金本作“引”，今改。

［7］恠：麗初本、麗本同，磧本、大本作“怪”，二字同。

【箋注】

① 洛州無影：對該現象的相關研究請參看王邦維《“洛州無影”與“天下之中”》(《四川大學學報》2005 年 4 期)。

② 圭：古代測日影的儀器叫圭表。石座上的横尺叫圭，南北兩端的標杆叫表，用以測量日影長短。

③ 南溟：南方大海。常寫作“南冥”。《莊子・逍遥遊》：“是鳥也，海運則將徙於南冥。南冥者，天池也。”唐杜甫《宿白沙驛》：“隨波無限月，的的近南溟。”

④ 北朔：北方。晋成公綏《嘯賦》：“奏胡馬之長嘶，向寒風乎北朔。”唐賈島《酬鄠縣李廓少府見寄》：“北朔霜凝竹，南山水入籬。”

⑤ 海東：指海以東地帶。唐李肇《唐國史補》卷上：“佛法自西土，故海東未之有也。天寶末，揚州僧鑒真始往倭國，大演釋教。”宋歐陽修《奉使道中五言長韻》：“駿足來山北，輕禽出海東。”

⑥ 關西：指函谷關或潼關以西的地區。《漢書・蕭何傳》：“關中搖足，則關西非陛下有也。”宋俞文豹《吹劍續録》：“學士詞，須關西大漢，執鐵板，唱‘大江東去’。”

⑦ 執一：固執一端。《孟子・盡心上》：“執中無權，猶執一也。”宋岳珂《桯史・大散論賞書》：“且時異事異，故宜改更，不可執一。”

⑧ 逶隨：即“委隨”，“委隨”即“委惰”，懈怠懶惰。《魏書・王嶷傳》：“嶷性儒緩，委隨不斷，終日在坐，昏睡而已。”

又復西國大寺皆有漏水①，並是積代君王之所奉施，并給漏子②，爲衆警時。下以銅盆盛水，上乃銅椀浮内。其椀薄妙，可受二升。孔在下穿，水便上涌，細若針許，量時准宜。椀水既盡，沉即打鼓[1]。

始從平旦，一椀沉，打鼓一下；兩椀兩下[2]，三椀三下，四椀四下。然後吹螺兩聲,更別打一下,名爲一時也,即日東隅矣。更過四椀,同前打四。更復鳴螺,別打兩下,名兩時,即正午矣。若聞兩打,則僧徒不食。若見食者,寺法即便驅擯[3]。過午後兩時[4],法亦同爾。

【校勘】

[1] 沉:大本作"沈"。下同。

即:磧本作"即便"。

鼓:麗初本、麗本、大本同,磧本作"皷"。下同。

[2] 椀:磧本後有"沉"字。

[3] 驅:金本作"駈",磧本作"駆",今據改。

[4] 午後:麗初本、麗本、大本同,磧本作"午"。

【箋注】

① 漏水:即漏壺、漏刻,古代利用滴水多寡來計量時間的儀器。

② 漏了:漏斗。

夜有四時,與晝相似。總論一日一夜[1],成八時也。若初夜盡時,其知事人則於寺上閣①鳴鼓以警衆。此是那爛陁寺漏法。又日將没時及天曉時,皆於門前打鼓一通。斯等雜任,皆是淨人及户人②所作。日没之後,乃至天光③,大衆全無鳴健稚④法[2]。凡打健稚,不使淨人,皆維那自打。健稚有四五之別,廣如餘處。

【校勘】

[1] 總:金本、麗初本、麗本、磧本作"惣",大本作"總",今據改。

[2] 健稚:麗初本、麗本、大本同,磧本作"犍椎",下同。

【箋注】

① 閣：樓閣。《淮南子・主術訓》："高臺層榭，接屋連閣，非不麗也。"唐韓愈《和席八十二韻》："横門開日月，高閣切星辰。"

② 户人：寺廟中的雜役。北魏楊衒之《洛陽伽藍記》卷五："王即起塔，封四百户以供灑掃。户人有患，以金箔貼像所患處，即得陰愈。"

③ 天光：天亮。《西遊記》二回："天光了！天光了！起耶！"《西遊記》六四回："我們就在此住過了今宵，待明日天光再走。"

④ 健稚：梵文 Ghaṇṭā 音譯，佛經中又譯作犍槌、犍地、犍遲、犍椎等。本書統一作"健稚"。義爲"聲鳴"，指寺院中的木魚、鐘、磬之類。唐玄應《一切經音義》卷十七："揵椎，直追反。經中或作揵遲。案梵本臂吒揵稚，臂吒此云打，揵稚所打之木，或檀或桐，此無正翻，以彼無鐘磬故也。但椎稚相濫，所以爲誤已久也。"晋法顯《佛國記》："國主安堵法顯等於僧伽藍。僧伽藍名瞿摩帝，是大乘寺，三千僧共犍槌食。"唐玄奘《大唐西域記》卷一："黑雲若起，急擊犍椎，我聞其聲，惡心當息。"

其莫訶菩提及俱尸那①寺，漏乃稍别[1]。從旦至中，椀沉十六[2]。若南海骨崙國②，則銅釜盛水，穿孔下流。水盡之時，即便打鼓，一盡一打。四椎③至中[3]，齊暮還然。夜同斯八，惣成十六。亦是國王所施。

由斯漏故，縱使重雲暗晝[4]，長無惑午之辰；密雨連宵，終罕疑更④之夜。若能奏請置之，深是僧家要事。

【校勘】

［1］稍：麗初本作"積"。

［2］椀：金本、麗初本作"椀水"，麗本、磧本、大本作"椀"，今據改。

［3］椎：金本、麗初本作"推"，麗本、磧本作"椎"，今據改。

［4］暗：麗初本、麗本、大本同，磧本作“闇”。

【箋注】

① 俱尸那：梵文 Kuśinagarī 音譯。詳參王邦維（195，170）注釋（一）。

② 骨崙國：即崑崙國。

③ 椎：打。

④ 更（gēng）：量詞。夜間計時的單位，一夜分爲五更，每更約兩小時。《宋書・律曆志中》：“到十五日四更二唱丑初始蝕，到四唱蝕既。”唐王度《古鏡記》：“至一更，聽之，言笑自然。”

其漏器法，然須先取晝夜停①時。旦至午時，八椀沉没。如其減八，鑽孔令大[1]。調停節數，還須巧匠。若日夜漸短，即可增其半杪②[2]。若日夜漸長，復須減其半酌③[3]。然以消息④爲度。維那若房設小盃，准理亦應無過。

【校勘】

［1］鑽：金本作“鑚”，磧本作“鑽”，二字同。

［2］杪：麗初本同，麗本、磧本、人本作“抄”。

［3］復須：金本、麗初本、麗本、大本作“復”，磧本作“復須”，今據增。

【箋注】

① 停：均等。《敦煌變文集・無常經講經文》：“纔亡三日早安排，送向荒郊看古道。送迴來，男女鬧，爲分財不停懷懊腦。”宋沈括《夢溪筆談・象數一》：“凡移五十餘刻，立冬、立春之景方停。”

② 杪：同“秒”，古代容量單位。《隋書・律曆志上》引《孫子算術》：“六粟爲圭，十圭爲秒，十秒爲撮，十撮爲勺，十勺爲合。”《一切經音義》卷二十五“滿足八斛”條云：“《孫子筭經》云：‘量之所起，初起於

粟。六粟爲一圭,六十粟爲一撮,六百粟爲一杪,六千粟爲一勺,六萬粟爲一合,六十萬粟爲一升,六百萬粟爲一斗,六千萬粟爲一斛。'"

③ 酌:通"勺"。

④ 消息:停止;平息。《後漢書·蔡邕傳》:"又尚方工技之作,鴻都篇賦之文,可且消息,以示惟憂。"《三國志·魏志·胡昭傳》"閭里敬而愛之"裴松之注引晋皇甫謐《高士傳》:"昭常遜辭以解之,是以寇難消息,衆咸宗焉。"

然而東夏五更,西方四節[1]。調御之教但列三時,謂分一夜爲三分也。初分後分,念誦思惟。處中一時,繫心而睡。無病乖此,便招違教之愆;敬而奉行[2],卒有自他之利矣。

南海寄歸内法傳卷第三

【校勘】

[1] 西:麗初本作"四"。

[2] 敬:麗初本所有"敬"字皆缺末筆。

南海寄歸内法傳卷第四

翻經三藏沙門義淨撰[1]

【校勘】

[1] 翻經：磧本無此二字。

義淨：磧本作"淨義"。

[2] 儀：各本作"儀"，王本作"法"。

[3] 亡財：各本作"亡財"，工本作"亡則"。

[4] 燒身不合：各本作"佛遮燒己"，卷一及正文標題作"燒身不合"，王本亦作"燒身不合"，今據改。

三十一、灌沐尊儀

詳夫修敬①之本，無越三尊，契想②之因，寧過四諦[1]？

然而諦理幽邃[2]，事隔麁心③，灌洗④聖儀，實爲通濟。大師雖滅，形像尚存。翹心⑤如在⑥，理應遵敬。或可香花[3]，每設能生清淨之心；或可灌沐⑦，恒爲足蕩昏沉之業。以斯摽念，無表⑧之益自收；勸奬餘人[4]，有作⑨之功兼利。冀希福者，宜存意焉。

【校勘】

[1] 寧：麗初本、麗本作"寕"。二字同。

[2] 邃：麗初本、麗本作"邃"。二字同。

[3] 花：磧本作"華"，二字同。

[4] 奬：磧本、慧琳作"獎"。慧琳："勸獎，將想反。郭注《方言》云：'秦晉之間，謂相勸曰獎。'《廣雅》云：'譽也。'賈注《國語》：'成也。'"

【箋注】

① 修敬：表示敬意。《晏子春秋・諫下十四》："夫冠足以修敬，不務其飾。"《史記・廉頗藺相如列傳》："於是趙王乃齋戒五日，使臣奉璧，拜送書於庭。何者？嚴大國之威以修敬也。"

② 契想：愛慕，嚮往。義淨譯《根本説一切有部毘奈耶》卷四十九："我今宜應棄彼爲教契想真宗，現在當來冀希津濟。"義淨譯《根本説一切有部苾芻尼毘奈耶》卷十六："有一工人名曰達摩，善牙骨作，先於外道心生敬信，因來寺中而聽法要，棄彼偽教契想真宗，念曰：'然我家貧難修福業，宜可自勵役己惠人。'"

③ 麁心：即粗心，粗疏之心。

④ 灌洗：沖洗。北魏賈思勰《齊民要術・種桑柘》："《氾勝之書》曰：'種桑法：五月，取椹著水中，即以手潰之，以水灌洗，取子，陰乾。'"

⑤ 翹(qiáo)心：仰慕，懸想。《南齊書・王融傳》："北地殘氓，東都遺老，莫不茹泣吞悲，傾耳戴目，翹心仁政，延首王風。"

⑥ 如在：《論語・八佾》："祭如在，祭神如神在。"謂祭祀神靈、祖

先時，好像受祭者就在面前。後稱祭祀誠敬爲“如在”。《後漢書·順帝紀》：“深恐在所慢違‘如在’之義，今遣侍中王輔等，持節分詣岱山、東海、滎陽、河、洛，盡心祈焉。”

⑦ 灌沐：沖洗。宋秦觀《湯泉賦》：“渾沸滂沱，奮此泉兮，被彼山阿，吾唯灌沐兮，不知其他。”

⑧ 無表：指不可顯示之色，或不可顯示之業。

⑨ 有作：對無作而言。有作猶言有爲，爲因緣所生之法。

但西國諸寺，灌沐尊儀，每於隅中之時[1]，授事便鳴健稚[2]【授事者，梵云羯磨陁那①[3]。“陁那”是“授”，“羯磨”是“事”，意道以衆雜事指授於人[4]。舊云“維那”者非也。“維”是周語[5]，意道綱維。“那”是梵音，略去羯磨陁字[6]】。寺庭張施寶蓋，殿側羅列香瓶[7]。取金銀銅石之像，置以銅金木石盤内[8]。令諸妓女②，奏其音樂。塗以磨香，灌以香水【取栴檀沉水香木之輩，於礎石③上，以水磨使成泥，用塗像身，方持水灌】，以淨白疊而揩拭之[9]。然後安置殿中，布諸花采④[10]。此乃寺衆之儀，令羯磨陁那作矣。

【校勘】

[1] 隅：麗本、磧本、大本作“禺”。

[2] 健稚：磧本作“揵稚”。

[3] 陁：大本作“陀”。下同。

[4] 於：金本、麗初本、麗本作“扵”，磧本作“於”。今據改。下同。

[5] 周：金本、麗初本、麗本、大本作“唐”，磧本作“周”，今據改。

[6] 字：磧本後有“也”。

[7] 側：金本、麗初本作“㑴”，麗本、磧本作“側”，二字同，今據改。

[8] 木石：麗本、大本同，磧本作“石木”。

盤：金本、麗初本作“槃”，磧本、大本作“槃”，麗本作“盤”，今據改。

［9］疊：金本、磧本作“氎”，麗初本、麗本、大本作“疊”，今據改。

［10］采：麗初本同，磧本作“彩”，麗本、大本作“綵”。

【箋注】

① 羯磨陁那：梵文 Karmadāna 音譯。

② 妓女：女歌舞藝人。《後漢書·濟南安王劉康傳》：“錯爲太子時，愛康鼓吹妓女宋閏，使醫張尊招之，不得。”《晋書·武帝紀》：“出後宫才人、妓女以下二百七十人歸于家。”

③ 礎石：石磩。清昭槤《嘯亭雜録·錢文敏》：“公倚礎石揮毫，未踰刻，輒就。”

④ 花采：用鮮花做成，如花環一類的裝飾物。

然於房房之内，自浴尊儀，日日皆爲，要心無闕。但是草木之花，咸將奉獻。無論冬夏，芬馥恒然。市肆之間，賣者亦衆。且如東夏，蓮花石竹①[1]，則夏秋散采[2]；金荊②桃杏，乃春日敷榮③。木槿石榴[3]，隨時代發④；朱櫻素柰[4]，逐節揚葩[5]。園觀蜀葵⑤之流，山莊香草之類，必須持來布列，無宜遥指樹園。冬景⑥片時，或容闕乏，剪諸繒綵，坌⑦以名香，設在尊前，斯實佳也。

【校勘】

［1］花：磧本作“華”，二字同。

［2］采：磧本、大本作“彩”。

［3］榴：金本作“搯”，麗本、磧本作“榴”，今據改。

［4］素：麗初本、麗本、大本同，磧本作“李”。

［5］揚：金本作“楊”，麗本、磧本作“揚”，今據改。

【箋注】

① 石竹：多年生草本觀賞植物。唐李白《宫中行樂詞》之一："山花插寶髻，石竹繡羅衣。"宋范成大《再遊天平有懷舊事且得卓庵之處呈壽老》："木蘭已老無花發，石竹依前有麝眠。"

② 金荊：荊樹的一種。南朝梁江淹《草木頌·金荊》："金荊嘉樹，涵露宅仙。"

③ 敷榮：開花。三國魏嵇康《琴賦》："迫而察之，若衆葩敷榮曜春風，既豐贍以多姿，又善始而令終。"

④ 代發：更替開放。

⑤ 蜀葵：植物名。花有紅、紫、黄、白等色，供觀賞。《太平御覽》卷九九四引晋傅玄《蜀葵賦》序："蜀葵，其苗如瓜瓠，嘗種之，一名引苗而生華，經二年春乃發。"宋曾鞏《次維得禽字韻》："黄蜀葵開收宿雨，紫桑椹熟轉新禽。"

⑥ 冬景：冬時，冬季。

⑦ 坌(bèn)：撒，噴。唐玄奘《大唐西域記》卷一二："王乃下令，宜以沙土坌此異人。時羅漢身蒙沙土，餬口絶糧。"唐元稹《説劍》："君今困泥滓，我亦坌塵垢。"

至於銅像，無問小大，須細灰甎末，揩拭光明①[1]，清水灌之，澄華若鏡。大者月半月盡，合衆共爲。小者隨己所能，每須洗沐。斯則所費雖少，而福利尤多。其浴像之水，舉以兩指[2]，瀝自頂上，斯謂吉祥之水，冀求勝利。奉獻殘花，不合持齅②[3]。棄水棄花[4]，不應履踐，可於淨處而傾置之。

【校勘】

[1] 拭：金本、麗初本作"式"，麗本、磧本作"拭"。今據改。

[2] 舉：麗本、大本作"即舉"。

[3] 齅：大本作"嗅"。

［4］ 棄水：磧本無此二字。

【箋注】

① 光明：光亮；明亮。《荀子·王霸篇》："《詩》云：'如霜雪之將將，如日月之光明，爲之則存，不爲則亡。'"漢班固《東都賦》："是以皇城之内，宫室光明，闕庭神麗。"

② 齅（xiù）：嗅，用鼻子聞。慧琳："持齅，休又反。《説文》云：'以畠就臭也。從畠，臭聲。'"《漢書·敘傳上》："不絓聖人之罔，不齅驕君之餌。"顔師古注："齅，古嗅字也。"

豈容白首①終年，尊像曾不揩沐？紅花遍野，本自無心奉薦[1]，而逐省嬾作[2]。遥指池園，即休畏苦。惰爲開堂②[3]，普敬便罷。此則師資絶緒，遂使致敬無由。

【校勘】

［1］ 本：麗初本無此字。

［2］ 逐省：麗本、大本作"遂省"。慧琳作"逐媘"："生杏反。《廣雅》云：'媘，少也。'鄭注《礼記》云：'小減也。'《説文》從女省聲。《傳》作省，時用略也。"

［3］ 惰：麗初本作"情"。

【箋注】

① 白首：指佛像終年未加揩拭洗浴，積灰太多，乃成白首。

② 開堂：指開壇説法。宋蘇軾《重請戒長老住石塔疏》："大士未曾説法，誰作金毛之聲；衆生各自開堂，何關石塔之事。"《朱子語類》卷一〇六："頃曾孝敘知青州請一僧開堂，觀者甚衆。"

造泥制底及拓模①泥像[1]，或印絹紙，隨處供養。或積爲聚，以塼裹之[2]，即成佛塔。或置空野，任其銷散。西方法俗，莫不以此爲業②。

【校勘】

［1］模：金本、麗初本、麗本、大本、可洪作“摸”，磧本作“模”，今據改。

［2］塼：麗初本、麗本、大本同，磧本作“甎”。

裏：磧本作“褁”。

【箋注】

① 拓模：拓造。義淨《大唐西域求法高僧傳》卷下：“其王既深敬三寶，爲大鄔波索迦，深誠徹信，光絕前後，每於日日造拓模泥像十萬軀。”“拓”，拓印。義淨譯《根本説一切有部毘奈耶破僧事》卷十八：“時匠念言：‘其人有大氣力，若拓印時脚跟踏我，必因兹致死。’便即語提婆達多言：‘可向房中出脚，我即印上。’答匠言：‘好。’時匠即燒輪形鐵，如火色印其足下，其時受太辛苦。”模，照原件描畫，臨摹。宋蘇軾《傳神記》：“吾嘗於燈下顧自見頰影，使人就壁模之。”

② 業：業緣。

又復凡造形像及以制底，金銀銅鐵[1]，泥漆甎石，或聚沙雪。當作之時，中安二種舍利①：一謂大師身骨，二謂緣起法頌。其頌曰：“諸法從緣起，如來説是因，彼法因緣盡，是大沙門説。”要安此二，福乃弘多。由是經中廣爲譬喻，歎其利益不可思議：“若人造像如穬麥②[2]，制底如小棗[3]，上置輪相③，竿若細針，殊因類七海而無窮，勝報遍四生而莫盡。”其間委細，具在别經。幸諸法師等[4]，時可務哉。洗敬尊容，生生④值⑤佛之業；花香致設，代代⑥富樂之因。自作教人，得福無量。

【校勘】

［1］鐵：金本、麗初本、麗本作"鐵"，磧本作"鐵"，今據改。

［2］麥：金本作"麦"，今改。

［3］棗：金本、麗初本、麗本作"棗"，可洪、磧本作"棗"，今據改。

［4］幸：磧本作"辛"。

【箋注】

① 舍利：梵文 Sarira 音譯，意爲屍體或身骨。相傳釋迦牟尼遺體火化後結成珠狀物，稱佛舍利。後世也指德行較高的和尚遺體火化後的遺骨。

② 穬(kuàng)麥：大麥的一種。慧琳："穬麥，上虢猛反。麥有多芒者也。《古今正字》從禾廣聲。"可洪："穬麦，上古猛反，青稞是也。"北魏賈思勰《齊民要術·醴酪》："煮杏酪粥法：用宿穬麥，其春種者，則不中。"明徐光啓《農政全書》卷二六："穬麥，此是今馬食者，然則大、穬二麥，種别各異，而世人以爲一物，謬矣。"

③ 輪相：塔頂上的輪蓋。

④ 生生：世世代代。宋陸游《視東皋歸小酌》："身誓生生辭禄食，家當世世守農耕。"

⑤ 值：遇。

⑥ 代代：世世。

曾見有處，四月八日，或道或俗，持像路邊，灌濯隨宜[1]。不知揩拭，風飄日暴[2]，未稱其儀矣[3]。

【校勘】

［1］濯：麗初本、麗本、大本同，磧本作"洗"。

［2］飄：麗初本、麗本、大本同，磧本作"飃"。

暴：麗初本、麗本、大本同，磧本作"曝"。

［3］儀：金本、麗初本作"議"，麗本、磧本作"儀"，今據改。

三十二、讃詠之禮

神州之地自古相傳，但知禮佛題名①，多不稱揚讃德[1]。何者？聞名但聽其名，罔識智之高下，讃嘆具陳其德[2]，故乃體德之弘深[3]。即如西方制底畔睇及常途禮敬，每於晡後，或曛黄②時[4]，大衆出門，繞塔三匝，香花具設③，並悉蹲踞[5]。令其能者，作哀雅聲，明徹雄朗，讃大師德。或十頌，或二十頌。次第還入寺中，至常集處。既其坐定，令一經師[6]，昇師子座④，讀誦少經。其師子座在上座頭[7]，量處其宜[8]，亦不高大。

【校勘】

[1] 揚：磧本作“楊”。

[2] 讃嘆：金本、麗初本、磧本、大本作“讃歎”，今改。

[3] 故：磧本作“名”。

[4] 曛：麗初本、麗本、大本同，磧本作“昏”。

[5] 踞：麗初本作“居”。

[6] 經：金本作“法”，麗初本、麗本、磧本、大本作“經”，今據改。

[7] 其：磧本作“具”。

[8] 其：金本、麗初本、麗本、大本作“度”，磧本作“其”，今據改。

【箋注】

① 題名：題寫佛名。

② 曛(xūn)黄：黄昏。《南史・朱異傳》：“每迫曛黄，慮臺門將

闔,乃引其鹵簿自宅至城,使捉城門停留管籥。”唐張鷟《遊仙窟》:“時既曛黄,且還房室,庶張郎共娘子安置。”

③ 具設:陳設。《舊唐書・孝友傳・崔沔》:“清廟時享,禮饌畢陳,用周制也,而古式存焉;園寢上食,時膳具設,遵漢法也,而珍味極焉。”

④ 師子座:寺院中佛、菩薩的臺座以及佛教高僧説法時的坐席。《北齊書・杜弼傳》:“魏帝集名僧於顯陽殿講説佛理,弼與吏部尚書楊愔、中書令邢卲,祕書監魏收等並侍法筵。敕弼昇師子座,當衆敷演。”南朝梁慧皎《高僧傳・義解・道生》:“生于大衆中正容誓曰:‘若我所説反於經義者,請於現身即表癘疾;若於實相不相違背者,願捨壽之時據師子座。’”

所誦之經,多誦《三啟》①[1],乃是尊者馬鳴②之所集置。初可十頌許,取經意而讚歎三尊。次述正經,是佛親説。讀誦既了[2],更陳十餘頌論。迴向發願,節段③三開[3],故云“三啟”。

【校勘】

[1] 啟:金本作“啓”,磧本作“啟”,今據改。下同。

[2] 讀:麗初本、麗本、大本同,磧本作“讚”。

[3] 段:金本、麗初本、麗本、磧本作“叚”,今改。

【箋注】

①《三啟》:義淨譯爲《佛説無常經》,一卷。

② 馬鳴:中印度舍衛國娑枳多城人,與貴霜王朝迦膩色迦王關係深厚,爲梵語文學先驅。

③ 節段:節奏段落,可以是誦讀的節奏,也可以是篇章的段落。

經了之時,大衆皆云蘇婆師多①[1]。“蘇”即是“妙”,“婆師多”是“語”,意欲讚經是微妙語。或云“娑度”[2],義目“善哉”[3]。經師方下。上座先起,禮師子座。修敬既訖,次禮聖僧座,還居本處。第二上座,准前禮二處已,次禮上座,方居自位而坐。第三上座,准次同然,迄乎衆末。若其衆大,過三五人,餘皆一時望衆起禮[4],隨情而去。斯法乃是東聖方躭摩立底國僧徒軌式[5]。

【校勘】

[1] 蘇:金本作“蘓”,磧本作“蘇”,今據改。下同。

[2] 娑度:麗初本同,磧本作“婆度”,麗本、大本作“娑婆度”。

[3] 目:磧本作“曰”。

[4] 一時:麗初本、麗本、大本同,磧本作“同時”。

[5] 躭:麗初本、麗本同,磧本、大本作“耽”。

【箋注】

① 蘇婆師多:梵文 Subhāṣita 音譯。

至如那爛陁寺,人衆殷繁。僧徒數出三千[1],造次難爲翔集①[2]。寺有八院,房有三百[3],但可隨時當處,自爲禮誦。然此寺法,差一能唱導師,每至晡西,巡行禮讚。淨人童子②持雜香花[4],引前而去。院院悉過,殿殿皆禮。每禮拜時,高聲讚歎,三頌五頌,響皆遍徹。迄乎日暮,方始言周。此唱導師,恒受寺家別料③供養[5]。

【校勘】

[1] 三千:磧本作“五千”。

[2] 翔集:金本、麗初本、麗本、大本作“詳集”,磧本作“翔集”,今據改。

［3］三百：磧本作“五百”。

［4］花：磧本作“華”，二字同。

［5］料：麗初本作“断”。

【箋注】

① 翔集：聚集。語出《論語·鄉黨》：“色斯舉矣，翔而後集。”晋葛洪《抱朴子外篇·良規》：“翔集而不擇木者，必有離罻之禽矣。”

② 淨人童子：淨人中的童子。

③ 料：食料、口糧。《隋書·酷吏傳·厙狄士文》：“性清苦，不受公料，家無餘財。”《新唐書·楊綰傳》：“故事，舍人年久者爲閣老，其公廨雜料獨取五之四。”

或復獨對香臺，則隻①坐而心讃。或翔②臨於梵宇[1]，則衆跪而高闡。然後十指布地，叩頭三禮。斯乃西方承藉③禮敬之儀[2]。而老病之流，任居小座。

【校勘】

［1］翔：金本、麗初本、麗本、大本作“詳”，磧本作“翔”，今據改。臨於：金本、麗初本、麗本、大本作“臨”，磧本作“臨於”，今據補。

［2］藉：金本、麗初本、麗本、大本作“籍”，磧本作“藉”，今據改。

【箋注】

① 隻：單，單獨。唐韓愈《祭十二郎文》：“兩世一身，形單影隻。”

② 翔：行步。《楚辭·劉向〈九嘆·憂苦〉》：“獨憤積而哀娱兮，翔江洲而安歌。”三國魏曹植《梁甫行》：“柴門何蕭條，狐兔翔我宇。”黄節注：“翔，猶遊也。”

③ 承藉：傳承。

其讃佛者，而舊已有，但爲行之稍别[1]，不與梵同。且如禮佛之時，云歎佛相好①者，即合直聲長讚，或十頌二十頌，斯其法也[2]。又如來等唄②[3]，元是讚佛，良以音韻稍長，意義難顯。

或可因齋靜夜，大衆悽然，令一能者，誦《一百五十讚》③及《四百讚》④，并餘別讚，斯成佳也。

【校勘】

[1] 行：麗初本無此字。

[2] 斯：磧本作"斯即"。

[3] 唄：磧本作"偈"。

【箋注】

① 相好：佛經稱釋迦牟尼佛有三十二種相，八十二種好。合稱"相好"。漢牟融《理惑論》："佛身相好，變化神力無方。"

② 唄（bài）：贊歎。印度謂以短偈形式贊唱宗教頌歌。後泛指贊頌佛經或誦經聲。南朝梁慧皎《高僧傳·經師論》："天竺方俗，凡是歌詠法言，皆稱爲唄。至于此土詠經則稱爲轉讀，歌讚則號爲梵唄。"唐劉長卿《秋夜北山精舍觀體如師梵》："焚香奏仙唄，向夕遍空山。"

③《一百五十讚》：義淨譯有《一百五十讚佛頌》一卷。詳參王邦維（1995，178）注釋（三）。

④《四百讚》：無漢譯本，有藏譯本。詳參王邦維（1995，178）注釋（三）。

然而西國禮敬，盛傳讚歎。但有才人，莫不於所敬之尊而爲稱説。

且如尊者摩咥【丁結反】里制吒①者，乃西方宏才碩德，秀冠群英之人也。傳云昔佛在時，佛因親領徒衆，人間遊行。時有鸎鳥②，見佛相好儼若金山，乃於林内發和雅音，如似讚詠。佛乃顧諸弟子曰:“此鳥見我歡喜,不覺哀③鳴。緣斯福故,我没代④後,獲得人身,名摩咥里制吒,廣爲稱歎,讚我實德也【摩咥里是母,制吒是兒也】。”

【箋注】

① 摩咥(dié)里制吒:梵文 Mātṛceṭa 音譯,二世紀後半至三世紀時的中印度佛教學者。

② 鸎鳥:黄鶯,“鸎”即“鶯”。

③ 哀:婉轉。

④ 没代:没世,死。

其人初依外道出家,事大自在天①。既是所尊,具申讚詠[1]。後乃見所記名,翻心奉佛,染衣出俗,廣興讚歎。悔前非之已往,遵勝轍於將來。自悲不遇大師,但②逢遺像,遂抽盛藻,仰符授記③,讚佛功德。初造《四百讚》,次造《一百五十讚》,惣陳六度④,明佛世尊所有勝德。斯可謂文情婉麗,共天蘤⑤而齊芳;理致清高,與地岳而爭峻。西方造讚頌者,莫不咸同祖習⑥。無著⑦、世親⑧菩薩悉皆仰止⑨[2]。故五天之地,初出家者,亦即誦得五戒十戒[3],即須先教誦斯二讚。無問大乘小乘,咸同遵此。有六意焉:一能知佛德之深遠[4],二體制文之次第,三令舌根⑩清淨,四得胸藏⑪開通,五則處衆不惶,六乃長命無病。誦得此已,方學餘經。而斯美未傳東夏[5]。

【校勘】

[1] 申:麗初本、麗本、大本同,磧本作“伸”。

[2] 仰止:金本、麗初本、麗本、可洪、大本作“仰趾”,磧本作“仰止”,今據改。

［3］即：麗初本作“既”。

［4］佛：麗初本無此字。

［5］而：麗本、磧本作“然而”。

【箋注】

① 大自在天：佛教指色界十八天中最高天之天王。

② 但：但凡。

③ 授記：謂佛對菩薩或發心修行的人給予將來證果、成佛的預記。姚秦鳩摩羅什譯《妙法蓮華經》卷四：“其五百比丘，次第當作佛，同號曰普明，轉次而授記。”

④ 六度：指使人由生死之此岸度到涅槃之彼岸的六種法門：布施、持戒、忍辱、精進、精慮、智慧。《文選·王中〈頭陀寺碑文〉》：“彼岸者，引之於有，則高謝四流，推之於無，則俯弘六度。”唐姚合《贈王山人》：“既能施六度，瞭悟達雙林。”

⑤ 蘤（huā）：即“花”。慧琳：“天蘤，爲委反。《博雅》云：‘蘤，華也。’《韻詮》《字林》並云：‘花也。’《古今正字》：‘榮也。從草從白，爲聲。’”可洪：“天蘤，爲委反，花也，《玉篇》音葩，應和尚云：‘古文花字也。’”

⑥ 祖習：宗奉學習。晉葛洪《抱朴子外篇·疾謬》：“誠知不學之弊，碩儒之貴，所祖習之非，所輕易之謬，然終於迷而不返者，由乎放誕者無損於進趨故也。”《陳書·文學·何之元傳》：“若夫馬《史》、班《漢》，述帝稱紀，自兹厥後，因相祖習。”

⑦ 無著（zhuó）：古代印度大乘佛教瑜伽行派創始人之一。

⑧ 世親：古印度大乘佛教瑜伽行派創始人之一。

⑨ 仰止：仰慕；向往。止，助詞。語出《詩經·小雅·車舝》：“高山仰止，景行行止。”宋姜夔《鐃歌吹曲·沅之上》：“真人方興，百神仰止。”

⑩ 舌根：六根之一。舌爲知味發言之根本，故云舌根。

⑪ 胸藏：心胸、胸懷。

造釋之家，故亦多矣。爲和之者，誠非一算①[1]。陳那②菩薩親自爲和，每於頌初，各加其一，名爲《雜讚》，頌有三百[2]。又鹿苑名僧號釋迦提婆③[3],復於陳那頌前各加一頌,名《糅雜④讚》,總有四百五十頌[4]。但有制作之流,皆以爲龜鏡矣。

【校勘】

[1] 算:金本、麗初本、麗本作"竿",磧本作"筭",大本作"算"。三字同,今據改。

[2] 百:金本誤作"行",今據他本改。

[3] 苑:金本、麗初本作"菀",麗本、磧本作"苑",今據改。

[4] 總:金本作"揔",磧本作"惣",大本作"總",今據改。

【箋注】

① 一算:百二十人爲一算。漢代商賈税和對成年人所徵人頭税的一個計數單位。《史記·平準書》:"諸賈人末作貰貸賣買,居邑稽諸物及商以取利者,雖無市籍,各以其物自占,率緡錢二千而一算。"《漢書·晁錯傳》:"今秦之發卒也,有萬死之害而無銖兩之報,死事之後不得一算之復。"按:《漢書·高帝紀上》"初爲算賦"顔師古注引如諄曰:"《漢儀注》:民年十五以上至五十六出賦錢,人百二十爲一算。"

② 陳那:梵文 Dinnāga 音譯,意譯爲童授。公元五六世紀南印度人。

③ 釋迦提婆:梵文Śākyadeva 音譯。

④ 糅雜:混雜。慧琳:"糅雜,上紐溜反。鄭注《儀礼》云:糅亦雜也。《古今正字》:從米柔聲。《字書》:正從丑作粈,亦作[illegible]。"《梁書·王規傳》:"肅其居處,崇其牆仞,門無糅雜,坐闕號呶。"

又龍樹菩薩以詩代書,名爲《蘇頡里離佉》①,譯爲《密友書》,寄與舊檀越南方大國王,號娑多婆漢那②,名市寅得迦[1]。可謂文藻秀發,慰誨③勤勤④,的指中途⑤,親逾骨肉。就中⑥旨趣,寔有多意。先令敬信三尊,孝養父母[2]。持戒捨惡，擇人乃交。於諸財色，修不淨觀。撿校⑦家室[3]，正念無常。廣述餓鬼⑧傍生⑨，盛道人天地獄⑩。火燃頭上，無暇拂除[4]。緣起⑪運心⑫，專求解脱。勸行三慧⑬[5]，明聖道之八支⑭；令學四真⑮，證圓凝⑯之兩得。如觀自在⑰，不簡怨親；同阿彌陁⑱[6]，恒居淨土⑲[7]。

【校勘】

[1] 寅：磧本作"演"。

[2] 孝：麗初本、麗本、大本同，磧本作"供"。義淨譯《龍樹菩薩勸誡王頌》作"孝"："若孝養父母，其家有梵王。"

[3] 撿校：金本、麗初本、麗本、大本作"撿挍"，磧本作"檢校"，今據改作"撿校"。

[4] 暇：麗初本、麗本作"暇"。《龍樹菩薩勸誡王頌》亦作"暇"："縱使烈火燃頭上，遍身衣服焰皆通。此苦無暇能除拂，無生住想涅槃中。"

[5] 慧：金本、麗初本作"惠"，麗本、磧本作"慧"，今據改。

[6] 同：麗初本、麗本、大本同，磧本作"因"。《龍樹菩薩勸誡王頌》作"同"："猶如觀自在，極難等怨親，生老病死三毒除，佛國託生爲世父，壽命旹長量叵知，同彼大覺彌陀主。"

[7] 土：金本、麗初本、麗本作"圡"，磧本作"土"，今據改。

【箋注】

① 蘇頡里離佉：梵文 Suhṛlekha 音譯。義淨譯有《龍樹菩薩勸誡王頌》一卷。

② 娑多婆漢那：梵文 Sātavāhana 音譯。

③ 慰誨：安慰教誨。《文選·李陵〈答蘇武書〉》："慰誨勤勤，有踰骨肉。"吕向注："慰誨，謂慰勞誨教也。"《三國志·魏志·文昭甄皇后傳》"文帝納后于鄴，有寵，生明帝及東鄉公主"裴松之注引晋王沈《魏書》："後宫有寵者勸勉之，其無寵者慰誨之。"

④ 勤勤：懇切至誠。《漢書·司馬遷傳》："曩者辱賜書，教以慎於接物，推賢進士爲務，意氣勤勤懇懇。"宋王禹偁《對雪》："空作對雪吟，勤勤謝知己。"

⑤ 中途：半路；途中。唐李白《敘舊贈江陽宰陸調》："中途不遇人，直到爾門前。"

⑥ 就中：其中。唐杜甫《麗人行》："就中雲幕椒房親，賜名大國虢與秦。"

⑦ 撿校：考查，察驗。撿，通"檢"。

⑧ 餓鬼：六道之一。佛教謂人生前做了壞事，死後要墮入餓鬼道，常受飢渴之苦。隋慧遠《大乘義章》卷八："言餓鬼者，如雜心釋，以從他求，故名餓鬼。"《敦煌變文集·大目乾連冥間救母變文》："唯有目連阿孃爲餓鬼。"

⑨ 傍生：指畜生。唐玄奘譯《説無垢稱經》卷四："諸有傍生趣，殘害相食噉，皆現生於彼，利樂名本生。"《敦煌變文集·維摩詰經講經文》："地獄傍生長不到，世世人天路上行，若能行得徧爲好。"

⑩ 地獄：梵文 Naraka(那落迦)的意譯，意爲"苦的世界"。處於地下，有八寒、八熱、無間等名目。古印度傳説人在生前做了壞事，死後要墮入地獄，受種種苦。佛教也采用此説。《宋書·夷蠻傳·天竺迦毗黎國》："且要天堂以就善，曷若服義而蹈道；懼地獄以敕身，孰與從理以端心。"

⑪ 緣起：謂一切有爲法，皆待緣而起。姚秦鳩摩羅什譯《維摩詰經》卷一："深入緣起，斷諸邪見，有無二邊，無復餘習。"

⑫ 運心：四供養之一。謂於心中起供養之思。隋闍那崛多譯《佛本行集經卷》卷四十三："汝等當知！以是因緣，我等今者應當運心，共斂錢財，隨意多少，料理於此迦葉如來舍利之塔。"

⑬ 三慧：指聞慧、思慧、修慧。

⑭ 八支：即正見、正思惟、正語、正業、正命、正精進、正念、正定。

⑮ 四真：四真諦，即苦、集、滅、道。

⑯ 圓凝：指凝然圓寂之涅槃。

⑰ 觀自在：觀世音的别名。

⑱ 阿彌陁：梵文 amitābha 音譯，意譯爲無量，也譯作無量壽佛或無量光佛，佛教指西方極樂世界的教主。

⑲ 淨土：佛所居住的無塵世污染的清淨世界。多指西方阿彌陀佛淨土。南朝宋謝靈運《淨土詠》："淨土一何妙，來者皆菁英。"唐白居易《畫西方幀記》："有世界號極樂，以無八苦四惡道故也。其國號淨土，以無三毒五濁業故也。"

斯即化生[①]之術，要無以加。五天創學之流，皆先誦此書讚。歸心繫仰之類，靡不研味[②]終身，若神州法侶誦《觀音》[③]《遺教》[④]，俗徒讀《千文》[⑤]《孝經》矣。莫不欽翫[⑥]，用爲師範[⑦]。

【箋注】

① 化生：教化衆生。

② 研味：研究玩味。南朝梁劉勰《文心雕龍・情采》："研味孝老，則知文質附乎性情，詳覽莊韓，則見華實過乎淫侈。"

③《觀音》：指《觀音經》，即《妙法法華經》卷八"觀世音菩薩普門品"。

④《遺教》：姚秦鳩摩羅什譯作《佛垂般涅槃略説教誡經》一卷。

⑤《千文》：即《千字文》。南朝梁武帝指令周興嗣用一千個不同的字編寫的文章。四字一句，對偶押韻，便於記誦，後來用爲兒童啓蒙讀本。

⑥ 翫（wán）：鑽研。三國魏嵇康《琴賦・序》："余少好音聲，長而翫之。"

⑦ 師範：學習的模範。《北史・楊播傳論》："恭德慎行，爲世師範。"宋歐陽修《舉章望之曾鞏王回等充館職狀》："臣竊見秘書省校書郎章望之，學問通博，文辭敏麗，不急仕進，行義自修，東南士子，以爲師範。"

其社得迦摩羅①亦同此類[1]【社得迦者[2],本生②也。摩羅者,即貫焉[3]。集取菩薩昔生難行之事,貫之一處[4]】,若譯可成十餘軸。取本生事,而爲詩讚,欲令順俗妍美③,讚者歡愛[5],教攝④群生耳。

【校勘】

[1] 社:磧本作“杜”。

[2] 社:磧本作“杜”。

[3] 即:磧本作“即是”。

[4] 一處:麗本、大本此後有“也”字。

[5] 讚:麗初本同,麗本、磧本作“讀”。

【箋注】

① 社得迦摩羅:梵文 Jātakamālā 音譯。

② 本生:前生,昔生。

③ 妍美:美麗。唐玄奘《大唐西域記》卷三:“容貌妍美,情性詭詐。”

④ 教攝:教化、攝養。

時戒日王①極好文筆②,乃下令曰[1]:“諸君但有好詩讚者,明日旦朝,咸將示朕。”及其惣集,得五百夾。展而閲之,多是社得迦摩羅矣[2],方知讚詠之中,斯爲美極。南海諸𡼖有十餘國[3],無問法俗,咸皆諷誦[4]。如前詩讚,而東夏未曾譯出。

【校勘】

[1] 令:麗初本、麗本、大本同,磧本作“勑”。

[2] 社:磧本作“杜”。

[3] 𡼖:金本、麗初本、麗本作“𡼖”,大本作“島”,磧本作“嶋”。

慧琳:"諸島,刀老反。孔注《尚書》:'島,海曲山,人可居曰島。'《尚書》曰:'居島之夷也。'《釋名》云:'島,到也,謂人所奔到也。'《説文》:'海中往往有山可依止,曰島。從山鳥聲。'"

[4] 咸:磧本無此字。

【箋注】

① 戒日王:梵名 Harsavardhana,公元 590 至 647 年期間印度帝王。

② 文筆:文辭,文章。《晋書·習鑿齒傳》:"鑿齒少有志氣,博學洽聞;以文筆著稱。"唐李肇《唐國史補》卷下:"元和已後,爲文筆,則學奇詭于韓愈,學苦澀于樊宗師。"

又戒日王取乘雲菩薩① 以身代龍之事,緝爲歌詠,奏諧弦管[1],令人作樂,舞之蹈之,流布於代②。

【校勘】

[1] 弦:金本、麗初本、大本作"絃",磧本作"弦",二字同,今據改。

【箋注】

① 乘雲菩薩:戒日王所作劇本 Nāgānanda 中的主角。詳參王邦維(1995,185)注釋(一)。

② 代:世,世間。

又東印度月官大士① 作毗輸安呾囉② 太子歌詞[1],人皆舞詠[2],遍五天矣。舊云蘇達拏③ 太子者[3],是也。

【校勘】

[1] 輸:磧本作"踰"。

［2］人：麗初本、麗本、大本同，磧本作“又”。

［3］蘇：金本作“蕪”，磧本作“蘇”，今據改。

【箋注】

① 月官大士：公元七世紀時印度瑜伽行派僧人。大士，菩薩的通稱。

② 毗輸安呾囉：梵文 Viśvāntara 音譯。

③ 蘇達拏：梵文 Sudāna 音譯。

又尊者馬鳴亦造歌詞及《莊嚴論》[1]，并作《佛本行詩》①，大本若譯有十餘卷[2]。意述如來始自王宫，終乎雙樹，一代佛法，並緝爲詩。五天南海，無不諷誦。意明字少，而攝義能多。復令誦者[3]，心悦忘倦，又復纂②持③聖教[4]，能生福利。

其《一百五十讚》及龍樹菩薩書，並别録寄歸。樂讚詠者，時當誦習。

【校勘】

［1］莊：金本、麗初本、麗本作“庄”，磧本作“莊”。今據改。下同。

［2］若：麗初本作“名”。

［3］誦：金本、麗初本、麗本、大本作“讀”，磧本作“誦”，今據改。

［4］纂：金本、麗本、可洪作“纂”，麗初本、磧本作“纂”，今據改。

【箋注】

①《佛本行詩》：北凉曇無讖譯作《佛本行讚》，五卷。

② 纂：繼承。《禮記・祭統》：“子孫纂之，至于今不廢。”《漢書・敘傳下》：“皇矣漢祖，纂堯之緒。”

③ 持：扶持；護持。《論語・季氏》：“危而不持，顛而不扶，則將

焉用彼相矣。"《漢書·劉向傳》:"上數欲用向爲九卿,輒不爲王氏居位者及丞相御史所持,故終不遷。"顏師古注:"持謂扶持佐助也。"

三十三、尊敬乖式

夫禮敬之儀,教有明則。自可六時策念[1],四體翹勤。端居一房,乞食爲業。順杜多之行[2],修知足之道。但著三衣,不畜盈長。無生致想①,有②累全祛[3]。豈得輒異僧儀[4],别行軌式?披出家服,不同常類③,而在鄽肆④之中[5],禮諸俗流⑤[6]。撿⑥尋律教[7],全遮此事。佛言有二種應禮,所謂三寶及大已苾蒭。

【校勘】

[1] 策:金本、麗初本、麗本作"筞",磧本作"策",二字同,今據改。

[2] 杜多:金本、麗初本、麗本作"頭陁",大本作"頭陀",磧本作"杜多",今據改。

[3] 祛:大本作"袪"。

[4] 僧儀:麗初本作"儀僧"。

[5] 鄽:金本、麗初本作"纏",麗本作"鄽",磧本作"鄽",今據改。

[6] 俗流:金本、麗初本作"流俗",麗本、大本作"俗流",今據改。

[7] 撿:麗初本、麗本、大本同,磧本作"檢"。

【箋注】

① 無生致想:即致想無生。無生:没有生滅,不生不滅。晋王該

《日燭》:"咸淡泊於無生,俱脱骸而不死。"唐王維《登辨覺寺》:"空居法雲外,觀世得無生。"

② 有:相對於"空""無"而言,有生死煩惱的意思。

③ 常類:一般的物或人。漢王充《論衡·講瑞》:"且瑞物皆起和氣而生,生於常類之中,而有詭異之性,則爲瑞矣。"《後漢書·酈炎傳》:"賢愚豈常類,稟性在清濁。"

④ 廛(chán)肆:市集店鋪。廛,店鋪。《管子·五輔》:"闗幾而不征,市廛而不税。"尹知章注:"廛,市中置物處。"《文選·袁淑〈效曹子建樂府"白馬篇"〉》:"籍籍闗外來,車徒傾國廛。"李善注引鄭玄《禮記注》:"廛,市物邸舍也。"肆,市場。《論語·子張》:"百工居肆以成其事,君子學以致其道。"《後漢書·王充傳》:"家貧無書,常遊洛陽市肆,閲所賣書,一見輒能誦憶,遂博通衆流百家之言。"

⑤ 俗流:世俗之流。本書中另有四個用例:"聖教俗流,俱通利益。"(卷一)"方裙偏袒,形簡俗流。"(卷二)"俗流外道之内,實此類而難得。"(卷四)"然衆生喜見,斯乃俗流,燒臂供養,誠其宜矣。"(卷四)

⑥ 撿:通"檢",考查,察驗。

又有賫持尊像,在大道中,塵坌聖容,以求財利。或有鉤身刺臉①[1],斷節穿肌[2],詐託好心,本希活命。如斯之色,西國全無。勸導諸人[3],勿復行此。

【校勘】

[1] 刺:金本作"剌",磧本作"自剌","剌"即"刺"。

臉:金本、磧本、麗初本作"瞼",麗本、大本作"臉",今據改。"瞼"爲"臉"形近訛字。

[2] 斷:金本作"断",今改。

[3] 勸導諸人:麗初本、麗本、大本同,磧本作"宜勸導人"。

【箋注】

① 臉:面頰。

三十四、西方學儀[1]

夫大聖一音①，則貫三千②而總攝[2]；或隨機五道③，乃彰七九而弘濟【七九者，即是聲明中七轉九例也，如下略明耳】。時有意言法藏④，天帝⑤領無説⑥之經；或復順語談詮⑦，支那悟本聲⑧之字。致使投緣⑨發慧⑩[3]，各稱虚心⑪；准義除煩[4]，並凝⑫圓寂。至於勝義諦理⑬，迥絶名言；覆俗道⑭中，非無文句【覆俗諦者，舊云世俗諦，義不盡也，意道俗事覆他真理[5]。色本非瓶，妄爲瓶解。聲無歌曲，漫作歌心。又復識相生時，體無分别。無明⑮所蔽，妄起衆形。不了自心，謂境居外[6]。蛇繩並謬⑯，正智斯淪。由此蓋真，名爲覆俗矣。此據覆即是俗，名爲覆俗。或可但云真諦覆諦】。

【校勘】

[1] 儀：各本作“法”，今據前文小目改。

[2] 總：金本作“捴”，磧本作“惣”，大本作“總”，今據改。下同。

[3] 慧：麗初本、麗本、大本同，磧本作“惠”。

[4] 准：麗本、大本同，磧本作“唯”。

[5] 意：磧本作“竟”。

[6] 境：磧本作“鏡”。

【箋注】

① 一音：佛教稱佛説法之音爲“一音”。姚秦鳩摩羅什譯《維摩詰經》卷一：“佛以一音演説法，衆生隨類各得解。”

② 三千:總稱一切萬法。

③ 五道:佛教謂天、人、畜生、餓鬼、地獄五處輪迴之所。

④ 法藏:佛所説的教法。西晋竺法護譯《正法華經》卷六:"假使有受持,八萬諸法藏,班宣如所説,以示億千人。"唐王維《苑舍人能書梵字兼達梵音皆曲盡其妙戲爲之贈》:"蓮花法藏心懸悟,貝葉經文手自書。"

⑤ 天帝:即帝釋天。

⑥ 無説:唐窺基撰《成唯識論述記》卷一:"無説有五:一未生無,二已滅無,三更互無,四不會無,五畢竟無。"

⑦ 詮:詳盡解釋;闡明。《淮南子·要略》:"差擇微言之眇,詮以至理之文。"唐元稹《解秋》詩之十:"我懷有時極,此意何由詮?"

⑧ 本聲:根本之聲,與"響"相較而言。唐玄奘譯《阿毘達磨順正理論》卷二十三:"由此亦遮響聲爲喻。以聲與彼谷等中間有物相續傳生響故,謂本發聲。所依大種,傳生妙大種,遍至谷等中所在擊生,似本聲響。中間雖有聲響相續,或散微故,而不可聞。若於中間,觸山谷等,即便聚積,亦可得聞。云何知然?異時聞故。謂諸聽者,先聞本聲,於後方聞聲所發響。"

⑨ 投緣:機緣相合。

⑩ 發慧:開發智慧。

⑪ 虚心:嚮往之心。《史記·秦始皇本紀》:"今秦南面而王天下,是上有天子也。既元元之民冀得安其性命,莫不虚心而仰上,當此之時,守威定功,安危之本在於此矣。"

⑫ 凝:謂精力專注或注意力集中。《莊子·逍遥遊》:"其神凝,使物不疵癘,而年穀熟。"

⑬ 勝義諦理:即勝義諦,指勝於世間世俗義之妙理,即真諦。

⑭ 覆俗道:指俗諦。

⑮ 無明:十二緣生之一,癡愚無智慧。

⑯ 蛇繩並謬:指蛇繩麻喻。看見繩子,誤以爲是蛇;等到發現是繩子的時候,又纔明白繩子其實由麻綫做成。

然則古來譯者,梵軌①罕談。近日傳經,但云初七②。非不知也,無益不論。今望總習梵文[1],無勞翻譯之重。爲此聊題節段[2],粗述初基③者歟【然而骨崙速利,尚能惣讀梵經[3],豈況天府④神州而不談其本説⑤?故《西方讚》⑥云:曼殊室利現在并州,人皆有福,理應欽讚。其文既廣,此不繁録】。

【校勘】

[1] 今望:金本、麗初本作"望",麗本、磧本作"今望",今據補。

[2] 段:金本、麗初本、麗本、磧本作"叚",今改。

[3] 讀:磧本作"讚"。

【箋注】

① 梵軌:此指梵文的語法規則。

② 初七:前面的七轉。

③ 初基:初始。《尚書·康誥》:"周公初基,作新大邑於東國洛。"《隋書·刑法志》:"周文帝之有關中也,霸業初基,典章多闕。"

④ 天府:土地肥沃、物産富饒之域。《史記·劉敬叔孫通列傳》:"因秦之故,資甚美膏腴之地,此所謂天府者也。"《晋書·袁喬傳》:"蜀土富實號稱天府,昔諸葛武侯欲以抗衡中國。"唐陳子昂《上蜀川軍事》:"伏以國家富有巴蜀,是天府之藏。"

⑤ 説:意思;意義。唐韓愈《贈張童子序》:"二經章句僅數十萬言,其傳注在外,皆誦之,又約知其大説。"

⑥《西方讚》:書名,具體不詳。

夫聲明者[1],梵云攝拖苾馱①[2]【停夜反】。"攝拖"是"聲","苾馱"是"明",即五明論之一明也。

五天俗書,總名毗何羯喇拏②,大數有五,同神州之五經也【舊云《毗伽羅論》,音訛也[3]】。

【校勘】

［1］夫：磧本作“天”。

［2］馱：金本、麗本、磧本作“䭾”。今改。下同。

［3］也：磧本無此字。

【箋注】

① 攝拖苾馱：梵文Śabdavidyā 音譯。可洪：“苾䭾，上毗結反，下停夜反，傳文自切。攝施苾䭾，此譯爲聲明。”

② 毗何羯喇拏：梵文 Vyākaraṇa 音譯。

一則《創學悉談章》，亦云《悉地羅窣覩》①[1]。斯乃小學標章之稱[2]，俱以成就吉祥爲目[3]。本有四十九字，共相乘轉，成一十八章，總有一萬餘字，合三百餘頌。凡言一頌，乃有四句，一句八字，總成三十二言。更有小頌大頌，不可具述。六歲童子學之，六月方了。斯乃相傳是大自在天之所説也。

【校勘】

［1］云：麗初本作“名”。

窣：麗初本、麗本作“窣”。

［2］標：金本、麗初本作“摽”，磧本作“標”，今據改。

［3］俱以：麗初本、麗本、大本同，磧本作“但以”。

【箋注】

① 悉地羅窣覩：梵文 Siddhirastu 音譯。

二謂《蘇呾囉》①[1]，即是一切聲明之根本經也，譯爲略詮，意明略詮要義。有一千頌，是古博學鴻儒波尼儞②所造也[2]。爲大自在天之所加被③,面現三目,時人方信。八歲童子,八月誦了。

三謂《馱覩章》④[3],有一千頌,專明字元⑤。功如上經矣。

【校勘】

[1] 蘇:金本作"藊",磧本,大本作"蘇",二字同,今據改。下同。

[2] 博:金本、麗初本、麗本作"慱",磧本作"博",今據改。

儞:金本作"你",大本作"儞",今據改。下同。

[3] 馱:金本作"駄",今據磧本、大本改。

【箋注】

① 蘇呾囉:梵文 Sūtra 音譯。詳參王邦維(1995,191)注釋(一)。

② 波尼儞:梵文 Pāṇini 音譯,公元前四世紀人。爲古印度著名梵文文法學家。詳參王邦維(1995,191)注釋(二)。

③ 加被:保佑。《敦煌變文·金剛醜女因緣》:"醜女既得世尊加被,換舊時之醜質,作今日之面旋。"

④ 馱覩章:梵文 Dhātupāṭha 音譯,梵文文法著作。詳參王邦維(1995,192)注釋(一)。

⑤ 字元:梵語的動詞詞根。詳參王邦維(1995,192)注釋(二)。

四謂《三棄攞①章》,是荒梗②之義,意比田夫創開疇畎③,應云《三荒章》:一名《頞瑟吒馱覩》④[1]【一千頌】,二名《文荼》⑤[2]【一千頌】,三名《鄔拏地》⑥【一千頌】。

【校勘】

[1] 馱:金本作"駄",今改。

[2] 文:金本、麗初本作"父",磧本作"文",今據改。

荼:磧本作"茶"。

【箋注】

① 棄攞：梵文 Khila 音譯。

② 荒梗：荒涼閉塞。《晋書·司馬羕傳》："詔與南頓王宗統流人以實中州，江西荒梗，復還。"唐溫大雅《大唐創業起居注》卷三："夷民紛雜，蠻陬荒梗。"

③ 疇畎：田畝。可洪："疇畎，上直由反，下古犬反。"

④ 頞瑟吒馱覩：梵文 Aṣṭadhātu 音譯。

⑤ 文荼：梵文 Muṇḍa 音譯。

⑥ 鄔拏地：梵文 Uṇādi 音譯。

《馱覩》者[1]，則意明七例①，曉十羅聲②，述二九之韻。言七例者，一切聲上皆悉有之。一一聲中，各分三節[2]，謂一言二言多言，揔成二十一言也。如喚男子，一人名補嚕灑，兩人名補嚕稍[3]，三人名補嚕沙，此中聲有呼噏③重輕之别。於七例外，更有呼召聲④[4]，便成八例。初句既三，餘皆准此，恐繁不録，名蘇盤多⑤聲【揔有三八二十四聲】。十羅聲者，有十種羅字。顯一聲時，便明三世之異。二九韻者[5]，明上中下尊卑彼此之别，言有十八不同，名丁岸哆⑥聲也。

【校勘】

［1］馱：金本作"馱"，今改。

［2］節：大本作"蒴"。

［3］稍：金本、麗本、大本作"箱"，磧本、可洪作"稍"，今據改。

［4］召：麗初本、麗本、大本同，磧本作"名"。

［5］二九：麗本作"一九"。

【箋注】

① 七例：即七轉。詳參王邦維(1995，194)注釋(五)。

② 十羅聲：梵語文法中用來表示動詞的時態與語氣之十種語

態。此十種語態皆含有 la 聲,故稱。詳參王邦維(1995,194)注釋(六)。

③ 呼噏(xī):呼吸。

④ 呼召聲:指梵文的呼格。

⑤ 蘇盤多:梵文 Subanta 音譯。梵語名詞格的變化,即八轉聲。詳參王邦維(1995,195)注釋(十一)。

⑥ 丁岸哆:梵文 tiṅanta 音譯。指梵文動詞詞尾的變化。詳參王邦維(1995,195)注釋(十三)。

《文荼》則合成字體①[1]。且如樹之一目[2],梵云苾力叉②,便引二十餘句經文,共相雜糅,方成一事之號也。《鄔拏地》則大同斯例,而以廣略不等爲異。

此《三荒章》,十歲童子,三年勤學,方解其義。

【校勘】

[1] 荼:磧本作"茶"。

[2] 目:金本、麗初本作"日",麗本、磧本作"目",今據改。

【箋注】

① 字體:指梵文單詞的詞幹。詳參王邦維(1995,196)注釋(十四)。

② 苾力叉:梵文 Vṛkṣa 音譯。詳參王邦維(1995,196)注釋(十五)。

五謂《苾栗底蘇呾羅》①,即是前《蘇呾囉》釋也[1]。上古作釋[2],其類寔多。於中妙者,有十八千頌。演其經本,詳談衆義。盡寰中②之規矩[3],極天人之軌則。十五童子,五歲方解。

【校勘】

［1］囉：麗初本、麗本、大本同，磧本作“羅”。

［2］上：磧本作“乃上”。

［3］規：麗初本作“相”。

【箋注】

① 苾栗底蘇呾羅：梵文 Vṛttisūtra 音譯。

② 寰(huán)中：宇内，天下。晋孫綽《喻道論》：“焉復睹夫方外之妙趣、寰中之玄照乎？”唐王勃《拜南郊頌序》：“天下黎人，知四海之安樂；寰中殊域，奉三靈之康泰。”

神州之人，若向西方求學問者，要須知此，方可習餘。如其不然，空自勞矣。斯等諸書，並須暗誦。此據上人爲准，中下之流，以意可測。翹勤晝夜，不遑寧寢。同孔父之三絶①，等歲釋②之百遍[1]。牛毛千數，麟角唯一。比功與神州上③明經相似[2]。

【校勘】

［1］歲釋：金本、麗初本、麗本、大本作“歲精”，磧本作“歲釋”，今據改。“精”爲“釋”的形近訛字。

［2］上明經：麗初本、麗本、大本同，磧本作“明上經”。

【箋注】

① 孔父之三絶：指孔子“韋編三絕”事，《史記·孔子世家》：“孔子晚而喜《易》…… 讀《易》，韋編三絕。曰：‘假我數年，若是，我於《易》則彬彬矣。’”

② 歲釋：歲餘，即每年的遺留、剩餘時間。“釋”有遺餘之義。《儀禮·士虞禮》：“舉魚腊俎，俎釋三个。”鄭玄注：“釋，猶遺也。”《大戴禮記·誥志》：“瑞雉無釋。”王聘珍解詁：“釋，猶遺也。”“歲釋之百

遍”，指的是《魏略·儒宗傳·董遇》所載董遇之事：“人有從學者，遇不肯教，而云必當先讀百遍，言讀書百遍而義自見。從學者云：‘苦渴無日。’遇言：‘當以三餘。’或問三餘之意，遇言：‘冬者歲之餘，夜者日之餘，陰雨者時之餘也。’”

③ 上：通“尚”。崇尚；看重。《左傳·桓公八年》：“季梁曰：‘楚人上左，君必左，無與王遇。’”《管子·問》：“授事以能，則人上功。”《新唐書·杜中立傳》：“民間脩昏姻，不計官品而上閥閲。”

此是學士闍耶昳底①所造。其人乃器量弘深，文彩秀發，一聞便領，詎假再談！敬重三尊，多營福業。没代于今，向三十載矣。

閑斯釋已，方學緝綴②書表，制造詩篇[1]。致想因明③，虔誠俱舍④。尋⑤《理門論》⑥，比量⑦善成；習《本生貫》⑧，清才秀發。

【校勘】

[1] 制：麗初本、麗本、大本同，磧本作“製”。

【箋注】

① 闍耶昳（dié）底：梵文 Jayāditya 音譯。詳參王邦維（1995，198）注釋（三）。

② 緝綴：編輯綴合。《梁書·胡僧祐傳》：“性好讀書，不解緝綴，然每在公宴，必彊賦詩。”北魏酈道元《水經注·河水一》：“書策落次，難以緝綴，後人假合，多差遠意。”

③ 因明：五明之一。“因”指原因、根據、理由；“明”義爲學術。因明即關於邏輯推理的學説，隨佛教傳入中國。唐玄奘《大唐西域記》卷十：“昔佛世尊善權導物，以慈悲心，説因明論，綜括妙理，深究微言。如來寂滅，大義泯絕。今者，陳那菩薩福智悠遠，深達聖旨，因明之論重弘茲日。”

④ 俱舍:梵文 Kośa 音譯。唐玄應《一切經音義》卷七十:"俱舍,此譯云藏,則庫藏之總名也。而體是蠶繭,借以喻焉。"

⑤ 尋:考索;探求。《後漢書·章帝紀》:"每尋前世舉人貢士,或起甽畝,不繫閥閱。"北齊顔之推《顔氏家訓·勉學》:"傳相祖述,尋問莫知原由。"唐韓愈《嘲鼾睡》:"賦形苦不同,無路尋根本。"

⑥《理門論》:陳那著作,義淨譯有《因明正理門論》一卷。

⑦ 比量:印度因明學術語。猶推理。以一定的理由(即"因")爲媒介,從已知經驗推到未知事物。

⑧ 本生貫:即社得迦摩羅。

然後函丈①傳授[1],經三二年。多在那爛陁寺【中天也】,或居跋臘毗②國[2]【西天也】。斯兩處者,事等金馬石渠、龍門③闕里④。英彦雲聚,商榷是非[3]。若賢明歎善,遐邇稱儁⑤[4],方始自忖鋒鍔⑥,投刃王庭,獻策呈才,希望利用⑦。坐談論之處,己則重席⑧表奇;登破斥之埸[5],他乃結舌稱愧。響震五山,聲流四域。然後受封邑,策榮班⑨[6],賞素⑩高門⑪,更修餘業矣。

【校勘】

[1] 函丈:金本、麗初本作"凾杖",麗本作"凾丈",可洪作"函杖",磧本作"函丈"。"凾"即"函"字,今據改。

[2] 毗:大本作"毘"。

[3] 榷:金本作"擢",大本作"摧",磧本作"榷",今據改。

[4] 邇:金本、麗初本、麗本作"迩",磧本、大本作"邇",今據改。儁:大本作"俊"。

[5] 埸:麗初本、麗本、磧本作"場"。

[6] 策:金本、麗初本、麗本作"筞",磧本、大本作"策",今據改。榮班:磧本無"榮"字。

【箋注】

① 函丈:《禮記·曲禮上》:"若非飲食之客,則布席,席間函丈。"鄭玄注:"謂講問之客也。函,猶容也,講問宜相對容丈,足以指畫也。"原謂講學者與聽講者坐席之間相距一丈。後用以指講學的坐席。《隋書·煬帝紀上》:"自時厥後,軍國多虞,雖復黌宇時建,示同愛禮,函丈或陳,殆爲虚器。"

② 跋臘毗:梵文 Valabhī 音譯。唐玄奘《大唐西域記》作"伐臘毗"。詳參王邦維(1995,199)注釋(五)。

③ 龍門:即禹門口。在山西省河津縣西北和陜西省韓城市東北。黄河至此,兩岸峭壁對峙,形如門闕,故名。《尚書·禹貢》:"導河積石,至于龍門。"

④ 闕里:孔子故里,因有兩石闕,故名。孔子曾在此講學。《孔子家語·七十二弟子解》:"顔由,顔回父,字季路,孔子始教學于闕里,而受學,少孔子六歲。"

⑤ 儁:即"俊"。慧琳:"稱儁,遵峻反。《白虎通》云:'百人曰儁,千人曰英,倍英曰賢。'《左傳》:'儁,絕異也。'《説文》作俊者:'才過千人曰俊。從人夋聲。'義与俊字同。夋音七旬反。"

⑥ 鋒鍔:喻顯露出來的才幹和氣勢。宋葉適《龜山楊先生祠堂記》:"收斂鋒鍔以立綱目,晝勤夜思,各就紀序。"

⑦ 利用:謂物盡其用;使事物或人發揮效能。《尚書·大禹謨》:"正德,利用,厚生,惟和。"孔傳:"利用以阜財。"孔穎達疏:"利用者謂在上節儉,不爲縻費,以利而用,使財物殷阜,利民之用。"

⑧ 重席:《後漢書·儒林傳上·戴憑》載:戴憑解經不窮,"遂重坐五十餘席"。後用以借指學問淵博的儒者。《周書·儒林傳序》:"握素懷鈆重席解頤之士,間出於朝廷。"《南史·謝舉傳》:"廣深歎服,仍以所執麈尾、斑竹杖、滑石書格薦之,以況重席焉。"

⑨ 榮班:指高位。唐錢起《裴僕射東亭》:"致君超列辟,得道在榮班。"宋蘇舜欽《次韻和師黯寄王耿端公》:"嫉惡曾收柱後冠,淹淪今未復榮班。"

⑩ 素:同"塑"。

⑪ 高門:高大的門。《史記·韓世家》:“二十五年,旱,作高門。”

復有《苾栗底蘇呾羅》議釋,名《朱儞》①[1],有二十四千頌,是學士鉢顛社攞②所造。斯乃重顯前經,擘肌分理③[2];詳明後釋,剖析毫芒[3]。明經學此,三歲方了,功與《春秋》《周易》相似。

【校勘】

[1] 朱儞:金本、麗初本、麗本、磧本作“朱你”,大本作“朱儞”,今據改。

[2] 擘:磧本作“臂”。

[3] 析:金本、麗初本、麗本、可洪作“扸”,大本作“折”,慧琳、磧本作“析”。“扸”即“析”字。

【箋注】

① 朱儞:梵文 Cūrṇī 音譯。詳參王邦維(1995,200)注釋(一)。

② 鉢顛社攞:梵文 Patañjali 音譯。詳參王邦維(1995,200)注釋(一)。

③ 擘(bò)肌分理:比喻分析精密。理,肌肉的紋理。《文選·張衡〈西京賦〉》:“若其五縣遊麗辯論之士,街談巷議,彈射臧否,剖析毫釐,擘肌分理,所好生毛羽,所惡成瘡痏。”李周翰注:“言此人彈剥善惡,雖毫釐肌理之間,亦能分擘。”南朝梁劉勰《文心雕龍·序志》:“同之與異,不屑古今;擘肌分理,唯務折衷。”

次有《伐摋呵利①論》[1],是前《朱儞》議釋,即大學士伐摋呵利所造[2],有二十五千頌。斯則盛談人事聲明之要,廣叙諸家興廢之由,深明唯識,善論因喻。此學士乃響震五天[3],德流八極②,徹信三寶,諦想二空③。希勝法而出家,戀纏染④而便俗⑤[4]。斯之往復,數有七焉。自非深信因果⑥,

誰能若此勤著？自嗟詩曰："由染便歸俗，離貪還服緇。如何兩種事，弄我若嬰兒！"即是護法師⑦之同時人也[5]。每於寺内，有心歸俗，被煩惱逼[6]，確爾⑧不移[7]，即令學生輿向寺外。時人問其故，答曰："凡是福地，本擬戒行⑨所居。我既内有邪心，即是虧乎正教。十方僧地，無處投足。"爲清信士⑩，身著白衣，方入寺中，宣揚正法。捨化⑪已來，經四十年矣。

【校勘】

[1] 撴：大本作"致"。

[2] 撴：麗本、大本同，磧本作"致"。

[3] 震：金本、麗初本、麗本、大本作"振"，磧本作"震"，今據改。

[4] 纏：金本作"緾"，磧本、大本作"纏"，今據改。

[5] 護：磧本作"諸"。

[6] 惱：麗初本、麗本作"惱"。

[7] 確：可洪、麗本作"礭"。慧琳："確尒，上腔角反。韓康伯注《周易》云：'確，堅固也。'《文字典説》云：'堅皃也，從石從隺聲也。'"

【箋注】

① 伐撴呵利：梵文 Bhartṛhari 音譯。詳參王邦維（1995，202）注釋（一）。

② 八極：八方極遠之地。《莊子・田子方》："夫至人者，上闚青天，下潛黄泉，揮斥八極，神氣不變。"《淮南子・原道訓》："大道者，覆天載地，廓四方，柝八極，高不可際，深不可測。"高誘注："八極，八方之極也，言其遠。"

③ 二空：人空與法空。即悟入無我、無法之理，以破煩惱障和所知障。唐玄奘譯《成唯識論》卷一："今造此論，爲於二空有迷謬者生正解故，生解爲斷二重障故。由我法執二障具生，若證二空，彼障隨斷。"

④ 纏染：俗世的快樂。

⑤ 便俗：順俗。

⑥ 因果：因緣和果報。根據佛教輪回之説，種什麼因，結什麼果；善有善報，惡有惡報。唐若那跋陀羅譯《大般涅槃經後分》卷上："善惡之報，如影隨形，三世因果，循環不失。"《梁書·范縝傳》："貴賤雖復殊途，因果竟在何處？"

⑦ 護法師：印度佛教史上著名學者，唯識十大論師之一，約六世紀中葉人。

⑧ 確爾：堅定；堅決。

⑨ 戒行：佛教指恪守戒律的操行。北魏楊衒之《洛陽伽藍記》卷五："宋雲、惠生見彼比丘戒行精苦，觀其風範，特加恭敬。"

⑩ 清信士：即優婆塞，受三歸五戒並具有清淨信心的男子。

⑪ 捨化：死，去世。義淨譯《根本説一切有部毘奈耶破僧事》卷十六："不久之後父王亡没，諸臣共議：'大王今既捨化，我等諸人應迎太子。'"

次有《薄迦【枳也反】論》①[1]，頌有七百，釋有七千，亦是伐攞呵利所造，叙聖教量②及比量③義。

次有《萆拏》④[2]，頌有三千，釋有十四千。頌乃伐攞呵利所造，釋則護法論師所製。可謂窮天地之奥秘，極人理之精華矣。若人學至於此[3]，方曰善解聲明。與九經⑤百家⑥相似。

【校勘】

[1] 枳：麗本、大本作"抧"。

[2] 萆：大本作"蓽"。

[3] 於：麗本作"扵"。

【箋注】

① 薄迦論：梵文 vākyapadīya 音譯，梵文文法著作。詳參王邦維

(1995,203)注釋(一)。

② 聖教量:因明學術語。

③ 比量:因明學術語。

④ 萆(bì)拏(ná):頌名。可洪:"萆拏,上息里反,頌名,又毗益反,梵言。"詳參王邦維(1995,203)注釋(一)。

⑤ 九經:九部儒家經典。

⑥ 百家:指諸子百家。

斯等諸書,法俗悉皆通學。如其不學,不得多聞之稱。若出家人,則遍學毗奈耶①[1],具討②經及論[2]。挫外道若中原之逐鹿,解傍詰③同沸鼎之銷凌[3]。遂使響流贍部之中,受敬人天之上。助佛揚化,廣導群有④。

【校勘】

[1] 毗奈耶:磧本作"毗荼耶"。

[2] 討:麗初本作"計"。

[3] 凌:金本、麗初本、麗本作"凌",磧本、大本作"凌",今據改。

【箋注】

① 毗奈耶:律藏,三藏之一。

② 討:探討;研究。《商君書·更法》:"慮世事之變,討正法之本,求使民之道。"唐柳宗元《唐故衡州刺史東平吕君誄》:"君昔與余,講德討儒。時中之奥,希聖爲徒。"

③ 詰:責備;質問。《逸周書·大匡》:"詰退驕頑,方收不服。"唐韓愈《進學解》:"是所謂詰匠氏之不以杙爲楹,而訾醫師以昌陽引年,欲進其豨苓也。"

④ 群有:衆生或萬物。《文選·王中〈頭陀寺碑文〉》:"行不捨之檀,而施洽群有。"李善注:"群有,謂有色無色,有想無想,以其不一,故曰群有也。"劉良注:"群有,謂萬物。"

此則奕代①挺生②[1]，若一若二。取喻同乎日月，表況譬之龍象。斯乃遠則龍猛③、提婆④、馬鳴之類，中則世親、無著、僧賢⑤、清辯⑥之徒[2]，近則陳那、護法、法稱⑦、戒賢⑧及師子月、安惠[3]、德惠、惠護、德光、勝光之輩[4]。斯等大師無不具前内外衆德，各並少欲知足，誠無與比。俗流外道之内，實⑨此類而難得【廣如《西方十德傳》⑩中具述】[5]。法稱則重顯因明[6]，德光乃再弘律藏，德惠乃定門澄想，惠護則廣辯正邪[7]。方驗鯨海⑪巨深，名珍現彩[8]；香峯高峻，上藥呈奇！是知佛法含弘⑫，何所不納！莫不應響成篇，寧煩十四之足⑬！無勞百遍，兩卷一聞便領【有外道造六百頌，來難護法師。法師對衆一聞，文義俱領】。

【校勘】

[1] 奕：麗初本作"弈"。

[2] 辯：金本、麗初本、麗本、可洪作"詈"，大本作"哲"，磧本、慧琳作"辯"，今據改。慧琳："清辯，別免反。《考聲》云：'慧也，明也，別也，從言辡聲。'《傳》作詈，俗字也。撿字書並無此字。"

[3] 惠：麗本、大本作"慧"。下同。

[4] 輩：麗初本、麗本作"輩"。

[5] 實：磧本作"中"。

[6] 因：麗初本作"内"。

[7] 辯：麗初本、麗本、大本同，磧本作"辨"。

[8] 珍：金本作"珎"，磧本、大本作"珍"，今據改。

【箋注】

① 奕代：奕世，纍世。晉陶潛《閑情賦》："綴文之士，奕代繼作。"《北齊書・劉禕傳》："以卿家世忠純，奕代冠冕。"

② 挺生：挺拔生長，亦謂傑出。《後漢書・西域傳論》："靈聖之所降集，賢懿之所挺生。"唐杜甫《秋日荊南述懷三十韻》："昔承推獎

分，愧匪挺生材。”

③ 龍猛：即龍樹。

④ 提婆：梵文 Deva 音譯，大乘佛教中觀派創始人之一，龍樹的弟子，公元三世紀生於師子國（今斯里蘭卡）。

⑤ 僧賢：大乘瑜伽行派僧人。

⑥ 清辯：印度佛教中期大乘的主要代表人物之一，也是中觀派的實際創始人之一。

⑦ 法稱：公元六、七世紀瑜伽行派論師。

⑧ 戒賢：唐玄奘之師。

⑨ 實：語氣助詞，用以加强語意。

⑩《西方十德傳》：書名，具體不詳。

⑪ 鯨海：大海。唐馬戴《贈别北客》：“雁關飛霰雪，鯨海落雲濤。”宋楊億《到郡滿歲自遣》：“地將鯨海接，路與鳳城賒。”

⑫ 含弘：包容博厚。《周易・坤》：“至哉坤元，萬物資生，乃順承天。坤厚載物，德合無疆。含弘光大，品物咸亨。”孔穎達疏：“包含宏厚，光著盛大，故品類之物皆得亨通。”後因指恩德廣被，寬厚仁慈。《後漢書・劉愷傳》：“有司不原樂善之心，而繩以循常之法，懼非長克讓之風，成含弘之化。”

⑬ 十四之足：南朝宋劉義慶《世説新語・文學》：“文帝嘗令東阿王七步中作詩，不成者行大法。應聲便爲詩曰：‘煮豆持作羹，漉菽以爲汁。萁在釜下燃，豆在釜中泣：本自同根生，相煎何太急！’帝深有慚色。”後以“七步成詩”稱人才思敏捷。兩足爲一步，故此稱“十四之足”。

又五天之地，皆以婆羅門[①]爲貴勝，凡有座席，並不與餘三姓同行[②]。自外雜類，故宜遠矣。所尊典誥[③]，有四《薜陁書》，可十萬頌。“薜陁”[④]是“明解”義，先云“圍陁”者，訛也。咸悉口相傳授，而不書之於紙葉，每有聰明婆羅門誦斯十萬。即如西方相承，有學聰明法：一謂覆[⑤]審生智[1]，二則字母⑥安神。旬月之間[2],思若泉涌,一聞便領,無假再談。親覩其人,固非虛耳。於東印度,有一大士,名曰月官[3],是大才雄⑦菩薩人也。淨到之日,其人尚存。或問之曰:"毒境與毒藥,爲害誰重[4]?"應聲答曰:"毒藥與毒境,相去實成遥。毒藥飡方害,毒境念便燒。"

【校勘】

[1] 覆審生:磧本作"生覆審"。

[2] 間:麗本作"閒"。

[3] 曰:麗本同,磧本、麗初本、大本作"日"。

[4] 誰重:磧本作"誰爲重"。

【箋注】

① 婆羅門:古印度四種姓(婆羅門、刹帝利、吠捨、戍陀羅)之首,享有種種特權。唐玄奘《大唐西域記》卷二:"若夫族姓殊者,有四流焉:一曰婆羅門,淨行也,守道居貞,潔白其操。"

② 行:行列。

③ 典誥:《尚書》中《堯典》《湯誥》等篇的並稱,泛指經書典籍。《漢書·王莽傳中》:"各策命以其職,如典誥之文。"唐劉知幾《史通·論贊》:"孟堅辭惟溫雅,理多愜當。其尤美者,有典誥之風,翩翩奕奕,良可詠也。"

④ 薜(bì)陁:梵文 Veda 音譯。

⑤ 覆:審察,查核。《周禮·考工記·弓人》:"覆之而角至,謂之句弓。"鄭玄注:"覆,猶察也。"

⑥ 字母:指悉曇的摩多與體文。

⑦ 才雄:傑出的人才。《後漢書·竇融傳贊》:"悃悃安豐,亦稱才雄。"唐李白《送程劉二侍御兼獨孤判官赴安西幕府》:"安西幕府多才雄,喧喧唯道三數公。"

又復騰蘭①乃振芳聲於東洛[1]，真諦②則駕逸響於南溟③[2]。大德羅什④，致德匠⑤於他土；法師玄奘，演⑥師功於自邦[3]。

然今古諸師，並光傳佛日。有空齊致，習三藏以爲師；定慧雙修，指七覺⑦而爲匠⑧。

【校勘】

[1] 振：麗初本、麗本、大本同，磧本作“震”。

芳聲：金本、麗初本、磧本作“芳”，麗本、大本作“芳聲”，今據改。

[2] 真諦：金本、麗初本、磧本作“真帝”，麗本、大本作“真諦”，今據改。

逸響：金本、麗初本、磧本作“響”，麗本、大本作“逸響”，今據改。

[3] 演：金本、麗本、大本作“濬”，麗初本、磧本作“演”，今據改。

【箋注】

① 騰蘭：指攝摩騰與竺法蘭。

② 真諦：五、六世紀間之著名譯經僧。西北印度優禪尼人，南朝梁代攜經典抵中國南海。與鳩摩羅什、玄奘、義淨同稱四大翻譯家。

③ 南溟：南方大海。文獻中亦作“南冥”。《莊子·逍遥遊》：“是鳥也，海運則將徙於南冥。南冥者，天池也。”

④ 羅什：指鳩摩羅什。

⑤ 匠：教。《楚辭·東方朔〈七諫·哀命〉》：“念私門之正匠兮，遥涉江而遠去。”王逸注：“匠，教也。”《北史·齊咸陽王禧傳》：“文明太后令皇子皇孫於靜所别置學，選忠信博聞之士爲之師傅，以匠成之。”

⑥ 演：推演；闡發。《後漢書·孔融傳》：“融聞人之善，若出諸己，言有可採，必演而成之。”晉干寶《〈搜神記〉序》：“今粗取足以演八略之旨，成其微説而已。”

⑦ 七覺：佛教修行的七種内容，即擇法覺分、精進覺分、喜覺分、

輕安覺分、念覺分、定覺分、捨覺分。南朝宋求那跋陀羅譯《雜阿含經》卷十一:“佛告縈髮目犍連,有七覺分,修習多修習,明解脱福利滿足。”

⑧ 匠:指在某一方面造詣高深的人。南朝梁慧皎《高僧傳·義解竺道潛》:“往在京邑,維持法綱,内外具瞻,弘道之匠也。”五代齊己《寄鄭谷郎中》:“人間近遇風騷匠,鳥外曾逢心印師。”

其西方現在,則羝羅荼寺①有智月法師②[1],那爛陁中則寶師子③大德,東方即有地婆羯羅蜜呾囉④[2],南裔有呾他揭多揭婆⑤[3],南海佛誓⑥國則有釋迦雞栗底⑦【今現在佛誓國,歷五天而廣學矣】[4]。斯並比秀前賢,追蹤往哲。曉因明論,則思擬陳那;味瑜伽宗,實罄懷無著。談空則巧符龍猛,論有則妙體僧賢。此諸法師,淨並親狎筵机⑧[5],飡受微言。

【校勘】

[1] 羝:金本、麗初本、麗本作“羝”,今改。

荼:磧本作“茶”。

[2] 羯羅:麗初本、磧本作“羯囉”。

囉:麗初本、麗本、大本同,磧本作“囉蜜”。

[3] 婆:金本、麗初本、麗本、大本作“娑”,磧本作“婆”,今據改。

[4] 誓:麗本、大本作“逝”。

[5] 筵机:金本、麗初本、麗本作“筵几”,可洪作“莚机”,磧本、大本作“筵机”,今據改。

【箋注】

① 羝羅荼寺:梵文 Telāḍhaka 音譯。詳參王邦維(1995,209)注釋(六)。

② 智月法師:高僧名。詳參王邦維(1995,209)注釋(六)。

③ 寶師子:高僧名。詳參王邦維(1995,210)注釋(七)。

④ 地婆羯羅蜜咀囉：梵文 Divākaramitra 音譯。

⑤ 咀他揭多揭婆：梵文 Tathāgatagarbha 音譯。

⑥ 佛誓：即室利佛逝國。

⑦ 釋迦雞栗底：梵文Śākyakīrti 音譯。

⑧ 筵机：坐席與几案，古代禮敬尊長或祭祀行禮時的陳設。

慶新知於未聞，溫舊解於曾得[1]。想傳燈①之一望，實喜朝聞；冀蕩塵於百疑[2]，則分隨昏滅[3]。尚乃拾遺珠於鷲嶺[4]，時得其真；擇散寶於龍河，頗逢其妙。仰蒙三寶之遠被，賴皇澤之遐霑，遂得旋踵東歸，鼓帆南海[5]，從躭摩立底國[6]，已達室利佛誓。停住已經四年，留連未及歸國矣[7]。

【校勘】

[1] 溫：麗初本、麗本、磧本作"温"。

[2] 於：磧本作"之"。

[3] 則：麗本、大本無此字。

[4] 拾：金本、麗初本、磧本作"拾"，麗本、大本作"拾"，今據改。

[5] 鼓帆：金本、麗初本作"鼓帆"，磧本作"皷帆"，麗本作"鼓帆"，今據改。

[6] 躭：磧本、麗初本、麗本同，可洪作"耽"。

[7] 留：金本作"畱"，今改。

【箋注】

① 傳燈：指佛法的傳播。佛教認爲佛法猶如明燈，能破除迷暗，故稱。唐崔顥《贈懷一上人》："傳燈遍都邑，杖錫遊王公。"唐劉禹錫《送僧元暠南遊》："傳鐙已悟無爲理，濡露猶懷罔極情。"

三十五、 長髮有無

長髮受具，五天所無。律藏不見有文，徇①古元無此事[1]。但形同俗相，難爲護罪。既不能持，受復何益[2]？必有淨心，須求剃髮，染衣潔念，解脱爲懷。五戒十戒，奉而不虧。圓具②圓心③，遵修律藏。瑜伽畢學，體窮無著之八支④【一、《二十唯識論》，二、《三十唯識論》，三、《攝大乘論》，四、《對法論》，五、《辯中邊論》[3]，六、《緣起論》，七、《大莊嚴論》，八、《成業論》。此中雖有世親所造，然而功歸無著也】；因明著功，鏡徹陳那之八論⑤[4]【一、《觀三世論》，二、《觀總相論》[5]，三、《觀境論》，四、《因門論》，五、《似因門論》，六、《理門論》，七、《取事施設論》，八、《集量論》也[6]】。習阿毗達磨⑥[7]，則遍窺六足⑦；學阿笈摩⑧經，乃全探四部⑨。然後降邪伏外，擢揚⑩正理[8]；廣化群物，弘誘忘疲。運想⑪二空，澄懷八道；敬修四定⑫，善護七篇。以此送終，斯爲上也。

【校勘】

[1] 徇：金本、麗初本、麗本、大本作"侚"，磧本作"徇"，今據改。

[2] 復：金本、麗初本、麗本、大本作"亦"，磧本作"復"，今據改。

[3] 辯：麗本、大本同，磧本作"辨"，可洪作"弁"。

[4] 徹：金本、麗初本作"澈"，今據他本改。

[5] 相：金本、麗初本作"想"，磧本作"祖"，麗本、大本作"相"，今據改。

[6] 也：磧本無此字。

[7] 毗:大本作"毘"。

[8] 擢:麗初本作"擢"。

【箋注】

① 徇(xùn):巡,巡閲。

② 圓具:具足戒的異名,受具足戒者近於涅槃之圓果,故稱圓具。

③ 圓心:求涅槃圓果之心,即求離生死之苦、全靜妙之樂的心願。

④ 無著之八支:見下文作者自注。

⑤ 陳那之八論:見下文作者自注。

⑥ 阿毗達磨:梵文 Abhidharma 音譯,或譯爲"阿毗曇"。指佛教三藏中的"論藏"。唐玄奘《大唐西域記》卷九:"優波釐持律明究,衆所知識,集毘奈耶藏。我迦葉波集阿毘達磨藏。"

⑦ 六足:説一切有部的六部論書:一、《集異門足論》,二、《法蘊足論》,三、《施設足論》,四、《識身足論》,五、《界身足論》,六、《品類足論》。

⑧ 阿笈摩:梵文 Āgama 音譯,小乘經之總名,即阿含。《長阿含經·序》:"阿含者,秦言法歸,所謂萬法之淵府總持之林苑也。"

⑨ 四部:指《增一阿含經》《中阿含經》《長阿含經》《雜阿含經》四部阿含經。

⑩ 擢揚:即揚擢,同"揚榷",商榷,評論。

⑪ 運想:運心。義淨譯《根本説一切有部毘奈耶藥事》卷九:"于時世尊知龍瞋怒,便即運想入慈心定。"

⑫ 四定:指色界天之初禪、第二禪、第三禪、第四禪等四禪定。

如其不爾,雖處居家①,不染私室②,端然一體③[1],以希出離。隨乞丐④以供公上⑤[2],著麁服而遮羞耻。守持八戒【一、不殺生,二、不偷盗,三、不婬佚[3],四、不妄語,五、不飲酒,六、不作樂、冠花、塗香,七、不坐高牀大牀[4],八、不非時食】,盡形壽以要心;歸敬三尊,契涅槃而延⑥想[5]。

【校勘】

[1] 端然:磧本作“然端”。

[2] 丐:金本、麗初本作“自”,麗本、大本作“匄”,磧本作“丐”,今據改。

[3] 三:麗本作“二”。

佚:麗初本、麗本、大本同,磧本作“泆”,可洪作“妷”:“媱妷,音逸。”

[4] 高牀:麗初本同,麗本、磧本、大本作“高廣”。

[5] 延:麗初本、麗本、大本同,磧本作“近”。

【箋注】

① 居家:住宅。《後漢書·董卓傳》:“卓自屯留畢圭苑中,悉燒宫廟官府居家,二百里内無復孑遺。”義淨譯《根本説一切有部毘奈耶》卷四十五:“我今不應蒙天警覺不用其語,處在居家,可立頂髻太子爲王,付以國事,我當於善説法律而爲出家。”

② 私室:私人的寢室;内房。《禮記·内則》:“凡婦不命適私室,不敢退。”孫希旦集解:“私室,婦所居室也。”漢劉向《列女傳·鄒孟軻母》:“孟子既娶,將入私室,其婦袒而在内,孟子不悦,遂去不入。”

③ 一體:一樣。《史記·張耳陳餘列傳》:“陳餘張耳一體有功於趙。”北魏賈思勰《齊民要術·笨麴并酒》:“酒色漂漂,與銀光一體。”

④ 乞丐:乞討。

⑤ 公上:朝廷;官家。《漢書·楊惲傳》:“是故身率妻子,戮力耕桑,灌園治產,以給公上。”顔師古注:“充縣官之賦斂也。”

⑥ 延:展開;蔓延。《荀子·議兵篇》:“故仁人之兵聚則成卒,散則成列;延則若莫邪之長刃,嬰之者斷;兑則若莫邪之利鋒,當之者潰。”晉潘岳《關中詩》:“微火不戒,延我寶庫。”

斯其次也。必其現處樊籠[1]，養育妻息①，恭心敬上，慈懷念下，受持五戒，恒作四齋【黑月八日，或十四日，或十五日[2]，白月八日、十五日[3]，要須受其八戒，方稱聖修。若無前七，而唯第八，獲福固其少焉[4]，意在防餘七過，不但餓腹而已】。忠恕在人，克勤於己。作無罪事，以奉官輸，斯亦佳也【無罪謂是興易②，由其不損衆生。西國時俗，皆以商人爲貴。不重農夫，由其耕墾多傷物命。又養蠶屠殺[5]，深是苦因，每一年中，損害巨億③。行之自久[6]，不以爲非。未來生中，受苦無極。不爲此業，名爲無罪也】。

【校勘】

[1] 籠：磧本作“龍”。

[2] 或十五日：磧本作“或十十五”。

[3] 日：磧本後有“此日”二字。

[4] 固其：金本、麗初本作“周其”，磧本作“因甚”，麗本、大本作“固其”，今據改。

[5] 蠶：麗初本、麗本作“蚕”。

屠殺：金本、麗本作“屠煞”，麗初本作“屑煞”，磧本作“屠殺”，今據改。

[6] 之：磧本作“述”。

【箋注】

① 妻息：妻子兒女。《三國志・蜀志・先主傳》“曹公自出東征”裴松之注引漢王粲《英雄記》：“九月，遂破沛城，備單身走，獲其妻息。”

② 興易：經商，經營求利。《敦煌變文集・大目乾連冥間救母變文》：“昔佛在世時，弟子厥號目連……於一時間，欲往他國興易。”蔣禮鴻通釋：“《目連緣起》稱目連‘偶自一日，欲往經營，先至堂前，白於慈母：兒擬外州經營求財，侍奉尊親。’據此，‘興易’就是經營求利。”

③ 巨億：數以億計。極言其多。《列子・湯問》：“於是岱輿、員

嶠二山流於北極,沈於大海,仙聖之播遷者巨億計。"《後漢書·皇甫規傳》:"自永初以來,將出不少,覆軍有五,動資巨億。"

至如俗徒蠢蠢①,不識三歸②;盡壽遑遑,寧持一戒?不解涅槃是寂滅[1],豈悟生死是輪迴?鎮③爲罪業,斯其下也。

【校勘】

[1] 寂滅:麗初本、麗本、大本同,磧本作"圓寂"。

【箋注】

① 蠢蠢:愚笨,愚笨之人。唐元稹《祈雨九龍神文》:"今夫蠢蠢何罪,物物何知,使不肖者長理,而災害隨至,無乃天之降罰不得其所耶?"

② 三歸:指皈依佛、法、僧三寶。晋法顯《佛國記》:"彌勒出世,初轉法輪時,先度釋迦遺法弟子、出家人及受三歸五戒齋法供養三寶者。"《魏書·釋老志》:"其始修心,則依佛、法、僧,謂之三歸,若君子之三畏也。"

③ 鎮:常;長久。唐太宗《詠燭》:"鎮下千行淚,非是爲思人。"宋高觀國《祝英臺近》:"遙想芳臉輕顰,凌波微步,鎮輸與沙邊鷗鷺。"

三十六、亡財①僧現②[1]

凡有欲分亡苾芻物,律具廣文③,此備時須,但略疏出[2]。

先問負債、囑授及看病④人，依法商量，勿令乖理。餘殘之物，准事應知。

【校勘】

[1] 亡財：麗初本、麗本、大本同，磧本作“亡則”。

[2] 疏：金本、麗初本、麗本作“踈”，今改。

【箋注】

① 亡財：死亡苾芻遺物。

② 僧現：常住僧和現前僧伽。

③ 廣文：詳細的文字。

④ 看病：看護病人。姚秦鳩摩羅什譯《梵網經》卷下：“若佛子，見一切疾病人，常應供養，如佛無異。八福田中，看病福田，第一福田。”

嗢柁南①曰[1]：

田宅店卧具，銅鐵及諸皮[2]，剃刀等瓶衣，諸竿并雜畜，飲食及諸藥，牀座并劵②契，三寶金銀等，成未成不同。如是等諸物，可分不可分，隨應簡别知，是世尊所説。

【校勘】

[1] 柁：金本、麗初本、麗本、大本作“拕”，磧本、可洪作“柁”，今據改。

[2] 鐵：金本、麗初本、麗本作“鐡”，磧本作“鐵”，今據改。下同。

【箋注】

① 嗢柁南：梵文 udānam 音譯，即攝頌。可洪：“溫柁，上或作嗢，烏没反。下徒我反。亦名鬱陁那，唐言惣稱。”

② 劵：即“券”，券契、契據。

言隨應者,所謂田宅邸店①[1]、卧具氈褥、諸銅鐵器,並不應分。於中鐵鉢、小鉢及小銅椀②、户鑰、針錐、剃刀、刀子、鐵杓[2]、火爐及斧鑿等,并盛此諸袋,若瓦器,謂鉢、小鉢、淨觸君持及貯油物并盛水器,此並應分,餘不合分。其木器竹器,及皮、卧物、剪髮之具[3],奴婢、飲食、穀豆及田宅等[4],皆入四方僧。若可移轉物,應貯衆庫,令四方僧共用。若田宅、村園、屋宇,不可移者,應入四方僧。若有所餘一切衣被,無問法衣俗衣[5],若染不染,及皮、油、瓶、鞋履之屬,並現前③應分。先云同袖不分[6]、白衣入重④者,蓋是以意斟酌也。

【校勘】

[1] 邸:金本、麗初本、麗本作"邱",今改。

[2] 鐵:金本、麗初本作"截",麗本作"鐡",磧本作"鐵",今據改。

[3] 剪:麗初本、麗本、大本同,磧本作"翦"。

[4] 宅:磧本作"字"。

[5] 俗衣:麗初本、麗本、大本同,磧本作"浴衣"。

[6] 先:麗初本、麗本、大本同,磧本作"元"。

【箋注】

① 邸店:兼具貨棧、商店、客舍性質的處所。《梁書·徐勉傳》:"所以顯貴以來,將三十載,門人故舊,亟薦便宜,或使創闢田園,或勸興立邸店。"《唐律疏議·名例四·平贓者》:"邸店者,居物之處爲邸,估賣之所爲店。"

② 椀:即"碗"。可洪:"銅椀,烏管反,亦作盌。"

③ 現前:即顯現于眼前或于目前存在之意。

④ 入重:與"入輕"相對而言,"入輕"指將亡財分與現前僧伽,"入重"指不分,歸入四方僧。唐道宣《四分律刪繁補闕行事鈔》卷下:"一切衣鉢坐具盛衣貯器針筩俱夜羅器氍氀應量剃刀等物入輕,餘者

一切器物之中不列名者，並判入重。若有道俗衣服者入輕，準氍氀量過則入重。”

大竿可爲贍部光像①處懸幡之竿【言贍部光像者[1]，即如律中所出緣起，元爲世尊不處衆時[2]，衆無威肅，致使給園長者②請世尊曰：“願作贍部光像[3]，衆首置之。”大師許作[4]】③。細者可作錫杖[5]，行與苾芻【言錫杖者，梵云喫棄羅④，即是鳴聲之義。古人譯爲錫者，意取錫錫作聲[6]，鳴杖錫杖[7]，任情稱説⑤[8]。目驗西方所持錫杖，頭上唯有一股，鐵捲可容三二寸[9]，安其鐶管⑥[10]，長四五指。其竿用木，麁細隨時，高與眉齊[11]。下安鐵纂⑦[12]，可二寸許。其鐶或圓或匾屈[13]，各合中間[14]，可容大指，或六或八，穿安股上，銅鐵任情。元斯制意[15]，爲乞食時防其牛犬。何用辛苦，擎奉勞心，而復通身總鐵，頭安四股[16]，重滯將持⑧，非常冷澀[17]，非本製也[18]】。

【校勘】

[1] 贍：磧本作“瞻”。

[2] 元：麗本、大本同，磧本作“無”，麗初本作“无”。

[3] 贍：麗初本、麗本、大本作“瞻”。

[4] 大師許作：磧本作“本師作也”。

[5] 杖：金本作“扙”，麗初本、麗本、磧本、大本作“杖”，今據改。下同。

[6] 錫錫：麗本、大本同，磧本作“錫”。

[7] 鳴杖錫杖：金本、麗初本作“鳴錫杖”，磧本作“鳴杖錫”，麗本、大本作“鳴杖錫杖”。今據改。

[8] 稱説：麗初本、麗本、大本同，磧本作“稱就”。

[9] 捲：金本、麗初、本麗本、大本作“捲”，磧本作“棬”，今據改。

[10] 鐶管：磧本作“錞管”，麗初本、麗本、大本作“鋅管”。

[11] 眉：麗初本同，麗本、大本作“肩”。

[12] 鐵：金本、麗初本、麗本作“鐵”，磧本作“鐵”。今據改。

下同。

［13］ 匾：金本、麗初本作“遍”，麗本、大本作“偏”，磧本作“匾”，今據改。

［14］ 各合：麗初本、麗本、大本同，磧本作“屈合”。

［15］ 元：金本作“无”，麗本、大本作“原”，麗初本、磧本作“元”，今據改。

［16］ 頭：磧本作“頭上”。

［17］ 澀：麗初本、麗本同，磧本、可洪、大本作“澁”。

［18］ 製：麗初本、麗本、大本同，磧本作“制”。

【箋注】

① 贍部光像：以贍部檀金所造之佛像。光像，光明赫赫之佛像。

② 給園長者：給孤獨長者。

③ 大師許作：此事亦見於義淨譯《根本説一切有部尼陀那》卷五：“若佛世尊自居衆首爲上座者，便有威肅，衆皆嚴整，世尊不在，即無上事。是時給孤獨長者來至佛所，禮雙足已，退坐一面，而白佛言：‘我今欲作贍部影像，唯願聽許。’佛言：‘應作。’”

④ 喫棄羅：梵文 Khakkhara 音譯。

⑤ 稱説：稱呼。

⑥ 鐶(huán)管：圓管。

⑦ 纂：“纂”通“鑽”，“鑽”又作“鑽”，此處指錫杖下的鐵頭。

⑧ 將持：拿，攜帶。

四足之内，若是象馬，駞騾驢乘[1]，當與國王家。牛羊入四方僧，不應分也。

若甲鎧之類，亦入國王家。雜兵刃等，可打作針錐、刀子及錫杖頭，行與現前僧伽【縱不普遍，從大者行】。罟網①之屬[2]，應用羅窓[3]。

若上②采色[4]，又黄朱碧青緑等物，應入佛堂，擬供像用。白土赤土及下青色，現前應分。

【校勘】

［1］馳：麗初本、麗本同，磧本作“駝”，二字同。

［2］網：金本、麗初本、麗本、可洪作“䋄”，磧本作“網”，今據改。

［3］窓：磧本作“窻”。

［4］采：麗初本同，麗本、磧本、大本作“彩”。

【箋注】

① 罟（gǔ）網：網。

② 上：上等。

若酒欲酸，可埋於地，待成醋已，僧應食之。若現是酒，應可傾棄，不合酤賣。佛言：“汝諸苾芻，若有依我出家，不得將酒與他及以自飲，乃至不合茅尖渧酒[1]，瀝置口中。”若將酒及糟起麵①并糟羹之類食者，咸招越法之罪。律有成制，不須致疑【靈巖道場②常以麩漿起麵[2]，避其酒過，先人誡有意焉[3]】[4]。

【校勘】

［1］渧：麗初本、麗本、大本同，磧本作“滴”，二字同。

［2］麩：麗本、大本作“麱”。

［3］誡：金本、麗初本作“誡”，麗本、磧本作“誡”，今據改。

［4］靈巖道場常以麩漿起麵避其酒過先人誡有意焉：金本、麗初本、麗本、大本爲小字，即作注文，磧本作大字，即並入正文。

【箋注】

① 起麵：使麵粉發酵。

② 靈巖道場：靈巖寺。

諸有雜藥之屬,應安淨庫,以供病者,隨意通用。

諸有珍寶珠玉[1],分爲二分。一分入法,一分入僧。法物可書佛經,并料理師子座。入僧者現前應分。

若寶等所成牀榻之屬,應須出賣,現前應分。木所成者,入四方僧伽。

所有經典章疏[2],皆不應分,當納經藏,四方僧共讀。其外書①賣之,現前應分。

所有券②契之物,若能早索得者,即可分之。如不能者[3],券當貯庫,後時索得,充四方僧用。

若諸金銀及成、未成器、貝齒③諸錢,並分爲三分:一佛陁[4],二達摩,三僧伽。佛物應修理佛堂,及髮爪窣覩波所有破壞[5]。法物寫佛經,料理師子座。衆物現前應分。

六物④當與看病人。自餘雜碎之物,准此應知,具如大律。

【校勘】

[1] 珍:金本作"珎",磧本、大本作"珍",今據改。

[2] 疏:金本、麗本作"踈",今改。

[3] 不能:麗本、大本同,磧本作"未得"。

[4] 陁:大本作"陀"。

[5] 窣:麗初本、麗本作"窣"。

【箋注】

① 外書:佛教徒稱佛經以外的書籍爲外書。南朝宋何承天《重答顔光禄》:"所謂慈護者,誰氏之子?若據外書報應之説,皆吾所謂權教者耳。"

② 券:即"券",券契、契據。

③ 貝齒:用作貨幣的貝殼和獸牙。東晋法顯《法顯傳》:"國中不

養猪雞不賣生口，市無屠店及沽酒者，貨易則用貝齒。”義淨譯《根本說一切有部毘奈耶》卷三十二：“童子得樵合爲一擔，詣市賣之，所得貝齒並買豌豆，悉皆熬熟，瓶持冷水，還之舊處以待樵人。”

④ 六物：指苾芻充身六物，詳見前文。

三十七、受用僧衣[1]

現今西方所有諸寺，苾蒭衣服多出常住。僧①或是田園之餘，或是樹果之利，年年分與，以充衣直②。

【校勘】

[1] 僧衣：各本作“僧物”，王本作“僧衣”。王校注：“受用僧衣，磧本原作‘受用僧物’，今依全書‘序’中總目及本卷卷首目録及下文内容改。”今據王本改。

【箋注】

① 僧：“僧伽”的簡稱，意譯爲衆。

② 直：通“值”，價值。

問曰：“亡人所有穀食，尚遣入僧，況復衆家豆粟，别人①何合分用？”答：“施主本捨村莊[1]，元爲濟給僧衆。豈容但與其食而令露體住乎？又復詳審，當事②並有功勞。家人尚自與衣，曹主③何宜不合[2]？以其道理，供食之餘，充衣非損。”斯乃西國衆僧大途④議論，然其律典時含出没⑤耳。

【校勘】

［1］莊：金本、麗初本、麗本作“庄”，磧本作“莊”，今據改。下同。

［2］曹：金本作“亶”，今改。

【箋注】

① 别人：佛教術語，用來特指佛教中的某類人（包括主人、作羯磨人、與欲人、述自見人、客人）中的少數人（一到三人）。

② 當事：任事。《宋書・袁粲傳》：“粲閒默寡言，不肯當事。”唐韓愈《贈太傅董公行狀》：“當是時，懷光幾不反，公氣仁，語若不能出口，及當事，乃更疏亮捷給。”

③ 曹主：主人。唐王梵志《天下浮逃人》：“强處出頭來，不須曹主喚。”《敦煌變文集・大目乾連冥間救母變文》：“弟子於師長之床，奴婢於曹主之床，當墮此獄之中。”

④ 大途：一般、大致。

⑤ 出没：出入，差異。

又西國諸寺别置供服之莊，神州道場自有給衣之所，亦得。

食通道俗，此據施主元心①[1]。設令飡噉[2]，理亦非過。凡是布施僧家田宅，乃至雜物，並通衆僧衣食者，此則誠無疑慮之患。若元心作無盡無障之意者[3]，雖施僧家，情乃普通②一切，但食用者，咸無過也。並由施主先心所期耳。但神州之地，别人不得僧衣，爲此孜孜③，實成妨業。設使應供④存命，非是不勞心力。若其常住有食，兼著僧衣，即可端拱不出寺門，亦是深成省事。況乎糞掃⑤三衣，巡家乞食，蘭若⑥依樹，正命自居。定慧内融，極想木叉⑦之路；慈悲外發，摽[4]心⑧普濟之津。以此送殁[5]，斯爲上矣。

【校勘】

[1] 元心:金本、麗初本、麗本、大本作"無心",磧本作"元心",今據改。

[2] 湌:大本同,磧本作"餐"。

[3] 元心:麗初本作"无心",大本作"無心"。

[4] 摽:磧本作"標"。

[5] 終:麗初本、麗本同,磧本作"終",二字同。

【箋注】

① 元心:本心,本意。《北齊書·李元忠傳》:"景敗歸朝,朝廷以密從景非元心,不之罪也。"

② 普通:普遍通用。

③ 孜孜:勤勉;不懈怠。慧琳:"孜孜,子思反。《説文》云:'孜孜,汲汲也。《周書》曰:孜孜不怠。從攵子聲。'"《尚書·益稷》:"予何言?予思日孜孜。"孔穎達疏:"孜孜者,勉功不怠之意。"《史記·滑稽列傳》:"苟能修身,何患不榮!太公躬行仁義七十二年,逢文王,得行其説,封於齊,七百歲而不絕。此士之所以日夜孜孜,修學行道,不敢止也。"

④ 應供:如來十號之一。

⑤ 糞掃:被拋棄的火燒、鼠咬等衣服,與拭糞之穢物同,故稱糞掃衣。又稱衲衣。

⑥ 蘭若:阿蘭若(Āraṇya)略稱,意譯爲寂靜處或空閑處。原爲僧衆潔身修行之處,後亦用以稱一般佛寺。

⑦ 木叉:梵文 mokṣa 音譯,解脱。

⑧ 摽心:"摽"同"標",標榜,標示。摽心,即標心,表明意願。南朝梁劉勰《文心雕龍·諸子》:"嗟夫!身與時舛,志共道申,標心於萬古之上,而送懷於千載之下。"

然則常住之物,用作衣被牀褥之流,并雜資具,平分受用,不屬别人[1]。掌受①護持[2],事過己物。有大者至,輟小而與。斯乃聖教,佛自明言。如法用之,誠無罪咎。足得資軀，免追求之費②。

【校勘】

［1］屬：金本全本均作“属”，今改。

［2］掌受：麗初本同，麗本、磧本作“掌愛”。

【箋注】

① 掌受：掌管接受。《周禮·天官·内府》：“掌受九貢九賦九功之貨賄、良兵、良器，以待邦之大用。”《周禮·夏官·祭僕》：“掌受命于王，以眡祭祀，而警戒祭祀有司，糾百官之戒具。”

② 費：煩勞。宋賀鑄《減字浣溪沙》：“易失舊歡勞蝶夢，難禁新恨費鸞腸。”

寧容寺家巨富，穀麥爛倉[1]，奴婢滿坊，錢財委①庫，不知受用，相共抱貧？可否之宜，智者時鏡。

或有寺家，不立衆食，僧物分以私飡[2]，遮他常住，十方邪命，但存一己[3]。斯乃自行非法，苦報誰代當來②[4]？

【校勘】

［1］麥：金本、麗初本、麗本作“麦”，今改。

［2］飡：麗初本、麗本、大本同，磧本作“餐”，下同。

［3］己：磧本作“巳”，大本作“已”。

［4］誰：磧本作“護”。

【箋注】

① 委（wèi）：儲積，聚積。《公羊傳·桓公十四年》：“御廩者何？粢盛委之所藏也。”《文選·揚雄〈甘泉賦〉》：“儐暗藹兮降清壇，瑞穰穰兮委如山。”李善注：“委，積也。”

② 當來：將來。《魏書·崔亮傳》：“但令當來君子，知吾意焉。”

三十八、燒身不合

諸出家衆内，頗有一途①初學之流[1]，情存猛利②。未閑聖典，取信先人，將燒指作精勤，用然肌爲大福。隨情即作，斷在自心。

【校勘】

[1] 頗：磧本作“顧”。

【箋注】

① 一途：一類，一種。

② 猛利：迅猛鋭利。《法苑珠林》卷三：“爾時有情，展轉相見，各起猛利殺害之心。”唐寒山《詩》之一：“上人心猛利，一聞便知妙。”

然經中所明，事存通俗：己身①尚勸供養，何況諸餘外財？是故經中但言若人發心，不道出家之衆。意者出家之人，局乎律藏[1]，戒中無犯，方得通經。於戒有違，未見其可。縱使香臺②草茂[2]，豈損一莖？曠野獨飢，寧飡半粒[3]？然衆生喜見③，斯乃俗流，燒臂供養，誠其宜矣。可以菩薩捨男捨女，遂遣苾芻求男女以捨之？大士捐目捐身，即令乞士將身目而行施[4]？仙預④斷命，豈律者所爲？慈力⑤捨身，非僧徒應作。

【校勘】

[1] 局:金本作“局”,麗初本、麗本作“扃”,磧本作“局”,今據改。

[2] 臺:金本、麗本作“薹”,磧本作“臺”,今據改。

[3] 飡:磧本作“餐”。

[4] 目:磧本作“自”。

【箋注】

① 己身:自己的身軀。

② 香臺:燒香之臺。佛殿的别稱。唐盧照鄰《遊昌化山精舍》:“寶地乘峰出,香臺接漢高。”

③ 衆生喜見:人名,佛經中又作“一切衆生憙見”。姚秦鳩摩羅什譯《妙法蓮華經》卷六:“爾時一切衆生憙見菩薩復自念言:‘我雖作是供養,心猶未足,我今當更供養舍利。’便語諸菩薩大弟子及天、龍、夜叉等一切大衆:‘汝等當一心念,我今供養日月淨明德佛舍利。’作是語已,即於八萬四千塔前,然百福莊嚴臂七萬二千歲而以供養,令無數求聲聞衆、無量阿僧祇人,發阿耨多羅三藐三菩提心,皆使得住現一切色身三昧。”

④ 仙預:人名。北涼曇無讖譯《大般涅槃經》卷十二:“我念往昔,於此閻浮提作大國王,名曰仙預,愛念敬重大乘經典,其心純善,無有麁惡嫉妒慳恪,口常宣説愛語、善語,身常攝護貧窮、孤獨,布施精進無有休廢。時世無佛、聲聞、緣覺,我於爾時愛樂大乘方等經典,十二年中事婆羅門,供給所須。過十二年施安已訖,即作是言:‘師等今應發阿耨多羅三藐三菩提心。’婆羅門言:‘大王!菩提之性是無所有,大乘經典亦復如是。大王!云何乃令人物同於虛空?’善男子!我於爾時心重大乘,聞婆羅門誹謗方等,聞已即時斷其命根。善男子!以是因緣,從是已來不墮地獄。善男子!擁護攝持大乘經典,乃有如是無量勢力。”

⑤ 慈力:梵文 Maitrībala 意譯,音譯作彌佉羅拔羅。元魏慧覺等譯《賢愚經》卷二:“過去久遠阿僧祇劫,此閻浮提,有大國王,名彌佉羅拔羅,晋言慈力,領閻浮提八萬四千小國王,有二萬夫人、一萬大

臣。王有慈悲，具四等心，恒愍一切，未曾懈厭，常以十善，教誨民庶，四方欽慕。王所化治，國土安樂，莫不慶賴。諸疫鬼輩，恒噉人血氣，用自濟活。爾時人民，攝身口意，敦從十善；衆邪惡疫，不敢侵近，飢羸困乏，瘦悴無力。時五夜叉，來至王所，'我等徒類，仰人血氣，得全身命。由王教導，咸持十善，我等自是無復飲食，飢渴頓乏，求活無路。大王慈悲！豈不矜愍？'王聞是語，甚懷哀傷，即自放脈，刺身五處。時五夜叉，各自持器，來承血飲，飲血飽滿，咸賴王恩，欣喜無量。王復告曰：'汝若充足，念修十善，我今以身血，濟汝飢渴，令得安隱；後成佛時，當以法身戒定慧血，除汝三毒諸欲飢渴，安置涅槃安隱之處。'"

比①聞少年之輩[1]，勇猛發心，意謂燒身便登正覺，遂相踵習，輕棄其軀[2]。何則？十劫百劫[3]，難得人身；千生萬生[4]，雖人罕智；稀聞七覺，不遇三尊。今既託體勝場，投心妙法，纔持一頌，棄眇②肌而尚輕[5]？暫想無常，捨塵供而寧重？理應堅修戒品，酬惠四恩③，固想定門，冀拔三有。小慫大懼，若越深海之護浮囊；行④慧堅防[6]，等履薄冰而策奔駿[7]。然後憑善友力，臨終助不心驚[8]；正念⑤翹懷⑥，當來願見慈氏⑦。若希小果，即八聖⑧可求；如學大因，則三祇⑨斯始[9]。忽忽自斷軀命[10]，實亦未聞其理。自殺之罪[11]，事亞初篇矣。撿尋律藏[12]，不見遣爲。滅愛親説要方⑩[13]，斷惑豈由燒己？房中打勢⑪，佛障不聽。池内存生，尊自稱善。破重戒而隨自意，金口遮而不從。以此歸心，誠非聖教。必有行菩薩行⑫，不受律儀，亡己濟生，固在言外耳。

【校勘】

[1] 輩：麗初本、麗本作"輩"。

[2] 軀：金本、麗初本、麗本作"䡈"，磧本作"軀"，二字同，今據改。下同。

［3］ 劫：金本作“刧”，磧本作“劫”，二字同，今據改。

［4］ 萬：金本作“万”，今改。

［5］ 眇：金本、麗初本、麗本、大本作“沙”，磧本作“眇”，今據改。

［6］ 慧：金本、麗初本、麗本作“恵”，大本作“惠”，磧本作“慧”，今據改。

［7］ 冰：金本、麗初本、麗本、大本作“氷”，磧本作“冰”，二字同，今據改。

策：金本、麗初本、麗本作“筞”，磧本、大本作“策”，今據改。

［8］ 冬：麗初本、麗本同，磧本、大本作“終”，二字同。

［9］ 斯：磧本作“斯克”。

［10］ 忽忽：金本、麗初本作“悤悤”，今改。

［11］ 殺：金本作“然”，麗本作“煞”，磧本、麗初本作“殺”，今據改。

［12］ 撿：大本同，磧本作“檢”。

［13］ 愛：磧本作“受”。

【箋注】

① 比：曾經，以前。

② 眇：細微。

③ 四恩：指父母恩、師長恩、國王恩、施主恩。義淨《道希法師求法西域傷其不幸聊題一絕》：“百苦忘勞獨進影，四恩在念契流通。”《目連救母出離地獄升天寶卷》：“更願七祖先之，離苦生天，地獄罪苦，悉皆解脱，以此不盡功德，上報四恩，下資三有。”

④ 行：器物質量差、不堅實。《周禮・地官・胥師》：“察其詐偽飾行儥慝者而誅罰之。”王引之《經義述聞・周官上》：“古人謂物脆薄曰行。”漢王符《潛夫論・浮侈》：“以完爲破，以牢爲行。”汪繼培箋：“古者謂物不牢爲‘行’。”

⑤ 正念：不生邪念，憶念正道，八聖道之一。

⑥ 翹懷：猶翹心、翹思、翹想，仰慕，懸想。

⑦ 慈氏：即彌勒菩薩。南朝梁慧皎《高僧傳》卷五：“後憩荊州上

明寺，單蔬自節，禮懺翹懃，誓生兜率，仰瞻慈氏。”唐劉禹錫《第一祖新塔記》：“分慈氏之一支，爲如來之别子，咸有祖稱，粲然貫珠。”

⑧ 八聖：指聲聞乘之四向四果。即須陀洹向、須陀洹果、斯陀含向、斯陀含果、阿那含向、阿那含果、阿羅漢向、阿羅漢果等。

⑨ 三祇：“三大阿僧祇”的略語。佛教指菩薩修行成佛所經歷的三個漫長階段。阿僧祇，意爲曠大劫，無數長時。《敦煌變文集・維摩詰經講經文》：“此菩薩位超十地，果滿三祇；十號將圓，一生成道。”

⑩ 要方：綱要方法。

⑪ 勢：男性生殖器。《太平御覽》卷六四八引漢鄭玄《尚書緯・刑德放》：“割者，丈夫淫，割其勢也已。”清蒲松齡《聊齋志異・鐵布衫法》：“又出其勢，即石上，以木椎力擊之，無少損。”

⑫ 菩薩行：指布施等六度。

三十九、傍人獲罪

凡燒身之類，各表中誠①。或三人兩人，同心結契②，誘諸初學，詳爲勸死。在前亡者，自獲偷蘭③[1]。末後命殁[2]，定招夷罪④。不肯持禁而存，欲得⑤破戒求死，固守專心⑥，曾不窺教。儻有傍人勸作，即犯針穴⑦之言。若道何不投火[3]，便招析石⑧之過[4]。

【校勘】

[1] 蘭：磧本作“闌”。

[2] 殁：麗初本、麗本同，磧本、大本作“終”。

[3] 投火：金本、麗初本、麗本、大本作“授火”，磧本作“投火”，今

據改。

［4］析：金本、麗初本、麗本作“扸”，大本作“折”，磧本作“析”。“扸”即“析”字，今據改。

【箋注】

① 中誠：内心的真情。漢班固《白虎通·喪服》：“故吉凶不同服，歌哭不同聲，所以表中誠也。”晋張華《答何劭》詩之二：“是用感嘉貺，寫心出中誠。”

② 結契：謂結交相得。唐劉知幾《思慎賦》：“餘推誠而裨耳，蕭結契而連朱。”《警世通言·俞伯牙摔琴謝知音》：“下官碌碌風塵，得與高賢結契，實乃生平之萬幸。”

③ 偷蘭：偷蘭遮罪略稱，意譯爲大罪、重罪、粗罪等，爲佛制戒六聚之一，七聚之一。

④ 夷罪：即波羅夷（Pārājika）罪。

⑤ 欲得：想要；願意得到。唐高適《漁父歌》：“世人欲得知姓名，良久問他不開口。”

⑥ 專心：專一之心。

⑦ 針穴：波羅夷罪四喻之一。南朝宋佛陀什、竺道生等譯《五分律》卷一：“諸佛世尊善説正法，亦善説譬。説犯婬者，如針鼻缺，不可復用；如人命盡，不可復活；如石破，不可復合；如斷多羅樹心，不可復生。”

⑧ 析石：波羅夷罪四喻之一。見上引《五分律》卷一。

嗚呼！此事誠可慎哉！俗云殺身不如報德，滅名不如立節①。然而投體餓虎［1］，是菩薩之濟苦；割身代鴿，非沙門之所爲。以此同科②，實非其况。聊准三藏，略陳可不。進退之宜，智者詳察。

【校勘】

［1］虎：磧本作“彪”。

【箋注】

① 殺身不如報德,滅名不如立節:舊題李陵《答蘇武書》作"虛死不如立節,滅名不如報德也"。

② 同科:猶同等。《論語·八佾》:"爲力不同科,古之道也。"何晏集解引馬融曰:"爲力,力役之事,亦有上中下,設三科焉,故曰不同科。"朱熹集注:"蓋以人之力有强弱不同等也。"《魏書·食貨志》:"賦税齊等,無輕重之殊;力役同科,無衆寡之别。"

然恒河①之内,日殺幾人;伽耶山②邊,自殞非一。或餓而不食,或上樹投身。斯等迷途,世尊判爲外道。復有自刑斷勢,深乖律典。設有將爲非者,恐罪不敢相諫[1]。若其緣斯致命,便誤一生大事。佛因斯理,制③而不許。上人通識,自不肯爲。古德相傳,述之如後。

【校勘】

[1] 恐:麗初本、麗本作"忍"。

【箋注】

① 恒河:梵文 Gaṅgā 音譯簡稱。南亞大河,發源於喜馬拉雅山南坡,流經印度、孟加拉國入海。姚秦鳩摩羅什譯《金剛般若波羅蜜經》:"但諸恒河尚多無數,何況其沙。"

② 伽耶山:梵文 Gayāśīrṣa 音譯。唐玄奘《大唐西域記》卷八:"城西南五六里至伽耶山,溪谷杳冥,峰巖危險。印度國俗,稱曰靈山。自昔君王,馭宇承統,化洽遠人,德隆前代。莫不登封而告成功。山頂上有石窣堵波,高百餘尺,無憂王之所建也,靈鑒潛被,神光時燭,昔如來於此演説《寶雲》等經。"

③ 制:制止。

四十、古德不爲

且如淨親教師則善遇法師也，軌範師則慧習禪師也[1]。年過七歲，幸得親侍。斯二師者，並太山金輿谷聖人朗禪師①所造神通寺之大德也，俗緣②在乎德貝二州③矣[2]。

【校勘】

［1］習：麗初本、磧本同，麗本、大本作"智"。

［2］德貝：麗本、大本同，磧本作"德皃具"。

【箋注】

① 朗禪師：指竺僧朗。

② 俗緣：佛教以因緣解釋人事，因稱塵世之事爲俗緣。唐許渾《記夢》："塵心未盡俗緣在，十里下山空月明。"此指二位老師的原籍。

③ 德貝二州：德州和貝州。詳參王邦維(1995，228)注釋(二)。

二德以爲山居獨善，寡利生①之路[1]，乃共詣平林，俯枕清澗[2]。於土窟寺，式②修淨居，即齊州③城西四十里許。營無盡藏食④，供養無礙[3]。所受檀施⑤，咸隨喜捨。可謂四弘誓願⑥，共乾坤而罔極⑦[4]；四攝⑧廣濟，等塵沙而不窮。敬修寺宇，盛興福業。

略叙法師之七德焉。

【校勘】

[1] 寡：金本、麗本作“亰”，麗初本作“𡨥”，磧本、大本作“寡”，今據改。

[2] 枕：金本、麗初本、麗本、可洪作“抌”，磧本作“虎”，大本作“枕”，今據改。

[3] 礙：金本、麗初本、麗本作“㝵”，磧本、大本作“礙”。二字同，今據改。

[4] 乾：金本、麗初本、可洪作“乹”，磧本、大本作“乾”。二字同，今據改。

坤：麗初本、麗本、可洪作“巛”。

罔：金本、麗本作“冈”，磧本、大本作“罔”，二字同，今據改。

【箋注】

① 利生：利益衆生。唐慧能《壇經》：“師春秋七十有六，年二十四傳衣，三十九祝髮，説法利生三十七載。”

② 式：表敬副詞。唐韓愈《祭左司李員外太夫人文》：“某等幸隨令子，同服官僚。庶展哀誠，式陳醴牢。尚饗!”宋王安石《賀吕參政啟》：“果膺夢卜之求，式受鈞衡之任。”

③ 齊州：即今山東濟南市。詳參王邦維(1995,228)注釋(三)。

④ 無盡藏：泛指事物之取用無窮者。宋蘇軾《前赤壁賦》：“惟江上之清風，與山間之明月，耳得之而爲聲，目遇之而成色，取之無禁，用之不竭。是造物者之無盡藏也。”明李贄《雜説》：“獨自無賴，試取《琴心》一彈再鼓，其無盡藏不可思議，工巧固可思也。”

⑤ 檀施：檀，檀那(Dāna)的簡稱。布施。

⑥ 四弘誓願：習大乘求菩薩果者所立的四種大願：衆生無邊誓願度，煩惱無盡誓願斷，法門無盡誓願學，佛道無上誓願成。

⑦ 罔極：無窮盡。《詩經・小雅・何人斯》：“有靦面目，視人罔極。”鄭玄箋：“人相視無有極時，終必與女相見。”

⑧ 四攝：謂菩薩爲攝受衆生歸依佛法而常行的四事。姚秦佛陀耶舍、竺佛念譯《長阿含經》卷八：“復有四法，謂四攝法：惠施、愛語、

利人、等利。”

一法師之博聞也[1]。乃正窺三藏，傍睇百家，兩學俱兼，六藝①通備[2]。天文地理之術，陰陽曆算之奇[3]，但有經心②，則妙貫神府③。洋洋④慧海，竟⑤瀉流而罔竭[4]；粲粲⑥文囿⑦，鎮⑧敷榮而弗萎。所制文藻⑨及《一切經音》，並諸字書[5]，頗傳於世。每自言曰："我若不識，則非是字。”

【校勘】

[1] 博：金本、麗初本、麗本作“愽”，磧本作“博”。今據改。

[2] 備：金本、麗初本、麗本作“俻”，磧本作“備”，今據改。

[3] 算：金本、麗初本、麗本、磧本作“筭”，大本作“算”，二字同，今據改。

[4] 罔：金本、麗初本、麗本作“冈”，磧本、大本作“罔”，今據改。

[5] 並：麗初本、麗本、大本作“并”。

【箋注】

① 六藝：指儒家的“六經”，即《詩》《書》《禮》《易》《樂》《春秋》。

② 經心：留心；著意。南朝梁陶弘景《冥通記》卷一：“凡好書畫、人間雜伎，經心則能。”

③ 神府：猶靈府。謂精神之宅。《晋書・文苑傳論》：“季鷹縱誕一時，不邀名爵，《黄花》之什，濬發神府。”唐駱賓王《上瑕丘韋明府啓》：“靈襟轉璧，絢逸照於蘭池；神府驚蘋，韻清音於桂浦。”

④ 洋洋：盛大貌。《詩經・衛風・碩人》：“河水洋洋，北流活活。”毛傳：“洋洋，盛大也。”南朝梁劉勰《文心雕龍・才略》：“魏文之才，洋洋清綺，舊談抑之，謂去植千里。”

⑤ 竟：一直，徑直。

⑥ 粲粲：鮮明貌。《詩經・小雅・大東》：“西人之子，粲粲衣服。”朱熹集傳：“粲粲，鮮盛貌。”晋陸機《日出東南隅行》：“暮春春服

成，粲粲綺與紈。"

⑦ 文囿：文章園地。南朝梁蕭統《〈文選〉序》："余監撫餘閒，居多暇日，歷觀文囿，泛覽辭林。"

⑧ 鎮：常；長久。唐太宗《詠燭》："鎮下千行淚，非是爲思人。"

⑨ 文藻：文章。《北齊書·儒林傳·馬元熙》："少傳父業，兼事文藻。"隋陸法言《〈切韻〉序》："今返初服，私訓諸弟子，凡有文藻，即須明聲韻。"

二法師之多能也。巧篆籀①，善鍾張②。聽絲桐③若子期④之驗山水⑤，運斤斧等匠石之去飛泥[1]。哲人不器⑥，斯之謂也！

【校勘】

[1] 斤斧：麗初本、麗本、大本同，磧本作"巧斧"。按，典出《莊子·徐無鬼》："郢人堊慢其鼻端，若蠅翼，使匠石斲之。匠石運斤成風，聽而斲之，盡堊而鼻不傷，郢人立不失容。"

【箋注】

① 篆籀（zhòu）：篆文和籀文。慧琳："篆籀，上厨兖反。周宣王太史史籀著《大篆十五篇》，丞相李斯作《蒼頡篇》，中車府令趙高作《爰歷篇》，太史胡母敬作《博學篇》，皆取史籀大篆，或頗省改，所謂小篆者也。《説文》：'引書也。從竹彖聲。'彖音湍乱反。下籌溜反。《史記》云：'籀者，周時史官教國子學童之書，與孔氏壁中古文異體，皆古文也。'《説文》：'讀書也，從竹榴聲。'"晋左思《魏都賦》："讎校篆籀，篇章畢覿。"

② 鍾張：三國魏鍾繇、東漢張芝的並稱。二人皆以善書名。《法書要録》卷一引晋王羲之《論書》："吾盡心精作亦久，尋諸舊書，惟鍾張故爲絕倫，其餘爲是小佳，不足在意。"宋陸游《試筆》："聊復取一快，詎必師鍾張。"

③ 絲桐：指琴。古人削桐爲琴，練絲爲弦，故稱。《史記·田敬仲完世家》："若夫治國家而弭人民，又何爲乎絲桐之間？"漢王粲《七哀詩》："絲桐感人情，爲我發悲音。"

④ 子期：即鍾子期。春秋時楚人，精於音律，與伯牙友善。伯牙鼓琴，志在高山流水，子期聽而知之。子期死，伯牙絕弦破琴，終身不復鼓琴。事見《吕氏春秋·本味》。唐李嶠《琴》："子期如可聽，山水響餘哀。"

⑤ 山水：典出《列子·湯問》："伯牙鼓琴，志在登高山。鍾子期曰：'善哉，峨峨兮若泰山。'志在流水。鍾子期曰：'善哉，洋洋兮若江河。'伯牙所念，鍾子期必得之。"

⑥ 不器：不像器皿一般。意謂用途不局限於一個方面。《禮記·學記》："大道不器。"鄭玄注："謂聖人之道，不如器施於一物。"《論語·爲政》："君子不器。"何晏集解引包咸曰："器者各周其用，至於君子，無所不施。"後用以稱贊人的全才。

三法師之聰慧也。讀《涅槃經》，一日便遍。初誦斯典，四月部①終。研味幽宗②，妙探玄旨。教小童則誘之以半字③，誠無按劍之疑④[1]；授大機⑤則瀉之於完器⑥，實有捧珍之益。昔因隋季⑦道銷[2]，法師乃梗遷⑧楊府⑨[3]。諸僧見說，咸云魯⑩漢⑪體多貢卦⑫[4]。遂令法師讀《涅槃經》，遣二小師將箸隨句[5]。法師于時慷慨喉吻⑬，激揚音旨⑭。旦至日角⑮，三帙已終。時人莫不慶讚請休，嗟歎希有。此乃衆所共知，非私讚也。

【校勘】

［1］劍：麗初本、麗本、磧本作"劒"。

［2］因：麗本、大本同，磧本作"音"。

隋：金本、麗初本、麗本、大本作"隨"，磧本作"隋"，今據改。

［3］梗：金本、麗初本、可洪作"揑"，磧本、大本作"梗"，今據改。

［4］魯：麗初本作“曾”。

貢卦：麗初本、麗本、大本同，磧本作“質朴”。

［5］箸：麗初本、麗本、大本同，磧本作“看”。

【箋注】

① 部：整部。

② 幽宗：幽深的義理。晉慧遠《沙門不敬王者論・體極不兼應》：“夫幽宗曠邈，神道精微，可以理尋，難以事詰。”

③ 半字：半個字。此指拆字以教學。

④ 按劍之疑：疑惑。語出《史記・魯仲連鄒陽列傳》：“臣聞明月之珠，夜光之璧，以闇投人於道路，人無不按劍相眄者，何則？無因而至前也。”

⑤ 大機：真諦，精義。《古尊宿語録》卷十九：“出門弟子八十有四人，其角立者，唯百丈海得其大機。”宋陸游《次韻和楊伯子主簿見贈》：“大機大用君已傳，那遣老夫安注脚。”

⑥ 完器：完整完全之器。義淨《大唐西域求法高僧傳》卷下：“創蒙半字之訓，漸通完器之言。”

⑦ 隋季：隋末。

⑧ 梗遷：漂泊、遷移。

⑨ 楊府：即揚府，揚州。

⑩ 魯：魯地，現指山東一帶。

⑪ 漢：男子。《北史・邢邵傳》：“此漢不可親近。”唐權龍褒《初到滄州呈州官》：“中央一群漢，聚坐打杯觥。”

⑫ 貢卦：疑應作“貢高”，“卦”（《廣韻》古賣切，去卦，見）爲“高”（《廣韻》古勞切，平豪，見）的音訛字。“貢高”義爲驕傲自大。蕭齊求那毘地譯《百喻經》卷三：“方求名譽，憍慢貢高，增長過患。”《敦煌變文集・維摩詰經講經文》：“貢高我慢比天長，折挫應交虚見傷。輭弱柔和如似水，此個名爲真道場。”蔣禮鴻通釋：“貢高，驕傲自大。”

⑬ 喉吻：喉與口。慧琳：“喉吻，上音侯。下文粉反，口兩角也。”唐盧仝《走筆謝孟諫議寄新茶》：“一碗喉吻潤，兩碗破孤悶。”

⑭ 音旨：言辭旨意。南朝宋劉義慶《世説新語·賞譽》："諷味遺言，不如親承音旨。"唐崔顥《結定襄郡獄效陶體》："此鄉多雜俗，戎夏殊音旨。"

⑮ 角：斜。《文選·張衡〈西京賦〉》"隅目高匡"三國吴薛綜注："隅目，角眼視也。"唐段成式《酉陽雜俎續集·寺塔記上》："佛殿内槽東壁維摩變，舍利弗角而轉睞。"

四法師之度量也。但有市易①，隨索隨酬，無論高下，曾不減價。設有計直②到③還，亦不更受。時人以爲雅量超群也。

【箋注】

① 市易：交易；買賣。《三國志·吴志·全琮傳》："柔嘗使琮齎米數千斛到吴，有所市易。"宋李清照《〈金石録〉後序》："後或見古今名人書畫，三代奇器，亦復脱衣市易。"

② 計直：計算貨物的價值。姚秦弗若多羅譯《十誦律》卷五十七："當計是飯食直，飯麨糒魚肉餅亦應計直。"《宋史·查道傳》："嘗出按部，路側有佳棗，從者摘以獻，道即計直掛錢於樹而去。"

③ 到：即"倒"，倒轉。

五法師之仁愛也。重義輕財，遵菩薩行。有人從乞，咸不逆言。日施三文，是常所願[1]。又曾於隆冬之月，客僧道安冒雪遠行，腨足皆破，停村數日，潰爛膿流。村人車載，送至寺所。法師新造一帔①，纔始擐體②，出門忽見，不覺以帔掩其膿血。傍人止之曰："宜覓故物，莫污新者[2]。"法師曰："交③濟嚴苦，何暇求餘[3]？"時人見聞，莫不深讚[4]。雖復事非過大，而能者固亦尠④矣[5]。

【校勘】

［1］是常所願：金本、麗初本、麗本、大本作“是所常願”，磧本作“是常所願”，今據改。

［2］污：金本、麗初本、麗本、磧本作“汙”，大本作“污”。二字同，今據改。

［3］暇：金本作“暇”，磧本、大本作“暇”，今據改。

［4］讚：磧本作“讃”。下同。

［5］固：麗初本、麗本、大本同，磧本作“故”。

【箋注】

① 帔：披在肩上的衣飾。《釋名·釋衣服》：“帔，披也，披之肩背，不及下也。”

② 擐體：穿在身上。可洪：“擐體，上音患，挂也。”慧琳作“樌體”：“上關患反。《考聲》云：‘穿衣也。’《傳》文作擐，音患，誤也。”

③ 交：定，必定。

④ 尠（xiǎn）：少。漢焦贛《易林·恒之賁》：“利得尠少，留連爲憂。”

六法師之策勵也[1]。讀八部《般若》①，各並百遍。轉②一切經③[2]，屢訖終始[3]。修淨方④業，日夜翹勤。瑩⑤佛僧地[4]，希生不動⑥。大分⑦塗跣，恐損衆生。運想標心[5]，曾無懈替。掃灑香臺[6]，類安養⑧之蓮開九品⑨；莊嚴經室[7]，若鷲嶺之天雨四花⑩[8]。其有見者，無不讚歎功德。躬自忘倦，畢命爲期。又轉讀⑪之餘，念阿彌陁佛。四儀無闕，寸影非空。計小豆粒，可盈兩載。弘濟之端，固非一品。

【校勘】

［1］勵：麗初本、麗本、大本同，磧本作“厲”。

［2］轉一切經：金本、麗本、大本作“并轉一切經”，磧本作“轉一

切經時”,麗初本作“轉一切經”,今據改。

［3］始:麗初本、麗本、大本同,磧本作“如”。

［4］佛:金本、麗初本無此字,麗本、磧本、大本有此字,今據補。

［5］標:金本、麗初本作“摽”,磧本、大本作“標”,今據改。

［6］臺:金本、麗初本、麗本作“薹”,磧本作“臺”,今據改。

［7］莊嚴:金本、麗初本作“嚴疰”,麗本作“疰嚴”,磧本作“莊嚴”,今據改。

［8］花:大本作“華”。

【箋注】

① 八部般(bō)若(rě):《般若經》有數量不等的八種版本。般若,梵文 Prajñā 音譯,意譯爲智慧。

② 轉:誦,讀。《周書·張元傳》:“遂請七僧,然七燈,七日七夜,轉《藥師經》行道。”唐段成式《酉陽雜俎續集·寺塔記上》:“素公不出院,轉《法華經》三萬七千部。”

③ 一切經:佛教經書的總稱,又叫大藏經,簡稱藏經、佛藏、釋藏。《隋書·經籍志四》:“開皇元年,高祖普詔天下,任聽出家,仍令計口出錢,營造經像。而京師及并州、相州、洛州等諸大都邑之處,並官寫一切經,置於寺内;而又别寫,藏於秘閣。”

④ 淨方:淨土。

⑤ 瑩:裝飾;塗飾。南朝宋劉義慶《世説新語·汰侈》:“王君夫有牛名八百里駮,常瑩其蹄角。”宋歐陽修《送慧勤歸餘杭》:“文彩瑩丹漆,四壁金焜煌。”

⑥ 不動:指如來的一種境界,明代一如等撰《三藏法數》“不動”條云:“謂諸如來由證大寂滅定,所有功德,一切外道魔軍盜賊親屬,乃至火水風等,皆不能撓亂變壞,故曰不動。”

⑦ 大分:大體,大致。《荀子·榮辱篇》:“先義而後利者榮,先利而後義者辱;榮者常通,辱者常窮;通者常制人,窮者常制於人,是榮辱之大分也。”楊倞注:“其中雖未必皆然,然其大分如此矣。”

⑧ 安養:即極樂世界。謂衆生生此世界,可以安心養身,聞法修

道，故名。南朝宋謝靈運《廬山慧遠法師誄》："安養有寄，閻浮無希。"南朝梁慧皎《高僧傳·義解·釋僧叡》："叡善攝威儀，宏讚經法，常迴此諸業，願生安養，每行住坐臥，不敢正背西方。"

⑨ 蓮開九品：佛教淨土宗認爲，修行完滿者死後可往西方極樂世界，身坐蓮花臺座，因各人生前修行深淺不同，而所坐蓮臺有九等之别，九品蓮臺是最高一等。

⑩ 四花：即曼陀羅花、摩訶曼陀羅花、曼殊沙花、摩訶曼殊沙花。南朝梁劉孝綽《〈昭明太子集〉序》："是以遍動六地，普雨四花。"唐靈澈《送鑒供奉歸蜀寧親》："雙樹欲辭金錫冷，四花猶向玉階飛。"

⑪ 轉讀：誦讀。南朝梁慧皎《高僧傳·經師傳論》："天竺方俗：凡是歌咏法言，皆稱爲唄。至於此土，咏經則稱爲轉讀，歌讚則號爲梵唄。"

七法師之知命也。法師將終[1]，先一年内，所有文章雜書史等[2]，積爲大聚，裂作紙泥。寺造金剛①兩軀，以充其用。門人進而諫曰："尊必須紙，敢以空紙換之[3]。"師曰："耽著斯文[4]，久來誤我，豈於今日而誤他哉！譬乎令湌鴆毒[5]，指往險途[6]，其未可也。廢正業，習傍功，聖開上品，耽成大過[7]。己所不欲，勿施他矣。"門徒稱善而退。其《説文》及字書之流，幸蒙曲賜②，乃垂③誨曰："汝略披經史，文字薄識，宜可欽情勝典，勿著斯累。"將欲終時，先告門人曰："吾三數日定當去矣，然於終際[8]，必抱掃箒而亡。我之餘骸[9]，當遺廣澤。"後於晨朝，俯臨清澗，蕭條白楊④之下，彷徨⑤緑篠⑥之側[10]。孑然⑦獨坐[11]，執箒而終[12]。門人慧力禪師侵明⑧就謁，恡聲寂爾[13]，乃將手親附，但見熱氣衝頭，足手俱冷，遂便大哭。四遠咸集。于時法侣悲啼，若金河⑨之流血灑地；俗徒號慟，等玉嶺之摧碎明珠[14]。傷道樹⑩之早凋，歎法舟⑪之遽没！窆⑫於寺之西園[15]，春秋六十三矣。

身亡之後，緣身⑬資具，但有三衣及故鞋履二量⑭[16]，并隨宜卧具而已。

【校勘】

[1] 殁：麗初本、麗本同，磧本、大本作“終”。

[2] 書史：金本、磧本、麗初本作“史書”，麗本、大本作“書史”，今據改。

[3] 空紙：可洪作“室紙”。

[4] 耽著：金本、麗初本、麗本作“躭着”，磧本作“耽著”，今據改。

[5] 譬：麗初本、麗本作“辟”。

飡：麗初本、大本同，磧本作“餐”。

[6] 往險：金本、麗初本、麗本、大本作“徑嶮”，磧本作“往險”，今據改。

[7] 耽：金本、麗初本、麗本作“躭”，磧本作“耽”，今據改。

大：麗初本作“太”。

[8] 殁：麗初本、麗本同，磧本、大本作“終”。

[9] 骸：金本、麗初本作“體”，麗本、磧本作“骸”，今據改。

[10] 彷徨：麗本、大本同，可洪作“仿偟”，磧本作“彷徉”。

[11] 孑：磧本作“了”。

[12] 殁：磧本作“終”。

[13] 恠：麗初本、麗本同，磧本、大本作“怪”，二字同。

[14] 珠：麗初本作“殊”。

[15] 窆：麗初本、麗本、大本同，磧本、可洪作“殯”。

[16] 量：麗初本、磧本同，麗本、大本作“兩”。

【箋注】

① 金剛：指金剛力士。宋元照《行宗記》卷二上：“金剛者，即侍從力士，手持金剛杵，因以爲名。”

② 曲賜：敬詞。稱尊長的賜予、關照等。猶言承蒙賜予。北周庾信《又謝趙王賚息絲布啓》：“昨蒙恩引曲賜絲布等五段。”

③ 垂：用作敬詞，多用於上對下的動作。

④ 白楊：又名毛白楊，俗名大葉楊。晋陶潛《擬挽歌辭三首》之三："荒草何茫茫，白楊亦蕭蕭。"南朝宋鮑照《蕪城賦》："白楊早落，塞草前衰。"

⑤ 彷徨：優遊自得。《莊子・大宗師》："芒然彷徨乎塵垢之外，逍遥乎無爲之業。"成玄英疏："彷徨、逍遥，皆自得逸豫之名也。"

⑥ 緑篠（xiǎo）：緑竹。《文選・謝靈運〈過始寧墅〉詩》："白雲抱幽石，緑篠媚清漣。"唐宋之問《宿雲門寺》："夤緣緑篠岸，遂得青蓮宫。"

⑦ 孑然：孤單。《三國志・吴志・陸瑁傳》："若淵狙詐，與北未絕，動衆之日，脣齒相濟。若實孑然無所憑賴，其畏怖遠迸，或難卒滅。"前蜀杜光庭《墉城集仙録・緱仙姑》："於魏夫人仙壇，精修香火十餘年，孑然無侣。"

⑧ 侵明：天將明。侵，接近、臨近。唐杜甫《陪諸貴公子丈八溝攜妓納涼晚際遇雨》詩之二："纜侵堤柳繫，幔卷浪花浮。"

⑨ 金河：如來入滅之處。義淨譯《根本説一切有部毘奈耶雜事》卷三十七："世尊復告阿難陀：'我今欲往拘尸那城。'阿難陀言：'如世尊教。'即隨佛後往壯士生地。既渡金河，去城不遠於路邊住，告阿難陀曰：'我今背痛，汝可以我嗢呾羅僧伽疊爲四重，我欲偃臥以自消息。'"

⑩ 道樹：指菩提樹。相傳釋迦牟尼在此樹下成道，故稱。唐顧況《題歙山栖霞寺》："寶瓶無破響，道樹有低枝。"唐段成式《觀山燈獻徐尚書》詩之一："道樹千花發，扶桑九日移。"

⑪ 法舟：喻佛法。

⑫ 窆（biǎn）：埋葬。

⑬ 緣身：隨身。唐道宣《續高僧傳》卷十七："自所獲外利，盡施伽藍，緣身資蓄，衣鉢而已。"義淨譯《根本説一切有部毘奈耶雜事》卷二："復分二朋，如是去留，商人皆盡，唯婆羅門一人獨住。税官執捉，不許前行，婆羅門曰：'察我緣身，有物隨取。'"

⑭ 量：通"緉"，量詞，猶雙。三國魏曹操《與太尉楊彪書》："并遺

足下貴室錯綵羅縠裘一領,織成靴一量。"《晋書·阮孚傳》:"未知一生當著幾量屐。"

法師亡日,淨年十二矣。大象①既去,無所依投,遂棄外書,欽情内典。十四得霑緇伍[1],十八擬向西天,至三十七方遂所願。淨來日②就墓辭禮,于時已霜林③半拱,宿草④填塋⑤。神道⑥雖踈⑦,展如在之敬;周環⑧企望⑨,述遠涉之心。冀福利於幽靈,報慈顔之厚德矣!

【校勘】

[1] 伍:麗初本、麗本、磧本、大本作"侶"。

【箋注】

① 大象:喻大師、高僧。

② 來日:出發之日。

③ 霜林:帶霜或經霜的林木。唐李頎《宿瑩公禪房聞梵》:"夜動霜林驚落葉,曉聞天籟發清機。"

④ 宿草:隔年的草。《禮記·檀弓上》:"朋友之墓,有宿草而不哭焉。"孔穎達疏:"宿草,陳根也,草經一年則根陳也,朋友相爲哭一期,草根陳乃不哭也。"後多用爲悼亡之辭。晋陶潛《悲從弟仲德》:"流塵集虚坐,宿草旅前庭。"

⑤ 塋:葬地,墳墓。《漢書·楚元王劉交傳》:"太夫人薨,賜塋,葬靈户。"顔師古注:"塋,冢地。"《魏書·劉昶傳》:"豫營墓於彭城西南,與三公主同塋而異穴。"

⑥ 神道:神祇;神靈。唐韓愈《禘祫議》:"當禘祫之時,獻祖宜居東向之位,景皇帝宜從昭穆之列。祖以孫尊,孫以祖屈,求之神道,豈遠人情?"

⑦ 踈:同"疏"。分開;分散。《淮南子·道應訓》:"知伯圍襄子於晋陽,襄子疏隊而擊之,大敗知伯。"高誘注:"疏,分也。"《新唐書·

南詔傳下》:“威疏軍行,向矢所發叢射之。”

⑧ 周環:周圍。北魏楊衒之《洛陽伽藍記》卷一:“有佛殿一所,像輦在焉,雕刻巧妙,冠絕一時。堂廡周環,曲房連接,輕條拂户,花蘂被庭。”義淨譯《根本説一切有部毘奈耶》卷八:“彼爲僧伽造一住處,其狀高大,有妙石門,廊宇周環,悉皆嚴飾,見者歡喜。”

⑨ 企望:翹望。《後漢書·袁紹傳》:“橋瑁乃詐作三公移書,傳驛州郡,説董卓罪惡,天子危逼,企望義兵,以釋國難。”宋蘇軾《論葉溫叟分擘度牒不公狀》:“乞特賜度牒二百道,召人入中米,外縣吏民日夜企望朝廷施行,雖大旱望雨,執熱思濯,未喻其急。”

禪師則專意律儀[1],澄心定潊[2]。晝夜勤六時而不倦,旦夕引四輩①而忘疲[3]。可謂處亂非諠②,鬧而逾靜[4]。道俗咸委,非曲親也。誦《法華經》六十餘載,每日一周,計二萬餘遍。縱經隋季版蕩③[5],逐命波遷④,然此契心曾無有廢[6]。現得六根清善⑤,四大平和,六十年中了無他疾。每俯澗誦經,便有靈禽萃止⑥;堂隅轉讀,則感鳴雞就聽[7]。善緣情⑦,體音律,尤精草隸⑧[8],唱導⑨無盡[9]。雖不存心外典,而天縱其然,所造《六度頌》及發願文,並書於土窟寺燈臺矣。乃虚心潔淨,寫《法華經》,極銓⑩名手⑪,盡其上施⑫。含香吐氣,清淨洗浴。忽於經上,爰感舍利。經成,乃帖以金字⑬[10],共銀鈎⑭而合彩[11];盛之寶函[12],與玉軸⑮而交映⑯[13]。駕⑰幸⑱太山,天皇⑲知委⑳,請將入内供養。

【校勘】

[1] 專:麗初本、麗本作“専”。

[2] 潊:金本作“潊”,磧本作“潊”,麗初本、麗本、大本作“潊”,今據改。下同。

[3] 輩:麗本作“輩”。

[4] 鬧:磧本無此字。

［5］隋：金本、麗初本作“隨”，麗本、磧本、大本作“隋”，今據改。下同。

［6］廢：金本、麗初本、麗本、大本作“癈”，磧本作“廢”。二字同，今據改。

［7］雞：麗初本作“鷄”。

［8］隸：金本、麗初本、麗本作“𨽻”，慧琳、磧本作“隸”，今據改。

［9］導：金本、麗初本作“道”，麗本、磧本作“導”，今據改。

［10］帖：金本、麗初本、麗本作“怗”，磧本作“帖”，今據改。

［11］鉤：麗初本、麗本同，磧本作“鉤”。

［12］函：金本、麗初本、麗本、磧本作“凾”，大本作“函”。慧琳作“椷”：“寶椷，洽緘反。《蒼頡篇》云：‘盛文書椷，木篋也。’《廣雅》云：‘椷謂之篋。’《説文》：‘亦篋也，從木咸聲。’《傳》作凾，俗字也。”“椷”通“函”。

［13］映：金本、麗初本、麗本作“暎”，磧本作“映”。二字同，今據改。

【箋注】

① 四輩：指比丘、比丘尼、優婆塞、優婆夷。即僧、尼及在家奉佛的男、女。蕭齊求那毘地譯《百喻經》卷一：“譬如世尊四輩弟子，不能精勤修敬三寶，懶惰懈怠。”

② 處亂非諠：“諠”同“喧”。指處於憒亂喧鬧的環境而能自求安寧。

③ 版蕩：《詩經·大雅》有《板》《蕩》兩篇，皆刺周厲王暴虐無道，而致天下不寧。版，同“板”。後因以“版蕩”指動亂不安。《晋書·惠帝紀論》：“長樂不祥，承華非命；生靈版蕩，社稷丘墟。”

④ 波遷：像波浪一樣遷徙。唐慧立、彦悰《大慈恩寺三藏法師傳》卷八：“恐波遷樹在，夷溟海於桑田；地是勢非，淪高峯爲幽谷。”

⑤ 清善：清静完滿。《周易·漸》“君子以居賢德善俗”唐孔穎達疏：“化風俗，使清善。”

⑥ 萃止：聚集。止，語尾助詞。《詩經·陳風·墓門》：“墓門有梅，有鴞萃止。”毛傳：“萃，集也。”《周書·儒林傳·沈重》：“所望鳳舉

鴻翻，俄而萃止。”

⑦ 緣情：抒發感情。唐獨孤及《送開封李少府勉自江南還赴京序》：“緣情者莫近于詩，二三子盍詠歌以爲贈？”

⑧ 草隸：草書和隸書。慧琳：“草隸，礼計反。《文字典説》云：‘秦程邈囚於雲陽獄中，改古書字體爲僕隸之書。’《説文》：‘從隶奈聲。’篆文作隸。草隸者，今時草書隸書也。”

⑨ 唱導：謂講經説法，宣唱開導。晋法顯《佛國記》：“諸天説是語已，即便在前唱導，導引而去。”南朝梁慧皎《高僧傳·唱導傳論》：“唱導者，蓋以宣唱法理，開導衆心也。”

⑩ 銓：衡量；鑒别。漢王充《論衡·自紀》：“賢聖銓材之所宜，故文能爲深淺之差。”晋葛洪《抱朴子外篇·君道》：“詶諮以校同異，平衡以銓群言。”

⑪ 名手：以技藝或文筆等高超而著名的人。《北齊書·崔季舒傳》：“季舒大好醫術，天保中，於徙所無事，更鋭意研精，遂爲名手，多所全濟。”

⑫ 上施：上等的施捨。

⑬ 金字：以金粉書寫的文字。

⑭ 銀鈎："鈎"同"鉤"。喻遒媚剛勁的書法。唐杜甫《陳拾遺故宅》：“到今素壁滑，灑翰銀鉤連。”

⑮ 玉軸：卷軸的美稱。借指珍美的圖書字畫。北周庾信《哀江南賦》：“乃使玉軸揚灰，龍文折柱。”唐李商隱《驕兒》：“古錦請裁衣，玉軸亦欲乞。”

⑯ 交映：相映照、映襯。晋左思《蜀都賦》：“金鋪交映，玉題相暉。”唐芮挺章《〈國秀集〉序》：“詩緣情而綺靡，是彩色相宣、煙霞交映、風流婉麗之謂也。”

⑰ 駕：指帝王乘坐的車馬轎輿。借指帝王。《後漢書·郭憲傳》：“建武七年，代張堪爲光禄勳，從駕南郊。”《舊唐書·隱逸傳·王希夷》：“及玄宗東巡，敕州縣以禮徵，召至駕前，年已九十六。”

⑱ 幸：帝王親臨。《史記·孝文本紀》：“五月，匈奴入北地，居河南爲寇。帝初幸甘泉。”唐韓愈《順宗實録》一：“德宗之幸奉天，倉卒

間，上常親執弓矢，率軍後先導衛，備嘗辛苦。”

⑲ 天皇：帝王。漢袁康《越絕書·外傳記吴王占夢》：“夫越王句踐雖東僻，亦得繫於天皇之位。”《新唐書·高宗紀》：“八月壬辰，皇帝稱天皇，皇后稱天后。”

⑳ 知委：知道。《敦煌變文集·秋胡變文》：“臣別家鄉，已經九載，慈母死活莫知。臣今忠烈事王，家内無由知委。”蔣禮鴻通釋：“知委就是知。”

斯二師者，即是繼踵先聖朗禪師之後也。

朗禪師乃現生[①]二秦[②]之時，揚聲五衆之表。分身[③]受供，身流[④]供者之門；隨事導機[⑤]，事愜機情[⑥]之願。但爲化[⑦]超物外[⑧]，故以“神通”而命寺焉。神德[⑨]難思，廣如別傳所載[⑩]。

【箋注】

① 現生：出現、出生。義淨譯《根本説一切有部毘奈耶藥事》卷四：“我之慈母，現生摩利支世界，更無餘人能往彼界爲教化者，唯願世尊爲教導。”

② 二秦：指前秦和後秦。公元352年氐族貴族苻健稱帝，國號秦，建都長安，史稱前秦。公元386年，羌族貴族姚萇稱帝，亦國號秦，建都長安，史稱後秦。

③ 分身：一身化作數身。南朝梁慧皎《高僧傳·神異下·邵碩》：“爾日，郡縣亦言見碩作師子形，乃悟其分身也。”南朝梁慧皎《高僧傳·釋寶志》：“又至其常所造厲侯伯家尋之，伯云：‘誌昨在此行道，旦眠未覺。’使還以告獻，方知其分身三處宿焉。”

④ 流：傳布；擴散。《周易·謙》：“地道變盈而流謙。”孔穎達疏：“丘陵川谷之屬，高者漸下，下者益高，是改變盈者，流布謙者也。”《史記·樊酈滕灌列傳》：“方其鼓刀屠狗賣繒之時，豈自知附驥之尾，垂名漢廷，德流子孫哉？”

⑤ 機：根機，機緣。

⑥ 機情：機緣之實情。《法苑珠林》卷五十五："唯巴西縣令樂世質，深達機情，知其誑詐。"義淨譯《一百五十讚佛頌》："機情億萬種，論難百千端。如來慈善音，一答疑皆斷。"

⑦ 化：變化，佛教指以神通力變成其他形象。

⑧ 物外：世外。謂超脱於塵世之外。漢張衡《歸田賦》："苟縱心於物外，安知榮辱之所如！"《晋書・藝術傳・單道開》："後至南海，入羅浮山，獨處茅茨，蕭然物外，年百餘歲，卒於山舍。"

⑨ 神德：高潔的品德。《楚辭・賈誼〈惜誓〉》："彼聖人之神德兮，遠濁世而自藏。"王逸注："言彼神智之鳥，乃與聖人合德，見非其時，則遠藏匿跡。"《淮南子・泰族訓》："巧詐藏於胸中，則純白不備，而神德不全矣。"

⑩ 廣如别傳所載：梁慧皎《高僧傳》卷五"竺僧朗"："京兆人也。少而遊方問道，長還關中專當講説。嘗與數人同共赴請，行至中途，忽告同輩曰：'君等寺中衣物似有竊者。'如言即反，果有盜焉。由其相語，故得無失。朗常蔬食布衣，志耽人外。以僞秦苻健皇始元年，移卜泰山，與隱士張忠爲林下之契，每共遊處。忠後爲苻堅所徵，行至華陰山而卒。朗乃於金輿谷崑崙山中，别立精舍，猶是泰山西北之一巖也。峯岫高險，水石宏壯。朗創築房室，製窮山美。内外屋宇數十餘區，聞風而造者百有餘人。朗孜孜訓誘，勞不告倦。秦主苻堅欽其德素，遣使徵請。朗同辭老疾乃止。於是月月修書䞋遺。堅後沙汰衆僧，乃别詔曰：'朗法師戒德冰霜，學徒清秀，崑崙一山不在搜例。'及後秦姚興，亦佳歎重。燕主慕容德，欽朗名行，假號東齊王，給以二縣租税。朗讓王而取租税，爲興福業。晋孝武致書遺，魏主拓跋珪亦送書致物。其爲時人所敬如此。此谷中舊多虎災，常執仗結群而行。及朗居之，猛獸歸伏，晨行夜往，道俗無滯。百姓咨嗟，稱善無極。故奉高人至今，猶呼金輿谷爲朗公谷也。凡有來詣朗者，人數多少，未至一日，輒以逆知，使弟子爲具飲食，必如言果至。莫不歎其有預見之明矣。後卒於山中，春秋八十有五。"

當是時也，君王稽首，僚庶①虔心。初欲造寺，創②入則見虎叫北川[1]，將出復聞馬鳴南谷。天井汲水而不減[2]，天倉去米而隨平。雖神跡久湮[3]，而餘風未殄[4]。及親教二師，并餘住持大德明德禪師等，並可謂善閑律意，妙體經心。燒指焚肌，曾無此教。門徒訓匠③，制④不許爲[5]。並是親承⑤，固非傳説。

【校勘】

[1] 叫：麗初本、麗本作"叫"。"叫"爲"叫"俗寫。

[2] 減：磧本作"滅"。

[4] 湮：磧本作"漂"。

[4] 殄：金本、麗本作"殄"，磧本作"殄"，二字同，今據改。

[5] 制：金本、磧本作"判"，麗初本作"判"，麗本、大本作"制"，今據改。

【箋注】

① 僚庶：庶僚，衆官。唐玄奘《大唐西域記》卷五："時大臣婆尼，職望隆重，謂僚庶曰：'國之大計，定於今日。先王之子，亡君之弟，仁慈天性，孝敬因心，親賢允屬，欲以襲位。於事何如？各言爾志。'"

② 創：初始。北魏酈道元《水經注·穀水》："皇居創徙，宫極未就，止蹕於此。"

③ 訓匠：訓教，教誨。隋天台智者大師説《妙法蓮華經文句》卷八上："法者軌則也，師者訓匠也。法雖可軌，體不自弘，通之在人。五種通經，皆得稱師。舉法成其自行，皆以妙法爲師。師於妙法自行成就，故言法師。又五種人，能以妙法訓匠於他。故舉法目師故，稱法師品也。若自軌法，若法匠他，俱名法師者，則因緣釋品也。"隋天台智者大師説《妙法蓮華經文句》卷八上："法即是師，故名法師。此法爲法師，能學法者，可爲摸範，訓匠群物。有法之師，名爲法師。"

④ 制：禁止。

⑤ 承:聞。

又復詳觀往哲,側聽前規。自白馬停轡①之初,青象挂鞍②之後,騰蘭啓曜,作神州之日月;會顯③垂則,爲天府之津梁。安遠④則虎踞於江漢之南,休勵⑤乃鷹揚於河濟之北[1]。法徒紹繼,慧瀲猶清;俗士讚稱,芳塵靡歇。曾未聞遺行燒指,亦不見令使焚身。規鏡⑥目前,智者詳悉。

【校勘】

[1] 勵:守屋本、麗本、大本同,磧本作"厲",王本作"厲"。

【箋注】

① 白馬停轡:指東漢明帝永平十年,攝摩騰與竺法蘭攜帶佛像經典,乘白馬從西而來,止住洛陽。此事標誌着佛教正式傳入我國。

② 青象挂鞍:具體所指待考。《宋高僧傳》卷二"唐洛京大遍空寺實叉難陀傳"提到"青象":"帝屈萬乘之尊,親迎於開遠門外,傾都緇侣備幡幢導引,仍飾青象令乘之入城。"

③ 會顯:指康僧會和法顯。詳參王邦維(1995,236)注釋(二)。

④ 安遠:指道安和慧遠。詳參王邦維(1995,236)注釋(三)。

⑤ 休勵:"休"指慧休。勵,應作"礪",指法礪。詳參王邦維(1995,236)注釋(四)。

⑥ 規鏡:規勸鑒戒。南朝梁劉勰《文心雕龍·才略》:"傅玄篇章,義多規鏡;長虞筆奏,世執剛中;並楨幹之實才,非群華之韡萼也。"

又禪師每於閑①夜,見悲齠丱②,曲申進誘③[1]。或調言於黄葉④[2],令蠲憶母之憂;或喻説於烏禽⑤,希懷報養之德。"汝可務紹隆三寶[3],令使不絶,莫縱心百氏⑥[4],而虚棄一生。"既而童年十歲[5],但領其言[6],而未閑深旨。每至五更，就室參請⑦，禪師必將慈手賜撫弱肩[7]，實如慈母之育赤子。或飡甘膳[8]，多輟味見貽。但有取求，無違所請。法師乃恩勵⑧父嚴[9]，禪師則慈申母愛[10]。天性之重，誠無以加。

【校勘】

［1］申：麗初本、麗本、大本同，磧本作“伸”。下同。

［2］調：磧本作“謂”，王本據他本改作“調”。

［3］寶：麗本作“賓”。

［4］縱心：麗本、大本作“縱心於”。

［5］既：金本、麗初本作“即”，麗本、磧本作“既”，今據改。

［6］領：磧本作“須”，誤。

［7］弱肩：麗初本、麗本、大本同，磧本作“搦摩”。

［8］膳：金本、麗初本作“饍”，今改。

［9］勵：麗本、大本同，麗初本、磧本作“厲”。

［10］申：磧本作“伸”。

【箋注】

① 閑：疑應作“閴”字，義爲寂靜。

② 齠(tiáo)丱(guàn)：長出恒齒和束髮成兩角。指童年時代。南朝梁沈約《齊司空柳世隆行狀》：“公稟靈華嶽，幼挺珪璋。清襟素履，發乎齠丱。”慧琳作“髫丱”：“上亭彫反。《埤蒼》云：‘髫，髦也。’《考聲》云：‘小兒剃髮，留兩邊也。’《古今正字》：‘亦髟也。從髟召聲。髦音毛，髟音必遙反。’《傳》從齒作齠，俗字也。下關患反。鄭箋《毛詩》云：‘童未笄結髮丱然。’《字鏡》《韻詮》並云：‘丱，童子總角，象形字也。’總音惣。”

③ 進誘：引進誘導。唐道宣撰《四分律删繁補闕行事鈔序》卷上：“新受戒者創入佛法，萬事無知，動便違教。若不假師示導進誘心神，法身慧命將何所託？”

④ 黄葉：楊樹之黄葉。北涼曇無讖譯《大般涅槃經》卷二十：“如

彼嬰兒啼哭之時，父母即以楊樹黄葉，而語之言：‘莫啼莫啼，我與汝金。’嬰兒見已生真金想，便止不啼，然此楊葉實非金也。”

⑤ 烏禽：烏鴉。古稱烏鴉反哺，因以比喻孝子。

⑥ 百氏：猶言諸子百家。《漢書・敘傳下》：“緯六經，綴道綱，總百氏，贊篇章。”唐韓愈《讀〈儀禮〉》：“百氏雜家，尚有可取，況聖人之制度邪！”

⑦ 參請：弟子向老師請問並受教。義淨譯《根本説一切有部毘奈耶》卷十二：“闡陀念曰：‘我今先當參請於誰？爲見國王？爲大臣耶？參請之法不從於王，應從使者。’是時闡陀向大臣家而爲參請。”

⑧ 勵：通“礪”，磨礪，磨煉。

及至年滿進具，還以禪師爲和上①[1]。既受戒已，忽於清夜行道之際，燒香垂涕而申誨曰[2]：“大聖久已涅槃，法教訛替，人多樂受，少有持者。汝但堅心重禁②，莫犯初篇。餘有罪愆，設令犯者，吾當代汝入地獄受之。燒指燒身，不應爲也。”

【校勘】

[1] 和上：麗本、人本同，磧本作“和尚”，王本云“尚上”二字通。

[2] 申：磧本作“伸”。

【箋注】

① 和上：即“和尚”。

② 重禁：嚴峻的禁令。《管子・正世》：“故聖人設厚賞，非侈也；立重禁，非戾也。”《三國志・吴志・孫奮傳》：“自光武以來，諸王有制，惟得自娱於宫内，不得臨民，干與政事，其與交通，皆有重禁。”

進奉旨日①，幸蒙慈悲，賜以聖戒。隨力竭志，敢有虧違？雖於小罪，有懷大懼。於是五稔②之間，精求律典。礪律師③之文疏[1]，頗議幽深；宣律師④之鈔述，竊談中旨。既識持犯，師乃令講一遍，方聽大經。乞食一飡，長坐不臥。雖山寺特遥⑤[2]，亦未曾有廢。

【校勘】

[1] 礪：麗本、大本同，磧本作“厲”。

疏：金本、麗本作“跣”，今改。

[2] 特：金本、麗初本、麗本、大本作“村”，磧本作“特”，今據改。

【箋注】

① 進奉旨日：疑應作“奉進止日”。“進止”義爲意旨，命令。《北齊書·文苑傳·顔之推》：“帝時有取索，恒令中使傳旨，之推稟承宣告，館中皆受進止。”唐溫大雅《大唐創業起居注》卷一：“突厥之報帝書也，謂使人曰：‘唐公若從我語，即宜急報，我遣大達官往取進止。’”“奉進止日”具體指的是義淨受戒之日。

② 稔（rěn）：年。《國語·晋語八》：“國無道而年穀龢熟，鮮不五稔。”韋昭注：“稔，年也。”五代齊己《荊州新秋寺居寫懷上南平王》詩之四：“漢江西岸蜀江東，六稔安禪教化中。”

③ 礪律師：指法礪。

④ 宣律師：指道宣。

⑤ 特遥：孤獨偏遠。

每想大師慈訓，不覺流淚何從[1]。方驗菩薩之恩濟苦類，投炎熾①之大火②；長者之悲念窮子，窺迮隘③之小門④，固非是謬[2]。

【校勘】

[1] 淚：金本、麗初本、麗本作“淚”，磧本作“淚”，今據改。

[2] 固：磧本作“故”。

【箋注】

① 炎熾：熾熱。漢徐幹《中論·治學》："人心必有明焉，必有悟焉，如火得風而炎熾。"《隋書·天文志》："日爲陽精，光耀炎熾。"

② 菩薩之恩濟苦類，投炎熾之大火：指佛經中所載曇摩鉗太子故事。元魏慧覺等譯《賢愚經》卷一："爾時大王即遣使者，乘八萬里象，宣告一切閻浮提内：'曇摩鉗太子，爲於法故，却後七日，身投火坑。其欲見者，宜早來會。'時諸小王，四遠士民，强弱相扶，悉皆雲集，詣太子所，長跪合掌，異口同音，白太子言：'我等諸臣，仰憑太子，猶如父母。今若投火，天下喪父，永無所怙。願愍我曹，莫爲一人孤棄一切。'爾時太子語衆人言：'我於久遠生死之中喪身無數，人中爲貪更相斬害，天上壽盡失欲憂苦，地獄之中，火燒湯煮、斧鋸刀戟、灰河劍樹，一日之中，喪身難計，痛徹心髓，不可具陳。餓鬼之中，百毒鑽軀。畜生中苦，身供衆口，負重食草，苦亦難數。空荷衆苦，唐失身命，未曾善心爲於法也。吾今以此臭穢之身，供養法故，汝等云何復欲却我無上道心？我捨此身，爲求佛道，後成佛時，當施汝等五分法身。'衆人默然。是時太子，立火坑上，白婆羅門：'唯願大師！爲我説法，我命儻終，不及聞法。'時婆羅門，即便爲説此偈：'常行於慈心，除去恚害想，大悲愍衆生，矜傷爲雨淚，修行大喜心，同己所得法，救護以道意，乃應菩薩行。'説是偈已，便欲投火。爾時帝釋并梵天王，各捉一手，而復難之：'閻浮提内一切生類，賴太子恩，莫不得所。今投火坑，天下喪父，何爲自没，孤棄一切？'爾時太子，報謝天王及諸臣民：'何爲遮我無上道心？'天及人衆，即各默然。輒自并身，投於火坑。天地大動，虚空諸天，同時號哭，淚如盛雨。即時火坑變成花池，太子於中坐蓮花臺，諸天雨華乃至於膝。"

③ 迮隘：狹隘；狹小。可洪："迮隘，上阻厄反，下烏界反。"《敦煌變文集·維摩詰經講經文》："禪堂迮隘，實即難留。"慧琳作"窄隘"："上爭戹反，已釋第三卷中。下戹界反。顧野王云：'隘，迫側也。'《廣雅》云：'急也，陿也。'鄭注《礼記》：'陋也。'《説文》：'從𨸏益聲也。'"

④ 長者之悲念窮子，窺迮隘之小門：指佛經中所載富長者尋子故事。《妙法蓮華經》卷二"法華經信解品第四"："譬若有人，年既幼

稚，捨父逃逝，久住他國，或十、二十，至五十歲，年既長大，加復窮困，馳騁四方以求衣食。漸漸遊行，遇向本國。其父先來，求子不得，中止一城。其家大富，財寶無量。金、銀、琉璃、珊瑚、虎珀、頗梨珠等，其諸倉庫，悉皆盈溢；多有僮僕、臣佐、吏民；象馬車乘，牛羊無數。出入息利，乃遍他國，商估賈客亦甚衆多。時貧窮子遊諸聚落，經歷國邑，遂到其父所止之城。父每念子，與子離别五十餘年，而未曾向人説如此事，但自思惟，心懷悔恨，自念老朽，多有財物，金銀珍寶，倉庫盈溢；無有子息，一旦終没，財物散失，無所委付。是以慇懃每憶其子，復作是念：'我若得子，委付財物，坦然快樂，無復憂慮。'世尊！爾時窮子傭賃展轉遇到父舍，住立門側。遥見其父踞師子床，寶机承足，諸婆羅門、刹利、居士皆恭敬圍繞，以真珠瓔珞，價直千萬，莊嚴其身；吏民、僮僕，手執白拂，侍立左右。覆以寶帳，垂諸華幡，香水灑地，散衆名華，羅列寶物，出内取與，有如是等種種嚴飾，威德特尊。窮子見父有大力勢，即懷恐怖，悔來至此。竊作是念：'此或是王，或是王等，非我傭力得物之處。不如往至貧里，肆力有地，衣食易得。若久住此，或見逼迫，强使我作。'作是念已，疾走而去。時富長者於師子座，見子便識，心大歡喜，即作是念：'我財物庫藏，今有所付。我常思念此子，無由見之，而忽自來，甚適我願。我雖年朽，猶故貪惜。'即遣傍人，急追將還。爾時使者，疾走往捉。窮子驚愕，稱怨大唤：'我不相犯，何爲見捉？'使者執之愈急，强牽將還。于時窮子，自念無罪，而被囚執，此必定死；轉更惶怖，悶絶躄地。父遥見之，而語使言：'不須此人，勿强將來。以冷水灑面，令得醒悟，莫復與語。'所以者何？父知其子志意下劣，自知豪貴爲子所難，審知是子而以方便，不語他人云是我子。使者語之：'我今放汝，隨意所趣。'窮子歡喜，得未曾有，從地而起，往至貧里，以求衣食。爾時長者將欲誘引其子而設方便，密遣二人，形色憔悴無威德者：'汝可詣彼，徐語窮子：此有作處，倍與汝直。窮子若許，將來使作。若言欲何所作，便可語之：雇汝除糞。我等二人亦共汝作。'時二使人即求窮子，既已得之，具陳上事。爾時窮子先取其價，尋與除糞。其父見子，愍而怪之。又以他日，於窗牖中遥見子身，羸瘦憔悴，糞土塵坌，污穢不淨。即脱瓔珞、細軟上服、嚴飾之具，更著麄弊垢膩之衣，塵土坌身，右手執持除糞之器，狀有所畏。語諸作人：‘汝等勤作，勿得懈息。’以方便故，得近其子。後復告言：‘咄，男子！汝常此作，勿復餘去，當加汝價。諸有所須瓫器米麵鹽醋之屬，莫自疑難，亦有老弊使人須者相給，好自安意。我如汝父，勿復憂慮。所以者何？我年老大，而汝少壯，汝常作時，無有欺怠瞋恨怨言，都不見汝有此諸惡，如餘作人。自今已後，如所生子。’即時長者，更與作字，名之爲兒。爾時窮子雖欣此遇，猶故自謂客作賤人。由是之故，於二十年中常令除糞。過是已後，心相體信，入出無難，然其所止猶在本處。世尊，爾時長者有疾，自知將死不久。語窮子言：‘我今多有金銀珍寶，倉庫盈溢，其中多少、所應取與，汝悉知之。我心如是，當體此意。所以者何？今我與汝，便爲不異，宜加用心，無令漏失。’爾時窮子，即受教勅，領知衆物，金銀珍寶及諸庫藏，而無悕取一飡之意。然其所止故在本處，下劣之心亦未能捨。復經少時，父知子意漸已通泰，成就大志，自鄙先心。臨欲終時，而命其子并會親族、國王、大臣、剎利、居士，皆悉已集，即自宣言：‘諸君當知！此是我子，我之所生。於某城中捨吾逃走，伶俜辛苦五十餘年，其本字某。我名某甲，昔在本城懷憂推覓，忽於此間遇會得之。此實我子，我實其父。今我所有一切財物，皆是子有，先所出内，是子所知。’世尊！是時窮子聞父此言，即大歡喜，得未曾有，而作是念：‘我本無心有所希求，今此寶藏自然而至。’”

每親承足下①，不行遠聽②，便賜告曰：“我目下③且有餘人給侍④[1]，勿廢聽讀，而空住於此。”乃杖錫東魏⑤，頗沉心於《對法》⑥《攝論》⑦；負笈西京⑧，方閲⑨想於《俱舍》《唯識》。

【校勘】

［1］侍：麗初本作“待”。

【箋注】

① 足下：身邊。《宋書·夷蠻傳·訶羅陁國》：“所遣二人，一名

毗紉，一名婆田，令到天子足下。”

② 遠聽：聆聽遠處的聲音。《新唐書・百官志四》：“晝以排門人遠望，暮夜以持更人遠聽。”

③ 目下：跟前；身邊。《三國志・蜀志・楊洪傳》：“裔隨從目下，效其器能，於事兩善。”南朝宋劉義慶《世説新語・識鑒》：“唯阿奴碌碌，當在阿母目下耳。”

④ 給侍：服事；侍奉。宋何薳《春渚紀聞・兩劉娘子報應》：“其一乃上皇藩邸人，敏於給侍。每上食，則就案析治脯脩，多如上意。”

⑤ 東魏：洛陽以東的北方各地。

⑥《對法》：即《大乘阿毘達磨雜集論》，十六卷，安慧著，唐玄奘譯。

⑦《攝論》：即《攝大乘論》，無著所著，有後魏佛陀扇多、陳真諦、唐玄奘譯本。

⑧ 西京：長安。

⑨ 閱：匯總，匯合。晋陸機《嘆逝賦》：“川閱水以成川，水滔滔而日度。”北魏酈道元《水經注・漸江水》：“江廣百丈，狹處二百步，高山帶江，重蔭被水，江閱漁商，川交樵隱。”

來日從京重歸故里，親請大師曰：“尊既年老。情希遠遊，追覽未聞，冀有弘益。未敢自決。”師乃流誨[①]曰：“爾爲大緣，時不可再。激於義理，豈懷私戀？吾脱[②]存也，見爾傳燈。宜即可行，勿事留顧。觀禮聖蹤，我實隨喜。紹隆事重，爾無間然[③]。”

【箋注】

① 流誨：即垂誨。“垂”，用作敬詞，多用於上對下的動作。“垂”“流”同義。唐玄奘譯《般若波羅蜜多經》卷五百五十六玄則撰“大般若經第五會・序”：“蓋聞申申夭夭，宴居而欲流誨；憤憤悱悱，離座而思請益。”

② 脱：假使，萬一。《吴子·勵士》："君試發無功者五萬人，臣請率以當之。脱其不勝，取笑於諸侯，失權於天下矣。"唐薛用弱《集異記·王涣之》："待此子所唱，如非我詩，吾即終身不敢與子爭衡矣。脱是吾詩，子等當須拜床下，奉吾爲師。"

③ 間然：異議。《論語·泰伯》："子曰：'禹，吾無間然矣。'"北齊顔之推《顔氏家訓·養生》："若其愛養神明，調護氣息，慎節起臥，均適寒暄，禁忌食飲，將餌藥物，遂其所稟，不爲夭折者，吾無間然。"

既奉慈聽，難違上命。遂以咸亨二年① 十一月，附舶② 廣州，舉帆南海，緣歷③ 諸國[1]，振錫④ 西天[2]。至咸亨四年二月八日，方達躭摩立底國[3]，即東印度之海口也[4]。停至五月，逐⑤ 伴西征。至那爛陁及金剛座，遂乃周禮聖蹤，旋之⑥ 佛誓耳。

【校勘】

[1] 歷：麗初本作"厯"，麗本作"歷"。

[2] 振：麗本、大本同，磧本作"震"。

[3] 躭：麗初本、麗本同，磧本、大本作"耽"。

[4] 之海：磧本作"海之"。

【箋注】

① 咸亨二年：唐高宗年號，公元 671 年。

② 舶：航海大船。慧琳："附舶，音白。《廣雅》云：'舶，海舟也。'《埤蒼》：'大船也。'《古今正字》：'從舟白聲也。'"

③ 緣歷：經歷。唐圓照撰《貞元新定釋教目録》卷十四："約以三年，緣歷異國，種種艱辛，方始得至大唐聖境。"

④ 振錫：謂僧人持錫杖出行。南朝宋謝靈運《山居賦》："建招提於幽峰，冀振錫之息肩。"唐司空圖《次韻和秀上人遊南五臺》："振錫傳深谷，翻經想舊臺。"

⑤ 逐：隨；跟隨。《楚辭·九歌·河伯》："靈何爲兮水中，乘白黿兮逐文魚。"王逸注："逐，從也。"北齊顔之推《顔氏家訓·書證》："張敞者，吴人，不甚稽古，隨宜記注，逐鄉俗訛謬，造作書字耳。"

⑥ 旋之：返回到。

可謂大善知識①，能全梵行！調御誠教，斯豈爽②歟！大師乃應物③挺生④，爲代⑤模範⑥[1]，親自提奬⑦[2]，以至成人。若海查之遇將一目⑧[3]，即生津⑨之幸會二師也[4]！

【校勘】

［1］模：金本、麗初本、麗本、大本作"摸"，磧本作"模"，今據改。

［2］奬：麗初本、麗本同，磧本作"獘"。

［3］查：可洪、麗初本、麗本、大本同，磧本作"槎"。

目：麗初本、麗本、大本同，磧本作"日"。

［4］津：麗本、大本同，磧本作"律"，誤。

【箋注】

① 善知識：善友、好伴侣，亦泛指高僧。東晉佛馱跋陀羅譯《大方廣佛華嚴經》卷二十一："常樂大願，修習菩提，依善知識，離諂曲心。"《景德傳燈録·慧能大師》："諸善知識，汝等各各淨心聽吾説法。"

② 爽：差失。《詩經·衛風·氓》："女也不爽，士貳其行。"朱熹集傳："爽，差。"

③ 應物：順應事物。《莊子·知北遊》："邀於此者，四枝彊，思慮恂達，耳目聰明，其用心不勞，其應物無方。"《史記·太史公自序》："與時遷移，應物變化，立俗施事，無所不宜。"

④ 挺生：挺拔生長。亦謂傑出。《後漢書·西域傳論》："靈聖之所降集，賢懿之所挺生。"

⑤ 代：世，世人。

⑥ 模範：榜樣，表率。漢揚雄《法言·學行》："師者，人之模範也。"宋李如篪《東園叢説·韓愈詩文》："愚觀愈之書，其文章純粹典雅，司馬遷、揚雄殆無以過，其行己亦中正，可爲後人模範。"

⑦ 提獎：提拔獎勵。《北齊書·趙彦傳》："凡諸選舉，先令銓定，提獎人物，皆行業爲先，輕薄之徒，弗之齒也。"《隋書·李德林傳》："德林雖庸懦，微誠亦有所在。若曲相提獎，必望以死奉公。"

⑧ 海查之遇將一目：義爲憑一只眼睛居然遇到了難得的海查，此言幸運之極。海查，用竹木編製的渡海的筏。唐李懷遠《凝碧池侍宴看競渡應制》："忽聞天上樂，疑逐海查流。"唐包佶《抱疾謝李吏部贈訶黎勒葉》："一葉生西徼，齎來上海查。"

⑨ 生津：生死之渡口。義淨譯《根本説一切有部毘奈耶破僧事》卷十："我緣何事久在生津，迷惑輪迴今身覺悟？"

夫以小善小惠[1]，尚播美於絃歌，況大智大恩[2]，而不傳於文讚云爾[3]：

令①哉父母，曠劫②相持③。
粵④我髫齔⑤[4]，携就明師。
童年尚小，輟愛抽悲。
學而時習，杖德箴規。
儔⑥明兩曜⑦[5]，比德雙儀⑧。
礪我慧鍔[6]，長我法肌。
提携鞠育⑨，親誨忘疲。
中宵廢寢，日旰⑩停⑪飢。
上德不德⑫，遠而莫知。
埋光⑬岱嶺⑭，藴德齊涯⑮[7]。
洋洋慧海，鬱鬱禪枝。
文藻粲粲[8]，定彩曦曦⑯。
磨而不磷，涅而不緇⑰。
坐遷表異，雞聽彰奇。

年在弱歲，一留一遺⑱。

所有福業，並用⑲重資⑳[9]。

酬恩死别，報德生離。

願在在㉑遭會㉒而延慶[10]，代代奉訓以成褫㉓[11]。

積義利㉔乎同岳，委㉕淨定㉖也如池。

冀龍花之初會㉗，聽慈氏㉘之玄漪㉙。

遍四生而運想，滿三大之長衹㉚。

【校勘】

[1] 夫：磧本作"天"。

[2] 恩：麗初本作"思"。

[3] 讚：金本、麗本作"賛"，麗本、磧本、大本作"讚"，今據改。

[4] 髫齔：各本作"齠齓"，慧琳作"髫齔"："上音條。下初僅反。鄭玄注《周礼》云：齔，毀齒也。《説文》從齒匕聲。"今據改。

[5] 明：麗本同，磧本作"朋"，大本作"命"。

[6] 慧：麗初本、麗本、大本同，磧本作"惠"。

[7] 涯：金本、麗初本作"睚"，磧本作"涯"，今據改。

[8] 文：磧本作"支"。

[9] 重資：麗初本同，磧本、麗本、大本作"薰資"。

[10] 延：麗初本作"迠"。

[11] 褫：金本、麗初本、麗本作"褫"，慧琳、大本作"褫"。慧琳："褫積，上持理反。《蒼頡篇》云：'褫，撤衣也。'《古今正字》：'從衣虒聲。'《傳》作褫，俗字也。虒音天伊反。"麗本、可洪作"褫"："音斯，福也。"磧本作"褫"，今據改。

【箋注】

① 令：善；美好。《詩經・小雅・角弓》："此令兄弟，綽綽有裕；不令兄弟，交相爲瘉。"鄭玄箋："令，善也。"

② 曠劫：久遠之劫；過去的極長時間。唐李白《〈地藏菩薩贊〉

序》："獨出曠劫，導開横流。"王琦注："曠劫，謂久遠之劫也。"

③ 持：扶持。

④ 粤：語氣助詞，用於句首。《漢書·翟義傳》："粤其聞日，宗室之俊有四百人，民獻儀九萬夫，予敬以終於此謀繼嗣圖功。"顔師古注："粤，發語辭也。"北周庾信《哀江南賦·序》："粤以戊辰之年，建亥之月，大盗移國，金陵瓦解。"

⑤ 髫齔：幼年。《後漢書·文苑傳下·邊讓》："髫齔夙孤，不盡家訓。"《晋書·司馬遹傳》："既表髫齔，高明逸秀。"

⑥ 儔：比，相比。《史記·陳涉世家》："適戍之衆，非儔於九國之師也。"

⑦ 兩曜：指日、月。南朝梁任昉《爲齊宣德皇后重敦勸梁王令》："四時等契，兩曜齊明。"《舊唐書·張廷珪》："則和氣上通於天，雖五星連珠，兩曜合璧，未足多也。"

⑧ 雙儀：指天、地。一般作"兩儀"或"二儀"。《易·繫辭上》："是故易有太極，是生兩儀。"孔穎達疏："不言天地而言兩儀者，指其物體；下與四象相對，故曰兩儀，謂兩體容儀也。"三國魏曹植《惟漢行》："太極定二儀，清濁始以形。"

⑨ 鞠育：撫養；養育。語本《詩經·小雅·蓼莪》："父兮生我，母兮鞠我，拊我畜我，長我育我。"毛傳："鞠，養。"鄭玄箋："育，覆育也。"漢蔡邕《議郎胡公夫人哀贊》："嚴考殞没，我在齒年。母氏鞠育，載矜載憐。"

⑩ 日旰（gàn）：日暮。慧琳："日旰，乾旦反。杜注《左傳》云：'旰，晏也。'《説文》云：'日晚也，從日干聲。'《傳》從月作肝，非也。"《左傳·襄公十四年》："衛獻公戒孫文子、甯惠子食，皆服而朝，日旰不召。"杜預注："旰，晏也。"《漢書·張湯傳》："湯每朝奏事，語國家用，日旰，天子忘食。"

⑪ 停：停滯；滯留。《梁書·武帝紀上》："可通檢尚書衆曹，東昏時諸諍訟失理及主者淹停不時施行者，精加訊辨，依事議奏。"

⑫ 上德不德：出自《老子》第三十八章："上德不德，是以有德；下德不失德，是以無德。"

⑬ 埋光：收斂光芒，比喻隱藏才能。明屠隆《綵毫記·頒詔雲夢》："隴西隱士李白，天藻清英，玄風遐邁，塵視軒冕，埋光葆真。"

⑭ 岱嶺：指泰山。《詩經·齊風》唐陸德明釋文："齊者，太師吕望所封之國也。其地少皞爽鳩氏之墟，在《禹貢》青州、岱嶺之陰，濰淄之野，都營丘之側。"

⑮ 齊涯：齊地的邊界。

⑯ 曦曦：像陽光一樣明亮。

⑰ 磨而不磷，涅而不緇：謂極堅之物，磨也磨不薄；極白之物，染也染不黑。比喻不受環境影響，經得起考驗。語出《論語·陽貨》："不曰堅乎？磨而不磷。不曰白乎？涅而不緇。"朱熹集注："磷，薄也。涅，染皁物。言人之不善，不能浼己。"漢陸賈《新語·道基》："潔清明朗，潤澤而濡；磨而不磷，涅而不緇。"

⑱ 一留一遺：指義淨的兩位老師一個在世，一個去世。

⑲ 用：用作，用於。

⑳ 重資：本謂藉以建功立業的要地。《三國志·魏志·袁紹傳》："冀州天下之重資也。"此指將所有福業都用於建功立業。

㉑ 在在：處處；到處。唐武元衡《春齋夜雨憶郭通微》："桃源在在阻風塵，世事悠悠又遇春。"

㉒ 遭會：遭際；遇合。南朝梁沈約《改天監元年恩詔》："雖禪代相舛，遭會異時，而微明迭用，其流遠矣。"宋韓琦《謝除使相判相州表》："稠重遭會，罄竭愚庸。"

㉓ 禠(sī)：福。《文選·張衡〈思玄賦〉》："湯蠲體以禱祈兮，蒙庬禠以拯民。"李周翰注："蒙大福以濟於人。"

㉔ 義利：義與利相應，義必有利，故曰義利。義淨譯《根本説一切有部毘奈耶》卷十八："諸有耽欲人，不見於義利，亦不觀善法，常行黑闇中。"

㉕ 委(wèi)：儲積，聚積。

㉖ 淨定：定。

㉗ 龍花之初會：佛教謂彌勒在龍華樹下開法會三次濟度世人，分初會、二會、三會。《祖庭事苑》："龍華，樹也。其樹有華，華形如

龍，故名龍華。經言當來彌勒於此樹下説法度人，而有三會。初會先度釋迦所未度者，次度其餘，凡六十八億人。第二會六十六億。第三會六十四億。故曰龍華三會。”

㉘ 慈氏：即彌勒菩薩。

㉙ 玄漪：玄波，巨浪。慧琳：“玄漪，意離反。《毛詩傳》云：‘漪，重波也。’《古今正字》：‘從水猗聲。’猗音同上。”

㉚ 三大之長祇：指三大阿僧祇劫。

恐聞者以爲憑虚①，聊踈法師之所製。

大師曾因二月十五日，法俗咸詣南山朗公聖迹之所，觀天井天倉之異[1]，禮靈龕靈廟之奇。不遠千里，盛興供養。于時齊王②下文學③，悉萃於此。俱懷筆海④，並擅文峯⑤，各競囊錐⑥[2]，咸矜⑦櫝玉⑧[3]，欲詠朗公之廟像⑨。共推法師[4]，以爲先作。

【校勘】

［1］天井天倉：金本、麗初本、麗本、大本作“天倉天井”，磧本作“天井天倉”，今據改。

［2］競：金本、麗初本、麗本作“竞”，磧本作“競”，今據改。

［3］矜：金本、麗初本、麗本作“矝”，磧本作“矜”，今據改。

櫝玉：金本、可洪、麗初本作“擟”，麗本作“匵”，大本作“匱”，磧本作“櫝”，今據改。

［4］推：麗初本作“椎”。

【箋注】

① 憑虚：即憑虚。虚構。唐劉知幾《史通·雜説下》：“宋玉《高唐賦》云夢神女於陽臺。夫言並文章，句結音韻，以兹敘事，足驗憑虚。”

② 齊王：唐代山東封王。

③ 文學：漢代於州郡及王國置文學，或稱文學掾，或稱文學史，爲後世教官所由來。三國魏武帝置太子文學，魏晋以後有文學從事。唐初於州縣置經學博士，德宗時改稱文學，宋以後廢之。晋及隋唐時，太子與諸王下亦置文學。

④ 筆海：猶文苑；文海。唐李善《上〈文選〉注表》："搴中葉之詞林，酌前修之筆海。"唐司空圖《擢英集述》："誠欲兼搜於筆海，亦當間掇於蘭叢。"

⑤ 文峯：文峰，形容文才很高。

⑥ 囊錐：比喻才華，才能。出自《史記·平原君虞卿列傳》："平原君曰：'夫賢士之處世也，譬若錐之處囊中，其末立見……'毛遂曰：'臣乃今日請處囊中耳。使遂蚤得處囊中，乃穎脱而出，非特其末見而已。'"義淨《大唐西域求法高僧傳》卷下："雖未成於角立，終有慕於囊錐。"

⑦ 矜：自誇；自恃。《尚書·大禹謨》："汝惟不矜，天下莫與汝爭能；汝惟不伐，天下莫與汝爭功。"孔傳："自賢曰矜，自功曰伐。"孔穎達疏："矜與伐俱是誇義。"

⑧ 櫝玉：比喻才華，才能。《韓非子·外儲説左上》："楚人有賣其珠於鄭者，爲木蘭之櫝，薰以桂椒，綴以珠玉，飾以玫瑰，輯以羽翠。"

⑨ 廟像：廟中神像。北魏酈道元《水經注·穀水》："子安仰澄芬於萬古，讚清徽于廟像。"

師乃不讓當仁①，江池先溢。援翰② 寫壁[1]，曾不停毫③；走筆④ 成篇[2]，了無加點⑤。詩曰：

上聖⑥ 光⑦ 茂烈⑧[3]，英猷⑨ 暢溟海⑩。
空谷自棲遲⑪[4]，榮命⑫ 虚相待。
萬古山川曠，千年人代⑬ 改。
真識⑭ 了無生，徒見丹青在。

【校勘】

［1］壁：磧本作“璧”。

［2］走：金本、麗初本作“之”，麗本、磧本作“走”，今據改。

［3］光茂烈：麗初本、麗本、大本同，磧本作“先茂列”。

［4］棲：金本、麗初本、麗本作“捿”，磧本作“棲”，今據改。

【箋注】

① 不讓當仁：即“當仁不讓”。《論語·衛靈公》：“當仁不讓於師。”朱熹集注：“當仁，以仁爲己任也；雖師亦無所遜。言當勇往而必爲也。”

② 援翰：執筆。晉向秀《思舊賦》：“停駕言其將邁兮，故援翰以寫心。”南朝宋劉義慶《世説新語·言語》：“顧司空時爲揚州別駕，援翰曰：‘王光禄遠避流言，明公蒙塵路次，群下不寧，不審尊體起居何如？’”

③ 毫：毛筆頭；毛筆。《文選·陸機〈文賦〉》：“或操觚以率爾，或含毫而邈然。”李善注：“毫，謂筆毫也。”

④ 走筆：謂揮毫疾書。唐白居易《餘思未盡加爲六韻重寄微之》：“走筆往來盈卷軸，除官遞互掌綵綸。”

⑤ 加點：指寫作時有所增删，加以點抹。唐岑參《送張直公歸南鄭拜省》：“萬言不加點，七步猶嫌遲。”

⑥ 上聖：至聖。指德智超群的人。《墨子·公孟》：“昔者，聖王之列也：上聖立爲天子，其次立爲卿大夫。”漢王符《潛夫論·讚學》：“夫此十一君者，皆上聖也，猶待學問，其智乃博，其德乃碩，而況於凡人乎？”

⑦ 光：發揚。《左傳·隱公三年》：“光昭先君之令德，可不務乎？”

⑧ 茂烈：盛業；偉績。《舊唐書·孝友傳·裴守真》：“贊九功之茂烈，叶萬國之歡心。”

⑨ 英猷：光輝的業績。義淨《大唐西域求法高僧傳》卷下：“雖功未廁於移照，終有慶於英猷。英猷何陳？求法輕身。不計樂而爲樂，

不將親而作親。”

⑩ 溟海：大海。漢袁康《越絕書·内傳陳成恒》：“越王句踐稽首再拜曰：‘昔者，孤不幸，少失先人，内不自量，與吴人戰，軍敗身辱，遺先人恥，遯逃出走，上棲會稽山，下守溟海，唯魚鱉是見。’”唐高適《同群公出獵海上》：“層陰漲溟海，殺氣窮幽都。”

⑪ 棲遲：悠遊棲息。《詩經·陳風·衡門》：“衡門之下，可以棲遲。”朱熹集傳：“棲遲，遊息也。”

⑫ 榮命：皇帝任命。此指《高僧傳》卷五“竺僧朗”所載之事：“秦主符堅欽其德素，遣使徵請。朗同辭老疾乃止。於是月月修書覥遺。堅後沙汰衆僧，乃别詔曰：‘朗法師戒德氷霜，學徒清秀，崑崙一山不在搜例。’及後秦姚興，亦佳歎重。燕主慕容德，欽朗名行，假號東齊王，給以二縣租稅。朗讓王而取租稅，爲興福業。晋孝武致書遺，魏主拓跋珪亦送書致物。其爲時人所敬如此。”

⑬ 人代：人世。唐杜甫《三川觀水漲二十韻》：“聲吹鬼神下，勢閲人代速。”

⑭ 真識：真知。

諸文士既覩法師之製，俱懷内恧①之心，或閣筆於松枝，或投硯於巖曲②，僉③曰：“西施顯貌，嫫母④何顔[1]？”才子如林，竟無一和耳。所餘文章，具如别集。

【校勘】

［1］嫫：金本、麗初本、麗本、慧琳、可洪作“募”，磧本作“嫫”，今據改。

【箋注】

① 恧：慚愧。漢司馬相如《封禪文》：“蓋周躍魚隕航，休之以燎，微夫此之爲符也，以登介丘，不亦恧乎？”

② 巖曲：山的曲折處。南朝梁沈約《鍾山詩應西陽王教》之四：

"八解鳴澗流，四禪隱巖曲。"唐劉禹錫《月窟》："巖曲月斜照，林寒春晚煦。"

③ 僉：皆，都。可洪："僉曰，上七廉反，皆也，咸也。"

④ 嫫母：古代著名醜女。慧琳："蓃母，上暮胡反。古醜女也。"可洪："蓃母，上莫胡反，醜女也，正作嫫也。"

義淨敬白大周諸大德：或曾聽受虚筵①，或諮論②法義[1]，或相知弱冠，或通懷③中年，咸悉大者和南[2]，小者千萬④。所列四十條論要略事，凡此所録，並是西方師資現行，著在聖言，非是私意。夫命等逝川⑤，朝不謀夕，恐難面叙，致此先陳[3]。有暇時尋⑥[4]，幸昭⑦遠意⑧[5]。斯依薩婆多，非餘部矣。

【校勘】

［1］諮：麗本、大本同，磧本作"谘"，誤。

［2］和南：麗本、大本同，磧本作"和尚"，誤。

［3］陳：陳述。麗初本、麗本、大本同，磧本作"呈"，誤。

［4］暇：金本、麗初本、麗本作"睱"，磧本作"暇"，今據改。

［5］昭：麗本、大本同，磧本作"招"，誤。

【箋注】

① 虚筵：猶虚席，空着座位等候。《文選·顔延之〈皇太子釋奠會作〉詩》："正殿虚筵，司分簡日。尚席函杖，丞疑奉帙。"李善注："虚筵以待賢也。"

② 諮論：詢問斟酌。《北齊書·蕭明傳》："侯可遣使諮論，若猶存先王分義，重成通和者，吾不敢違先王之旨。"

③ 通懷：謂互相交流情意，抒發胸懷。《宋書·南郡王義宣傳》："師護雖無殊績，潔己節用，通懷期物，不恣群下。"《資治通鑒·唐高宗武德元年》："今日以前，咸共刷蕩，使至以後，彼此通懷。"

④ 千萬:猶務必。表示懇切叮嚀。唐元稹《鶯鶯傳》卷上:“千萬珍重,珍重千萬!”

⑤ 逝川:指一去不返的江河之水。語本《論語·子罕》:“子在川上曰:‘逝者如斯夫!不舍晝夜。’”晉葛洪《抱朴子外篇·勗學》:“鑒逝川之勉志,悼過隙之電速。”唐駱賓王《秋日餞陸道士陳文林》詩序:“登高切送歸之情,臨水感逝川之嘆。”

⑥ 尋:考索;探求。《後漢書·章帝紀》:“每尋前世舉人貢士,或起甽畝,不繫閥閱。”

⑦ 昭:清楚;明白。《左傳·宣公十四年》:“鄭昭宋聾。”南朝梁劉勰《文心雕龍·風骨》:“洞曉情變,曲昭文體。”

⑧ 遠意:遠人之意。此時作者尚遠在南海。

重曰:敬陳令則,恢乎大猷①。咸依聖教,豈曰情求②?恐難面謁[1],寄此先酬③。幸願擊轅④不棄[2],蒭蕘⑤見收⑥!追蹤百代,播美⑦千秋。實望齊鷲峯於少室[3],並王舍於神州!

南海寄歸内法傳卷第四

【校勘】

[1] 面:磧本作“靣”。

[2] 擊:麗初本、麗本、大本同,磧本作“繫”。

[3] 齊:麗本、大本同,磧本作“聲”,誤。

【箋注】

① 大猷:大道。《詩經·小雅·巧言》:“奕奕寢廟,君子作之;秩秩大猷,聖人莫之。”鄭玄箋:“猷,道也;大道,治國之禮法。”晉潘岳《楊荊州誄》:“弈世丕顯,允迪大猷。”

② 情求:情願。義淨譯《根本説一切有部毗奈耶》卷十七:“而今太子既往林中情求出離,我今何事徒爲費損?”義淨譯《根本説一切有

部尼陀那》卷二："汝等若以信心投我出家情求涅槃修淨行者，此諸苾芻所著衣服直一億金錢。"

③ 酬：應對；對答。漢張衡《思玄賦》："有無言而不酬兮，又何往而不復。"北齊顔之推《顔氏家訓·勉學》："問一言輒酬數百，責其指歸，或無要會。"

④ 擊轅：謂敲打車轅成樂，意指簡陋之音樂。漢崔駰《上四巡頌表》："唐虞之世，樵夫牧豎，擊轅中《韶》，感于和也。"三國魏曹植《與楊德祖書》："擊轅之歌，有應《風》《雅》，匹夫之思，未易輕棄也。"

⑤ 芻蕘：淺陋的見解。多用作自謙之辭。唐劉禹錫《爲杜相公讓同平章事表》："輒思事理，冀盡芻蕘。"

⑥ 收：收採，採納。

⑦ 播美：傳揚美名。《南史·范泰荀伯子等傳論》："有禮有法，前哲由斯播美。"《隋書·隱逸傳·崔賾》："雞樹騰聲，鵷池播美，望我清塵，悠然路絕。"

參考文獻

一、專著類

陳　明.2002.印度梵文醫典《醫理精華》研究.北京:中華書局.

陳　明.2018.梵漢本根本説一切有部律典詞語研究.北京:北京大學出版社.

陳佳榮,謝方,陸峻嶺.1986.古代南海地名匯釋.北京:中華書局.

董志翹.2012.《大唐西域記》譯注.北京:中華書局.

華　濤.1998.南海寄歸内法傳(今譯).臺北:佛光文化事業公司.

季羨林.1957.中印文化關係史論叢.北京:人民出版社.

賴永海.2010.中國佛教通史.南京:江蘇人民出版社.

李維琦.2004.佛經詞語匯釋.長沙:湖南師範大學出版社.

譚代龍.2008.義淨譯經身體運動概念場詞彙系統及其演變研究.北京:語文出版社.

譚代龍.2013.佛教漢語詞彙系統的結構及形成.成都:西南交通大學出版社.

譚代龍.2019.南海寄歸内法傳解詁.北京:北京大學出版社.

湯用彤.1982.隋唐佛教史稿.北京:中華書局.

王邦維.1988.大唐西域求法高僧傳校注.北京:中華書局.

王邦維.1995A.南海寄歸内法傳校注.北京:中華書局.

王邦維.1995B.唐高僧義淨生平及其著作論考.重慶:重慶出版社.

王紹峰.2004.初唐佛典詞彙研究.合肥:安徽教育出版社.

曾　良.2006.俗字及古籍文字通例研究.天津:百花文藝出版社.

張涌泉.2010.漢語俗字研究:增訂本.北京:商務印書館.

朱慶之.2009.佛教漢語研究.北京:商務印書館.

［日］高楠順次郎.1998.*A Record of the Buddhist Religion as Practised in India and the Malay Archipelago*,Munshiran Manoharlal Publishers Pvt.Ltd.

［日］宮林昭彦,加藤榮司.2004.現代語譯南海寄歸内法傳.日本株式會社法藏館.

［日］飲光(慈雲尊者,1718—1804).1931.南海寄歸内法傳解纜鈔//大日本佛教全書第 114 卷.

二、論文類

曹小雲.2008.論《南海寄歸内法傳》的語料價值.合肥師範學院學報,(1).

儲泰松.2002."和尚"的語源及其形義的演變.語言研究,(1).

李素娟.2007.《南海寄歸内法傳》校點商榷.河南科技大學學報,(6).

李素娟.2008A.《南海寄歸内法傳校注》補苴.河南師範大學學報,(3).

李素娟.2008B.《漢語大詞典》書證遲後例補——以《南海寄歸内法傳》爲例.求索,(5).

李素娟.2009A.《南海寄歸内法傳校注》商補.漢語史研究集刊:第 12 輯.成都:巴蜀書社.

李素娟.2009B.《南海寄歸内法傳》南、北刻本異文研究的價值和意義.揚州大學學報,(3).

栗學英.2002.《南海寄歸内法傳》詞語劄記.欽州師範高等專科學校學報,(4).

劉君敬.2012.名詞"嘴"用字的歷時考察.漢語史研究集刊:第 15 輯.成都:巴蜀書社.

譚代龍.2006A.義淨譯著中的注文及其作者之研究.青海師範大學學報,(1).

譚代龍.2006B.略論義淨譯著中的注文在詞彙史中的研究價值.重慶三峽學院學報,(4).

譚代龍.2007.《南海寄歸内法傳》校注拾補.宗教學研究,(2).

譚代龍.2011.《漢語大詞典》引義淨作品考.湛江師範學院學報,(4).
譚代龍.2016.《廣雅》"交,定也"考.語言研究,(4).
王邦維.1983.也談"嚼楊木"的由來.學術研究,(2).
王邦維.2005."洛州無影"與"天下之中".四川大學學報,(4).
王紹峰.2003.《南海寄歸内法傳校注》補.古籍整理研究學刊,(2).

三、工具書類

慈　怡.1989.佛光大辭典.高雄:臺灣佛光山出版社.
丁福保.1984.佛學大辭典.北京:文物出版社.
段玉裁.1981.説文解字注.上海:上海古籍出版社.
漢語大詞典編輯委員會.1986—1997.漢語大詞典.上海:漢語大詞典出版社.
漢語大字典編輯委員會.2010.漢語大字典(第二版).武漢:崇文書局,成都:四川辭書出版社.
黄　征.2005.敦煌俗字典.上海:上海教育出版社.
江藍生,曹廣順.1997.唐五代語言詞典.上海:上海教育出版社.
毛遠明.2014.漢魏六朝碑刻異體字典.北京:中華書局.
中國社會科學院語言研究所詞典編輯室.2016.現代漢語詞典(第7版).北京:商務印書館.
宗福邦等編.2003.故訓匯纂.北京:商務印書館.
朱慶之,梅維恒編.2004.荻原雲來《漢譯對照梵和大辭典》漢譯詞索引.成都:巴蜀書社.
[日]荻原雲來.1988.漢譯對照梵和大辭典.臺北:新文豐出版公司重印.

附　録

正異體字對照表

（按音序排列）

正（異）

鞍（鞌）	互（亐）	畝（每）	鮮（鲜）
卑（𤰞）	畫（畵）	能（䏻）	嫌（𡢃）
參（叅）	灰（灰）	尼（屔）	獻（獻）
蟲（虫）	籍（藉）	泥（𣳈）	須（湏）
床（牀）	兼（𠔥）	盤（盤）	腰（䙅）
脣（脣）	將（將）	虔（虔）	宜（冝）
瓷（瓷）	據（㨿）	肉（肉）	義（義）
段（㪔）	開（閞）	商（啇）	緣（緑）
對（對）	考（考）	設（設）	齋（齋）
惡（悪）	廉（亷）	收（収）	旨（㫖）
髮（髪）	瀲（瀲）	説（說）	指（指）
峰（峯）	没（沒）	爲（為）	總（惣、揔）
隔（隔）	謬（謬）	悉（悉）	縱（縦）